21世纪

经济管理新形态教材

公共管理系列

Human Resource Evaluating in Public Sector

公共部门
人力资源测评

滕玉成◎编著

清华大学出版社

北京

内 容 简 介

本书针对我国公共部门及其人力资源（工作人员）的特点，结合我国公共部门人力资源测评实践，内容分为两大部分：一是系统阐述公共部门人力资源测评的基本理论、基本原理、基本流程和质量标准；二是全面分析公共部门人力资源测评的技术方法，如笔试、心理测验、面试、评价中心技术、履历分析、民主评议、考察等。

本书的特色有以下几点。一是理论学习与实践操作相结合。本书不仅要介绍清楚相关的测评理论，也要交代清楚相关测评技术方法和工具；同时，注重理论和技术方法的结合，使学生获得理论学习和实践操作的双重进步。二是西方理论和中国本土实践相结合。本书不仅要介绍西方和我国有关公共部门人力资源测评的理论，更要将这些理论与我国公共部门人力资源测评乃至公共部门人力资源管理的实践相结合，并以我国公共部门的实践为检验标准。三是我国传统资源和中国当下实践相结合。这主要是指要将我国几千年来丰富的识人知人等测评资源，与改革开放以来公共部门人力资源测评中国化或本土化的探索相结合，全面吸收我国公共部门人力资源测评的探索成果，充分反映中国模式、中国经验或中国案例，进而指导我国公共部门人力资源测评实践。

本书可作为公共管理类各专业学生学习公共部门人力资源测评（或以其他相似名称命名的）课程的教材，也可供非公共管理类各专业中有志于进入公共部门工作的学生阅读，公共部门进行干部培训、人员招录、选拔、考核等也可使用本书进行参考。

图书在版编目（CIP）数据

公共部门人力资源测评/滕玉成编著. —北京：清华大学出版社，2023.4
21世纪经济管理新形态教材. 公共管理系列
ISBN 978-7-302-62388-5

Ⅰ. ①公… Ⅱ. ①滕… Ⅲ. ①公共部门－人力资源管理－高等学校－教材 Ⅳ. ①D035.2

中国国家版本馆 CIP 数据核字(2023)第 012954 号

责任编辑：陆浥晨
封面设计：李召霞
责任校对：宋玉莲
责任印制：杨 艳

出版发行：清华大学出版社
  网 址：http://www.tup.com.cn，http://www.wqbook.com
  地 址：北京清华大学学研大厦 A 座 邮 编：100084
  社 总 机：010-83470000 邮 购：010-62786544
  投稿与读者服务：010-62776969，c-service@tup.tsinghua.edu.cn
  质 量 反 馈：010-62772015，zhiliang@tup.tsinghua.edu.cn
  课 件 下 载：http://www.tup.com.cn，010-83470332
印 装 者：三河市人民印务有限公司
经 销：全国新华书店
开 本：185mm×260mm 印 张：21.25 字 数：491千字
版 次：2023 年 4 月第 1 版 印 次：2023 年 4 月第 1 次印刷
定 价：59.00 元

产品编号：095629-01

前　言

十八年前，由于为行政管理、公共事业管理专业新开设的"公共部门人力资源测评"课选配同名教材无果，遂决定自己动手撰写《公共部门人力资源测评讲义》，并置于公共组织与人力资源管理方向（课程组）下统筹计划，由学校教务处印刷供学生使用。后又针对公共部门人力资源测评相关研究和实践发展，结合学校实验室软件建设项目、专业建设和课程建设修订了两次，分别更名为《公共部门人力资源测评教程与实验指导》《公共部门人力资源测评》。本书就是在第二次修改稿的基础上，经过两年的修订完成的，总算起来是第三次修订了。

我国公共部门人力资源测评是人力资源（人员或人员素质）测评的原理及方法在公共部门（包括党政机关、事业单位、公益类国企、社会组织等）中的应用。毋庸多言，这需要充分考虑公共部门、公共部门人力资源及公共部门人力资源管理的特殊性。实际上，公共部门人力资源测评既是公共部门人力资源管理职能活动之一，也是公共部门人力资源管理其他职能活动的重要支撑，是公共部门人力资源管理的基础环节和科学依据。根据公共部门人力资源测评的逻辑、公共部门人力资源测评实践、课程教和学两方面的需要，以及笔者多年的相关教学、科研和实践经验，本书应分成三篇——理论基础篇、技术方法篇和具体应用篇，但鉴于课程学时、教材字数等，不再设置具体应用篇，而将相关理论、技术方法如何具体应用于公共部门人力资源测评，如公务员招录，事业单位人员招聘，公务员公开遴选、公开选调，党政领导干部、国有企事业单位公职人员选拔任用等，融合于具体章节之中，形成上下两篇。

上篇——公共部门人力资源测评理论基础，共包括七章：第一章公共部门人力资源测评概述，包括公共部门人力资源测评的概念、特点、内容及其特殊性、类型、作用，以及西方公共部门人力资源测评的历史发展；第二章我国公共部门人力资源测评演进，包括我国古代公共部门人力资源测评体系（测评的基础、目的、内容、制度、方法等），以及我国现代公共部门人力资源测评的发展；第三章公共部门人力资源测评基础，包括公共部门人力资源测评的客观基础、理论基础和工作基础；第四章公共部门人力资源测评指标体系及设计；第五章公共部门人力资源测评方法及选择；第六章公共部门人力资源测评质量检验，包括公共部门人力资源测评的误差、信度、效度和项目分析；第七章公共部门人力资源测评流程，包括公共部门人力资源测评从测评方案设计、组织实施、数据处理和结果分析、报告到反馈运用和评估改进的整个流程。

下篇——公共部门人力资源测评技术方法，共包括六章：第八章笔试；鉴于心理测验的内容较多，分为两章，即第九章心理测验（上）、第十章心理测验（下），并将职业兴趣与品德、态度、价值观的测验单独设立为节（第十章第一节、第二节），将情绪智力与管理、领导能力的测验也单独各设一节（第十章第三节、第四节）；第十一章面试；第十二章评价中心；第十三章其他测评方法，包括履历分析、民主推荐、考察和同行评价。

本书定位是：既可作为公共管理类各专业教材，也可作为公共部门管理者、组织人事部门干部（工作者）的参考书，还可供对识人、知人、选人、用人领域感兴趣的各类人员阅读。因此，本书力求："四个相结合"，即理论与实践相结合、学习与研究相结合、国内与国外相结合、历史与现实相结合；贴紧读者需求，在每章精心设置了学习目标、主要词汇、复习思考题、案例材料分析及推荐进一步学习阅读之书目；围绕学生应掌握的基本理论，应具备的基本能力和基本技能，注重理论学习、能力培养和技能训练的统一。

十八年来，从撰写讲义并经两次修订到最后这次成书，笔者的学生牟维伟、张宝同、王赛男、刘丽敏、王会玲、李瑞、孟鑫、黄嘉鸿、加朵朵等撰写了部分初稿、参与修订和承担了一些辅助工作，在此表示感谢！

十八年来，拜读了诸多名家的有关著作、教材、论文，引用、参考了许多文献和宝贵资料，借鉴了诸多专家学者的研究成果以及公共部门人力资源测评实践成果与有关网站的资料，在此表示感谢！还要说明的是，除已在书中标注之外，尚有一些遗漏，特别是早期撰写的讲义的有关内容，在此表示真诚谢意！

感谢我国著名人力资源管理专家、中国人民大学孙健敏教授几十年来的精心指导和具体帮助；感谢山东大学资产与实验室管理部付庆玖先生的认真指导和鼎力支持；感谢曹现强、马奔、朱启臻、杜敏、彭展、于萍、王佃利、吴东民、张天舒、楼苏萍、刘华兴、葛双林、张恒等领导、专家、教授的关爱、指导和帮助！

感谢山东大学高质量教材出版专项、教育教学改革研究项目（精品教材建设）的支持！感谢政治学与公共管理学院的教研支持和出版资助！感谢清华大学出版社编校团队的辛勤劳动！

公共部门人力资源测评发展迅速，囿于本人水平，书中难免有不妥、疏漏之处，诚盼同行专家和广大读者批评指正。

山东大学政治学与公共管理学院公共管理系教授、博士生导师
山东大学人才战略与区域发展研究中心主任　滕玉成
2022 年谷雨于青岛市即墨区鳌山湾畔

公共部门人力资源测评
教学建议

课程简介

公共部门人力资源测评是指公共部门或其委托的其他组织机构或个人依据一定标准和程序，运用科学的方法，对公共部门人力资源或公共部门人员的素质特征进行测量和评价，为公共部门人力资源管理决策或组织人事决策提供依据、支持的活动或过程，可视为人力资源测评的原理和方法在公共部门中的应用。当然，这需要充分考虑公共部门、公共部门人力资源及公共部门人力资源管理的特殊性。公共部门人力资源测评已成为公共部门人力资源管理的基础环节、科学依据和重要支持，是公共部门人力资源管理乃至组织管理的重要工具和技术手段。

在我国，公共部门人力资源主要包括党政机关、事业单位、公益性国企等公共部门的各类各级工作人员，包括党政机关干部、企业经营管理人员、事业单位管理人员或职员、企事业单位专业技术人员和高技能人员、社会工作者等，以及作为上述部门工作人员后备力量的大中专学校学生。

作为一种有目的的活动，公共部门人力资源测评所涉及的基本要素有：①人员，即测评者与被测者；②公共部门人力资源或人员的素质特征，包括生理素质特征和心理素质特征，当然主要是后者；③测评，测量与评价。

公共部门人力资源测评是建立在测量学、心理学、管理学、统计学、计算机技术等基础上的一种综合技术方法体系，是社会测评基本原理在公共部门人力资源管理中的具体应用。它根据公共部门或公共组织的组织特性及其职位或岗位需求，采用笔试、面试、心理测验、评价中心、履历分析、民主推荐、同行评议等多种方法，对公共部门人员的品德、知识、能力、人格等进行测评，为公共部门人力资源的招录/招聘、公开遴选、公开选调、选拔任用、绩效管理、薪酬管理、教育培训开发、职务职级晋升选拔等提供基本的依据，也为发挥公共部门人力资源的作用、促进公共部门人员的职业发展提供科学的服务。在公共组织和人力资源管理框架下，作为一种职能活动，公共部门人力资源测评具有相对独立性，同时又具有基础性——是公共部门人力资源管理的一块基石。

教学目的

作为一门课程，"公共部门人力资源测评"是公共管理类各专业的必修课或选修课，也可以作为理工农医、人文社科学等其他各专业的选修课。根据我国公共部门管理实际，公共部门人力资源测评也可称为公共部门人员测评、公共人才测评等。从全国范围看，在公共管理类专业，本课程开设时间已有二十多年，课程体系结构比较规范、成熟，基本揭示了公共部门人力资源测评活动的一般规律。其教学目的如下。

使学生在系统掌握公共部门人力资源测评基本概念、基本知识、基本理论的基础上，掌握公共部门人力资源测评指标体系及其设计、测评方法与选择、测评质量检验、测评流程，掌握笔试、心理测验、面试、评价中心，以及履历分析、民主推荐、考察和同行评价等公共部门人力资源测评技术方法，进而能够运用上述基本理论和技术方法设计公共部门人力资源测评体系（主要包括测评指标、测评方法选配及应用、测评检验、测评流程等），并实施、检验、评估测评。同时，通过分析公共部门人力资源测评过程中出现的问题及其原因，增强学生学习、研究、应用公共部门人力资源测评理论基础和技术方法的兴趣和能力，为进一步认识和把握人的行为规律，掌握求学择业的各种考试以及职场中的职务、职级、职称等晋升的测评理论和技术方法，优化对自己的能力、综合发展的认识和判断，并提升一般能力或通用性能力（如计划组织能力、综合分析能力、人际沟通能力、提出和解决问题的能力等）奠定坚实的基础。

教学任务

（1）针对公共部门人力资源测评理论基础，掌握公共部门人力资源测评的概念、特点、内容及其特殊性、类型、作用；了解西方公共部门人力资源测评的历史发展；熟悉我国公共部门人力资源测评的演进；把握公共部门人力资源测评的客观基础、理论基础和工作基础；掌握公共部门人力资源测评指标体系及其设计、测评方法与选择，以及测评的误差、信度、效度和项目分析；掌握公共部门人力资源测评流程，包括从测评方案设计、组织实施、数据处理和结果分析、报告到反馈运用和评估改进。

（2）针对公共部门人力资源测评技术方法，掌握笔试、心理测验、面试、评价中心，以及履历分析、民主推荐、考察和同行评价等。

（3）通过从测评的一般内容到各种测评技术方法的学习、研究，再到针对自己测评的实践应用，提高学生认识和分析自我的能力，以及计划组织、综合分析、人际沟通、提出和解决问题的能力；通过全面的学习、训练，培养学生的自主学习、创造性研究能力。

前期需要掌握的知识

最好掌握有关管理心理学或组织行为学、管理学或行政管理学等相关知识。

篇章节结构安排与教学课时分布建议

结合多数高校课时分配及本书的内容，2学分、32～36学时，具体内容及课时安排建议如下表所示。

教学内容、学习目标及课时安排建议

教学内容		学习目标（含要点）	课时安排	案例使用建议
第一篇 公共部门人力资源测评理论基础	第一章 公共部门人力资源测评概述	●掌握公共部门人力资源测评的概念和特点 ●掌握公共部门人力资源测评的内容及其特殊性 ●熟悉公共部门人力资源测评的类型和作用 ●了解西方公共部门人力资源测评的历史发展	2	本章案例资料分析
	第二章 我国公共部门人力资源测评演进	●熟悉我国古代公共部门人力资源测评体系：基础、目的、内容、制度和方法 ●了解我国现代公共部门人力资源测评的发展	1	本章案例资料分析
	第三章 公共部门人力资源测评基础	●熟悉公共部门人力资源测评的客观基础 ●掌握能力的概念与分类 ●掌握智力、创造力、人格、人职匹配、品德、态度和价值观等概念 ●掌握智力理论，人格理论，职业兴趣与选择理论，品德、态度和价值观理论 ●掌握三种测量理论 ●掌握职位分析的概念，熟悉职位分析的流程和方法 ●掌握职位说明书的内容和形式 ●掌握胜任力和胜任力模型的概念 ●熟悉胜任力模型构建的流程与方法	2~3	本章案例资料分析
	第四章 公共部门人力资源测评指标体系及设计	●掌握公共部门人力资源测评指标的概念 ●掌握公共部门人力资源测评标志的概念和形式 ●掌握公共部门人力资源测评标度的概念和类型 ●掌握公共部门人力资源测评指标体系的概念和基本模型 ●掌握公共部门人力资源测评指标体系设计的原则和程序 ●掌握公共部门人力资源测评指标的确定方法 ●掌握公共部门人力资源测评指标权重的确定 ●掌握公共部门人力资源测评指标的计量	2~3	本章案例资料分析
	第五章 公共部门人力资源测评方法及选择	●掌握公共部门人力资源测评的主要方法及党规国法的规定 ●掌握公共部门人力资源测评方法选择的依据 ●掌握公共部门人力资源测评方法选择的原则	1	本章案例资料分析
	第六章 公共部门人力资源测评质量检验	●掌握误差的概念、类型、来源与控制 ●掌握信度、效度、难度和区分度的概念 ●掌握信度、效度的类型、估计方法、影响因素与提高方法 ●掌握难度、区分度的概念和计算方法 ●熟悉效度与信度的关系 ●熟悉难度与区分度的关系	2	本章案例资料分析

教学内容		学习目标（含要点）	课时安排	案例使用建议
第二篇 公共部门 人力资源 测评技术 方法	第七章 公共部门人力资源测评流程	●掌握公共部门人力资源测评通用流程 ●了解公务员录用、公开遴选、党政领导干部选拔任用，以及事业单位公开招聘工作人员和内部竞聘上岗程序的程序 ●掌握公共部门人力资源测评方案的内容 ●掌握公共部门人力资源测评方法、工具的选择、修订或研制 ●掌握公共部门人力资源测评方案组织与实施 ●掌握公共部门人力资源测评数据处理与结果分析 ●掌握公共部门人力资源测评报告撰写 ●熟悉公共部门人力资源测评结果反馈运用与评估改进	2	本章案例资料分析
	第八章 笔试	●掌握笔试的概念、优缺点、类型和流程 ●熟悉公务员考录、公开遴选与事业单位招聘笔试 ●掌握笔试试题的类型、命制方式、命制原则、常见题型及命制要点 ●掌握布鲁姆认知目标分类及其修订 ●掌握双向细目表	4	本章案例资料分析
	第九章 心理测验（上）	●掌握心理测验的概念、要素、优缺点及需特别注意的若干问题 ●熟悉心理测验的类型 ●掌握能力测验和人格测验的相关概念 ●掌握智力测验、能力倾向测验、成就测验与创造力测验 ●掌握自陈量表的内涵及其特点 ●掌握投射测验的内涵、假设与优缺点 ●熟悉常见的人格测验 ●掌握人格测验的特殊问题	3	本章案例资料分析
	第十章 心理测验（下）	●掌握职业兴趣测验的概念 ●熟悉常见的职业兴趣测验 ●熟悉品德测验、态度测验的相关方法 ●熟悉价值观测验的几种量表 ●掌握情绪智力的概念和内容 ●熟悉情绪智力的作用、负面效应与测量工具 ●掌握管理与领导能力的测验	3	本章案例资料分析
	第十一章 面试	●掌握面试的概念、优缺点、内容、类型和流程 ●掌握面试试题命制、评分表设计与面试考官的素质要求及培训 ●掌握面试的技巧、主观偏差与控制 ●掌握结构化面试的概念、特征和优缺点 ●掌握行为描述面试和情境面试 ●掌握结构化面试应注意的问题	4	本章案例资料分析

教学内容		学习目标（含要点）	课时安排	案例使用建议
	第十二章 评价中心	●掌握评价中心的概念、10 个要素、特点、优缺点和主要形式 ●掌握评价中心的原理、评价要素、流程、应用及设计实施应注意的问题 ●掌握无领导小组讨论的概念、流程、优缺点和类型 ●掌握文件筐测验的概念、流程、优缺点 ●熟悉评价中心其他方法	4～5	本章案例资料分析
	第十三章 其他测评方法	●掌握履历分析的概念、理论基础、优缺点、作用、流程、问题及应对建议。 ●掌握履历表的种类和设计。 ●掌握履历分析测评指标与其选项和权重的确定、评分标准设计及量化统计分析。 ●掌握民主推荐的概念、形式、程序和人员范围。 ●掌握民主推荐与民主测评的差异，以及存在的问题及改进方向。 ●掌握考察的概念、内容、程序和方法。 ●掌握考察人选的确定，以及存在的问题及改进方向。 ●掌握同行评价的概念、优缺点、内容、形式、存在的问题及改进方向。	2～3	本章案例资料分析
总教学课时			32～36 学时	

目录

上篇　公共部门人力资源测评理论基础

下篇　公共部门人力资源测评技术方法

上篇　公共部门人力资源测评理论基础

第一章

公共部门人力资源测评概述

【学习目标】

- 掌握公共部门人力资源测评的概念和特点。
- 掌握公共部门人力资源测评的内容及特殊性。
- 掌握公共部门人力资源测评的类型和作用。
- 了解西方公共部门人力资源测评的历史发展。

第一节　公共部门人力资源测评的概念和特点

一、公共部门人力资源测评的概念

（一）人力资源测评

人力资源测评多被称为人员测评、人才测评、人员素质测评、人才素质测评等，结合国内外有代表性观点，人力资源测评是指运用科学的测评技术方法（以下简称"方法"）对人力资源或人的素质特征进行测量与评价，为人力资源管理决策或组织人事决策提供科学依据或支持的活动或过程。它主要包括人力资源测量和人力资源评价两个环节。

1. 人力资源测量

人力资源测量是指运用一定的法则，用数字或符号对人的素质特征进行定量描述的活动或过程。一方面，测量需要根据"一定的法则"，即测量要根据规则、原理、方法、程序等进行，如测量人的智力，是根据智力理论编制测验，了解被测者在测验上的得分。另一方面，测量的是人的稳定的素质特征，这是测量的客体，即测评的内容（详见本章第二节），人力资源测量就是要确定人的素质特征的差异。因此，人力资源测量就是根据一定的法则，采用一定的程序，用数字或符号对人力资源素质确定出一种数理化的价值。[1]需要说明以下几点。

首先，有的将测量的参照点和单位称为测量的两个要素，还有的将法则（参照点和单位）、数字或符号、测量的事物称为测量的三要素或三元素。其中，参照点即计算的起点，分为绝对参照点和相对参照点。前者即绝对零点，如测量体重等使用的都是绝对零点；后

---

① 郑日昌，孙大强. 心理测量与测验[M]. 2 版. 北京：中国人民大学出版社，2013：19.

者是人为设定的零点,对人的心理和行为测量所用的参照点都是人定的,这有很大的限制,就是从该点起计算的数值不能以"倍数"的方式解释,如甲的智商为100,乙的智商为50,不能说甲的智力是乙的两倍,因为没有零智力。

其次,测量的结果总是对人力资源素质特征的量的确定。虽然有时人们把诸如"1"代表男、"0"代表女这样的做法也叫作测量,但这里的数字实际上仅是一种分类符号,并不是有意义的数量。而所谓"数量"不仅指描述事物特征的符号,而且指一种有序的量,具有四个特性:①区分性,即一个数(如"1")不同于另一个数(如"2");②序列性,即 $1 < 2 < 3 < 4……$;③等距性,即 $2 - 1 = 1$,$3 - 2 = 1$,所以,$2 - 1 = 3 - 2$;④可加性,即一个数加另一个数产生第三个数。数量的这些特点是一切数学运算的基础,也正是基于此,对包括人在内的测量对象特征差异的测量才成为可能。当然,有些测量的定量描述的精确度高些,而另一些的精确度就低些,这是正常的,既与测量对象的性质有关,也与测量所用工具有关。[①]

最后,测量分为直接测量和间接测量。前者是指用一个工具直接对测量对象进行测量,如测量身高,而后者是指对抽象概念的测量,无法对测量对象直接进行观察和测量,如测一个人的管理能力,无法直接拿某个工具去测,只能是通过某种方法观察他的言行举止,以此来"代表"其管理能力。在这个过程中,观察的是其言行举止,但测的是其管理能力。大多数人力资源素质特征都属于内在特征,对内在特征的测量都属于间接测量,即以行为为测量对象,间接地测量某个心理属性或社会属性,如能力、态度、价值观等。

2. 人力资源评价

人力资源评价是指依据定量描述或直觉经验来确定人的素质特征的价值的活动或过程,即以测量为基础,通过对测量环节得到的有关素质特征的信息进行概括和描述,结合组织和职位的要求等,做出价值评判。因此,这不是简单对测量得到的信息进行归纳总结,而是一个主观性和客观性的统一过程,基于分析信息又超越分析信息。定量描述、加权和价值判断被称为评价的三个要素。

由上可知,①测量是对人的素质特征进行定量分析,使其具有类似"数"的性质和形式,从而用数字对人的素质特征进行描述。这个定量的过程,是人力资源测评科学化的重要保证。而评价是定性的过程,是对测量的定量结果进行综合定性分析,即对前述定量描述进行主观分析、判断和推测,衡量其价值和意义。②测量和评价都要依赖某种法则,但区别在于:测量与评价的法则是不同的,测量并不关注人的素质特征的价值大小,但评价需要关注其价值,评价是一种价值判断,是为最终的人力资源管理决策服务的。③二者既有区别,又有联系。测量是评价的基础和前提,测量使评价有了可参考的证据,评价因此而变得科学客观;而评价是测量的目的和归宿,评价使测量有了现实意义,测量的结果因此有了存在的价值。例如,某人的工作效率测量得分为 20 分,20 分就是对他工作效率的描述;根据标准,20 分属于"良好"级,那么,良好就是其价值。二者有机结合为一个整体,那些将二者分离、等同或简单相加的认识都是片面的。

最后还要说明的是,与测量相关的一个概念——测验。简单地说,测验是一种测量某

---

① 戴海崎,张锋. 心理与教育测量[M]. 4 版. 广州:暨南大学出版社,2018:2.

一行为样本的系统性程序[①]，广义上可以概括测量的所有技术、工具或者程序，其系统性表现为内容、实施和计分[②]；测验是测量的工具之一，测验要求被测者对项目或任务做出反应，施测者可从中推断出所测属性的情况。[③]因此，在测验中必须要求个体完成某种任务，但测量中不必如此，测量是通过观察来完成的，在自然观察的过程中，测量并不要求个人做出任何反应。但的确在许多场合，二者被作为同义词使用。毕竟这两个概念的内涵在很大程度上是重叠的，但又存在显著的区别。如从心理学角度看，心理测验是了解人类心理的工具，主要在"名词"意义上使用；而心理测量是以测验为工具来了解人类心理的活动，主要在"动词"意义上使用。相对而言，心理测量的意义更为广泛一些。能被用于实际心理测量的心理测验才是真正有效的测验工具。当然，不应用规范标准的心理测验工具的心理测量活动也不能称为科学的测量。[④]从如下事例可以清楚地辨识测量、测验和评价之间的关系。例如，某单位招聘面试，用多种工具来测量应试者的相关素质，如以智力测验测其智力水平、以演讲测其语言表达能力、以文件筐测验测其信息处理能力等，得到若干测量结果，反映了每个应试者某些方面的属性，面试考官必须从这些测量结果或数据中评价或确定每个应试者的本质特征，为最终是否录用提供依据。在这个过程中，测量是指智力测验、演讲、文件筐测验等，根据这些测量的数据和结果，面试考官依据某个标准（类似于人们平时所说的"录取线"），对每个应试者的结果进行评价和判断，参照单位的用人原则和标准，判断其是否符合要求，是否达到标准，以作为提供客观可靠的决策的依据和建议，这个过程就是评价的过程。[⑤]

（二）公共部门人力资源测评

公共部门人力资源测评是指公共部门或其委托的其他组织机构或个人依据一定标准和程序，运用科学的方法，对公共部门人力资源或公共部门人员的素质特征进行测量和评价，为公共部门人力资源管理决策或组织人事决策提供依据或支持的活动或过程。这可视为人力资源测评的原理和方法在公共部门中的应用。当然，这需要充分考虑公共部门、公共部门人力资源及公共部门人力资源管理的特殊性。公共部门人力资源测评已成为公共部门人力资源管理的基础环节、科学依据和重要支持，是公共部门人力资源管理活动的重要工具和技术手段。

在我国，公共部门人力资源主要包括党政机关、事业单位、公益性国企等公共部门的各类各级工作人员，包括党政机关干部、企业经营管理人员、事业单位管理人员或职员、企事业单位专业技术人员和高技能人员、社会工作者等，以及作为上述部门工作人员后备力量的大中专学校学生。这些学生主要涉及公共部门人力资源的招录/招聘等。

作为一种有目的的活动，公共部门人力资源测评所涉及的基本要素有：一是人员，即

① BROWN F G. Principle of educational and psychological testing[M]. 3rd ed. New York, NY: Holt, Rinehart & Winston, 1993.

② 卡西欧，阿吉斯. 心理学与人力资源管理[M]. 7版. 北京：中国人民大学出版社，2017：98.

③ 萨克斯，牛顿. 教育和心理的测量与评价原理[M]. 4版. 南京：江苏教育出版社，2002：17.

④ 郑日昌，孙大强. 心理测量与测验[M]. 2版. 北京：中国人民大学出版社，2013：22.

⑤ 孙健敏. 人力资源测评理论与技术[M]. 2版. 北京：首都经济贸易大学出版社，2014：8.

测评者与被测者；二是公共部门人力资源或人员的素质特征，包括生理素质特征和心理素质特征，当然主要是后者；三是测评——测量与评价。

公共部门人力资源测评是建立在测量学、心理学、管理学、统计学、计算机技术等基础上的一种综合技术方法体系，是社会测评基本原理在公共部门人力资源管理中的具体应用。它根据公共部门或公共组织的组织特性及其职位或岗位需求，采用笔试、面试、心理测验、评价中心、履历分析、民主推荐、同行评价等多种方法，对公共部门人员的品德、知识、能力、人格等进行测评，为公共部门人力资源的招录/招聘、公开遴选、公开选调、选拔任用、绩效管理、薪酬管理、教育培训开发、职务职级职称晋升等提供基本的依据，也为发挥公共部门人力资源的作用、促进公共部门人员的职业发展提供科学的服务。在公共组织和人力资源管理框架下，作为一种职能活动，公共部门人力资源测评具有相对独立性，同时又具有基础性——是公共部门人力资源管理的一块基石。

二、公共部门人力资源测评的特点

（一）公共性、政治性、法治性和公开性

公共部门人力资源测评是公共部门人力资源管理的一项基础性的职能活动，是公共部门利用公共权力，以实现公共利益为目的、围绕公共产品和服务的供给进行的，当然具备公共部门人力资源管理的公共性、政治性、法治性和公开性等特点[1]，既依法公开进行，接受公民监督与组织成员的监督，又要坚持党的领导。相关党内法规、国家法律法规较多，如《中华人民共和国公务员法》（以下简称《公务员法》）、《党政领导干部选拔任用工作条例》《中国共产党国有企业基层组织工作条例（试行）》《公务员录用规定》与《事业单位人事管理条例》[2]，以及不同行业的法律法规等，如教育行业的《中华人民共和国教师法》《中共中央 国务院关于全面深化新时代教师队伍建设改革的意见》等[3]；医护人员的《中华人民共和国执业医师法》《护士条例》《公立医院领导人员管理暂行办法》等；城乡社区工作者的《中华人民共和国城市居民委员会组织法》《中华人民共和国村民委员会组织法》与《中国共产党农村基层组织工作条例》《关于加强和改进城市基层党的建设工作的意见》等。[4]其中明确规定，公务员制度坚持中国共产党领导，坚持以马克思列宁主义、毛泽东思想、邓小平理论、"三个代表"重要思想、科学发展观、习近平新时代中国特色社会主

---

① 滕玉成，于萍. 公共部门人力资源管理[M]. 上海：复旦大学出版社，2018：17-18.

② 还有《行政执法类公务员管理规定（试行）》《聘任制公务员管理规定（试行）》《公务员职务、职级与级别管理办法》等。另外，针对不同的公务员队伍，还有不同的法律法规，如《中华人民共和国法官法》《中华人民共和国检察官法》《中华人民共和国监察法》《中华人民共和国驻外外交人员法》《中华人民共和国人民警察法》《中华人民共和国海关法》《中华人民共和国律师法》等。

③ 还有《中华人民共和国教育法》《中华人民共和国义务教育法》《中华人民共和国高等教育法》《中华人民共和国职业教育法》《中华人民共和国学前教育法》《深化新时代教育评价改革总体方案》《关于深化职称制度改革的意见》《高等学校领导人员管理暂行办法》《中小学校领导人员管理暂行办法》等。

④ 还有《中国共产党农村工作条例》《中国共产党支部工作条例（试行）》《中共中央 国务院关于加强和完善城乡社区治理的意见》《中共中央 国务院关于实施乡村振兴战略的意见》《关于加强和改进乡村治理的指导意见》等。

义思想为指导，贯彻社会主义初级阶段的基本路线，贯彻新时代中国共产党的组织路线，坚持党管干部原则（《公务员法》第四条）；而对"公务员的管理，坚持公开、平等、竞争、择优的原则，依照法定的权限、条件、标准和程序进行"（《公务员法》第五条），对"公务员的任用，坚持德才兼备、以德为先，坚持五湖四海、任人唯贤，坚持事业为上、公道正派，突出政治标准，注重工作实绩"（《公务员法》第七条）。事业单位人事管理，坚持党管干部、党管人才原则，全面准确贯彻民主、公开、竞争、择优方针（《事业单位人事管理条例》第二条）。国有企业党组织工作坚持党管干部、党管人才，培养高素质专业化企业领导人员队伍和人才队伍[《中国共产党国有企业基层组织工作条例（试行）》第三条（三）]，这是把握我国公共部门人力资源测评特点，区别公共部门人力资源测评与其他人力资源测评，如私营部门人力资源测评的根本点。下述特点与其他组织的人力资源测评基本相同。

（二）客观性

公共部门人力资源测评是以科学的测评理论、数据处理与统计分析、测评标准与程序为前提的，从而尽量减小了测评者和被测者无关的主观因素对测评结果的影响，保证测评结果的客观性。这是保证一切测评活动公正客观的基本要求。当然，这并非说公共部门人力资源测评达到了百分之百的客观准确，只是说尽可能达到客观、可靠。

（三）相对性

一方面，这是指测评结果具有相对性。同其他任何测评一样，公共部门人力资源测评也力求尽量客观准确地反映被测者素质的实际状况，但鉴于不同的测评者对测评的目标、工具的使用、结果的解释等都难免带有个人色彩，而被测者的个体素质构成又复杂多变且抽象模糊，何况任何测评方法都有其局限性，所以，测评结果总是存在一定的误差。另一方面，测评结果的评价标准具有相对性。从道理上讲，任何测评都应有参照点，但人力资源测评没有参照点，即没有绝对零点。通常情况下，每个人的测评结果，都会是在一个连续体上的某个位置，因此，测评也就是确定人与人在这个序列上的相对位置。例如，一个人能力的高或低，是以其所在群体中大多数人的能力或某种人为的标准相比较而言的，即在整个分数序列、行为序列中的相对地位，这个人为设计用来比较的标准，一般称之为常模，显然，常模不同，测评结果的意义也不同。所以，这是一种相对的测评。可见，标准或常模是需要及时修订的。

（四）抽样性

这是从统计学角度提出的。从理论上讲，测评的范围越广，获得的相关信息越充分、越全面，测评结果就越有效、越客观，但在实际测评中，这只是个理想情况，因为不可能在有限的时间内掌握被测者的全部表征信息。实际上这也没有必要，因为任何一种测评技术都不能百分之百地测出被测者的特征信息，只能本着"部分能够反映总体"的原理进行抽样测评，在保证足够的样本和代表性的前提下，从样本的测量结果来推断全部待测内容的特征。这就要求：第一，一次测评不可能也不需要涵盖反映该心理特征的所有行为表现；

第二，抽取的样本必须能够全面衡量该心理特征，不能有所遗漏；第三，抽取的行为样本确实是该心理特征的典型行为表现。

（五）间接性

人的素质特征多数是内在的，如态度、能力、人格、价值观等，目前尚无法直接对其测量，都是间接测量，即通过被测者在具体情境下所表现出来的外显行为进行推断，也就是从个体的外在行为模式来推知其内在的素质特征。这实际上暗含着一个假设：在其他条件一定时，个体内在的心理特征决定其外在行为表现，虽然不可能对其内在特征本身进行直接测量，但可以通过个体表现出来的行为特征对其进行间接的推测和判断。

需特别说明的是，第一，之所以用公共部门人力资源测评，是为了进一步强调人力资源是第一资源，突出公共部门人力资源测评是公共部门人力资源管理的一项重要职能。其中，这和人才测评的区别主要来自人力资源与人才的差异，但也常常混用。除此之外的测评理论、测评方法等是相同的。第二，有人常将测试、测验、测查、测度、测定、考试、考察、考查、考评、考核、评估、评定、评判，甚至测量、评价等，与测评做同义词或近义词而应用于不同的方法或情境，这有的是源于对 personnel assessment 与 assessment 的翻译不同，有的是基于中文在不同测评方法、工具或人力资源管理环节上的习惯用法，但也有个别用法不妥，本书尊重各习惯用法，在尽可能保证教材逻辑清晰和用语统一的前提下，沿用了在特定场合或情境、具体测评方法和工具下的习惯用法；同时，兼顾《公务员法》《党政领导干部选拔任用工作条例》《事业单位人事管理条例》等党规国法的规定。第三，在不同的测评方法、工具中，测评者即主试者还被称为考官、阅卷者（评阅人、评分者）、面试考官、评价者等，而被测评者即被试者也被称为被测者、考生、求职者、应聘者、报（应）考者、应试者、被试者、受测（评）者、被面试者、被评价者等，同理，本书也在保证逻辑清晰和用语统一——使用测评者和被测者的前提下，对特定场合或情境、具体测评方法和工具沿用习惯用法；同时，也兼顾《公务员法》等党规国法的规定。

第二节　公共部门人力资源测评的内容及特殊性

一、公共部门人力资源测评的内容

（一）公共部门人力资源测评的内容——素质的内涵

从一般意义上讲，测评的内容是公共部门人员或准公共部门人员（如学生）个人稳定的素质特征。"素"，《辞源》和《辞海》释为"白色生绢"，引为"白色""始""本"与"真情"等，也指构成事物的基本成分或带根本性的物质；"质"，《辞源》和《辞海》释为"实""本质""性质""禀性"；"素质"，《辞源》释为白色质地、本质，《辞海》释为本质、素养，是人或事物在某些方面的本来特点和原有基础。在心理学上，素质是指人的先天的解剖生理特点，主要是感觉器官和神经系统方面的特点。它是人的心理发展的生理条件，但不能决定人的心理内容和发展水平。实际上，不同的学科、不同的学者从不同的角度对其有不同的解释。

对于素质的构成，不同的学科也有不同的划分标准和结论。例如，毛泽东提倡德、智、体全面发展；有的将其分为德、识、才、学、体；有的又分为能力因素（如科学智能和社会智能）、动力因素（如兴趣、动机和价值观等）和个人风格因素（情绪、需要、气质、性格等），其中能力因素解决能不能干，动力因素解决为什么干，个人风格因素解决具体怎么干[①]；有的分成能力特征、动力特征、个人风格特征、知识技能特征与品德特征[②]，有的还分为自然素质（包括人体形态、健康状况、生理特征和运动技能）、心理素质（包括知识水平、智商与能力、人格素质、动机和倾向性）和社会素质（包括理想信念、道德操守、人际关系和价值观）[③]；有的分为品德、心智、能力、文化和身体[④]；还有的分为德、智、能、勤、绩、体[⑤]，或身体素质、心理素质（包括知识、技能，能力及潜能，个性倾向性与性格特征）[⑥]。

一般而言，素质包括身体素质或生理素质和心理素质两大部分。前者是个体的体质、体力和精力的总和。后者又分为狭义和广义两种，狭义的心理素质包括品德素质、智能素质、心理健康素质及其他个性素质，而广义的心理素质在狭义的心理素质基础上，增加了文化素质。其中，品德素质包括政治品质、思想品质、道德品质、法纪品质等，智能素质包括知识、智力、技能和才能，文化素质则包括文化的广度、深度及工作、生活的经验等。良好的身体素质是其他一切素质发展和事业成功的生理基础，心理素质是个体发展和事业成功的关键所在。

实际上，虽然不同学科对素质的解释不同，但有一点是共同的，即素质是以人的生理和心理实际做基础、以其自然属性为基本前提的。也就是说，个体生理的、心理的成熟水平的不同决定着个体素质的差异，因此，对人的素质的理解要以人的身心组织结构及其质量水平为前提。素质具有基础作用性、稳定性、可塑性、内在性、差异性、可分解性等特征，是遗传、教育与社会活动等的综合影响结果。毫无疑问，素质在个人的行为与发展、工作的完成和工作成就的提高等方面具有决定性的作用，这也验证了测评的价值所在。

（二）我国公共部门人力资源测评的主要内容

2003 年，国家人事部印发《国家公务员通用能力标准框架（试行）》，提出了公务员九项通用能力标准：政治鉴别能力、依法行政能力、公共服务能力、调查研究能力、学习能力、沟通协调能力、创新能力、应对突发事件能力、心理调适能力。随后，几个地方推出了地方的公务员通用能力标准框架，如 2004 年上海市推出了《上海市国家公务员

---

① 刘远我. 人才测评方法与应用[M]. 3 版. 北京：电子工业出版社，2015：16-19.
② 凌文辁，柳士顺，谢衡晓，等. 人员测评——理论、技术与应用[M]. 北京：科学出版社，2010：4-6.
③ 郭朝辉. 人才素质测评技术[M]. 北京：北京大学出版社，2018：5-6.
④ 赵曙明，赵宜萱. 人才测评——理论、方法、工具、实务[M]. 北京：人民邮电出版社，2019：9.
⑤ 苏永华. 人才测评概论[M]. 2 版. 北京：中国人民大学出版社，2016：10-11.
⑥ 王淑红. 人员素质测评[M]. 北京：北京大学出版社，2012：24-25.

能力素质标准》，广东省推出了《广东省国家公务员通用能力标准框架（试行）》。2006年，苏州市推出《2006年—2010年苏州市公务员能力建设纲要》；2007年，深圳市在上述九项通用能力标准基础上，补充了国际惯例认知能力、外语及跨文化沟通能力和信息处理能力。

2013年，甘肃省印发《甘肃省处级以下国家公务员公共能力建设标准（试行）》。2016年，《青海省党政干部通用基本能力标准（试行）》《青海省党政干部通用基本能力评价标准（试行）》《青海省党政干部基本能力测评办法（试行）》和《青海省党政干部通用基本能力训练大纲（试行）》和文秘、档案、教育管理、安全生产监管4个岗位干部专业基本能力标准办法大纲印发执行；各省直单位已制定46个标准办法大纲，以后全省党政干部都将参加基本能力训练、测评和任职，从而形成"先培训、后上岗，先测评、后任职"的基本能力准入机制。另外，山西省制定了统计从业人员专业能力标准：统计数据采集能力、统计数据整理能力、统计数据审核评估能力、统计预测预判能力、统计分析解读能力、统计咨询服务能力、统计资料管理能力和统计普法执法能力。

近几年，不少地方正在分类分级制定相应的干部通用能力和专业能力标准，进一步推动了干部能力标准的制定和完善，进而以此作为干部测评、任职和教育培训的依据。因此，综合相关理论和学术研究、中央有关要求和各地探索，我国公共部门人力资源测评的内容主要分为：

1. 品德

品德包括政治品德、社会公德、职业道德、家庭美德、个人品德等（有关品德的界定和理论详见第三章第二节）。

2. 知识

知识是人们在生活、学习、工作等实践活动中所获得的认识和经验的总和，按教育心理学家本杰明·布鲁姆（Benjamin Bloom）1956年提出的认知领域教育目标分类，从低到高分为六个层次：知识（知道）、理解（领会）、应用（运用）、分析、综合、评价；2001年修订为记忆、理解、应用、分析、评价和创造（详见第八章第二节）。

3. 能力

能力是指成功完成某种活动所需的个性心理特征，包括现实能力和潜在能力、一般能力即智力和特殊能力等。这与知识、技能有一定交叉。为此，有的把知识、技能和能力合为一起，即KSAs（knowledge skills and abilities）（能力的概念和分类详见第三章第二节）。

4. 动力

动力包括兴趣、动机和价值观等。其中动机是指由特定需要引起的，激发和维持个体活动，使活动朝向一定目标的内部动力。动机是个体的内在过程，行为是这种内在过程的表现。动机四个基本成分之间的关系可以概括为：需要产生时，激活某种驱力，然后以一系列的行为反应来达到目标以满足需要。当目标得到满足时，需要就会消退，驱力的强度也开始减弱，当降低到一定程度，行为反应就会终止；然后，当需要再次产生，又会激发驱力，并引发行为反应以达到目标。由此构成了一个循环往复的过程。从动机与行为的关系分析，动机具有激活、指向、维持和调整功能（关于兴趣、价值观详见第三章第二节）。

5. 人格

人格即个性，包括个性倾向性和个性心理特征。这里的人格与上述能力、动力等有一定交叉（详见第三章第二节）。

当然，第一，上述测评内容或素质的确定，就是要解决"测什么"的问题，可以通过职位分析、胜任力分析等获得（详见第三章第三节）。第二，具体施测还需要将测评内容——素质具体化，顺序确定测评目标、测评项目和测评指标，建立测评指标体系（详见第四章）。

二、公共部门人力资源测评内容的特殊性

我国公共部门人力资源及其测评，特别是党政机关干部、国有企事业单位公职人员，除具有公共部门人力资源及其测评的一般特点外，还具有如前所述的公共性、政治性、法治性和公开性等特点，这也就决定了我国公共部门人力资源测评内容的特殊性。

（一）全面的素质要求与高的政治素质相结合

我国公共部门人力资源中的干部都是党的干部，其中的共产党员必须拥护党的纲领，遵守党的章程，履行党员义务，执行党的决定，严守党的纪律，保守党的秘密，对党忠诚，不搞"政治中立"或"价值中立"。如《公务员法》第二条第二款规定：公务员是干部队伍的重要组成部分，是社会主义事业的中坚力量，是人民的公仆。《公务员法》第十三条规定了公务员应当具备下列条件：具有中华人民共和国国籍；年满十八周岁；拥护中华人民共和国宪法，拥护中国共产党领导和社会主义制度；具有良好的政治素质和道德品行；具有正常履行职责的身体条件和心理素质；具有符合职位要求的文化程度和工作能力；法律规定的其他条件。同时，做出了不得录用的禁止性规定。《公务员录用规定》做出了不得报考的禁止性规定。《公务员法》第四十五条规定：公务员晋升领导职务，应当具备拟任职务所要求的政治素质、工作能力、文化程度和任职经历等方面的条件和资格。

《公务员公开遴选办法》第十二条规定，报名参加公开遴选的公务员，应当具备下列资格条件：政治立场坚定、政治素质过硬，增强"四个意识"、坚定"四个自信"、做到"两个维护"；具有良好的业务素质，品行端正，实绩突出，群众公认；一般应当具有两年以上基层工作经历；一般应当在本级机关工作两年以上，年度考核没有基本称职以下等次；具有公开遴选职位要求的工作能力和任职经历；报名参加中央机关、省级机关公开遴选的一般应当具有大学本科以上文化程度，报名参加市（地）级机关公开遴选的一般应当具有大学专科以上文化程度；具有正常履行职责的身体条件和心理素质；公务员主管部门规定的其他资格条件；法律法规规定的其他条件。同时，第十三条做出了不得参加公开遴选的禁止性规定。

《党政领导干部选拔任用工作条例》强调：选拔任用党政领导干部，必须把政治标准放在首位；树立注重基层和实践的导向，大力选拔敢于负责、勇于担当、善于作为、实绩突出的干部。并在第二章选拔任用条件的第七条对党政领导干部选拔任用条件做出了更加详细的规定①，第八条又规定了提拔担任党政领导职务的应当具备的基本资格。

要注意到，在我党历史上，从毛泽东的"又红又专"到邓小平的"革命化、年轻化、知识化、专业化"，都是当时的好干部标准。2013年6月，习近平首次提出了新时代好干部标准：信念坚定、为民服务、勤政务实、敢于担当、清正廉洁；强调各级干部要做到"三严三实"，政法队伍要做到"三个必须"、民族地区干部要做到"三个特别"、立法执法司法干部要做到"五个过硬"和"四个忠于"等②；后于2015年12月提出了"培养造就一支具有铁一般信仰、铁一般信念、铁一般纪律、铁一般担当"的"四铁"干部队伍；又在2018年7月系统阐述了新时代好干部的标准："我们落实党管干部原则，强化党组织领导和把关作用，着力培养选拔信念坚定、为民服务、勤政务实、敢于担当、清正廉洁的好干部。"同时还要注意"把政治标准放在第一位。政治标准是硬杠杠。这一条不过关，其他都不过关。如果政治不合格，能耐再大也不能用"。而所谓高素质，第一位的就是政治素质；所谓专业化，是指在政治素质过硬、具有较高领导能力前提下的专业化。高素质专业化，通俗地讲就是德才兼备、又红又专，就是政治上靠得住、工作上有本事、作风上过得硬。建设高素质专业化干部队伍，既要政治素质过硬，还要本领高强，集多本领于一身。

---

① 《党政领导干部选拔任用工作条例》第七条规定：党政领导干部必须信念坚定、为民服务、勤政务实、敢于担当、清正廉洁，具备下列基本条件：（一）自觉坚持以马克思列宁主义、毛泽东思想、邓小平理论、"三个代表"重要思想、科学发展观、习近平新时代中国特色社会主义思想为指导，努力用马克思主义立场、观点、方法分析和解决实际问题，坚持讲学习、讲政治、讲正气，牢固树立政治意识、大局意识、核心意识、看齐意识，坚决维护习近平总书记核心地位，坚决维护党中央权威和集中统一领导，自觉在思想上政治上行动上同党中央保持高度一致，经得起各种风浪考验；（二）具有共产主义远大理想和中国特色社会主义坚定信念，坚定道路自信、理论自信、制度自信、文化自信，坚决贯彻执行党的理论和路线方针政策，立志改革开放，献身现代化事业，在社会主义建设中艰苦创业，树立正确政绩观，做出经得起实践、人民、历史检验的实绩；（三）坚持解放思想，实事求是，与时俱进，求真务实，认真调查研究，能够把党的方针政策同本地区本部门实际相结合，卓有成效地开展工作，落实"三严三实"要求，主动担当作为，真抓实干，讲实话、办实事、求实效；（四）有强烈的革命事业心、政治责任感和历史使命感，有斗争精神和斗争本领，有实践经验，有胜任领导工作的组织能力、文化水平和专业素养；（五）正确行使人民赋予的权力，坚持原则，敢抓敢管，依法办事，以身作则，艰苦朴素，勤俭节约，坚持党的群众路线，密切联系群众，自觉接受党和群众的批评、监督，加强道德修养，讲党性、重品行、作表率，带头践行社会主义核心价值观，廉洁从政、廉洁用权、廉洁修身、廉洁齐家，做到自重自省自警自励，反对形式主义、官僚主义、享乐主义和奢靡之风，反对任何滥用职权、谋求私利的行为；（六）坚持和维护党的民主集中制，有民主作风，有全局观念，善于团结同志，包括团结同自己有不同意见的同志一道工作。

② "三严三实"：严以修身、严以用权、严以律己，谋事要实、创业要实、做人要实。"三个必须"：面对重大政治考验，必须旗帜鲜明、挺身而出，绝不能当"骑墙派"；面对歪风邪气，必须敢于亮剑、坚决斗争，绝不能听之任之；面对急难险重任务，必须豁得出来、顶得上去，绝不能畏缩不前。"三个特别"：明辨大是大非立场特别清醒、维护民族团结行动特别坚定、热爱各族群众感情特别真挚。"五个过硬"：政治过硬、业务过硬、责任过硬、纪律过硬、作风过硬。"四个忠于"：忠于党、忠于国家、忠于人民、忠于法律。"四有"：心中有党、心中有民、心中有责、心中有戒。

因此，每个干部要按照新时代好干部标准，不断加强自身的党性修养，坚定理想信念，牢固树立"四个意识"，坚定"四个自信"，对党忠诚、个人干净、勇于担当。敢于担当是党的干部必须具备的基本素质，"面对大是大非敢于亮剑，面对矛盾敢于迎难而上，面对危机敢于挺身而出，面对失误敢于承担责任，面对歪风邪气敢于坚决斗争"。[①]建设堪当民族复兴重任的高素质干部队伍。全面建设社会主义现代化国家，必须有一支政治过硬、适应新时代要求、具备领导现代化建设能力的干部队伍。坚持党管干部原则，坚持德才兼备、以德为先、五湖四海、任人唯贤，把新时代好干部标准落到实处。树立选人用人正确导向，选拔忠诚干净担当的高素质专业化干部，选优配强各级领导班子。坚持把政治标准放在首位，做深做实干部政治素质考察，突出把好政治关、廉洁关。加强实践锻炼、专业训练，注重在重大斗争中磨砺干部，增强干部推动高质量发展本领、服务群众本领、防范化解风险本领。加强干部斗争精神和斗争本领养成，着力增强防风险、迎挑战、抗打压能力，带头担当作为，做到平常时候看得出来、关键时刻站得出来、危难关头豁得出来。[②]实际上，对公共部门人力资源来说，全面的素质要求与高的政治素质相结合，既是党规国法的基本要求，也是每个公共部门整体能力——组织能力持续提升和有效发挥的良好基础；既是提升公共部门管理文明的程度和水平的迫切需求，也是推进国家治理能力现代化和全面建设社会主义现代化国家的现实需要。

为此，要特别注意如下几点。一是关于选人用人标准，强调选干部、用人才既要重品德，也不能忽视才干，突出政治标准，"有才无德会坏事，有德无才会误事，有德有才方能干成事"，克服唯票、唯分、唯 GDP（国内生产总值）、唯年龄等倾向，使广大干部政治素养、理论水平、专业能力、实践本领跟上时代发展步伐。二是关于干部能力建设，注重专业能力和专业精神，落实《中共中央关于坚持和完善中国特色社会主义制度　推进国家治理体系和治理能力现代化若干重大问题的决定》中所强调的，"把提高治理能力作为新时代干部队伍建设的重大任务"，全面增强学习本领、政治领导本领、改革创新本领、科学发展本领、依法执政本领、群众工作本领、狠抓落实本领、驾驭风险本领等八大本领[③]，年轻干部要注重提高政治能力、调查研究能力、科学决策能力、改革攻坚能力、应急处突能力、群众工作能力、抓落实能力七种能力，勇于直面问题，想干事、能干事、干成事，不断解决问题、破解难题[④]；要通过加强思想淬炼、政治历练、实践锻炼、专业训练，推动广大干部严格按照制度履行职责、行使权力、开展工作。三是关于选人用人把关，强调要严把政治关、廉洁关、素质能力关，强调"不断提高政治判断力、政治领悟力、

① 袁建伟. 敢于担当是好干部的必备素质——学习习近平总书记关于好干部要敢于担当的重要论述[J]. 学习论坛，2015，31(5)：17-19.

② 习近平.高举中国特色社会主义伟大旗帜　为全面建设社会主义现代化国家而团结奋斗[N]. 人民日报，2022-10-26(001).

③ 习近平. 决胜全面建成小康社会　夺取新时代中国特色社会主义伟大胜利——在中国共产党第十九次全国代表大会的报告[EB/OL]. (2017-10-27). http://www.gov.cn/zhuanti/2017-10/27/content_5234876.htm.

④ 习近平在中央党校（国家行政学院）中青年干部培训班开班式上发表重要讲话[EB/OL]. (2020-10-10). http://www.gov.cn/xinwen/2020-10/10/content_5550258.htm.

政治执行力"等政治能力①，"决不能让政治上、廉洁上有问题的人蒙混过关、投机得逞"，"围绕事业发展需要配班子用干部，及时把那些愿干事、真干事、干成事的干部发现出来、任用起来"②。四是关于培养选拔年轻干部，要大力发现培养年轻干部，强调要优中选优、讲求质量，"不能拔苗助长，更不能降格以求"，"推动干部能上能下、能进能出，推动形成能者上、优者奖、庸者下、劣者汰的正确导向"。③显而易见，德才兼备是贯穿其中的一条主线。当然，这也是对我国传统"德才兼备、以德为本或德主才辅""唯才是举"思想的继承和发扬。

（二）分类分级、按职务职位（岗位）确定内容

无疑，不同的职位、不同的测评目的，测评的内容是不同的，而我国公共部门人员种类多、层级多、级别复杂，测评内容需要分类分级，按职务职位（岗位）确定。如按中共中央、国务院印发的《国家中长期人才发展规划纲要（2010—2020年）》，我国公共部门人员包括党政人才、企业经营管理人才、专业技术人才、高技能人才、社会工作人才等。按所在单位性质，包括公务员、参照公务员法管理的机关（单位）中除工勤以外的管理人员（以下简称参公管理人员）、机关中的工勤人员、国有企事业单位公职人员或干部编制人员（干部编制的管理人员和专业技术人员）和其他人员（如工人）、城乡社区工作者（包括专职工作者与其他劳动关系、劳务派遣等的工作者）。按公务员或干部的任用方式，既包括选任制、委任制人员，也包括考任制、聘任制人员；此外，还包括乡镇、街道和城乡社区的临时工作人员、与第三方企业签订劳动合同人员等。按公务员职务与级别，公务员职位类别按照公务员职位的性质、特点和管理需要，划分为综合管理类、专业技术类和行政执法类等类别；领导职务层次分为：国家级正职、国家级副职、省部级正职、省部级副职、厅局级正职、厅局级副职、县处级正职、县处级副职、乡科级正职、乡科级副职，从国家级正职到科员、办事员对应的级别从一级到二十七级；同时公务员职级在厅局级以下设置，综合管理类公务员职级序列分为：一级巡视员、二级巡视员、一级调研员、二级调研员、三级调研员、四级调研员、一级主任科员、二级主任科员、三级主任科员、四级主任科员、一级科员、二级科员。按事业单位岗位分类，分为管理岗位、专业技术岗位和工勤技能岗位，其中管理岗位分为十个等级，即一级到十级职员，依次分别对应事业单位现行的部级正职、部级副职、厅级正职、厅级副职、处级正职、处级副职、科级正职、科级副职、科员、办事员；专业技术岗位分为一级到十三级，一级到四级是正高级，五级到七级是副高级，八级到十级是中级，余为初级。因此，行业不同、职务不同、职位不同，内容自然也有差异，这需要根据实际情况与相应的法律法规确定。

（三）强调"六不唯"，突出品德、知识、能力

公共部门人力资源测评内容，要坚持"六不唯"，即不唯学历、成果（论文、著作等）、

---

① 2020年12月底，习近平同志在中央政治局民主生活会上提出了"政治三力"，其后又多次提到"政治三力"。

②③ 习近平在中央政治局第二十一次集体学习时强调 贯彻落实好新时代党的组织路线 不断把党建设得更加坚强有力[EB/OL]. (2020-06-30). http://www.12371.cn/2020/06/30/ARTI1593500647322703.shtml.

职称、资历、身份、奖项，破除"六唯"的消极作用。为此，2016年，中共中央印发的《关于深化人才发展体制机制改革的意见》指出：突出品德、能力和业绩评价……坚持德才兼备，注重凭能力、实绩和贡献评价人才，克服唯学历、唯职称、唯论文等倾向。中共中央办公厅（以下简称中办）、国务院办公厅（以下简称国办）于2018年2月印发的《关于分类推进人才评价机制改革的指导意见》指出：根据不同职业、不同岗位、不同层次人才特点和职责，坚持共通性与特殊性、水平业绩与发展潜力、定性与定量评价相结合，分类建立健全涵盖品德、知识、能力、业绩和贡献等要素，科学合理、各有侧重的人才评价标准；坚持德才兼备，把品德作为人才评价的首要内容……坚持凭能力、实绩、贡献评价人才，克服唯学历、唯资历、唯论文等倾向；于同年7月印发的《关于深化项目评审、人才评价、机构评估改革的意见》指出：突出品德、能力、业绩导向，克服唯论文、唯职称、唯学历、唯奖项倾向。

第三节　公共部门人力资源测评的类型和作用

一、公共部门人力资源测评的类型

公共部门人力资源测评的类型，按不同的标准有不同的划分。

（1）按测评范围分为单项测评与综合测评。前者是指对被测者的某一素质进行测评；后者是指有选择、有针对性地对被测者的多项素质进行测评，也称组合测评。

（2）按测评方法分为定性测评、定量测评；或笔试、面试、心理测验、评价中心等。

（3）按测评主体分为自我测评、他人测评，个人测评、群体测评，上级测评、同级测评与下级测评，内部测评和第三方测评。

（4）按测评时间分为日常测评、期中测评与期末测评、定期测评与不定期测评。

（5）按测评标准分为常模参照测评、标准参照测评或目标参照测评。常模（norm）是指被测者总体的分数分布，而标准或目标是指预先设定的某种标准或目标。常模参照测评关心的不是某位被测者的知识或能力的绝对水平，而是他在其所属群体的知识或能力连续体上的相对位置；标准参照测评只判断某位被测者的测评分数是否达到了相应的水平，而与其他人的分数无关。

（6）按测评目的与用途分为选拔性测评、配置性测评、开发性测评、诊断性测评与考核性测评。

1. 选拔性测评

这是以选拔相对优秀人员为目的。强调公平性、差异性、准确性，使人们可以接受的测评结果能够互相比较并进行价值判断，以筛选出相对优异者。这既包括对公共组织外部人员进行的招录/招聘、公开遴选等，也包括公共组织内部进行的职务、职级、职称等的晋升或公开选拔、竞争上岗等。

2. 配置性测评

这是以公共部门人力资源的合理配置为目的。强调严格性、客观性、合适性，以达到人与职（岗）位匹配和团队成员组合优化之目的，并切实避免"大马拉小车""小马拉大车"的现象。鉴于其是为职位选配合适的人员，故又称为资格性测评。

3. 开发性测评或发展性测评

这是以开发公共部门人力资源素质潜能为目的，即为公共部门人力资源的教育培训开发（以下简称培训）提供科学性与可行性依据。强调勘探性、针对性、促进性，并不要求面面俱到，目的在于调查、发现优势、劣势，能具体、实用，促进潜能开发和个人发展。例如将测评作为培训需求分析的一种工具，以及作为培训方法使用，如文件筐测验、无领导小组讨论等。

4. 诊断性测评

这是以了解公共部门人力资源素质现状或开发中的问题与成因，以及公共组织诊断为目的。强调系统性、准确性、非公开性，通过测评获得的信息对人员素质进行诊断，准确查找素质缺陷或不足及原因，提出改进对策方案。要说明的是，该测评所测的主要是负面的态度和行为，因此，对测评结果涉及组织成员个人权益和相互之间的关系的内容，一般不宜公开，尽量避免对个人和组织造成不必要的麻烦。

5. 考核性测评

这是以鉴定与验证某种（些）素质是否具备、程度大小为目的，往往需要通过鉴定行为及其结果来进行，强调公正性、充足性、可信性，保证测评依据充分、权威有效，还可以将测评的相关方法引入绩效考核。由于该方法常穿插在选拔性测评与配置性测评之中，故又称为鉴定性测评。

当然，这些类型的划分是相对的，实际上是交织在一起的，在一定条件下，某些测评结果也可为多种目的所使用。具体运用时，既可综合发挥，又要有所侧重。

二、公共部门人力资源测评的作用

公共部门人力资源管理的关键是实现人与工作或职位的有效匹配，而匹配的前提必须是对人和职位（事）两个方面的所有要素的充分了解和全面把握，通过职位分析，能够了解和把握"职位"，而对"人"的了解和把握就要借助人力资源测评。同时，公共部门人力资源管理还要借助一系列的管理技术，充分调动人们的积极性，最大限度地发挥每个人的潜能，做到人尽其才，以保证组织目标的实现和提高人们的工作满意度，这也需要依靠公共部门人力资源测评。因此，公共部门人力资源测评是现代公共部门人力资源管理的一块基石，在公共部门战略性人力资源管理和职能性人力资源管理两个层面都起到了基础性的作用，即通过影响公共部门人力资源的招录/招聘、配置激励、培训开发、选拔晋升、团队建设、职位调整、绩效管理、职业生涯管理等，有助于公共部门人力资源管理的科学化。其在公共部门人力资源管理中的作用也正是由此决定的。

（一）在人才强国战略实施与人力资源规划的作用

人才强国战略是我国的一项重大战略，核心是"人才兴国"。通过测评，公共部门可以对人力资源进行普查或盘点，全面、清楚、客观、准确地把握人力资源现状，包括对后备人才或战略性人力资源候选人进行有效的评估、遴选，找准问题、查清原因，提高公共部门人力资源规划的效率和效果，发挥好公共部门人力资源测评的导向和基础作用，确保人才强国战略的实施，确保为公共部门未来发展提供数量、质量和结构都适宜、恰当的人力资源支撑。

（二）在公共部门人力资源招录/招聘和选配中的作用

世上本无无用之人，只有放错了位置的人才。公共部门人力资源管理要做到事适其人、人尽其才、才尽其用、人事相配，避免小材大用、专才偏用、歪才正用、埋才不用、大材小用造成的事不合人、人不称事、人事内耗，就需要广泛、系统地收集有关人员的信息，进而在充分占有材料的基础上进行分析、判断，实现用人的科学化。而测评既可以提供被测者准确而全面的信息及相互之间的客观差异，又可以发现其中的特殊能力者，从而为公共部门招录/招聘、选拔配置人力资源把好质量检验关。可以说，测评使公共部门人力资源招录/招聘、选拔配置有据、有序、有效，并能有效防止其中的不公平做法。研究表明，凡经过测评甄选录用的，其工作效率高，流动率、培训费用都比未经严格甄选录用的要低。可以说，招录/招聘乃至选拔的核心环节是测评，而且是测评使用频率最高、所用方法最多、应用最广泛的地方。

（三）在公共部门人力资源教育培训开发中的作用

公共部门人力资源教育培训开发既需要分析培训需求，也需要对培训效果进行评估，而测评可以得出公共部门人力资源的整体和个体素质现状，特别是与组织战略、人力资源规划、职位要求的差距，为确定培训需求提供有针对性的坚实依据，实现定向开发。同时，再测评培训后的素质状况，对比培训前后情况，既可以作为培训效果评估的依据，也可以为人员调整、流动决策提供可靠的信息。另外，像文件筐测验、角色扮演等评价中心技术，本身就是能力开发的良好工具，常被用于对高层次人员的培训开发。

（四）在公共部门人力资源绩效考核中的作用

公共部门人力资源绩效的影响因素比较多，但素质肯定是其中的一个重要因素，这就决定了绩效考核既要注重工作结果，也要注重工作能力和工作行为，所以，在这种意义上说，绩效考核的过程也就是测评的过程，这样就可以把测评的有关方法直接运用于绩效考核，如与工作相关的能力、个性特征方面的心理测验等。具体来说，一方面，这将组织成员的能力、行为与标准相比较，能够正确分析影响工作绩效的素质因素，为绩效改进提供具体帮助；另一方面，组织成员可以测评的内容和标准为导向，沿着组织和职位要求的方向，自觉培养自己的内在素质、调整自己的外在工作行为。

（五）在公共部门团队管理中的作用

公共部门的任何团队对其团队成员的能力、个性特征、角色意识、技术专长等，都有明确的要求，高效工作团队建设尤其如此。测评可以通过提供每个团队成员的素质状况，为团队成员的甄选、搭配提供基本保证，有助于实现团队成员的有效配置、互补增值。同时，在团队发展过程中，测评还可以对团队成员的能力变化、角色配置合理性，以及团队的整体素质、发展中的有关问题等进行及时诊断，为团队发展提供合理的建议，实现团队动态管理的科学化。

（六）公共部门人力资源测评在职业生涯管理中的作用

公共部门人力资源测评可以帮助公共组织了解所有组织成员及帮助组织成员了解自己，实现双赢。一方面，测评可以帮助组织成员管理自己的职业生涯。测评就像一面镜子，将个体的优缺点展现在自己面前，帮助个体对自己有一个较全面的、正确的自我评价，充分挖掘个体潜能，为个人生涯设计、优化个人发展道路提供依据。特别是能够帮助个体更理智、更切合实际地认识自我，明确职业目标，选择合适的组织内职业生涯发展通道，以及调整自己的工作思路、工作态度、工作行为，达到更适合工作环境要求和个人的职业发展状况。另一方面，可以使组织更好地把握每个人的特点，进而结合组织战略要求，引导组织成员对其职业发展进行正确的纵向比较与横向比较，明确长期发展的方向和努力的重点，及时调整、优化个人职业发展方案。

（七）在公共部门人力资源薪酬激励中的作用

在某种意义上讲，激励是公共部门人力资源管理的核心功能，测评能使公共部门准确、精细地把握每个人的深层次的重要需求，有助于设计和实施良好的激励方式，实现激励的针对性、有效性和个性化。同时，测评能够有效、客观地评估每个人的能力状况、未来发展潜力、价值贡献等，为能力薪酬乃至绩效薪酬（包括个体绩效薪酬、群体或团队绩效薪酬）设计提供科学的依据，有助于实现职位薪酬、能力薪酬和绩效薪酬三者并重或一体化发展的薪酬体系。

（八）在公共部门组织能力和管理文明建设中的作用

前文提出了管理文明的概念，并与组织能力相联系，实际上从一般意义上说，一个公共部门或公共组织的整体能力——组织管理能力与该组织的管理文明程度和水平成正比例关系。从现实及未来一段时间看，提升我国公共部门的组织能力，加强公共部门管理文明建设（可分为组织制度建设和组织文化建设两个方面），或者说向公共部门的组织能力和管理文明要效能，还有相当大的余地。其中，公共部门人力资源的素质或能力，既是重要基础，也是关键变量。反过来讲，公共部门人力资源的素质或能力建设，极大地影响了公共部门的组织能力和管理文明程度，制约了我国制度优势向治理效能的转化，因此，需从公共部门组织能力和管理文明程度的提升，以及国家治理现代化和中国式现代化的高度认识、计划和推进公共部门人力资源能力建设，其中，充分发挥公共部门人力资源测评上述七个方面的作用，即是夯实了该能力建设的基础。

第四节　西方公共部门人力资源测评的历史发展

广义上讲，有了人类就有了对人的素质特征的测评活动，也可以说，对人的素质特征进行准确的测量与评价是人类活动的重要组成部分。当然，测评的目的、对象、标准、方法、应用领域等，是随着人类社会的进步与发展逐步演进的。这既受制于社会政治制度、生产力发展水平、生产方式及与之相对应的生产关系的制约，也是民族文化的产物。中国是人力资源测评的发源地和故乡！但可惜的是，作为现代意义上的人力资源测评，产生并成熟于西方国家。为什么要研究这一发展历史，正如美国管理学家雷恩（D.Wren）所说：今日不同于昨日，而明日又将不同于今日，但今天是我们所有的昨天协力作用的结果，明天也将是如此。对于管理学者而言，历史中存在许多教训，而其中最重要的一条就是，把过去作为序幕加以研究。①

虽然西方对人的测评最早可追溯到古希腊时代，当时一些学者，如苏格拉底、柏拉图等，在教学中使用一些在哲学层次进行讨论的单纯的心理测验作为教育的附加物——智力测验，既测智力技巧，又测运动才干，但是现代意义上的对公共部门人员的测评是随着公务员或文官考试制度建立、心理测验的产生和成熟、心理测验在军事、政府、工商企业的大力推进，以及心理学、统计学等学科的发展，逐步构建并完善起来的。

一、文官考试制度的建立

据著名史学家邓嗣禹考证：正式的文官考试制度，法国于 1791 年开始实行；德国则于 1800 年左右……英国则于 1870 年始将印度的制度完全适用于其国内。而在法国，不论是学校教育还是文官制度，其中的竞争考试都源于中国。法国文官考试制度源于中国，但在 1791 年实行十年之后渐趋于松弛，到 1840 年又借鉴德国制度。而欧洲普遍采行国家举办的考试制度，是 19 世纪的事。②尽管早在 18 世纪，普鲁士就建立了官员考试录用制度③，但鉴于其封建制度背景，考录范围又仅限于司法和与司法关系密切的官员，因此，该制度既无普遍意义，也谈不上是公务员考选制度，所以以资本主义为政治背景的公务员考选制，公认最早的是英国，美国也随后确立了这种制度。在英美影响之下，公务员考选制在西方国家得到普遍推广。正如孙中山先生所说：现在各国的考试制度，差不多都是学英国的。穷流溯源，英国的考试制度原来是从中国学过去的，所以中国的考试制度就是世界上最古最好的选拔真才的制度。④这里"中国的考试制度"是指科举考试制度。其他考证和研究

① 雷恩. 管理思想的演变[M]. 北京：中国社会科学出版社，1986：568.

② 邓嗣禹. 中国考试制度史[M]. 长春：吉林出版集团有限责任公司，2011：298-308.

③ 顾立雅、莱茨考证出德国于 1693 年便采用了笔试方式选拔法官，但也曾受到中国科举的影响。见 CREEL H G. The origins of statecraft in China, "The Problem", p. XII, Note 93.

④ 中山大学历史系孙中山研究室，广东省社会科学院历史研究院，中国社会科学院近代史研究所中国民国史研究室合编. 孙中山全集：第五卷[M]. 北京：中华书局，1985：498.

也证明，科举制作为一种选拔官员的制度，实际上是现代各国公务员制度的肇始。[①]

英国议会于1833年通过议案，主张对政府公职人员的任用进行公开竞争考试、择优录取。这是第一次在法律上确认了公开竞争考试选用政府官员的原则。1853年，财政大臣格莱斯顿（W. Gladstone）委派诺斯科特（S. Northcote）和屈维廉（C. Trevelyan）调查英国任用官吏的情况，次年两人提出的报告（即《关于建立英国常任文官制度的报告》，通常称为《诺斯科特—屈维廉报告》）建议设立一个考试委员会，按照才能和教育程度录用应考的年轻人。该报告还就文官制度改革提出了四项原则。①将政府的行政事务工作分为智力工作和例行工作两大类，前一类指行政管理和政治性职务，由通过以大学课程为基础的考试选用的人员完成；任用例行工作人员也要考试，但只要求具有中学文化程度，大量的办公室工作由后一类人员完成。②凡初任人员都应按规定的年龄从学校毕业，通过竞争考试表明具有通才智力后才能被择优录用。1855年英国成立了文官事务委员会（这是现代意义上的第一个独立的、职能化的人事行政机关），举行统一考试，从各部提名的候补人员中择优选拔。③对各部人员实行统一管理，各部之间人员可以互相转调和提升。④高级文官职位的提升以上级的年终考核报告为依据，低级事务人员的提升则多以年资为基础。

美国国会和总统从1840年开始，在小范围内进行小规模的考任制试验。1853年和1855年，国会曾通过两个改革考任制的法案，内容包括成立全国考试委员会、通过公开竞考选用官员。1871年，美国政府成立统一的文官事务组织——文官委员会。1883年，国会通过了《文官制度法》（Pendleton Act，通常称为《彭德尔顿法》），开始实行以通过公开考试择优任用官员的"功绩制"为主要内容的现代文官制度。

总之，西方学习借鉴我国科举考试制度建立的现代文官考试制度，是西方现代公共部门人力资源测评的萌芽。

二、心理测验的诞生与发展

心理测验源于19世纪对智力落后者和精神病人治疗的需要。智力落后者需鉴别出来进行单独教育或训练，精神病人需诊断出来加以特别看护和治疗，在这样的背景下，当时许多人开始了个别差异的研究，也开始尝试去鉴别和测量这种差异。但很长一段时间，人们苦于找不到有效的指标和技术手段。就智力测验而言，刚开始人们曾想寻求个体的物理特征和智力之间的关系，如有人猜测头围的大小是否与智力有关，脑袋大的人是否比脑袋小的人聪明，后证实没有关系；又有人开始寻求个体的生理心理特征与智力的关系，诸如反应快慢、感觉灵敏度等因素，结果发现，这些因素与智力也没有关系。

① 刘海波. 英国文官制度与科举制的渊源[J]. 福建论坛（人文社会科学版），2010(S1)：218-219. 另外的研究结论是：1570年至1870年间主要用英文出版的涉及中国科举的文献远不止邓嗣禹文所列的70余种，在此之外至少还可以找到近50种相关文献，总数当在120种以上。由于这些书刊广为流传，在19世纪中叶时中国的科举考试制度已为欧洲知识界普遍知晓，史料明确说明英美等国建立的文官考试制度曾受到科举制的启示和影响，科举西传说可以确立……在孙中山做出英美考试制度是从中国学过去的论断之前，康有为、梁启超等人也曾有过类似说法……科举考试西传欧美，是中国对世界文明进程的一大贡献[见刘海峰. 科举制对西方考试制度影响新探[J]. 中国社会科学，2001(5)：188-202]。

  1879 年，有"心理学之父"之称的冯特（W.Wundt）在德国莱比锡大学建立了第一个心理学实验室。他发现了人的个别差异，并给出了定量的描述，这直接导致了心理测量的开展。英国科学家高尔顿（F.Galton）建立了"人体测量实验室"，设计了大量感觉能力的测验，对人的能力进行等级评定，把统计学方法运用到心理测量数据的分析中。美国心理学家卡特尔（J.Cattell）作为冯特的学生，设计了几十种心理差异的测验。综合了冯特和高尔顿的学说，对于个别差异进行了深入的研究。1890 年发表《心理测验与测量》一文，首创心理测验这个术语。1904 年，法国教育部组织了一个委员会，研究公立学校中低能儿童班级的教育管理问题，该委员会成员比奈（A.Binet）和他的助手西蒙（T.Simon）经过精心研究，于 1905 年提出了世界上第一个科学的心理量表——比奈—西蒙智力量表，使心理测验摆脱了对颅相、面相、手相的分析，步入运用科学量表的新时代。此后该量表经过三次修订，提出了智力年龄的概念，还建立了常模。比奈成为举世公认的智力测验的鼻祖。正如美国心理学家波林（E.Boring）所说，在心理测验领域，19 世纪 80 年代是高尔顿的 10 年，90 年代是卡特尔的 10 年，20 世纪头 10 年是比奈的 10 年。[①]

  比奈—西蒙量表推动了研究者尝试设计编制了各类智力、人格、特殊能力、情感、心理健康、心理疾病诊断等方面的心理测验。其中较为著名的首推美国斯坦福大学心理学家推孟（L.Terman）修订的斯坦福—比奈量表，并首次使用了智商（intelligence quotient，IQ）的概念，其影响传及全世界。同时，美国医学心理学家韦克斯勒（D.Wechsler）也功不可没。他把智力定义为"智力是个人行动有目的、思维合理、应付环境有效的一种聚集的或全面的才能。之所以说全面，是因为人类行为是以整体为特征；之所以说聚集，是因为这是由诸要素或诸能力所构成。这些要素或能力虽非完全独立，但彼此之间有质的区别"。因此，他在设计测验结构时，分成一些分测验来测量各种智力能力。特别是他修正了推孟的"比率智商"的概念，提出了更科学的"离差智商"概念。韦氏智力测验已成为世界上最具权威性、使用最广泛的智力测验。1938 年，英国心理学家瑞文（J.Raven）出版了瑞文标准推理测验，这是一个著名的非文字智力测验，既可弥补语言文字量表在理论上的缺陷，又可用于测试文盲和有语言障碍的人；既可用于个别测验，又可用于团体测验。1947 年，瑞文又出版了彩色推理测验和高级推理测验。

  美国心理学家桑代克（E.Thorndike）把统计理论引入心理和教育测量，为测验的编制奠定了理论基础，1904 年，发表了《心理和社会测量学导论》，这是关于测验理论的第一部著作。桑代克以其在测验原理及实践研究中的突出贡献被称为教育测量的鼻祖。在桑代克的推动下，各国相继成立了专门管理考试的机构，组织专家编制、实施和管理测验。如美国教育考试服务中心或教育测验服务社（Educational Testing Service，ETS）成立于 1947 年，为学校及政府机构编制了许多测验程序，如专门测量国外留学生的"作为外语的英语考试"（Test of English as a Foreign Language，TOEFL）、研究生入学考试（Graduate Record Examination，GRE），以及成立于 1959 年的以大学入学考试起家的美国大学测验中心或考试中心（American College Test，ACT）。

  人格测验的先驱是克雷培林（E.Kraepelin），他最早用自由联想法诊断精神病人。人格

---

① BORING E G. A History of Experimental Psychology[M]. 2nd ed. Englewood Cliffs, NJ: Prentice-Hall, 1950.

测验的产生最初也主要是出于对病理诊断的需要，后来才应用于测量正常人的人格。1917年，伍德沃斯（R.Woodworth）编制了第一个现代意义上的人格问卷——伍德沃斯个人资料调查表（Woodworth Personal Data Sheet），用于鉴别不能从事军事工作的精神病患者。问卷包括 100 多个关于精神病症状的问题，让被测者根据自己的情况回答，称为自陈问卷。该量表后来一直被奉为情绪适应调查表的范本，该方法被视为自陈式人格测验的发端。自陈量表被认为是客观化和标准化的人格测验，在人格测验中占主导地位。著名的人格测验如卡特尔(R. Cattell)的 16 种人格因素问卷(Sixteen Personality Factor Questionnaire，16PF)、英国心理学家艾森克（H. Eysenck）编制的艾森克人格问卷（Eysenk Personality Questionnaire，EPQ）、美国明尼苏达大学的哈撒韦（S. Hathaway）和莫肯利（J. Mckinley）编制的明尼苏达多相人格问卷（Minnesota Multphasic Mersonality Inventory，MMPI）及美国高夫（H. Gough）的加利福尼亚心理测验（California Psychological Inventory，CPI）等，这些人格问卷后来被翻译成多种文字，流行于全世界。

与自陈量表相对的是投射测验。1921 年，瑞士精神病医生罗夏（H. Rorschach）发表了第一个投射测验，即著名的罗夏墨迹测验（Rorschach Inkblot Test，RIT），该测验通过被测者对墨迹图的反应来区分正常人和精神分裂症患者，也可区分不同人格类型的正常人。另一个著名的投射测验是莫瑞（Murray）和摩根（Morgan）于 1935 年发表的主题统觉测验（Thematic Apperception Test，TAT）。此外，还有句子完成测验、绘画测验等。后来，哈特松（H.Hartshorn）和梅（M.May）开创了品德测量的情境测验法，即通过观察被测者在特定情境中的行为以对其品德和人格进行测验。投射测验先被用于临床诊断，后也被用于测量正常人的人格和动机等。

总之，受心理学理论发展和统计学方法进步的推动，心理测验获得迅速的发展，为现代人力资源素质测评奠定了良好的基础。

三、心理测验在军事上的成功运用

1917 年美国参加第一次世界大战时，许多心理学家开始研究为战争服务的方式。他们认为，选拔和分派官兵的任务必须考虑到官兵的一般智力水平。其中，鉴于当时大部分心理测验都是针对个体的——单独施测，心理学家开发了多种适合军队使用的团体测验。其中，美国心理学会会长耶克斯（R. Yerkes）偕同桑代克等人将奥提斯（A. Otis）尝试性编制的团体智力测验运用于军队选拔，修订后即成为陆军甲种测验。这是世界上第一个团体智力测验，曾对 100 多万军人进行了测验。包括知识、算术、常识、异同、语句重组、填数、类比和句子填充 8 个分测验。此测验为文字测验，易受被测者文化、教育以及知识经验的影响，只适用于具有一定文化水平的被测者。因此，又由奥提斯等人编制了陆军乙种测验，用于选拔母语为非英语及文盲士兵。由于克服了文化知识的影响，因此可做跨文化的比较研究。同时，针对美国士兵中出现的恐惧、多疑、失眠、紧张、过度疲劳等情况的增多，伍德沃斯个人资料调查表，对士兵的心理状况进行了调查。第一次世界大战结束后，团体测验被广泛应用于职业咨询、工业部门和军事领域，心理测验的名声也由此大振。

1929 年，德国迫切需要挑选和培养优秀的高级军事指挥人才，便集中了一批心理学家研究军事指挥人才。心理学家们提出了整体性、自然性的原则，并由多位测评者采用多种方法对被测者进行全面的综合测评，并建立了一套严密的测评程序，这实际上是评价中心最早的萌芽。第二次世界大战期间，这种方法被英国陆军和文官委员会借鉴使用。

1942—1946 年，英国军队仿效德国成立了"陆军部评选委员会"，除仿效德国的"情境模拟测试"外，也有所创新，如把候选人置于更现实的环境中去测查，采用了小组练习，以挑选军官。1945 年，英国将该思路和方法用于选拔中高级文职人员。1943—1945 年，美国中央战略情报局（美国中央情报局 CIA 的前身）针对战略情报局不同工作职位（包括秘密情报员、破坏人员、宣传人员、秘书和办公室职员等）建立了一套候选人选拔程序，创造性地将情境模拟方法用于测评之中。

由上可见，军事需求极大地推进了心理测验乃至现代人力资源测评的快速发展。

四、管理科学及其他科学的促进

科学管理创始人泰勒（F.Taylor）认为，企业应该采取科学和客观的方法挑选工人，提出了测评对生产活动的重要性。同时，由于测评方法在军事上的成功运用，社会各界也开始认识到心理学能够解决许多实际问题，心理咨询公司和研究所的数量大大增加，如1921 年，卡特尔、桑代克等著名心理学家创立了美国心理学公司，目的是促进心理学的发展，并提升心理学在工业领域中的应用。

1922 年，美国文官服务委员会成立了以欧鲁克（L.O'Rouke）为领导的评估研究小组，将心理评价技术引入到文官考试制度中。1927 年，美国斯特朗（Jr. E. Strong）编制了世界上第一套职业兴趣测验问卷。

以芒斯特伯格（Hugo Munsterberg）、梅奥（G. Mayo）、马斯洛（A. Maslow）、赫兹伯格（F. Herzberg）等为代表的人际关系学派认为，不仅要对人员的知识和技能进行测评，还要通过测评对组织成员的需要、动机、性格、兴趣、价值观等进行了解，这既推进了测评理论的发展，也使得管理者对测评的价值有了正确的认识，推动测评进一步应用于政府和工商企业。

20 世纪四五十年代，心理学家开始在实践中评价求职者的"职位适合度"，越来越重视人与职位或岗位的匹配。为此，心理学家需要事先对求职者进行一次简单的面谈，然后进行一系列的纸笔测验，通常包括智力测验、能力倾向测验、投射测验等。

同时，20 世纪中期，心理学、统计学、计算机科学等学科的发展为测评理论的发展和实践的成熟奠定了多学科的基础。

20 世纪 60 年代以后，许多大公司开始运用评价中心。测评对象从一般人员拓展到中高层管理人员。像最早将现代测评方法应用于企业人员选拔与评价的美国电报电话公司，以及 IBM、福特等国际著名公司，都将现代测评技术应用于人事管理，并取得较好的效益。1971 年，美国联邦法院要求在与工作相关的领域使用测评技术，促进了测评在整个工业领域的广泛应用。一些社会化的现代人才测评机构或组织也相应建立，一个规模化、产业化、市场前景十分广阔的人力资源测评格局形成。

主 要 词 汇

测量　　评价　　公共部门人力资源测评　　人力资源　　人才　　素质　　能力
知识　　品德　　技能　　动机　　态度　　价值观　　人格特质

复习思考题

1. 什么是公共部门人力资源测评？
2. 公共部门人力资源测评主要有哪些特点？
3. 公共部门人力资源测评内容主要有哪些？
4. 公共部门人力资源测评主要有哪些类型？
5. 公共部门人力资源测评主要有哪些作用？
6. 谈谈西方公共部门人力资源测评的历史发展。

能力测验前瞻一二

推荐进一步学习阅读书目

1. 彭剑锋. 战略人力资源管理[M]. 北京：中国人民大学出版社，2014.
2. 罗斯特，格伦博. 现代心理测量学[M]. 3 版. 北京：中国人民大学出版社，2011.

第二章

我国公共部门人力资源测评演进

【学习目标】

- 熟悉我国古代公共部门人力资源测评体系：基础、目的、内容、制度和方法。
- 了解我国现代公共部门人力资源测评的发展。

第一节　我国古代公共部门人力资源测评体系

苏洵在《心术》中开宗明义：为将之道，当先知人，知人之道，当先知心；曾国藩也有句名言"办事不外用人，用人必先知人"，正如《资治通鉴》所言，治本在得人，得人在审举，审举在核真，但这极其困难。"事之至难，莫如知人；事之至大，亦莫如知人"（宋·陆九渊《删定官轮对札子》），世上没有比识别人更难的事情了。所以，我国历来强调选人用人之道，极其重视人才的鉴别、选拔和考评，将知人识事作为用人的前提，这集中体现在中国古代官吏的选举制度和考课制度之中。可以说，中国古代针对官吏的测评文明——人力资源测评的思想、制度和技术是中国古代灿烂文明的一部分，对世界文明进步做出了重大的独特的贡献。"心理测验的根源可以追溯到古代。三千多年前，中国人采用纸笔测试来选拔文职官员"[①]。我国古代丰富的观人学或观人术也是我国古代人力资源测评文明的一部分。近 40 多年来，中国积极将西方现代人力资源测评理论和方法引入人力资源管理实践，并取得巨大进步，其中，公共部门人力资源测评就是一个显著标志。

要对个体的内在心理特征进行测量必须满足三个前提条件：一是肯定心理的个别差异及可测性，二是确定测量的内容及相关理论，三是对心理内容的差异性测量形成具体的方法。中国古代的心理测量在这三个方面均有其卓越的贡献。当然，中国古代并没有人力资源测评、人才（员）测评等现代概念，也没有直接论述这些测评的文字，但对人的素质特征的评鉴，在远古就已产生。1966 年，法国心理学家杜波依斯在其专著《近代心理测验史》中说，中国早在 3000 年前就开始实行用考试选拔官吏的制度了，这远比古希腊要早得多。在古希腊，测验只不过是教育过程的附属物，用来评价身体和智力技巧以促进教育的有效性。事实上，测评在中国实行的实际时间要比杜波依斯所说的时间至少还要早 2000 年——尧舜禹时代就已经开始了。而且重视官吏或人才的鉴别、选拔与考评，同时把善于知人作

[①] 墨菲，大卫夏弗. 心理测验原理和应用[M]. 6 版. 上海：上海社会科学院出版社，2006：7.

为智慧的象征，正所谓"知人者智，自知者明"。为此，第一，可按三个历史时期来把握，即起始期：从上古到春秋战国；发展期：从秦汉到隋初；成熟期：从隋朝到清末。[1]第二，纵向可分为原始社会的"选贤任能"的民主制，奴隶社会的"世卿世禄"制，封建社会的察举征辟制、九品中正制和科举制等；从横的方向看，可分为选官制、学校考试制与特殊人才选拔制：从不同的角度可分为以考试制度为主、以选举制度和委任制度为辅的几个层次。[2]第三，可从测评的基础、目的、内容、制度、方法等几个方面来完整把握我国古代公共部门人力资源测评体系。

一、我国古代公共部门人力资源测评基础

（一）人的素质差异是客观存在的

孔子认为"性相近，习相远"，人分上智和下愚，"中人以上，可以语上也；中人以下，不可以语上也"（《论语·雍也》）；还把人的性格分成三类：狂者、狷者和中行，"不得中行而与之，必也狂狷乎！狂者进取，狷者有所不为也"（《论语·子路》），这反映了孔子认为人的心理是存在个别差异的观点。董仲舒认为人之"性"有"上""中""下"三品（《春秋繁露·实性》）。刘劭在其《人物志》认为"才"有"三才"（兼德、兼才、偏才）、"八才"[名物之才（辨别事物）、构架之才（构思谋划）、识达之才（远见通达）、膳给之才（论理弘远）、权捷之才（论断敏捷）、持论之才（论辩理绎）、贸说之才（外交游说）等]、"十二体"之别[清节家（道德高尚）、法家（擅长刑法）、术家（擅长历算、胸藏谋略）、国体（德、术、法三才皆备）、器能（三才不纯备）、臧否（擅长评论）、伎俩（擅谋施巧）、智意（具有智慧见识）、文章（擅长文章记述）、儒学（重德安民）、口辩（擅长表达）、雄杰（擅长掌辖师旅），前八类是行政人才，后三类是知识分子，最后一类属于军事人才]。司马光认为按才德分为：才德全尽谓之圣人，才德兼亡谓之愚人，德胜才谓之君子，才胜德谓之小人（《资治通鉴·周纪》）。朱熹则认为人"性"之差异不止三品，"如论三品亦是。但以某观，人之性岂独三品，须有百千万品"（《朱子语类》）。

（二）人的素质与官职应该是匹配的

"官位"是有限的，因此，只有那些具备优秀素质的人担任才合适。这也意味着人才选拔是必不可少的。《管子·权修》中说"察能授官，班禄赐予，使民之机也"；墨子提出"量能授官"："听其言，迹其行，察其所能而慎予官，此谓'事能'。故可使治国者，使治国；可使长官者，使长官；可使治邑者，使治邑。"（《墨子·尚贤中》）荀子认为，应该根据人的"德能"而任官，"论德而定次，量能而授官，皆使人载其事而各得其所宜，上贤使之为三公，次贤使之为诸侯，下贤使之为士大夫，是其所以显设之也"（《荀子·君道》）；董仲舒则提出"量材而授官、录德而定位"（《汉书·董仲舒传》），到刘劭提出"材能既殊，任政亦异"，并详细列举了12种类型的人才适合担当的具体职位，就更进一步细化了人职

---

① 凌文辁，柳士顺，谢衡晓，等. 人员测评：理论、技术与应用[M]. 北京：科学出版社，2010：15-19.
② 房列曙. 中国历史上的人才选拔制度：上[M]. 北京：人民出版社，2005：4.

匹配。正所谓："致治之本，惟在于审。量才授职，务省官员"（《贞观政要·卷三·论择官》）。因此，尚贤使能也就是必需的。

（三）人的素质是可以测评且量化的

无疑，人的素质是隐于身心的，但会表之于言行，从而使测评成为可能。"凡论人心，观事传，不可不熟，不可不深。天为高矣，而日月星辰云气雨露未尝休也；地为大矣，而水泉草木毛羽裸鳞未尝息也……人之心隐匿难见，渊深难测。故圣人于事志焉。圣人之所以过人以先知，先知必审徵表。无徵表而欲先知，尧、舜与众人同等。徵虽易，表虽难，圣人则不可以飘矣。众人则无道至焉。无道至则以为神，以为幸。非神非幸，其数不得不然"（《吕氏春秋·恃君览·观表》）。而在朱熹看来：品藻人物，须先看他大小规模，然后看他好处与不好处、好处多与少、不好处多与少。又看某长某短，某有某无，所长所有的是紧要与不紧要，所短所无的是紧要与不紧要。如此互相来品藻，方定得他分数优劣（《朱子语类》），可见，中国古代虽然以定性考查为主，但已有朴素的量化思想。如魏晋时期的九品中正制，将人的品行定为九等，然后按所考查的人的品行予以升降，这可以说是对人的素质水平高下区分的一种粗浅的细化。分数制出现在宋代，宋代太学实行积分制，即以积分的方法对太学的学生进行综合成绩评定，大致方法是：月试一次，优者一分，中者半分，劣者无分；年底通计一年积分，得八分以上者为及格可升充高等生员或给予出身官职，不及格者仍留堂修习，不学习课业或违反规矩者罚，三罚即除名。在宋宁宗以后，太学考试已普遍实行十分制。直到近代洋务运动开始后，同文馆等学校才开始采用百分制。正如孟子所说："权，然后知轻重；度，然后知长短。物皆然，心为甚。"（《孟子·梁惠王》）

二、我国古代公共部门人力资源测评目的

我国古代人力资源测评的目的就是尚贤使能，即崇尚贤才，物色贤能，选拔人才，以充实、更换各级领导班子。尽管在具体执行时受诸多因素的影响，造成取士不公，举非其人，以致无德无能、奸猾狡诈之辈投机官场，导致吏治腐败，政局黑暗，但从官方的法律条文看，历朝历代都是强调"为国求贤""选拔俊秀"的重要性，强调"志士仁人"对"治国、齐家、平天下"的价值。从《墨子·尚贤上》的"国有贤良之士众，则国家之治厚；贤良之士寡则国家之治薄，故大人之务将在于众贤而已"，到近代郑观应的"地方之治乱，视官吏之贤否为转移；朝廷求治，亦视用人何如耳。一县得人则一县治，一郡得人则一郡治，一省得人则一省治，天下得人则天下治"（《盛世危言》），说的都是这个道理。

在中国古代，明确提出"尚贤"这一概念的是墨家。"尚贤者，政之本也"（《墨子·尚贤上》）。当然，这并非仅为墨家最先提倡，因为，此乃"圣王之道，先王之书，距（远）年之言也"（《墨子·尚贤中》），这说明尚贤思想在我国的历史极为悠久。先秦诸子的"择贤""举贤""任贤"等观念虽与"考试"并不完全是一回事，但与"考试"互为表里，关系至为密切。由于当时还没有建立起明确的考试制度，"尚贤"观念遂成为这一时期"考试"思想的集中体现，后世考试思想也是在先秦诸子"尚贤"思想的基础上发展

而来的。①

在中国历史上，所谓"得人"是指得贤人。国家的治乱，民生的安危，与"官吏之贤否"有直接关系。当然，所谓"贤材"或"能人"，各代自有其准绳，但大体而论，凡"贤材"或"能人"，要符合封建礼制之德，文治武功之材，察看问题之识，机谋应变之智，管理庶民之能。这几条标准各朝各代基本上都十分强调。在当代知名学者贝淡宁看来，应该用哪些标准衡量政治的进步与退步呢？在中国应该用贤能政治的标准②，而中国模式的三个支架是"基层民主、中间实验和高层尚贤"，政治尚贤制理论因为中国的崛起而焕发出新的活力。③

三、我国古代公共部门人力资源测评内容

我国古代公共部门人力资源测评的内容，包括德、性、识、才、智、绩（功）。如《周礼·地官司徒·大司徒》："以乡三物教万民，而宾兴之。一曰六德：知、仁、圣、义、忠、和。二曰六行：孝、友、睦、姻、任、恤。三曰六艺：礼、乐、射、御、书、数。"可见，"乡三物"——"六德""六行"和"六艺"，既是古代教育的内容，也是人力资源测评的目标。其中"六德"与"六行"主要是"德"与"性"，"六艺"则是"识""才""智""绩"。

（一）德

如上所说，中国古代人力资源测评主要是针对官吏的选拔和考评，正所谓，当官为政，"为政以德"（《论语·为政》），"君之所审者三：一曰德不当其位，二曰功不当其禄，三曰能不当其官。此三本者，治乱之原也"（《管子·立政》），所以，要察言观行，考行究德，因为"德"是历代人力资源测评中的重要内容。尽管对此有"三德""四德""五德""六德""九德""十德"的不同归纳，且因缺乏明确的界定，相互间存在一定程度的混乱和歧义，但基本可分为道德品质与一般的个性品质。如"九德"，《逸周书·常训》："九德：忠、信、敬、刚、柔、和、固、贞、顺。"《尚书·皋陶谟》："亦行有九德……宽而栗，柔而立，愿而恭，乱而敬，扰而毅，直而温，简而廉，刚而塞，强而义。"《左传·昭公二十八年》："心能制义曰度，德正应和曰莫，照临四方曰明，勤施无私曰类，教诲不倦曰长，赏庆刑威曰君，慈和遍服曰顺，择善而从之曰比，经纬天地曰文。九德不愆，作事无悔。"秦始皇统一中国后颁布的"五善""五失"④就是"德"的测评目标，以后像汉代"判察"六标

---

① 田建荣. 中国考试思想史[M]. 北京：商务印书馆，2004：8. 同时要说明的是，在孔子、墨子、孟子的贤人政治论逐渐成为一种强劲的社会舆论，"尚贤"观念渐次成为一种尊贤择贤的行动时，道家、法家所奉行的"反尚贤"思想尤为引人瞩目。如老子反对国家大张旗鼓地任贤选能，主张"不尚贤，使民不争"（《老子·三章》）；庄子主张"至德之世，不尚贤，不使能"（《庄子·天地》）。而法家的"反尚贤"思想集中体现在"尚法而不尚贤"这一重要命题之中，像法家早期的代表人物商鞅重"法"、慎到重"势"、申不害重"术"，都有一个共同的特点——不重"贤"。有研究认为，虽然法家"不尚贤"，但并不是说他们绝口不提"贤"的问题，实际上法家对贤有自己独特的理解，法家讲的贤是被赋予按法家的理解而全新解释的贤，即他们这些法家者流。见黄留珠. 中国古代选官制度述略[M]. 西安：陕西人民出版社，1989：66-68.

② 贝淡宁. 中国政治模式：贤能还是民主[J]. 中央社会主义学院学报，2018（4）：46-51.

③ 贝淡宁. 为什么民主尚贤制适合中国[J]. 中央社会主义学院学报，2017（3）：46-51.

④ 据《睡虎地秦墓竹简·为吏之道》记载，"五善"指忠信敬上，清廉毋谤，举事审当，喜为善行，恭敬多让。"五失"指奢侈超过限度，妄自高大，擅自决断，犯上弗知害，轻士人而重钱财。

准①、魏晋"都官考课七十二法"②、唐代的"四善二十七最"③等，"德"始终是重要的内容。

（二）性

"性"相当于人的心理素质。孔子认为，智、仁、勇、艺、礼、乐是人的六大优秀素质。正所谓"志于道，据于德，依于仁，游于艺"（《论语·述而》），"兴于诗，立于礼，成于乐"（《论语·泰伯》），"智者不惑，仁者不忧，勇者不惧"（《论语·子罕》）。孟子则认为"仁、义、礼、智"是人性中的四种优秀品质。但需说明的是，中国古代对"性"与"德"的认识，有交叉，有的甚至认为"性"即"德"。

（三）识

对"识"，有学者认为即知识，在古代主要是指道德知识和一些实用学科的知识。④同时，也指"见识"。唐代刘知几提出，研究历史的人，必须具备才学识"三长"。对此，一般认为，这里的识是指远见卓识，才是指聪明才智，学是指知识技能。清代袁枚认为，"学如弓弩，才如箭镞。识以领之，方能中鹄"（《续诗品·尚识》）。此比喻说明了三者之间的关系。

（四）才、智

"才"和"智"不仅是中国古代人力资源测评，实际上是历朝历代人力资源测评的重要内容，尤其是在中国历史重大转折时期或改革时期，这是选人用人的首要标准，如众所周知的刘邦、曹操、王安石、张居正等，都提出或践行"唯才是举"，正如唐太宗所说"朕任官必以才……若才，虽仇如魏征，不弃也"（《新唐书·列传·卷三十》）。

（五）绩、功

"绩"，即"功"，正如"考绩用人之法"，颜师古注"言用人之法，皆须考以功绩"（《汉书·王吉传》），从历代考绩或考成、考课制度中可知，"绩"即为今天的绩效，如《尚书·舜典》所说："三载考绩，三考，黜陟幽明，庶绩咸熙。"

测评内容虽涉及上述六个方面，但实际上主要集中于德和才。不论是前述的"为政以德""唯才是举"，还是"德才兼备，以德为先"，抑或"才者，德之资也；德者，才之帅

---

① "判察"六标准是：一是"强宗豪右，田宅逾制，以强凌弱，以众暴寡"。二是"二千石不奉诏，遵旧典，倍公问私，旁诏守利，侵渔百姓，聚敛为奸"。三是"二千石不恤疑狱，风厉杀人，怒则任刑，喜则淫赏，烦扰刻暴，剥戮黎元。为百姓所疾。山崩石裂、妖祥伪言"。四是"二千石选署不平，苟阿所爱，蔽贤宠顽"。五是"二千石子弟，恃怙荣势，请托所监"。六是"二千石违公下比，阿附豪强，通行货赂，割损正令"。

② 三国魏考课官吏的规定。魏明帝（曹叡）令散骑常侍刘劭作都官考课七十二条，作为都官尚书考察官吏的依据。《三国志·魏书·刘劭传》记有刘劭制成七十二条后向明帝的上书，但无七十二条具体内容的说明。由于其内容庞杂繁复，在当时就不易执行。

③ 唐代的"四善"是：一曰德义有闻，二曰清慎明著，三曰公平可称，四曰恪勤匪懈。"二十七最"则涉及各种职守方面的官员的具体才能、绩效，如"法官之最"的标准是"推鞫得情，处断公允"；"学官之最"的标准是"训导有方，生徒充业"。

④ 萧鸣政. 人员测评与选拔[M]. 3 版. 上海：复旦大学出版社，2018：33.

也"(《资治通鉴·周纪》);也不管是"贤者在位,能者在职"(《孟子·公孙丑上》),还是曹操的"治平尚德行,有事赏功能"(《论吏士行能令》)中的常态管理与应急管理选人用人标准的区分,还是刘劭的衡评人物,一讲德性,一重才能,务求二者兼顾,抑或魏徵的"但乱世惟求其才,不顾其行。太平之时,必须才行俱兼,始可任用"(《贞观政要·卷三·论择官》),乃至清康熙帝的"国家用人,当以德为本,才艺为末",以及雍正帝的"宁用操守平常的能吏,不用因循误事的清官",都是德才二元化这一中国古代人力资源测评主线在不同时代、不同人物身上的反映。因此,"德才兼备作为选拔人才的标准是历史做出的结论,是经过长期的反复实践和理论探讨逐步达成的一个共识……德才兼备作为测评标准是历史做出的结论,是经过长期的反复实践和理论探讨而逐步达成的共识……在大动荡、大分裂的年代,主要是无法顾及德行之优劣,惟速求能济事之士,但这并不能影响德才兼备是作为选才标准的一贯性、客观性。此仅可看作是在特殊历史条件下对这一人才标准的灵活运用。"①

四、我国古代公共部门人力资源测评制度

(一)我国古代公共部门人力资源测评的基本制度

中国古代创立了各种各样的选拔制度,如首领之间的禅让制,以及各种官吏选拔制度,如世卿世禄制,恩荫制(葆子、任子、荫袭),荐举制(乡举里选、保举、察举、九品中正制、访举),征辟制(征召、辟除),捐纳制(卖官、纳赀),军功制(军功爵制),考试制(科举、制举、舍选制)等。其中世卿制、察举制、九品中正制和科举制是古代官吏的主流选拔方式,影响深远。

1. 禅让制

禅让制是指统治者生前把首领之位让给别人,"禅"意为"在祖宗面前大力推荐","让"指"让出帝位"。改变了过去"父死子继、兄终弟及"的血统继位制,是以传贤为宗旨的民主选举首领制度。其特点是由首领主持实施,用实绩来测评被测者。禅让是将权力让给异姓,这会导致朝代更替,称为"外禅";而让给自己的同姓血亲,被称为"内禅",让位者通常称"太上皇",不导致朝代更替。

《尚书·尧典》记载:尧晚年选择继承人时,对舜进行了长达28年的反复考察,包括妻以二女"以观其内","使九男与处以观其外""入山林川泽""试舜五典百官"等,"乃知舜之足授天下",决定"使舜摄行天子政"。舜选拔接班人时,首先考察了鲧,而鲧治水不利被淘汰出局;舜随即令禹继承其父的工作,结果禹在治水的过程中,既显示出"三过家门而不入"的奉公美德,又有疏而非堵、成功治水的智慧,得到舜的信任,最后,舜让位于禹。这反映了传说中的上古中国的民主制度。

2. 世卿世禄制与贡士制

夏、商、西周的选拔制度,包括兴办官学选才制、"乡兴贤能"制、贡士制、世卿世

---

① 田建荣. 中国考试思想史[M]. 北京:商务印书馆, 2004: 361-362.

禄制等。其中，主要是世卿世禄制。它是指最高统治者按血缘关系的远近，分封自己的亲属；中央和地方各级权力，分别掌握在大大小小的贵族手中，而且世代相传，不能随意任免。卿是当时高级官吏的称呼，禄是官吏的俸给。这种制度是与当时的宗法制和分封制互为一体的，其主要特征是嫡长子继承王位，余子分封，逐级逐层类推下去，形成一个金字塔式的权力结构体系。

贡士制是西周时期向天子荐举人才的制度，各诸侯国定期向天子贡献贤能之士，所贡举之人称为贡士，"天子之制，诸侯岁献贡士于天子"（《礼记·射义》）。有研究指出，西周时期的贡士制是世界上最早的人力资源测评制度。[①]当时尹、史、卿、大夫等高级官员实行世袭制，而低级官员和武士主要通过贡士制选拔。

3. 察举征辟制

自秦朝开始，中国建立了高度中央集权的统一的封建帝国，废除了世卿世禄制，建立了官僚制。皇帝独揽一切国家权力，从中央到地方，所有官吏都是皇帝的奴仆。即在人事管理方面，凡官职设置、入仕途径、用人标准、管理办法等，都由皇帝亲自决定，而过去各诸侯国自行任免官员的制度随着郡县制的建立而消失，从宰相到县令都由皇帝任命和撤换，从而奠定了国家统一任命和调配官员的基本体制。由此，"察举征辟制"应运而生。

所谓察举，又叫荐举，即考察、推举，是指由诸王、列侯以及郡国行政长官，按照皇帝下诏指定举荐科目，向中央政府考察和举荐孝廉、茂才、贤良方正与文学等人才；应举者按不同的科目进行考试，考试由皇帝出题策问，或由丞相、御史二府及九卿策试；根据对策成绩高下分别授官或为郎官候补。这是在先秦的"贡士"、秦代的"荐吏"基础上发展起来一种自下而上推选人才的制度，分为制举—特举和常举—制度性察举两类，盛行于两汉，衰于南北朝。

征辟是征召和辟举的简称，前者是由皇帝征聘，后者是由公府、州郡辟除，均是由上而下选拔人才的方式。在秦汉魏晋南北朝时期，这是一种范围广泛而又十分重要的入仕途径。察举征辟，对于原先实行的世禄世卿制来讲，是一大进步，但其举士和举官不分、选举和考课不分、选举与教育分离、没有选官的专职官员、先选后考等特点，给各级官吏在察举和征辟中徇私舞弊留下很多缝隙，所以到了东汉末年，竟然出现了"举秀才，不知书；举孝廉，父别居；寒素洁白浊如泥，高第良将怯如鸡"的怪现象。

4. 九品中正制

针对察举征辟制存在的问题，尤其是主观片面，且基层官员缺乏识人判人经验，"九品中正制"诞生。它又称九品官人法，是盛行于魏晋南北朝时期主要的选官制度。它实际上是两汉察举制度的一种延续和发展，或者说是察举制的另一种表现形式，由魏文帝曹丕时的吏部尚书陈群创议。但当时察举尚未完全废除。其主要内容是选择"贤有识鉴"的中央官吏兼任原籍地的州、郡、县的大小中正官，负责察访本州、郡、县散处在各地的士人，综合德才、门第定出"品"和"状"，供吏部选官参考。所谓"品"，就是综合士人德才、门第（家世官位高低）所评定的等级，共分为上上、上中、上下、中上、中中、中下、下

---

① 廖平胜. 考试学原理[M]. 武汉：华中师范大学出版社，2003：59.

上、下中、下下等九品，但类别只有上品、中品和下品（二品至三品为上品；一品为虚设，无人能达到；四品至五品为中品；六至九品为下品）三类。在德才与门第中，定品时一般依据后者，叫"计资定品"。所谓"状"，乃是中正官对士人德才的评语，一般只有一两句话，如"天才英博，亮拔不群""德优能少"等，这是对东汉后期名士品评人物的制度化。九品中正制建立之初，确实包含了"唯才是举"的精神，起到了选拔人才的作用，其选拔标准家世、品德、才能并重；同时九品中正制的推行也剥夺了州郡长官自辟僚属的权力，将官吏的任免权收归中央，有利于加强中央的权力。然而随着时间的推移，选拔标准开始发生变化，仅仅重视门第出身。这使得九品中正制失去了选拔人才的意义。因为选拔人才的中正官多由二品官吏担任，而被选拔的人才也多出自二品以上的大族，同时他们也往往出任高级官吏，品评的标准逐步转向由家世（门第高低）来决定，选拔权就被世家大族所垄断，渐渐形成了魏晋时期的"门阀制度"，出现了"上品无寒门，下品无世族"的情形。

无论是察举征辟制还是九品中正制，人才选拔的权力都在少数人手中，弊端愈加明显，时人刘毅就有"三难""八损"的批评。"三难"即"人物难知""爱憎难防""情伪难明"，"八损"是危害当时政治统治的八种弊端。为此，在西汉就断断续续实行过的对被推荐者进行"策问"，并以"对策"的高下区别授官的基础上，魏文帝对儒者试以"经术"，对文吏试以"文法"，课试制度由此兴起。南北朝时策试越来越多，开始时策试比较简单，采用一问一答的口试，以后渐渐发展为笔试。同时，有关人才选拔中的考试意识明显增强，王昶、傅玄、葛洪、刘劭等具有开拓精神的思想家，对考试作用的阐述，使人们进一步明确了采行考试的极端重要性，这些都成为隋唐及后来科举考试制度的先声。

5. 科举制

科举制渊源于汉朝，创始于隋朝，确立于唐朝，完备于宋朝，兴盛于明、清两朝，废除于清朝末年，历经隋、唐、宋、元、明、清。根据史书记载，从隋朝大业元年（605）的进士科算起，到清朝光绪三十一年（1905）正式废除，科举制整整绵延存在了1301年，并且有着明确的科举内容、科举方法、科举程序、防弊措施、辅助措施等。

隋代直接采用考试办法选拔官员。唐朝的考试制度进一步完善，当时考试科目较多，分科举士，遂称为"科举"。科举考试的方法有五种，以诗赋取士为主，一是"口试"；二是"帖经"，类似于现在的填空题；三是"墨义"，类似于现代的简答题，考官依据经典文献出题，考生根据要求回答经文注疏或上下文的内容；四是"策论"，又称"时务策"，从当时政治、经济、文化、军事等一系列现实问题中拟就题目，要求考生设计解决办法，即对策；五是"诗赋"，即让考生人接题赋诗，主要测查考生的文采、想象力、创造力和知识广度。到宋代，科举制度发展到鼎盛时期，对扩大考生范围、增加录取人数、简化录取程序、增加考试等级、限定主考官的权力以及考试规则等，都有了具体而明确的规定，而且越来越严密。唐代存在行卷之风，以考试成绩和行卷推荐的双重标准决定考生的去取。北宋罢诗赋、帖经、墨义，采取"用经义取士代替诗赋取士"，进士名次都要以策论成绩（即经义成绩）评定。北宋科举废除了公荐制，确定了锁院、糊名、誊录等防弊措施，使"以文取士"就有了绝对的、完全的意义，"取士不问家世"原则在宋代实现。明清两代的科举制度又有了新的发展，大致分为童试、乡试、会试、殿试四级。形式采取八股文，不仅使衡文更加明快，而且提高了考试的难度，增强了可比性。因此，一方面，从唐代分两级到明代分四级考试的分类设科、分级筛选方式的确立，标志着测评体系的建立。另一方面，隋唐时期的科举考试虽然以儒家经典为中心，但考试内容又有程度不同的变化。如唐代，《论语》《孝经》是各科必考的科目，答卷仅以此为据，可以发表自己的独立见解。但明清科举考试，试题全出自"四书""五经"，答卷又必须以朱熹《四书章句集注》等程朱理学观点为依据，并模仿古人语气"代圣人立言"，不允许阐述自己的观点，禁锢了读书人的思想，当然也满足了统治阶级政治的需要。这是科举用八股文取士的最大弊端。

要注意的是，明清时期，批判科举考试就已经成为主旋律。虽然统治者不管处于何种目的，对科举考试进行了一些改革，但科举考试的黑暗、对人才的摧残，以及延伸出来的一系列问题，一些思想家、文学家对此进行了无情的揭露。到近代，伴随着民族的生死存亡与社会变革思潮的深化，单一的选官制度向多种人才选拔制度发展，晚清又是中国文官制度或公务员制度的酝酿时期，而且人才选拔贯穿了弃实就虚的原则，八股科举再次成为人们抨击的主要对象，并被视为导致中国社会衰败的根本原因之一。实际上，科举在明代已经基本上完备定型，清代承袭了明代科举制度，进而对其进一步严格化、细密化，但"完备的发展同时也就是限制……晚清的科举已面临前王朝晚期所面临的同样问题，而与西方大规模冲撞出现的新情况更加剧了这一危机"[①]，因此，废除科举考试终于被提到了重要的议事日程上来，1905 年科举考试被永远停止。

最后要说明的是，中国是考试的故乡，前述在西汉的"策问"、并以"对策"的高下区别授官，被认为"最近似于现代考试"[②]。从考试起源看，中外诸多学者都把考试的起始定在汉代，并以汉文帝于公元前 165 年举行的贤良方正科"对策"作为标志。如盛奇秀认为，这次贤良方正科考试，既是我国不定期举行的特科考试的开端，又是我国取士考试的开端，还是我国考试制度的开端。汉文帝既是我国特科考试的创始人，又是我国取士考试的创始人，还是我国考试制度的创始人。[③]同时，还有一些学者认为"左雄改制"是我国考试制度确立的重要标志。东汉顺帝阳嘉元年（132）十一月，尚书令左雄建议改革察举，并对孝廉进行考试。改革包括几大要点，其中，突出的是旨在建立其真正的考试制度。阳嘉新制被后人称为"试文之法"，其亮点是"以文取人"，以"某种知识的程式化考试，作为认定居官资格的手段"[④]。这次改革，是察举中出现弄虚作假而引发的。德行和吏能有可能由举主夸饰，考试可以有效地抑制类似的弊端。另外，1910 年出版的《大英百科全书》第十一版"考试"条说：在历史上，早的考试制度是中国用考试来选拔行政官员的制度（据公元前 1115 年的记载），以及对已进入仕途的官员的定期考核制度（据公元前 2200 年的记载）。《尚书》中有"试可乃已""试不可用"，"敷奏以言，明试以功"，"三载考绩，

① 何怀宏. 选举社会及其终结：秦汉至晚清历史的一种社会学阐释[M]. 北京：生活·读书·新知三联书店，1998：100.

② 杨学为. 中国需要"科举学"[J]. 厦门大学学报（哲学社会科学版），1999（4）：17-19.

③ 盛奇秀. 中国古代考试制度[M]. 济南：山东教育出版社，1988：11.

④ 阎步克. 察举制度变迁史稿[M]. 沈阳：辽宁大学出版社，1997：62.

三考，黜陟幽明"等记载，《大英百科全书》的说法是根据 19 世纪末 20 世纪初一些西方学者有关科举的论著而来，而这些论著的说法又是根据《尚书》的记载而来。

而"考试"一词，最早见于董仲舒的《春秋繁露·考功名》："考试之法，合其爵禄，并其秩，积其日，陈其实，计功量罪，以多除少，以名定实，先内弟之。"在此之前，"考"与"试"是意思相近的两个概念。而二者合成为一个词后，主要是指对官员的"考核"和"试用"。董仲舒所言"考试之法"就是要求根据德、勤、能、绩，论行赏，量过治罪，升黜进退。后随着人类教育活动的开展，考试逐步被用来作为进行学生学业成绩评定、区别学识高下的手段，选而作为教学过程中一个独立的基本环节，成为教育的重要组成部分。这样，考试就有了其第二层含义，是指对个体掌握知识、技能情况和效果的检验、评定和测度的一种方法。今天，考试已渗透到各行各业及社会生活的各个领域，影响到政治、教育、文学、文化、军事，乃至心理、习俗等方方面面，贯穿个人发展的不同阶段，是人力资源测评的主要技术方法。

（二）我国古代公共部门人力资源测评制度的特点

1. 继承与发展并举

我国古代人才或官吏选拔制度具有明显的时代性，同时考试的思想一直在延伸。苏轼在《论养士》中说，"三代以上出于学，战国至秦出于客，汉以后出于郡县吏，魏晋以来出于九品中正，隋唐至今出于科举"，但"所谓学，所谓郡县吏，所谓九品中正，皆属选举。虽间有射策对策，以补选举之不实，而少落第者，不能称为真正考试。唐以后之科举，令士人投牒自进，公同竞争，高低贵贱，以一定之。且普遍施行，垂为永制，沿袭千余年而不变，使天下士人共出于一途"[①]考试是中国人的一大发明，中国科举制度的产生是历史的必然和一大进步，是中国封建时代"人治"社会中唯一以法制进行管理的制度，确立了中国古代人事选拔的法律化地位[②]，它是中国历史上、也是世界历史上最具开创性和平等性的官吏选拔制度，当然也是中华民族对人类制度文明的一大贡献。

2. 各具特色

比较世袭制或世卿制、察举制、九品中正制和科举制可见，世袭制以血缘关系为依据，察举制以实际德才表现为依据，九品中正制以血缘门第与现实德才表现为依据，科举制以知识智能为依据。从当时人才选拔的目的和现代测量学来看，察举制和九品中正制的效度最好，科举制的效度最差。而科举制是以其信度优于世袭制、察举制和九品中正制而胜出。因为在选拔过程中，人们首先也是最为关心的是其公正性与公平性。无论是察举制还是九品中正制，虽然效度较高，能够选拔出忠于朝廷的能力不错的人，但它们都表现为人举人取人，夹杂着浓厚的人举人色彩，侧重于人们后天无法选择的血缘和出身，人们觉得这既不公正也不公平。相反，科举制则表现为考试举人，每个人在同样的时间、同样的地点和条件下，接受同样内容的考试，且原则上没有出身贵贱的限制，具有较强的平等竞争的色彩，人们

---

① 邓嗣禹. 中国考试制度史[M]. 长春：吉林出版集团有限责任公司，2011：1.

② 林新奇. 中国人事管理史[M]. 修订版. 北京：中国社会科学出版社，2004：96.

觉得它既公正又公平，故而得到普遍接受与认可。[1]

3. 体系完备

我国历代王朝都十分注重官吏制度建设，形成了一套以官吏选拔、品位、俸给、考课、奖惩、监察、育才、致仕等制度为核心内容的完整制度，对封建王朝的稳定和发展起到了巨大作用。如考绩，西周时期的巡狩和述职，春秋时期的年终"会政致事"和"三年大比"，战国时期的上计，汉代的刺察制，北魏的"停年格"，唐代对流内官的"四善二十七最"与对流外官的"四等考第"，宋代的磨勘制和历纸制，明代的"九年三考黜陟制"以及朝觐和京察，清代对京官的京察和对外官的外察等。[2]尽管这些系统的官吏制度是为专制统治服务的，因而不可能具有现代公务员制度的功能，但无疑是重要的文明遗产，对我国现代人力资源测评乃至管理具有重要的借鉴意义。

五、我国古代公共部门人力资源测评方法

中国古代人力资源测评方法丰富多样，正如欧阳修所言：治天下者用人非止一端，故取士不以一路（《乞补馆职札子》）。一是科举考试采用的测评方法就多种，如贴经、墨义、策问、诗赋等。二是形成了一些较为系统和典型的测评方法，如六征法、七观法等。三是产生了一组专门的测评技术或手段，如问、听等。这些方法不是静态的冷眼观察，而是主动的探试考察，并且通过一系列动态的活动，巧妙地透过各种现象甚至假象把握人的本质，通过给予被测者输入某种信息，使被测者对这种信息做出反馈，借此进行测评，是在多样、变化的生活情境中的一种综合测验。如林传鼎认为诸葛亮的"七观法""是利用特定情境诱导出所要观察的行为品质"。四是诞生了若干单项测验，如《礼记》曾记载周代就已经采用"试射"的方式选拔文武官员，林传鼎认为"试射"就是一种特殊能力的单项测试，并采用了参照效标的计分法；董仲舒采取"一手画方，一手画圆"来测评人的注意分配能力；杨雄曾尝试用词汇测验来鉴定人才，以及七巧板、九连环等。五是就方法使用时应注意的问题或测评影响因素进行了探究。

（一）典型的测评方法

1. 六征法

《逸周书·官人解》：王曰："呜呼！大师，朕维民务官，论用有征：观诚，考言，视声，观色，观隐，揆德。可得闻乎？"周公曰："亦有六征，呜呼，乃齐以揆之。"《大戴礼记·文王官人》：伦有七属，属有九用，用有六征：一曰观诚，二曰考志，三曰视中，四曰观色，五曰观隐，六曰揆德。即考察、识别人臣的六个方面：真诚、心志、内心、面色表情、隐藏委托情况及道德水平。

2. 识人九法

《庄子·列御寇》借孔子之口说明识人之难："凡人心险于山川，难于知天"，又道出

---

[1] 萧鸣政. 人员测评与选拔[M]. 3 版. 上海：复旦大学出版社，2018：42.

[2] 滕玉成，于萍. 公共部门人力资源管理[M]. 上海：复旦大学出版社，2018：325-326.

识人九法："故君子远使之而观其忠，近使之而观其敬，烦使之而观其能，卒然问焉而观其知，急与之期而观其信，委之以财而观其仁，告之以危而观其节，醉之以酒而观其侧，杂之以处而观其色"。这是通过设置一定的情境，观察、考察被测者的反应，进而做出评价。这也是中国古代测评方法的一大特点。

3. 八观六验法

凡论人，通则观其所礼，贵则观其所进，富则观其所养，听则观其所行，止则观其所好。习则观其所言，穷则观其所不受，贱则观其所不为。喜之以验其守，乐之以验其僻，怒之以验其节，惧之以验其持。哀之以验其人，苦之以验其志。八观六验，此贤主之所以论人也（《吕氏春秋·论人》）。可见，"八观"是通过观察鉴定人才，"六验"则带有实验法的性质来评鉴人才。

4. 七观法

问之以是非以观其志；穷之以辞辩以观其变；咨之以计谋以观其识；告之以祸难以观其勇；醉之以酒以观其性；临之以利以观其廉；期之以事以观其信（诸葛亮《心书·知人》）。其中，前四法（问、穷、咨、告），实为通过问答形式的面试进行观察、测量；后三法（醉之、临之、期之），从现代测量理论上看，实为通过某些情境刺激以观察所诱导出的心理与行为反应。

5. 八观五视法

观其夺救，以明间杂。观其感变，以审常度。观其志质. 以知其名。观其所由。以辨依似。观其爱敬. 以知通塞。观其情机，以辨恕惑。观其所短，以知所长。观其聪明，以知所达（刘劭《人物志·八观》）。居视其所安，达视其所举，富视其所与，穷视其所为，贫视其所取（《人物志·效难》）。即从人的感情、行为入手，分析其心理状态，以达到对人的较为全面和准确的认识。

（二）成组的测评技术

1. 问

问即询问、提问、探问等，如诸葛亮的"问之以是非以观其志"。

2. 听

听即通过注意言语的内容、声音及含义等进行思考、判断，如孔子的"听其言、观其行"。

3. 观

观即细看、观察等，如《逸周书·官人解》"六征"中的"观诚""观色""观隐"等。

4. 察

察即观察、考察、考核、选拔、调查等，如《管子·小匡》中的"退而察问其乡里，以观其所能"。

5. 忖

忖即思量、揣测等，如《诗经·小雅·巧言》中的"他人有心，予忖度之"。

6. 揆

揆即度量、揣度等，如《逸周书·官人解》中有"揆德"之说，即在观诚、考言、视声、观色、观隐的基础上对品德的评价。

7. 论

论即讨论、辩论、审定、研究等，如《荀子·君道》："论德而定次，量能而授官。"

8. 考

考即询问、查核、考察等，如《尚书·周官》："又六年，王乃时巡，考制度于四岳。诸侯各朝于方岳，大明黜陟。"

9. 访

访即咨询、查访、调查等，如《国语·楚语上》："教之令，使访物官。"韦昭注："访，议也；物，事也。使议知百官之事业。""物官"，即量才（能）授官。

当然，这些方法实际上是被综合运用的，正如王安石所说，"所谓察之者，非专用耳目之聪明，而私听于一人之口也。欲审知其德，问以行；欲审知其才，问以言。得其言行，则试之以事"（《王文公集·上仁宗皇帝言事书》），即综合耳闻、目睹、口问、事验于一体。这些方法与今天的考试、面试、演讲、履历分析、组织考察、情境辩论、工作模拟等测评方法不谋而合。

（三）方法使用应注意的事项

我国古代学者早就对方法使用的原则、应注意的问题进行了探讨。如刘劭在其《人物志·七缪》中从七个方面论述了考察人才时经常出现的谬误："一曰察誉有偏颇之谬；二曰接物有爱恶之惑；三曰度心有大小之误；四曰品质有早晚之疑；五曰变类有同体之嫌；六曰论材有申压之诡；七曰观奇有二尤之失。"意思是说，鉴定人的素质时，如果用听闻取代自己的观察，就会失之偏颇；如果受爱恶之情的干扰，就会迷惑不解；如果对心态的衡量不能区别大小之分，就会出现失误；如果不考虑一个人的心理发展的时间特点，就会疑惑难断；如果称誉与自己同一类型的人而诋毁与自己相反类型的人，就有袒护的嫌疑；如果只从富贵亨通、贫贱穷困的地位出发，就会失之公正；如果只看外貌，就会失却"含精于内，外无饰姿"的"尤妙之人"和"硕言瑰姿，内实乖反"的"尤虚之人"。每种方法的使用，要注意避免各种干扰，以免影响测评的客观性。刘劭的《人物志·七缪》分析了标准之谬和方法之谬。前者要求鉴定人的素质，不能从鉴定者本人的主观情感出发，也不能从被鉴定者的外在特征着手，又不能只听其他人的议论评价，而必须以"明为"为标准，通过考察个人的"行事"，以鉴定其素质。后者是方法应用，主要批判了三种错误：惑于现实，不见本质；只明白一点，不求全体；滞于一端，不通其他。他认为，只有用全面的发展变化的观点才能把握人的素质。这些实际上已经提出了测评必须遵循的一些原则，如客观性原则、全面系统原则等。[①]这些至今仍是人力资源测评需要高度重视的。

---

① 杨东涛，朱武生，陈社育. 中国古代人才测评思想述评[J]. 南京社会科学，2004（10）：77-80.

第二节　我国现代公共部门人力资源测评的发展

　　回望百年，我国现代公共部门人力资源测评的发展可谓曲曲折折，也是我国跌宕起伏的中华民族现代化历史的一个缩影。清末民初，随着西方社会科学的涌入，西方之人员素质测评也进入我国；而从 20 世纪 50 年代末到 70 年代末，人力资源测评的研究与应用基本停滞……直到在改革开放强劲东风的推动下，与公共部门人力资源管理的科学化相伴，公共部门人力资源测评才得以复兴，并正在繁荣发展。

一、开创阶段（民国时期）

　　20 世纪初叶，西方心理测验理论和技术开始传入我国，我国早期的心理测验工作始于对儿童的教育。1916 年，樊炳清首先介绍了比奈—西蒙量表。同年，我国最早的较为标准化的心理测验也在清华大学开展的职业指导活动中进行。1917 年，北京大学成立了中国第一个心理学实验室。1920 年，北京高等师范学校和南京师范学校建立了我国最早的两个心理学实验室，廖世承和陈鹤琴先生在南京高等师范学校开设心理测验课。1921 年，他俩正式出版《心理测验法》一书。1921 年，中华职教社也采用自制的职业心理测验对入学人员进行了测验。1922 年，比奈—西蒙量表被费培杰译成中文，并在一些中小学进行测试。当时，南京的东南大学，北京的北京师范大学、北京大学等编制了 40 多种心理测验，而且质量很高，被认为达到了美国的水平。1924 年，陆志韦发表了《订正比奈—西蒙智力测验说明书》，20 世纪 30 年代又与吴天敏再次做了修订。1931 年由艾伟、陆志韦、陈鹤琴、萧孝嵘等倡议，组织并成立了中国测验学会。1932 年，《测验》杂志创刊。至抗战前夕，由我国心理学工作者制定或编制出的合乎标准的智力测验和人格测验约 20 种，教育测验50 多种。但早期因国家发展落后及社会条件的限制，测评难以形成规模的发展，后来由于抗日战争而几近中断。

　　在这个时期，政府公务员制度建设取得显著成效，形成一套系统的公务员制度，包括相应的测评制度、组织建设，其主要标志有：①具有较完善的公共人事管理机构，包括考试院、公务员惩戒委员会和监察院；②具有较完善的公务员考选制度，包括《考试法》（1929）、《典试法》（1929）和《监试法》（1930）。《考试法》是考选基本法，后二者是考选程序基本法。另外，政府还制定了公务员考选基本法的附属法规、单行考选法规和一些特别考选法规等；③具有较完善的公务员铨叙制度，包括考试、任用、俸给、考绩、服务、奖惩、退休、抚恤、登记等方面的制度。

　　民国时期，我国主要是引进、吸收并修订国外一些心理测量量表，并应用于一些职业介绍所；同时，政府建立健全了有关测评的制度、组织，这是我国现代公共部门人力资源测评的开创阶段。

二、停滞阶段（1949—1978 年）

　　新中国成立初期，阶级性质的认定是人事管理、测评的首要工作。1957 年 6 月，反击资产阶级右派的斗争开始，人才标准随之确定为"又红又专"，并要求侧重于"红"，"以红带专"，考核任命等活动转向推荐任命，专业技术人员由单位向上级推荐，上级部门批复同意单位即可任命，不需要进行评审。专业技术人员通过所在单位领导和组织部门考核认定职务，同国家干部晋升行政级别一样实行考核任命模式。

在这期间，心理学被视为"伪科学"，心理测验等更是无人敢于问津的领域。所以1949—1979年，我国在人力资源测评技术的研究和应用方面大体处于停滞状态。但值得一提的是，20世纪70年代，因工业和军事发展的需要，空军第四研究所曾编制《学习飞行能力预测方法》，用以对招考新生进行集体心理测验，取得了良好的效果，使飞行员淘汰率大大降低。就干部测评来说，内容主要有政治立场、观点作风、政策水平、遵纪守法、联系群众与学习态度等；1964年又改为政治表现（包括历史表现）、阶级立场、道德品质、思想作风、技术水平、业务能力。测评的方法，主要有思想动员、自我检讨、群众评议、领导审查"四步法"，1964年后提出采用自上而下与自下而上相结合、"三大"实践（生产斗争、阶级斗争与科学实验）日常表现、逐个考核的方法。

该阶段的特点如下。①以定性为主，定量较少。②测评内容受"政治挂帅"的影响，偏重于测量政治素质和阶级立场，而较少涉及智力能力、人格特质、动机等，以致在人员的配置中常常考虑的是政治出身。③测评方式单一、程序简单，主要是干部考察审批。④偏重于事后测评，较少事前测评。

三、复苏阶段（1979—1988年）

1979年，心理测验的科学性重新得到承认，心理测验工作也随之重新展开。同年，吴天敏开始进行第三次修订比奈量表的工作，对第二版的量表做了较大的修改，对部分题目进行了增删，并于1982年发表了测验的第三版；龚耀先等主持修订了韦氏成人智力量表及韦氏学前和学龄初期儿童智力量表；林传鼎、张厚粲等主持修订了韦氏儿童智力量表；宋维真等修订了MMPI；陈仲庚、龚耀先等分别修订了艾森克EPQ等。

在普通公务员中实行考试录用的同时，我国在高级官员的任用中也开始引入现代人才测评技术。北京、上海、四川、湖南等许多省市都曾用测评技术来选拔厅局级领导，测评手段包括纸笔测验、结构化面试、文件筐、情境模拟等。由于这种选拔方式比较客观公正，选拔出来的领导大都能较好地胜任拟任岗位。同时，一些心理学工作者和测评专家开始将人才测评运用于社会经济领域，如中国科学院心理研究所徐联仓修订了测量管理者行为的PM量表（performance maintenance scale），凌文辁等开发了CPM（character performance maintenance scale）中国领导行为评价量表；陆红军应用评价中心技术为政府和企业选拔人才等。

需说明的是，一是关于干部队伍建设"四化"方针。从1980年8月邓小平在《党和国家领导制度的改革》中提出干部队伍"四化"方针，到1982年9月党的十二大完整准确地表述了干部"四化"方针——革命化、年轻化、知识化、专业化成为全党加强各级领导班子和整个干部队伍建设的重要指导方针。二是关于严格按照党的原则选拔任用干部的八个原则。1986年1月，中共中央印发《关于严格按照党的原则选拔任用干部的通知》，明确规定领导干部必须在用人方面模范地遵守党的原则，维护组织人事工作纪律；选拔任用领导干部必须严格按照规定的程序办事；选拔任用领导干部必须充分走群众路线；决定提拔干部前，必须按拟任职务所要求的德才条件进行严格考察；选拔干部必须由党委集体讨论决定，不准个人说了算；提拔干部应从经过实践锻炼的同志中择优任用；严格禁止擅自增设机构、提高机构规格和增加领导干部职数；各级组织人事部门必须认真履行职责，当好党委的参谋和助手。三是关于专业技术职务职称。1977 年 9 月中共中央发出的《关于召开全国科学大会的通知》中提到，"恢复技术职称，建立考核制度，实行技术岗位责任制"，1986 年 2 月颁布的《关于实行专业技术职务聘任制度的规定》，将 20 世纪 50 年代末开始实行的职称制度改革作为专业技术人员任职资格聘任制度，开始建立评价体系和评审机制。四是关于人才评价。1982 年 4 月国务院出台《企业职工奖惩条例》，以及 1990 年 7月劳动部出台《工人考核条例》，工作绩效开始进入人才评价的范畴。同时，人事人才评价工作的主体开始明确，考试作为人才评价的手段得到应用，"文化大革命"期间"以工代干"的干部可以通过考试成为国家干部，1982 年 9 月出台的《吸收录用干部问题的若干规定》中允许城镇社会待业青年参加考试选拔成为国家干部。人才队伍的扩大和多元化使人才流动成为可能，这就对人才的选拔、培养、任用等工作提出了客观要求；而相应的人才资源配置市场化的改革，使工作绩效等进入人才测评的范畴。

在该阶段，一方面，引进、吸收并修订国外优秀的心理测量量表，修订之后的量表已经比较成熟，测评工具逐步完善；另一方面，有关公共部门人力资源测评的组织建设、制度建设及市场化建设初步展开，为以后公共部门人力资源测评的发展繁荣奠定了良好的基础。

四、快速发展阶段（1989—2002 年）

1989 年 1 月，中共中央组织部（以下简称中组部）、人事部联合下发了《关于国家行政机关补充工作人员实行考试办法的通知》，要求县以上国家行政机关补充非领导职务的工作人员时，要按德才兼备的标准，公开考试，严格考核，择优录用。中组部成立了人员考核测评中心。这标志着从此以后，所有想进入公务员行列的人必须通过公务员录用考试。至 1992 年年底，我国 29 个省份、国务院三个部门都不同程度地采用了人员测评方法补充人员，取得了良好的效果。这使得人力资源测评在社会上引起人们的广泛关注。与此同时，我国在高级干部的任用决策中也开始借用测评技术，许多省份都开始用现代测评技术来选拔厅局级领导，包括纸笔测验、结构化面试、文件筐测验、情境模拟等。

1993 年，《国家公务员暂行条例》颁布实施，标志着公务员制度建设进入科学化新阶段，从而将干部素质测评和人才素质测评的研究与实践推向新的阶段。1994 年 7 月，在全国专家工作会议上，人事部提出加强人力资源测评工作、逐步建立科学的人员评价机制的要求。1994—1996 年，人事部成立考试中心与公务员测评机构后，上海等地成立了相关的测评机构，全国各地的人才服务中心与许多中介组织都纷纷建立了人才测评机构。1995 年2 月，中共中央印发《党政领导干部选拔任用工作暂行条例》，这是我党历史上第一个规范选拔任用干部工作的党内法规[1]，明确了选拔任用党政领导干部必须坚持的六大原则：党管干部，德才兼备、任人唯贤，群众公认、注重实绩，公开、平等、竞争、择优，民主集中制，依法办事。同年底的全国人事厅局长会议强调，要发展人力资源测评事业；人力资源测评工作正在由点到面逐步开展起来，测评机构相继成立，测评技术得到较为广泛的应用。同时，以"一推双考""双推双考""三荐双考""公推公选"等形式公开选拔领导干部的做法，在国内被许多部门、地方采用，得到了基本认同。1998年底，中组部开始在全国范围内建立全国公开选拔领导干部考试题库，扶持开发用于企业的人员素质测评系统。2000年1月，中组部印发的《全国公开选拔党政领导干部考试大纲（试行）》专门规定了笔试、面试的内容和方式，并提出在面试中引入无领导小组讨论、结构化面试与文件筐测验等测评技术。2001年，中组部领导干部考试与测评中心正式成立。2002年7月，中共中央印发《党政领导干部选拔任用工作条例》，对民主推荐与考察等进行了权威的规范与阐述，将这几种技术的前期实践成果制度化。

同一时期，1991年10月，中组部等出台《全民所有制企业聘用制干部管理暂行规定》，人事管理开始从身份管理向岗位管理过渡。1994年3月，《国家公务员考核暂行规定》实施。1995年12月，《事业单位工作人员考核暂行规定》印发实施。1998年5月，中共中央出台了《党政领导干部考核工作暂行规定》，这都进一步推进了测评工作的快速发展。

就有关专业技术人才测评，1993年7月，劳动部出台《职业技能鉴定规定》，开始建立对技能人才的评价机制。随后，人事部相继出台《专业技术资格评定试行办法》（1994年10月）、《职业资格证书制度暂行办法》（1995年1月）、《专业技术人员资格考试考务工作规程（试行）》（2000年9月），科技部出台《关于印发〈关于科技工作者行为准则的若干意见〉的通知》（1999年11月）等，国家在部分重要的职称系列中实行资格考试制度和执业资格制度，以考代评再聘，在事业单位实施职称数额比例控制。另外，企事业单位也从观念上接受现代测评技术，开始运用现代测评技术方法为本组织的人员选拔提供支持，如1994年中国民航与德国汉莎航空公司的携手合作等。

该阶段的首要特点是人才问题上升至国家战略问题，从1995年5月中共中央、国务院的《关于加速科学技术进步的决定》到《2002—2005年全国人才队伍建设规划纲要》，各领域的相关人力资源测评及评价制度建设快速推进。其次是国家公务员录用考试制度开始建立。再次是党政机关和国有企事业单位普遍重视测评工作。最后是测评机构不断增多，各种测评工具不断推陈出新，公共部门人力资源测评的春天已经来到。

五、繁荣阶段（2003年至今）

2003年12月，中共中央、国务院召开新中国成立以来第一次全国人才工作会议，做出《关于进一步加强人才工作的决定》；2004年4月，中共中央办公厅印发《公开选拔党政领导干部工作暂行规定》《党政机关竞争上岗工作暂行规定》《党的地方委员会全体会议对下一级党委、政府领导班子正职拟任人选和推荐人选表决办法》；2009年12月，中办印发

---

① 刘靖北. 改革开放以来党的建设制度改革的历史成就[J]. 党的文献，2018(6)：53-61.

了《2010—2020年深化干部人事制度改革规划纲要》；2010年6月，中共中央、国务院印发了《国家中长期人才发展规划纲要（2010—2020年）》。

2006年1月起施行的《中华人民共和国公务员法》标志着我国公务员制度以国家立法形式得以确立，随后涉及公务员录用、选拔晋升等的有关规范性文件，如《公务员考核规定（试行）》（2007年1月）、《公务员录用规定（试行）》（2007年11月）、《公务员职务任免与职务升降规定（试行）》（2008年2月）等陆续出台①。2006年7月，中组部印发了《体现科学发展观要求的地方党政领导班子和领导干部综合考核评价试行办法》，首次系统提出并阐述了民主推荐、民主测评、民意调查、实绩分析、个别谈话、综合评价等多种技术及其具体操作方法。

2019年6月，新修订的《公务员法》实施；同时，中国共产党还制定、修订了有关干部或公务员的考试录用、选拔任用、政绩考核等党内法规，如《党政领导干部选拔任用工作条例》（2019年3月）、《党政领导干部考核工作条例》（2019年4月）、《干部选拔任用工作监督检查和责任追究办法》（2019年5月）、《公务员录用规定》（2019年11月）、《公务员录用考察办法（试行）》（2021年9月）、《公务员公开遴选办法》（2021年9月）等②。

需说明的是，20世纪90年代，我国已开始将民主推荐、民主测评（包括民意测验和民主评议）、履历分析用于领导干部公开选拔考试，进入21世纪以来逐步广泛应用，进而制度化。2000年，广东省公开选拔省直机关副厅级领导干部，面试环节分为结构化面试、无领导小组讨论和情境模拟三项。2001年，我国采用了心理测验作为公务员选拔的参考手段。2004年9月，北京市朝阳区第11次公选干部笔试内容主要分为综合知识、认知能力和心理测试三部分内容，其中心理测验也是首次被正式纳入朝阳区公选干部考试；同年11月，北京221名考生参加公选竞聘某个副局长职位时，心理测验主要通过145道题来进行，这些题目要求考生在半个小时内答完。2005年11月2日上午，四川省公开选拔20名副厅级领导干部工作在省委党校考场举行了心理素质测验，151名推荐人选在两小时内用"人机对话"的方式完成了230道试题。2005年12月，浙江省象山县的县管领导干部选拔也引入心理测验机制。与上述北京市笔试方式不同，象山县直接在面试中对候选者的心理素质进行测量，包括两位高校心理学专家在内的面试团对入围者的领导能力、协调能力、创新性等要素进行考查，在测试题目上也选取了更具时间价值及开放性的应用分析题，如"上

① 此外还有：《公务员调任规定（试行）》（2008年2月）、《新录用公务员试用期管理办法（试行）》（2011年5月）、《关于进一步加强党管人才工作的意见》（2012年9月）、《公务员公开遴选办法（试行）》（2013年1月）、《关于改进地方党政领导班子和领导干部政绩考核工作的通知》（2013年12月）、《党政领导干部选拔任用工作条例》（2014年1月修订）、《关于县以下机关建立公务员职务与职级并行制度的意见》（2015年1月）、《推进领导干部能上能下若干规定（试行）》（2015年7月）、《聘任制公务员管理规定（试行）》（2017年9月）、《干部人事档案工作条例》（2018年11月）等。
② 此外还有：《公务员职务与职级并行规定》（2019年6月）、《公务员调任规定》（2019年11月）、《公务员平时考核办法（试行）》（2020年1月）、《公务员转任规定》（2020年12月）、《公务员考核规定》（2020年12月）、《事业单位领导人员管理规定》（2022年1月）、《推进领导干部能上能下规定》（2022年9月）事业单位工作人员考核规定（2023年1月）等。

级要求你做对公共利益有损害的事情时，你要怎么应对"等。面试考官根据被测者临场的应答表现，为其各种能力反映做出分析并打分。心理测验成绩占总面试成绩比重约为10%。2005年，四川省"8+3"公开选拔副厅级干部中，对通过初试的151名候选人开展为期两个月的集中培训。其间，候选人先后参加无领导小讨论、案例分析、模拟演讲、视听传达、心理测验、现场问答和培训结业测试七项测评，七项测评成绩按一定权重累加得出测评总成绩，作为选拔录用的依据。

就事业单位来说，2006年1月，《事业单位公开招聘人员暂行规定》施行。2011年3月，《中共中央　国务院关于分类推进事业单位改革的指导意见》发布；8月，中办、国办印发《关于进一步深化事业单位人事制度改革的意见》；11月，国务院法制办就《事业单位人事管理条例（征求意见稿）》公开征求意见，并于2014年4月正式颁布《事业单位人事管理条例》。

要强调的是，从2016年3月的《关于深化人才发展体制机制改革的意见》中的"健全人才评价、流动、激励机制"到2018年2月和7月的《关于分类推进人才评价机制改革的指导意见》和《关于深化项目评审、人才评价、机构评估改革的意见》，人才测评与评价机制建设得到空前发展，并步入科学化、分类化的发展轨道。在坚持党管人才的原则下，围绕经济社会发展和人才发展要求，分类建立体现不同职业、不同岗位、不同层次人才特点的评价机制。要坚持"六不唯"，即不唯学历、不唯成果（论文、著作等）、不唯职称、不唯资历、不唯身份、不唯奖项，破除"六唯"的消极作用，坚持德才兼备，明确把品德作为人才评价的首要标准，把创新能力作为人才评价的核心内容。突出品德、能力和业绩评价导向，强调专业性、创新性与实用性。在评价方式方面，建立以同行评价为基础的业内评价机制，注重引入市场评价和社会评价，推动人才评价的多元化、社会化和市场化。在评价监督方面，改革职称评委会管理办法，提高职称评审公正性、公平性和透明度，对职称评审腐败追究评审委员会和主管部门的主体责任。

该阶段各项测评正在继续向前稳步前进，其特点如下。①一系列党规国法的颁布实施和修订完善，为公共部门人力资源测评事业的发展奠定了较好的法治基础。②以德为先、任人唯贤、人事相宜的选拔任用体系逐步建立。③党和国家高度重视公共部门人力资源测评工作，测评机构、测评工具、测评事业发展迅猛。④强调"六不唯"，突出品德、知识、能力。⑤随着党和国家的人才强国战略、各层面人才规划、组织机构改革、干部人事制度改革等的大力推进，特别是有关招录/招聘制度、选调制度、遴选制度、转任制度、调任制度、选拔晋升制度、人才评价与绩效考核管理等的改革完善，以及企事业单位人力资源管理制度的持续优化，我国公共部门人力资源测评将持续繁荣发展。⑥要清醒地认识公共部门人力资源测评存在的问题，主要包括：法治力度不足，促进与提升测评主体能力的相关制度缺失，测评标准与方法开发等方面的制度扶持不到位，内部各制度之间契合性、配套性和协同性不够[①]，需要在推进测评事业发展中逐步加以解决。

---

① 萧鸣政，陈新明. 中国人才评价制度发展70年分析[J]. 行政论坛，2019，26（4）：22-27.

主 要 词 汇

德	性	识	才	智
绩（功）	禅让制	世卿世禄制	察举征辟制	九品中正制
科举制	考试	六征法	识人九法	八观六验法
七观法	八观五视法	问	听	观
察	忖	揆	论	考
访	才行俱佳	唯才是举	以德为先（本）	德才兼备
六不唯				

复习思考题

1. 我国古代公共部门人力资源测评基础是什么？

2. 我国古代公共部门人力资源测评目的是什么？

3. 我国古代公共部门人力资源测评内容有哪些？

4. 我国古代公共部门人力资源测评制度有哪些？

5. 我国古代公共部门人力资源测评方法有哪些？

6. 谈一谈我国现代公共部门人力资源测评的发展。

7. 有人说，曹操的"治平尚德行，有事赏功能"就是将常态管理（"平"）与应急管理（"战"）不同的选人用人标准做了合理的区分，你怎么看？

8. 有人说，我国古代选人用人的标准就是唯才是举与才行俱佳或以德为先的交替，你觉得呢？

9. 司马光在"才德全尽谓之圣人，才德兼亡谓之愚人，德胜才谓之君子，才胜德谓之小人"后接着提出："凡取人之术，苟不得圣人，君子而与之，与其得小人，不若得愚人。何则？君子挟才以为善，小人挟才以为恶。挟才以为善者，善无不至矣；挟才以为恶者，恶亦无不至矣。愚者虽欲为不善，智不能周，力不能胜，譬之乳狗搏人，人得而制之。小人智足以遂其奸，勇足以决其暴，是虎而翼者也，其为害岂不多哉！夫德者人之所严，而才者人之所爱。爱者易亲，严者易疏，是以察者多蔽于才而遗于德。自古昔以来，国之乱臣，家之败子，才有余而德不足，以至于颠覆者多矣，岂特智伯哉！""故为国为家者，苟能审于才德之分而知所先后，又何失人之足患哉！"（《资治通鉴·周纪》）。对这样的选人用人标准，你有何评论？

10. 清朝雍正皇帝的帝王之术是"治天下惟以用人为本，其余皆枝叶事耳"，"用人原只论才技"的选用之法，借助一系列特殊的制度对官吏进行测评，与"与其得小人，不若得愚人"重德轻才的取人之术不同，在选拔人才上实行"宁用操守平常的能吏，不用因循误事的清官"重才轻德的方式，在他看来"洁己而不奉公之清官巧宦，其害事较操守平常之人为更甚"（《雍正朝汉文朱批奏折汇编》第八册）。对这样的选人用人标准，你有何评论？

11. 请简要比较一下察举征辟制、九品中正制与科举制的信度、效度差异，从这个角度分析一下二者为什么最终被科举制取代。

12. 何怀宏认为：中国在晚清未遇西方入侵前已陷入某种传统王朝经常遇到的危机，太平天国战争爆发的主要原因并非由于外部的刺激而起，而是内在矛盾的爆发，战后虽有短暂的中兴，但由于新的时代因素的介入，传统制度已难凭自身走出这一危机，结果就是不仅科举制度，而且是整个传统社会的被打破。但是首先覆灭的是科举却是颇具戏剧性的一幕，这一中国历史上最具"现代性"、形式理性、平等精神和个体主义色彩的制度，却必须在中国想进入"现代化"时最先被废除，这真像是历史的揶揄。[①]对此，你怎么看？

13. 田建荣认为：不仅在中国除却考试找不出更好的替代方法，现如今在国外也是"考试已经这样稳固地站定了脚跟，再废除它似乎比取消篝火节或者圣诞节更无可能"。日本向来有"考试地狱"之称。该国至少在 20 世纪初就已公认，考试是不利于日本人理想中的儿童的发展的。然而，为什么日本人又允许考试存在呢？皮特·弗柔斯特认为，日本人之所以接受"考试地狱"，"是因为他们在内心里崇拜它"。更为重要的是，日本考试地狱现象的大面积存在，"是因为对造成日本青年人的劳累现象的一种肤浅的反对，教育决策者还没有想到更好保持国家统一和成功的办法。"总之，考试就是这样，既是选拔人才的高明之法，又是戕害身心的"酷刑"！平心而论，是属于"必须的罪恶"一类，在想不出更好的办法之前，考试还是不可废的。[②]对此，你有何评论？

毛泽东、邓小平和习近平的选人用人之道

推荐进一步学习阅读书目

1. 邓嗣禹. 中国考试制度史[M]. 长春：吉林出版集团有限责任公司，2011.
2. 房列曙. 中国历史上的人才选拔制度：上[M]. 北京：人民出版社，2005.
3. 房列曙. 中国历史上的人才选拔制度：下[M]. 北京：人民出版社，2005.

---

① 何怀宏. 选举社会及其终结：秦汉至晚清历史的一种社会学阐释[M]. 北京：生活·读书·新知三联书店，1998：375.

② 田建荣. 中国考试思想史[M]北京：商务印书馆，2004：369-370.

第三章

公共部门人力资源测评基础

【学习目标】

- 熟悉公共部门人力资源测评的客观基础。
- 掌握能力的概念与分类。
- 掌握智力、创造力、人格、人职匹配、品德、态度和价值观等概念。
- 掌握智力理论，人格理论，职业兴趣与选择理论，品德、态度和价值观理论。
- 掌握三种测量理论。
- 掌握职位分析的概念，熟悉职位分析的方法和流程。
- 掌握职位说明书的内容和形式。
- 掌握胜任力和胜任力模型的概念。
- 掌握胜任力模型构建的流程与方法。

第一节　公共部门人力资源测评的客观基础

公共部门人力资源测评的客观基础也就是公共人力资源测评的前提，主要包括如下三个方面。

一、人的素质差异

如前所述，公共部门人力资源测评的内容或对象是公共部门人力资源的素质，而人与人之间的素质是有差异性的，正如苏轼所说：人之难知也，江海不足以喻其深，山谷不足以配其险，浮云不足以比其变。[①]而该差异正是测评的客观基础之一。日常生活表明，人的体质有强有弱，容貌或美或丑，能力有高有低，品德或好或坏，也就是"人心不同，各如其面"。从总体上看，这些差异可分为自然差异、社会差异和个体差异三个方面，从生物学到心理学、管理学等诸多学科都验证了人的差异。但从组织管理的角度看，该差异主要是指人的素质的差异，不是指其他，且该差异是指与个体完成一定的工作任务相联系的素质的差异。因此，人的素质的差异，可以从人们完成工作的效率和效果中分辨出。同样的工作，不同的人去做会有不同的效率，即使是先天素质和接受教育相同的人，在面对同

---

① 苏轼. 苏轼文集[M]. 北京：中华书局，1986：174.

样的工作任务时，也会做出不同的反应，得出不同的结果。所以，人的素质的差异是客观存在的，是不以人的意志为转移的。

二、职位或工作的不同

职位或工作的不同是公共部门人力资源测评的另一个客观基础。一方面，职位之间存在多种差异，如工作内容、权力、职责、情境、地位和作用等。即使都是管理者，由于在公共部门内部所处的层级不同，其工作的重点也有不小的差异，如作为高层管理者的大学校长主要掌握组织的大政方针，谋求组织的生存与发展；作为中层管理者的某部（处）长主要是贯彻高层决策，监督、协调基层管理者；作为基层管理者的该部（处）的科长则主要是安排工作任务，保证正常的工作秩序。当然，这种差异主要源于组织，但最终是由社会分工决定的。另一方面，正是由于职位的差异，自然也就对完成工作的人提出了不同的条件、要求——任职资格，产生了科学地甄别、选拔、配置、培训、考核任职者的需要，测评应运而生；反过来讲，正是许许多多千差万别的工作，才使人们有了挑选的余地，去寻找发挥自己特长、展现自己实力的工作。

三、人与职位、团队和组织匹配的需要

众所周知，从一般意义上讲，人与职位或人与工作的匹配是人力资源管理的重要思想和管理实践的核心之一，人们也由此提出了人与人、人与团队、人与组织的匹配等，但不论何种情况，都需要尽可能全面了解和把握具体的人的特征，这也是公共部门人力资源管理的基础。毕竟不同的职位、团队和组织对任职者的知识、技能、态度、动机、品德等提出了不同的要求。为此，在管理实践中，需要根据职位、团队乃至组织的要求，结合个人特征，科学地做好人与职位、团队和组织的合理匹配。其中，人职匹配是基础。

人职匹配是指作为个体的人与职位的对应关系，解决个体的个性特质与职位相匹配的问题，使个性特质与职位要求具有一致性和互补性。如上所述，个体差异是普遍存在的，每一个人都有其独特的能力、人格特征等，且个性特征是可以测量出来的，而每一个职位由于其工作性质、环境、条件、方式的不同，对任职者的素质有不同的要求，因此，人职匹配就是要解决个人的兴趣、能力、性格、价值观等与职位的匹配问题。这意味着，对个人的职业决策来讲，就是要根据个人的人格特质来选择与之相对应的职业种类和职位；对公共部门人力资源管理决策来讲，就是要根据组织职位的要求来选择合适的任职者。正所谓最匹配的才是最好的，而最优的不一定是最好的！关键是找到人与职位的最佳结合点。实际上，如第二章第一节中国古代人力资源测评体系所述，我国先秦就有"量能授官"的思想。因此，良好的人职匹配既能做到用人所长、人尽其才，提升个人的职业能力，又能显著提高组织的效能。

第二节　公共部门人力资源测评的理论基础

公共部门人力资源测评有着宽广的理论基础或学科基础，除了如下内容外，还包括公共部门战略管理、公共组织理论、公共部门人力资源管理、公共组织文化等组织管理与组

织文化有关理论，统计理论①等。当然，下述各理论也都是相当丰富的，这里只是从公共部门人力资源测评角度对其主要内容做简要介绍。

一、能力的概念与分类

（一）能力的概念

尽管"能力"一词的含义很笼统，并在多种意义上使用，时常与其他多个概念混淆不清，如表现在肢体或动作方面的能力，称为体能或技能；表现在人际关系方面的能力，称为社会能力或领导能力；表现在处理事务方面的能力，称为才能；表现在吸收知识与运用知识方面的能力，称为智能等，但从概念上说，它通常被界定为一种心理特征，即成功完成某种活动所需的个性心理特征。如郎朗所具有的钢琴演奏技能就属于能力，是保证钢琴弹奏顺利实施的心理条件。这也意味着能力具有非常鲜明的"活动"标签，即能力总是和人的某一种活动相联系并能在活动中得到表现和发展。也正基于此，不同的人的能力的大小只有在活动中才能进行比较。如在其他条件（知识、技能、花费的时间）相同的情况下，进行数学运算时，甲同学比乙同学更快地了解题意、采用简捷的方法、准确地计算，可以说甲同学的数学能力强于乙同学。倘若一个人不参加某种活动，就很难确定其具有什么能力。

要注意的是，在实际应用能力一词时，它既可指实际能力，也可指潜在能力。实际能力，是指个人"所能为者"，即个人在某方面所表现的实际能力，是由于其所具备的先天遗传基础加上后天环境中的学习所导致的结果。如某人会开汽车，是指他现在实际具备的能力，这种能力以知识技能来表现，而知识技能主要是学习的成就或训练的结果，所以也有人将实际能力也称为成就。而潜在能力，是指个人"可能为者"，即个人将来有机会学习时，可以在行为上表现出的能力，也就是指潜能。这不是指个人已经发展出来的实际能力，而是指如果通过训练可能达到的水平，英语除了使用 potentiality（潜能）外，还会用到 capacity（能量）或 aptitude（倾向、才能）等词。这样实际能力就可通过成就测验来了解，潜在能力则通过倾向测验来把握。但人们在生活中谈到能力的时候，上述二者的含义可能兼而有之。

（二）能力的分类

1. 一般能力和特殊能力

按照表现领域的范围，可以把能力分为一般能力和特殊能力。

一般能力又称普通能力，是指在进行各种不同种类的活动中都会使用到的基本能力。其表现领域范围较大。观察力、注意力、记忆力、思维能力、想象力等都属于一般能力，这些能力的总和也被称为智力。其中观察力、注意力等是基础，而思维能力是核心，它支配着智力的诸多因素，并制约着能力发展的水平。一般能力在日常的学习、生活、工作、创造发明等各种活动中都会有表现，任何活动的顺利完成都离不开这些能力。

---

① 毫无疑问，统计理论是公共部门人力资源测评的重要理论基础，本书也涉及一些统计学的基本内容和计算方法，但鉴于这些在基本的统计学教材中都可以查到，而且已有若干成熟的统计软件，故本书不再介绍。

特殊能力又称专门能力，是顺利完成某种特殊活动时所使用的能力。其表现领域范围较小，专业性较强，如数学能力、运动能力、音乐能力等，这些能力对于完成相应的活动是必须具备的。每一种特殊能力都有自己的独特结构。

一般能力和特殊能力二者相对，相互联系，相互促进。任何一种活动的开展，实际上都既会使用到一般能力，同时也会使用到特殊施力，二者经常共同帮助人们完成各种活动。而且，一般能力在某种专门活动领域中得到特别发展时，就可能成为特殊能力的重要组成部分；反过来，特殊能力的发展也会积极地促进一般能力的发展。

2. 模仿能力和创造能力

按照创造性程度的高低，可以把能力分为模仿能力和创造能力。

模仿能力也称再造能力，是指通过观察别人的行为、活动来学习各种知识，然后以相同的方式做出反应的能力。可见，模仿能力是学习的基础，人们在学习活动中的认知、记忆、操作与熟练能力多属于模仿能力。

创造能力也称创造力、创造性，是指在特定活动中创造出独特的、新颖的、有社会价值的产品的能力。它是人类社会进步的源泉。

模仿能力和创造能力也是互相联系的，模仿能力是创造能力的基础，没有模仿和继承，也就谈不上创造；创造能力是模仿能力的高度发展，没有创造和革新，模仿也就只能停留在低级重复的阶段，无法取得新的进展。

（三）智力

1. 智力与能力的关系

由于在概念的外延和内涵上的不确定性，智力与能力二者都属于难以具体界定的概念，由此导致了二者关系上的高度复杂性。对此主要存在三种不同的观点，西方心理学家主张智力包含能力，苏联心理学家主张能力包含智力，我国的智能相对独立论主张智力与能力既相互区别又相互联系，它们都是成功解决问题所必需的心理特征。

在此，笔者借鉴苏联心理学家和我国心理学家张春兴等人的观点，主张能力包含智力的观点。张春兴将能力分为实际能力与潜在能力两类，前者称为成就，后者称为性向。性向又分为普通性向与特殊性向两类，前者又称为普通能力，后者又称为特殊能力。普通性向或普通能力，也就是平常所指的智力。

因此，智力与能力二者首先存在紧密联系，不可分割。这是因为，人的活动和认识是统一的。智力的发展有赖于能力因素的参加，而能力的发展也有赖于智力因素的增长，两种因素相辅相成。但同时，智力与能力尤其是实际能力也存在区别，它们在组成因素及结构方面是不一样的，一般说到智力的时候更加偏于认知，而说到能力的时候更加偏于活动，不应在它们之间简单地画等号。[①]

2. 智力与知识、技能的关系

智力与知识和技能有密切联系。知识是信息在头脑中的储存，技能是个体掌握的动

---

① 张钦. 普通心理学[M]. 北京：中国人民大学出版社，2012：283-284.

作方式。智力（能力）与知识和技能共同作用，保证个体的活动顺利进行。智力是在掌握知识和技能的过程中逐步形成和发展的，而掌握知识和技能又要以一定的智力为前提。因此，不能凭一个人的知识和技能的多少来判断其智力的高低，不能用知识和技能的评定代替智力鉴定。

3. 智力与创造力的关系

智力与创造力密切相关。智力是创造力的主要成分，创造力是智力在创造活动中独特发展的结果。同时，创造力可以进一步推动智力的发展。[①]

（四）智力与能力、知识、技能、创造力的关系

智力差异是最显著的个体差异之一，但对智力的界定，争议颇多，至今仍是百家争鸣，没有定论。心理学家至今对智力是单一的能力还是几种特殊能力的综合存在争议。[②] 一般来说，纵观历来心理学家对智力的定义，大致有两个取向：其一是描述性或概念性定义，只对智力一词做抽象式的或概括性的描述；其二是操作性定义，即采用具体性或操作性方法或程序来界定智力，如智力是指智力测验所测定的能力。集中代表性观点见表 3-1。

表 3-1 关于智力概念的代表性界定

代表人物	主要观点
比奈、推孟	智力是抽象思维和推理能力
白金汉（Buckingham）、科尔文（S.Colvin）、亨曼（V.Henrmon）、迪尔伯恩（W.Dearborn）等	智力是学习的能力
斯腾（W.Stern）、桑代克、皮亚杰（J.Piaget）	智力是适应环境的能力
加德纳（H.Gardner）	智力是解决问题的能力
韦克斯勒	智力是各种认知能力的有机综合；包括非智力因素，因为健康、个性、焦虑程度等会影响智力发展
阿纳斯塔西（A.Anastasi）	在特定文化之内生存和发展所需的各种能力的组合

我国一些心理学家的观点大体与韦克斯勒吻合，即智力是个体顺利完成某种活动所必需的各种认知能力的有机结合。因此，尽管对智力的界定存在差异，但有一点是共同的，把智力界定在认知能力的范畴，即一般能力，是观察、记忆、想象、思维等能力的总和，其中思维能力是核心。

（五）创造力

关于创造力，高尔顿将之归结于遗传，以弗洛伊德（S.Freud）为代表的心理分析学派或精神分析学派将之归结于无意识过程，而格式塔心理学派（Gestalt theorie）又将之归结于顿悟等。1950 年，吉尔福特在美国心理学年会上做了题为"创造性"的著名演讲，"创

---

① 黄希庭，毕重增. 心理学[M]. 2 版. 上海：上海教育出版社，2020：176.
② 迈尔斯. 心理学[M]. 北京：人民邮电出版社，2013：378-381.

造力指的是有创意的人最特别的那些能力"，此后，许多创造力研究者都遵循他的思路继续进行。1977 年，帕勒斯（Parnes）提出创造力的万花筒模型，认为创造力是知识、想象力和判断力的函数。1983 年，塔伦鲍姆（Tannenbacm）提出一般能力、特殊能力、非智力因素、环境及机遇等因素的综合，可以很好地预测创造力。同年，阿马比尔（T.Amabile）提出，以往过分注重了人格特质方面的差异，而忽略了社会因素和情境因素对创造力产生的影响，而且创造力不仅需要一个概念性定义，同时需要一个操作性定义。概念性定义是为了帮助我们更好地理解创造力理论，而操作性定义是为了帮助我们在实证研究中能准确地测量创造力，因此，创造力的概念性定义是，一个作品或者一个反应被认为是有创造性的是指：①它对于手头的任务是一种新的、合适的、有用的、正确的、有价值的反应；②任务是启发式的而不是算术式的。操作性定义是，合适的观察者独立地对一个作品或者一个反应进行判断并认为它是是有创意的（或者它产生的过程被认为是有创意的），那么它就是有创意的。1991 年，威特利（Wheatley）提出，对创造力的评价应从认知风格、个性定向、控制点和想象力等维度进行。斯滕伯格（R.Sternberg）等于 1991 年指出：创造行为受六个方面的影响，即智力过程、知识、认知风格、个性、动机、环境等，创造力是这六个因素结合和相互作用的结果，进而于 1996 年总结了创造力理论研究的六大取向，即神秘主义取向、实用主义取向、心理动力取向、心理测量取向、认知主义取向和社会人格取向。

综合 20 世纪 50 年代到 90 年代的相关研究，创造力被当作一种能力或一种个性特质，研究者往往只强调创造力的某一个侧面，同时创造力又被认为具有领域一般性。在这一时期，创造力的测验沿着四条不同的思路进行。①创造力的认知研究取向。该取向认为发散性思维是创造力的主要成分，因此，研究者最先从认知维度对创造潜能进行测量，开发了大量的发散性思维测验。②创造力的个体差异的研究取向。该取向促使研究者关注与高创造性有关的个人特质，从而开发了相对应的创造性的人格和动机方面的测量工具。③创造力的社会心理学研究取向。该取向研究者关注促进或抑制创造力的社会环境特征，以环境为指标开发问卷来预测人们在该环境中的创造潜能。④持创造力产品取向。该取向研究者倾向于从创作的产品的角度去考核和预测创造潜能。

20 世纪 90 年代以来，人们认识到没有某个单一的能力或特质是创造力的关键，开始从系统的角度综合地理解创造力，出现创造力的汇合取向观点。该观点认为，创造力的发生有赖于个体认知因素（信息加工过程）、动力因素（人格特质及动机等）以及情感因素（情感的状态或特质）的相互作用，同时与环境（刺激或抑制创造力潜能的表达）进行动态交互作用才能产生出创造性的产品。人们也认识到，创造力在某种程度上具有领域特殊性或任务特殊的，这样创造力被认为是一个多侧面汇合的复杂结构，同时具有领域特殊性。创造力的汇合取向使得以往任何单一的创造力测量工具无法涵盖，而领域特殊性的认识也亟须新的特殊领域的创造力测验的开发。一些研究者致力于开发创造力的综合测验，另一些研究者致力于开发特殊领域的创造力分化测验，例如数学创造力测验、科学创造力测验、音乐创造力测验等。2002 年，弗洛里达（R.Florida）独创性地开发了总体水平上的创造力评估体系，把创造力的测量推到了社会科学的前沿，迅速引起了政策和学术界的关注，并在全球范围内得到进一步研究和广泛应用。[①]

因此，创造力是指对已积累的知识、经验进行科学加工和创造，产生新概念、新知识、新思想的能力，即产生创新的（原创性、出人意料）并且合适的（符合限制条件、切实可行、确实有用）想法的能力。它激发、促进、推动着创造性思维在最高水平上运转，从而创造出更新颖、独特，更有社会价值或个人价值的东西。当然，这包括个体创造力和群体（或团队）创造力。

但要注意到，由于创造力现象的复杂性，当前创造力的研究中仍然没有一个可以取得共识的定义与完好的结构框架来说明创造力的各个成分，以及影响创造力的各种因素是如何相互作用的，这也极大地影响到创造力的测验。其中，究竟发散思维是否是创造力的核心？有些研究者认为聚合思维对创造性活动同样重要，一个真正具有创造力的人，不仅要有变通而独特的思维，而且需要具有有效的选择、评价与综合的思维能力，这样才能将他的奇思妙想与现实情境结合起来做出成就，否则空想永远是空想。也有人认为应该将个性因素考虑到创造力中去，一个创造力强的人应该具有好奇心、独立自主性、自信心和冒险精神等个性特征，创造力测验应从这一角度入手。大体上由感知力、记忆力、思考力和想象力四种能力构成。总之，创造力包罗万象，应从多维度进行系统而综合的研究与评估，单从发散思维角度来测量显然是不够的。

表 3-2 是主要发达国家公务员能力素质模型汇总表。

表 3-2　主要发达国家公务员能力素质模型汇总表

国家	初级公务员	中级公务员	高级公务员
美国	协调能力 冲突管理能力 团队建设能力 影响和谈判能力 人力资源管理能力	创造性思维能力 计划测评能力 顾客服务能力 凝聚力 财务管理能力 技术管理能力	战略决策能力 形势分析能力
美国	基本能力		
美国	口头表达能力、书面表达能力、解决问题能力、示范能力、人际沟通能力、自我肯定能力、应变能力、判断能力、技术应用能力		
英国	基本能力		
英国	沟通与交流能力、处理人际关系能力、观察和分析能力、高效工作能力、领导和管理能力、计划与组织能力、宏观能力、崇尚服务对象的意识、组织意识、全局意识		
英国	核心能力		
英国	为将来发展提出目标和方向、创造个人影响力、战略性思考、激励他人、学习和完善自我、关注多样性		
日本	思考力、行动力、管理力、工作态度等		
荷兰	解决问题能力、人际关系能力、弹性管理能力、影响力、统筹协调能力、执行效率、亲和力、对公共服务的兴趣、执行能力、计划、激励他人、自我完善等		
澳大利亚	联盟、创新、知识、信誉、关系、绩效等		

资料来源：文敏，李磊，梁丽芝. 基层公务员能力素质测评模型的构建与实证分析[J]. 行政与法，2019，4(5)：17-33.

---

① 徐雪芬，辛涛. 创造力测量的研究取向和新进展[J]. 清华大学教育研究，2013，34(1)：54-63.

二、智力理论

智力理论由早期基于心理测量学理论的因素取向时代转变为当今因素分析与信息加工整合取向的时代，这种整合呈现出智力理论层次化、多元化的走向。

（一）基于心理测量学因素分析理论的智力模型

1. 斯皮尔曼的双因素论

英国心理学家和统计学家斯皮尔曼（C.Spearman）于 1904 年率先提出了双因素论。他认为，智力是由一般因素——G 因素（general factor）与特殊因素——S 因素（specific factor）。G 因素是智力活动的主体，渗透到各种智力活动中，决定着个体间的智力差异；S 因素只在某种或某几种特殊的智力活动中才相应地体现出来，代表着某种特殊智力。人们在完成任何一种作业时，都有两种因素的参与。其中，活动中包含的 G 因素越多，各种作业成绩的正相关就越高；而包含的 S 因素越多，作业成绩的正相关越低。斯皮尔曼假定，由于这个 G 因素，无论一个人所承担的任务是哪种类型的，都可以做到大体相同的熟练水平。一名具有高 G 因子水平的大学生将能显示出对大部分甚至全部课程的高水平理解。G 因素的提出具有划时代的意义，由此掀起了人们对于智力本质的研究，也为采用单一分数来测量智商提供了理论依据。

2. 瑟斯顿的群因素论

对斯皮尔曼的双因素论，特别是他着重强调 G 因素的重要性，有很多心理学家提出了包含更多种因素的智力结构。如桑代克于 1926 年提出了包含抽象智力、具体智力和社会智力的智力结构，他的学生凯利（T.Kelley）于 1928 年提出了包括空间操作、算术、言语处理、记忆力和速度的五因素的智力结构。

20 世纪 30 年代，美国心理学家瑟斯顿（L.Thurstone）采用 56 种智力检查方法对 240 名芝加哥大学学生作了测验，经过统计处理没有发现斯皮尔曼所提出的 G 因素。他利用因素分析方法指出智力的实质不是单一的 G 因素，而是由七种不同的基本因素或基本能力构成的，分别是语言理解、语词流畅、数字运算、空间关系、联想记忆、知觉速度和一般推理。这样每个人的智力结构实际就是这七种基本能力的组合，不同的组合造成了每个人之间的智力差异。在此基础上，他于 1941 年编制了基本心理能力测验（primary mental ability test，PMAT）。通过应用电脑模拟，沙因（K.Schaie）得出结论：智力包括多种分离的运算程序，每种都被设计用来执行某种特定的任务。

在现代智力因素理论中，瑟斯顿的群因素论起着承前启后的重要作用。自从群因素学说提出后，智力因素研究转向对智力的深入的因素分析，并形成两种倾向：一种是构造包括普遍因素和各种基本能力在内的智力等级体系，另一种是在独立的智力因素之上建立智力结构模型。

3. 吉尔福特的智力三维结构理论

美国心理学家吉尔福特（J. Guilford）于 1959 年提出并于 1967 年做了全面而详尽的

论述，创立了智力三维结构模型理论（Structure-Of-Intelligence，SOI），后又经过多次完善。他用因素分析法探讨智力结构，否认斯皮尔曼所说的 G 因素的存在，指出智力应该从操作、内容和产品或结果三个维度去分析，以为智力活动就是人在头脑里加工（即操作过程）客观对象（即内容），产生知识（即产品或结果）的过程。第一个维度是操作，是指个体对于原始信息材料的处理过程，包括认知、记忆、发散思维、聚合思维、评价五个因素。第二个维度是操作的内容，是指在各种心理操作时所处理信息的种类，包括图形、符号、语义、行为四个因素；第三个维度是产品，是指心理操作的结果，包括单元、类别、关系、系统、转换、蕴含六个因素。这样，智力便由 $4 \times 6 \times 5 = 120$ 种组合，每一种组合都是一种智力因素，即一种独特的能力。例如对英语单词的掌握，就是语义、记忆、单元的能力。又如回答鱼、马、菊花、太阳、猴等事物哪些属于一类这类问题进行的操作是认知，内容是语义，产品是类别。1971 年，他将内容维度中图形分为视觉和听觉两部分，将智力因素增加到 150 种，如图 3-1 所示。1988 年，又将操作维度中的记忆分为短时记忆和长时记忆，将智力因素增加到 180 种。

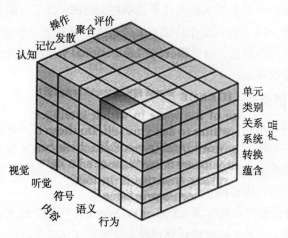

图 3-1　吉尔福特智力三维结构模型图

这一理论模型与化学上的元素周期表有些相似，据此，智力因素可以像化学元素一样，在它们被发现之前就被假定。尽管该理论通常被视为瑟斯顿理论的扩展，但仍具有开创意义，是智力因素分析理论的经典模型。不仅有助于智力研究和测验工作的深入，也有助于发现优势能力和非优势能力。该模型及其相关的 IQ 测验几乎主宰智力领域，影响深远。另外，引人注目的一点是对创造性的分析，他把以前曾被从智力概念中忽略的创造性与发散性思维联系起来，还将发散性思维与聚合性思维相对应，并提出发散性思维具有流畅性、变通性和独创性三个维度，是创造性的核心。但它也存在许多不足，特别是一味强调技术，脱离了研究对象的整体文化背景和社会实践，遭到后继者的批评。

4. 卡特尔的流体智力和晶体智力理论

斯皮尔曼的弟子、美国心理学家卡特尔（R. Cattell）根据对智力测验结果的分析，于 1963 年提出了流体智力和晶体智力理论。卡特尔按智力在功能上的差异将智力分为两类：一是流体智力，是指一般的学习和行为能力，它是一种生物潜能，主要受人的生物学因素影响，即更多地受到生理结构和遗传的影响，不受语言和社会文化的影响，主要作用是学习新知识和解决新问题。由于它几乎可以转换到一切要求智力练习的活动中，所以称为流体智力。像空间推理能力和知觉速度是最能反映这一因素的一些基本智力。测量流体智力的作业包括字母排序、矩阵和图形关系。二是晶体智力，是指通过学校和社会经验而获得的知识和技能的组合，是一种后天习得的能力。晶体智力的主要作用是处理熟悉的、已加工过的问题，它主要是由教育和经验决定的，也受到早期流体智力发展的影响。晶体智力代表个体已经融入自身的、在他们文化中得到认可的知识的程度。可以用语词、简单对比、间接联想和社会判断等进行测量。霍恩（J.Horn）已经证实两种智力的存在，并对卡特尔理论进行了因素的扩展。

研究表明，流体智力与晶体智力的发展趋势是不同的，前者随生理成长曲线而变化，到中青年期时达到高峰，而后逐渐下降；而后者不仅能够继续保持，而且还会有所增长。如图 3-2 所示。

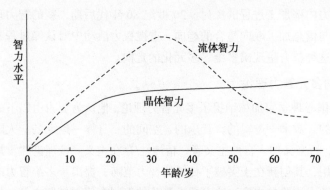

图 3-2　流体智力与晶体智力发展曲线

5. 弗农的智力层次结构理论

英国心理学家弗农（P.Vernon）继承和发展了斯皮尔曼的双因素说，于 20 世纪 60 年代提出了智力层次结构理论。他认为，智力的结构是按层次排列的，最高层次是斯皮尔曼双因素论中的 G 因素；第二层次分两大群，即言语和教育方面的因素与操作和机械方面的因素，叫大因素群；第三层次为小因素群，包括言语、数量、机械信息、空间信息、用手操作等；第四层为各种各样的特殊能力，即斯皮尔曼的特殊因素。

该理论巧妙地融合了各派的观点，既强调了斯皮尔曼的 G 因素，又把瑟斯顿的基本心理能力和吉尔福特的三维结构纳入模型当中，揭示了一般能力与特殊能力，以及特殊能力与特殊能力之间的关系。该智力结构似乎也与人的大脑的分工体系有异曲同工之妙，所以它似乎也得到了生理学上的某种支持。该理论对 G 因素的划分、传统智商测验的改进、韦克斯勒智力测验的编制产生了比较大的影响。

6. 卡罗尔的智力三层级理论

美国心理学家卡罗尔（J. Carroll）于 1993 年提出了智力三层级理论。他认为，智力层次模型包括三个层次：第一层次即最底层包括很多特殊能力；第二层次由多因素组成，包括流体智力、晶体智力、学习和记忆过程、视觉、听觉、思维、加工速度七个因素；最高层次是一般能力。卡罗尔的模型基于严格的数据分析，同时又对卡特尔、霍恩的理论有所发展，是目前影响最广、包容性最强的智力理论。丹尼尔（Daniel）认为这个模型为未来新智力测验的编制、测验分数的解释以及研究工作提供了一个基本框架。1997 年，麦格鲁（K.McGrew）提出了一个综合模型，将卡特尔、霍恩、卡罗尔的智力理论进行整合，称为 CHC 理论（三人英文名字首字母）；1998 年，麦格鲁和弗拉纳根（D.Flanagan）在因素分析的基础上，对之前的整合理论进行了修改，形成了 McGrew- Flanagan CHC 理论。

总之，从智力测验角度看，基于心理测量学的智力研究主要以一种智力等级层次模型为主。研究者已普遍认为智力存在一种高层次的 G 因素，并可在其下属多种智力因素中表现出来，同时每一层都对智力具有一定程度的解释作用。

（二）基于因素分析与信息加工思想整合取向的智力模型

20 世纪 60 年代以来，随着计算机科学的发展和认知心理学的兴起，智力研究的焦点也逐渐转向对智力内部加工过程的探讨。20 世纪 80 年代后期，新的智力理论相继提出，出现了因素分析与信息加工取向整合的趋向，重视智力活动中对认知过程本身的认知及自我意识的研究。这种整合呈现出多维、多元化的走向。

1. 加德纳的多元智力理论

1983 年，美国心理学家加德纳提出多元智力理论。他认为智力由以下七种独立成分或模块构成：语言的、数学—逻辑的、音乐的、空间的、身体—运动的、人际关系的、自我认识（反省）的，后来又加入自然主义者、精神性/存在主义。该理论注重神经生理学证据和社会文化的作用，其创新在于突破了传统的智力范畴，提出了多维智力的理念。其中有些能力并非传统智力测验的内容，这对智力测验的编制有值得借鉴之处。加德纳认为，不存在单纯的某种智力和达到目标的唯一方法，每个人都会用自己的方式来发掘各自的大脑资源，这种为达到目的所发挥的各种个人才智才是真正的智力，造就了人与人之间的不同，而人与人的差异主要表现在不同的智力组合。

该理论在心理学界引起了较大的反响，根据这种理论编制了被称为"多彩光谱"的智力评价系统。加德纳的理论对教育特别是中小学教育也有非常大的影响。

2. 斯滕伯格的智力三元理论和成功智力理论

美国心理学家斯滕伯格于 1985 年提出智力三元理论，他认为智力是适应、选择和塑造环境背景所需的心理能力。该理论由三个亚理论组成，即成分亚理论（阐述了智力活动的内部结构和心理过程）、经验亚理论（在经验水平上考查智力在日常生活、特别是处理新异情境的能力和心理操作的自动化过程）、情境亚理论（说明智力各成分在适应当前环境、自我成长以及与个人生活有关的新环境的过程中的作用）。他认为成分亚理论包括元成分、操作成分、知识获得成分三种成分，强调元成分在智力结构中的核心作用。该理论的优势体现为：①从主体与外部世界、内部世界及经验世界三个方面的联系中来分析智力的本质，充分考虑情境、经验水平对智力的影响，使智力不再局限于成分的范畴；②该理论涉及经验水平，认为经验的多寡也影响智力的测量；③该理论为编制较理想的智力测验提供了一个较为适当的理论框架，并且可以在真实性和公平性两大层面上使传统智力测验的缺陷得到一定程度的弥补。

斯滕伯格从智力的内隐研究出发，认为三元智力仍不足以解释现实社会中的人类智力，因此，1996 年斯滕伯格在三元智力理论的基础上提出更具实用和现实取向的成功智力理论。该理论认为成功智力就是用以达成人生中主要目标的智力，它能导致个体以目标为导向并采取相应的行动。成功智力是一个有机的整体，是通过分析、创造和实践三方面智力的平衡获得的。智力平衡是为了实现适应、塑造和选择环境的目标，而不仅仅是传统智力所强调的对环境的适应。他根据此理论编制了斯滕伯格三元能力测验（Sternberg Triarchic Abilities Test，STAT），用以测量分析能力、创造力和实际操作能力。

3. 基于神经心理学理论的智力模型

20 世纪 90 年代，西方心理学界出现了一股以新的智力观"超越"或取代传统 IQ 概念的思潮。加拿大心理学家戴斯（J.Das）等人提出的 PASS 模型（planning-alttention-simultaneous-successive-processing，PASS）为其中最具代表性的理论之一。

PASS 模型，即计划—注意—同时性加工和继时性加工这三级认知功能系统中所包含的四种认知过程的缩写。同时性加工和继时性加工是功能平行的两个认知过程，它们构成一个系统。注意系统又称为注意—唤醒系统。三个功能系统是分层级的。注意系统是基础，同时性—继时性加工系统处于中间层次，计划系统为最高层次。三个系统的协调合作保证了一切智能活动的运行。

PASS 模型是戴斯等人在必须把智力视作认知过程来重构智力概念的思想指导下，经过多年的理论和实验的研究论证而提出的。他们认为，这将为编制不同于 IQ 测验的新的智力测验提供一个"健全的理论基础"。PASS 模型理论有两大基石。一是信息加工的认知心理学。所以，称其为基于认知心理学的智力模型也是正确的。二是神经心理学关于大脑机能组织化的思想，以及这种组织化与大脑特殊部位相联系的观点。

戴斯等人在其 PASS 模型的基础上设计了新的智力测验，以期建立一种"超越传统测验的能力测验"。这种新的智力测验就是 DN 认知评价系统（Das-Naglieri cognitive assessment system）。该测验分为四个分测验，每个分测验包括三种任务，共计 12 种任务。第一分测验测量的是计划功能系统，包括视觉搜索、计划连接和数字匹配；第二分测验测量的是注意功能系统，包括表现注意、找数、听觉选择注意；第三分测验测量的是同时性加工系统，包括图形记忆、矩阵、同时性语言加工；第四分测验测量的是继时性加工系统，包括句子重复、句子问题、字词回忆。

PASS 模型对智力活动的过程分析比静态的元素分析，被认为更接近于心理机制的本质，标志着智力理论和智力测验的转型。

除上述智力模型外，还有基于生物学的智力理论，如詹森（A.Jenson）的智力振荡理论。此外，关于情绪智力见第十章第三节。

三、人格理论

（一）人格的概念

"人格"（也称"个性"）一词是从日文引入的，日文中的"人格"则来自对英文 personality

的意译，而 personality 一词来源于拉丁文 persona，本意是演员演戏时所带的面具，与我国戏剧舞台上不同角色的脸谱相类似。后来心理学借用这个术语，用来说明每个人在人生舞台上各自扮演的角色及其不同于他人的精神面貌。用面具来定义人格本身就包含着两层含义：外在的表象和行为与内在的气质和属性。

不过，关于人格的定义，众说纷纭。美国人格心理学家珀文（L.Pervin）有句名言："What is personality? Everybody knows，but nobody can tell!"（人格是什么？谁都知道，但谁都说不清！）心理学家们从不同的侧面去认识人格，有的从可见的、能给人们印象的行为特征去定义，有的则从人的内在动机和态度去界定，还有的是从无意识入手去研究人格，从而构成了各种人格理论。如有"人格心理学之父"之称的美国心理学家奥尔波特（G.Allport）认为，人格是个体内部身心系统的动力组织，它决定了个体对环境独特的调节方式；而艾森克认为，人格是决定个人适应环境的性格、气质、能力和生理特征。这些定义有四点是公认的：人格具有整体性、独特性、稳定性和社会性。

杨国枢曾经于 1970 年整理过有关人格研究领域中各种"人格的定义"，认为人格心理学者仍应继续着重实在性人格定义，兼顾：①个体与环境的关系；②人格组织性与统合性；③人格的独特性；④人格的可变性；⑤人格的多面性（即人格可同时表现多方面的心理活动或状态，如需要、兴趣、态度、气质等），并对人格做了如下定义：人格是个体与其环境交互作用的过程中所形成的一种独特的身心组织，而此一变动缓慢的组织使个体适应环境时在需要、动机、兴趣、态度、价值观念、气质、性向、外形及生理等方面各有不同于其他个体之处。这项定义强调了人格是个体与环境互动的"结果"以及人格"影响"个体的环境适应。简单来说，人格是指一个人相对稳定的心理特征和行为倾向，是构成个体思想、情感、行为的特有模式，包括个性倾向性和个性心理特征。前者包括需要、动机、兴趣和信念等，决定着一个人对现实的态度、趋向和选择；后者包括能力、气质和性格，决定着一个人的行为方式上的个人特征。人格形成受先天的遗传因素和后天的环境及教养因素的影响。从管理学角度看，人格是个体所有的反应方式和与他人交往方式的总和，常被称为一个人所拥有的可测量的人格特质。

要注意的是，东西方对人格的理解是不同的。在我国传统文化中，"人格"经常是指一种"做人"的方式，属道德规范的范畴，蕴含着明晰的社会化色彩，是古代学者所说的"蕴蓄于中，形诸于外"。[①]

（二）主要人格理论

人格理论众多，其侧重点也不一样，都试图从某个角度去解释人格，具有代表性的是类型论、特质论、整合理论和精神分析论。

1. 类型论

类型论产生于 20 世纪三四十年代的德国，主要描述个体之间的心理差异，即人格类型的差异。主要有三种人格类型理论：单一类型、对立类型和多元类型。[②]

---

① 黄希庭. 再谈人格研究的中国化[J]. 西南师范大学学报（人文社会科学版），2004，4(6): 5-9.

② 张厚粲. 实用心理评估[M]. 北京：中国轻工业出版社，2005：179-181.

（1）单一类型。该理论认为，人格类型是依据一类人是否具有某种特定的人格来确定的。代表人物是美国心理学家法利（F.Farley），他提出了 T 型人格的概念，这种人格是一种好冒险、爱刺激的人格特征。

（2）对立类型。该理论的主要观点是人格类型包含某一维度的两个相反方向。如瑞士心理学家荣格（C.Jung）最早提出了内—外向人格类型，外向的人情感外露、热情大方、善于交际，而内向的人做事谨慎、深思熟虑、不擅交际等。

（3）多元类型。该理论认为，人格类型是由几种不同的人格特性组成的。如我国春秋战国时期的著名医书《黄帝内经》按阴阳强弱把人分为太阴、少阴、太阳、少阳、阴阳平和五种类型；古希腊医生希波克拉底（Hippocrates）认为人体内有四种液体：黏液、黄胆汁、黑胆汁和血液，这四种体液的配合比例不同，形成了四种不同类型的人。现代气质分类仍将人的气质分为四种类型，即胆汁质、多血质、黏液质和抑郁质。

2. 特质论

人格特质论起源于 20 世纪 40 年代的美国，代表人物是奥尔波特、卡特尔等。该理论把人格看作是由许多不同特质组成的，特质是个体区别于他人的基本特性，是人格的组成要素，也是人格的测量单位。

（1）奥尔波特的特质理论。奥尔波特于 1937 年首次提出了人格特质理论。他将人格分为两种特质：其同特质和个人特质，前者是指处于某一社会文化环境下的大多数人或一个群体所共有的特质；个人特质则是指在同一文化中每一个体所具有的独特特质，如有的人比较内向，有的人比较外向。又根据典型性和重要性的不同，将个人特质分为三个层次。一是首要特质，是指个体具有的最外显、最具有代表性的特质。这主导着整个人格，渗透于人的一切活动之中。不过，这种首要特质，未必每个人都具有，但有的人因具有单个首要特质而成为著名人物，如创造是爱迪生的首要特质。二是中心特质，是指个体具有的某几个独特的重要特质。每个人的中心特质大概有 5～7 个，如勤奋、乐观、诚实、开放等。三是次要特质，是指个体不太外显或不太重要的特质。

（2）卡特尔的特质理论。卡特尔开创了用因素分析方法分析人格的新局面，提出了人格特质的四层次模型：个人特质和共同特质，表面特质和根源特质，体质特质和环境特质，动力特质、能力特质和气质特质。其中，个人特质和共同特质与奥尔波特的特质理论观点相同；表面特质是经常发生、从外部行为直接可以观察到的特质，根源特质是内蕴的、制约表面特质的潜在基础，是人格的内在因素；从根源特质可以区分出体质特质和环境特质，体质特质是由先天的生物因素决定，如兴奋性、情绪稳定性等，而环境特质由后天的环境因素决定，如忧虑性、有恒性等；动力特质具有动力特征，使个体朝向某一目标，能力特质是表现在知觉和运动方面的差异，气质特质是遗传因素之一，是决定一个人情绪反应的速度与强度的特质。卡特尔根据自身的研究成果开发出著名的 16 种人格因素测验量表，详见第九章第三节。

（三）整合理论

特质理论和类型理论代表着看待人格的两个不同视角，而整合理论则是对特质理论和类型理论的综合，以更全面地描述一个人的人格特质，代表人物是艾森克。也有人将该理论归为人格特质理论。

艾森克在研究中发现，很难找出绝对独立的特质，一些特质之间有着一定的联系和连贯性，因此，他提出了自己的理论。一方面，人格是一分层的结构，最底层的是误差因子，处于特殊反应水平上，是一个人在日常生活中所表现出来的一些最基本的个别的可观察到的反应。第二层是特殊因子，处于由日常人们的个别反应重复进行后形成的习惯反应水平上。第三层是群因子，处于由习惯反应系统而形成的"特质水平"上，它表明了一个人的人格特征。最上层是一般因子，即基于人格特质的相关而显示的人格类型。另一方面，人格类型有外倾性（内、外倾的差异）、神经质（情绪稳定性的差异）和精神质三个基本维度。依据其理论，艾森克编制了人格问卷，详见第九章第三节。

（四）精神分析论

精神分析理论的创始人是弗洛伊德，代表人物有荣格、阿德勒（A.Adler）、弗洛姆（E.Fromm）、埃里克森（E.Erikson）等。这里主要介绍一下弗洛伊德的理论。

弗洛伊德将人格分为本我、自我、超我，这三部分交互影响，在不同的时间对人的行为产生不同的支配作用。本我是人格结构中最基本、最原始的部分，是人格的基础，人刚出生时只有一个人格结构，也即是新生儿只有本我。它由人的先天本能、基本欲望构成，如饥饿、口渴、性需求等，位于潜意识中，是人格的生理成分。本我按照快乐原则行事，核心是满足个人的需要。

自我是协调本我和超我的需要，同时考虑现实性的人格部分，遵循"现实原则"，当本我的需要不能得到满足时，就必须屈服于现实的限制，这对本我的冲动和超我的管制具有缓冲与调节作用。自我是逐渐从本我中分化出来的，位于人格结构的表层，所以是在意识中的，是人格中的心理成分。

超我代表社会价值的人格部分，是个体在生活中受社会规则及道德规范影响形成的，它由良心和理想的我组成，是人格中的社会成分，超我按照"至善原则"行事，它追求尽善尽美。

弗洛伊德认为，如果本我、自我、超我这三部分相互调节、和谐运作，就会形成一个发展正常的人格；相反，如果三者失去平衡、相互冲突，个体就会产生焦虑、失望、无助等消极反应，就会产生心理障碍，危及人格的发展，至演变为不正常的人格。

四、职业兴趣与选择理论

对职业的界定，观点多种，一般是指人们在社会生活中所从事的以获得物质报酬作为自己主要生活来源，并能满足自己精神需求的、在社会分工中具有专门技能的工作。职业有较为详细的分类，如《中华人民共和国职业分类大典》、国际劳工组织（International Labour Organization，ILO）的《国际标准职业分类》（International Standard Classification of Occupations，ISCO）、美国标准职业分类系统（Standard Occupational Classification，SOC）等。兴趣是个性的一部分，是人们从事各种活动的一种动力，一般将其定义为"积极探究某种事物的认识倾向"。人们之间的兴趣存在指向性、广度和稳定性上的差异。心理测量学家对兴趣的研究很多，但主要集中在比较稳定的职业兴趣方面。而职业选择是指人们从自己的职业期望、职业理想出发，依据自己的兴趣、能力、特点等从社会现有职业中选择一种适合自己的职业的过程。长期以来，一些心理学家和职业指导专家提出了不少有关职业兴趣与职业选择的理论，本书主要介绍如下具有广泛影响的理论。

（一）帕森斯人职匹配理论

前述人与职位等的匹配是公共部门人力资源测评的客观基础，是从公共部门人力资源管理的一般意义出发分析的，而这里是要论述人职匹配的相关理论。

狭义上，人职匹配是指人的素质与职位要求相匹配，事得其人，人尽其用，人事两宜。广义上，还包括如下匹配。

（1）人人匹配，即人与人之间合作互补，强调团队精神，也可以延伸为人与团队的匹配。一个组织中，人们的知识、能力、性格等千差万别，既要强调根据个性特点找到合适的工作氛围，适应不同的人际关系，以获得个人需要、兴趣及心理的满足，也要强调组织内部个体相互之间、下属与上司之间个性的匹配，这实际上也是最大限度地发挥出团队的集体协同作用。毕竟，现代各类组织中越来越多的工作依靠团队协作，而团队成员的合理配置是提高团队工作绩效的基础。这就要求在公共部门人力资源管理中，立足组织成员在知识、能力、人格特征等的互补，打造高绩效的工作团队，既能较好地分工与合作，提升工作的效率和效果，又能增强组织成员的组织归属感和工作投入等。

（2）事事匹配，即职位与职位相匹配，强调职位之间权责有序，发挥出整体优势。在公共部门人力资源管理中，不论是一般意义上的因岗选人，还是针对特殊才能的人实行因人设岗，让那些有才能的人开辟新的工作领域，为组织发展做出新的贡献，都应保持职位之间权责有序，确保工作流程能发挥整体优势，使每个成员各司其职，灵活高效地工作。这需要根据公共部门的战略及组织成员的素质状况，实施职位设计与再设计，正确评价职位价值，确定合理的工作流程、工作形式和职位设置，并通过适度的竞聘上岗、工作轮换、工作团队等多种形式不断提高人们的工作参与度和工作满意度。

（3）人与组织匹配，即个人特点与组织特点相匹配，强调组织成员与组织之间在需要、价值观、追求目标及其他特征之间的匹配。施耐德（B.Schneider）提出了吸引—选择—磨合（attraction-selection-attrition，ASA）模型显示，求职者容易被吸引到与他们具有相似目标的组织中，与组织内部成员个性不相似的求职者容易被排除在挑选范围之外。个人与组织的匹配意味着高绩效、高满意度和低压力；不匹配意味着低绩效、低满意度和高压力，会迫使人们做出改变，或更换工作单位和环境。人与组织的匹配的观点主要有以下几方面。
① "价值"观。奥雷理（O'Reilly）认为，人与组织价值观的匹配是使人与组织匹配的最关键因素。由于价值观往往相当持久并具有很大的影响力，因此这种观点最为人们所接受。
② "目标"观。范库弗（Vancouver）和施米特（Schmitt）从组织目标的角度来讨论人与组织的匹配，认为如果个人目标和组织目标之间相似性较高，人与组织匹配程度也会较高。
③ "特质"观。博克（Burke）以个人人格特质和组织特征的一致性来衡量人与组织的匹配程度。④ "需要—供给"观。乔治（Judge）等从个人—组织之间的需要和供给关系的角

度探讨人与组织的匹配程度。实际上，人与组织匹配既包括人的核心价值观、目标、人格特质和组织的价值观、目标和特征之间的协调一致，又包括个人与组织之间在供需上能相互补充。可见，人与组织的匹配，可以是一致的，也可以是互补的，抑或是相互满足对方需要的。

1909 年，帕森斯（F.Parsons）在其著作《选择职业》提出人与职业相匹配是职业选择的焦点，后经威廉逊（E.Williamson）发展而定型。该理论认为，每个人都有自己的"特质"，包括兴趣、人格、价值观和能力倾向等，这些都可以通过心理测量工具加以测评；而"因素"是指在工作上要取得成功所必须具备的条件或资格，这可以通过职位分析来获得。这是最早的职业辅导理论，也是人职匹配的基本理论，又称为特质—因素理论（Trait-Factor Theory）。帕森斯提出的职业指导分三步。

（1）人员特征分析。首先，通过心理测验及其他手段，获得相关人员的身体状况、能力倾向、兴趣爱好、气质与性格等个人资料；其次，通过访谈、调查等方法获得其有关家庭背景、学业成绩、工作经历等情况；最后，对这些资料进行综合评价，得出相关人员的特征。

（2）职业因素分析。这包括三部分，一是关于职业的性质、工资待遇、工作条件以及晋升的可能性等职业信息；二是职业对人的要求，特别是对所需要的年龄、教育程度、专业知识、相关能力、其他生理和心理特征等；三是就业机会。

（3）人—职匹配。对上述两个过程所得结果进行综合比较分析，从而选择既适合其特点且有机会从事的职业。

特质—因素理论的优点明显：首先，注重职业资料的重要性，强调个人必须对职业有正确的态度与认识，才能做出正确的职业选择；其次，注重科学理性，符合逻辑推理的方法，指导方法十分具体，便于学习和操作；最后，注重个人特质的差异，重视心理测验工具的应用，由此提供的有关职业资料服务，的确能增进职业指导的功能。

但同时有如下缺点：首先，该人职匹配理论的前提是个人特质和工作性质是静态不变的，事实上，这两者都是在变化之中的，这是该理论的一大缺陷；其次，该理论强调心理测验的基础作用，但一些心理测验工具信度和效度的不足造成该理论的另一个缺陷；最后，该理论强调理性的适配，而忽略了情感在决策中的作用。

（二）霍兰德职业性向理论

美国著名职业指导专家霍兰德（J.Holland）于 1953 年编制了职业偏好量表（vocational preference inventory，VPI），1959 年提出人格—职业类型理论或人业互择理论，1969 年发表职业自我指导量表（self-directed search，SDS），1985 年又对 SDS 进行了修订。他认为，职业兴趣就是人格的体现，人格也是兴趣、价值、需求、技巧、信仰、态度和学习的综合体，人格或个性类型、兴趣与职业密切相关，而人们总是选择那些能够使自己的兴趣特征（人格特点）与工作环境要求达到最大限度匹配的职业。人格与职业的互相适应是其理论的核心。所以，人们又将其理论称为职业兴趣理论、人格—职业类型理论、职业人格理论等。该理论是在特性—因素理论的基础上发展起来，其基本假设如下。

（1）在美国现实文化中，绝大部分人按人格特质或职业性向都可以归结到六种类型之中：实际型（realistic）、研究型（investigative）、艺术型（artistic）、社会型（social）、企业型（enterprising）和传统型（conventional），首字母相连为RIASEC。每个人都属于一种类型或几种类型的组合。所以，该理论也被简称为RIASEC理论。

（2）绝大部分职业环境也可以被归结为同样的六种类型，而且每种职业环境都有某种特殊类型的人所主导。因此，工作环境的要求与工作伙伴的人格特点，就构成了该种职业的风格，见表3-3。

表 3-3　霍兰德六种人格特质类型和职业类型

人格特质或职业性向	类型	职业环境
喜欢有规则的具体劳动，愿意使用工具从事操作性工作，动手能力强，做事手脚灵活、动作协调。偏好于具体任务，不善言辞，做事保守，较为谦虚。缺乏社交能力，通常喜欢独立做事，不大适应社会性质的职业	实际型或现实型R	职业类型：各类工程技术工作、农业工作；通常需要一定体力，需要运用工具或操作机械。 主要职业：工程师、技术员；机械操作、维修安装工人、木工、电工等；司机；测绘员；农民、牧民、渔民等
聪明、抽象、喜欢分析、个性独立。抽象思维能力强，求知欲强，肯动脑，善思考，不愿动手。喜欢独立的和富有创造性的工作。知识渊博，有学识才能，不善于领导他人。考虑问题理性，做事喜欢精确，喜欢逻辑分析和推理，不断探讨未知的领域	研究型或调研型I	职业类型：主要指科学研究和科学实验工作。 主要职业：自然科学和社会科学方面的研究人员、专家；化学、冶金、电子、飞机等方面的工程师和技术人员；飞行驾驶员；计算机操作人员等
想象、美感、喜欢借由艺术作品表达自己。有创造力，乐于创造新颖、与众不同的成果，渴望表现自己的个性，实现自身的价值。做事理想化，追求完美，不重实际。具有一定的艺术才能和个性。善于表达、怀旧，心态较为复杂	艺术型A	职业类型：主要指各种艺术创造工作。 主要职业：音乐、舞蹈、戏剧等方面的演员、编导、教师；文学、艺术方面的评论员；广播节目的主持人、编辑、作者；绘图、书法、摄影家；艺术、家具、珠宝、房屋装饰等行业的设计师等
关心社会问题，喜欢与他人互动，对教育活动有兴趣。喜欢与人交往，不断结交新的朋友，善言谈，愿意教导别人。关心社会问题，渴望发挥自己的社会作用。寻求广泛的人际关系，比较看重社会义务和社会道德	社会型S	职业类型：主要指各种直接为他人服务的工作，如医疗服务、教育服务、生活服务、宗教工作、咨询工作等。 主要职业：教师、保育员、行政人员；医护人员；衣食住行服务行业的经理、管理人员和服务人员；社会工作者、福利人员等
外向、进取、冒险，具有领导能力，能说服他人。追求权力、权威和物质财富，具有领导才能。喜欢竞争，敢冒风险，有野心、抱负。为人务实，习惯以利益得失、权力、地位、金钱等来衡量做事的价值，做事有较强的目的性	企业型或事业型、经营型E	职业类型：主要指那些组织与影响他人共同完成组织目标的工作。 主要职业：企业家、政府官员、法官、律师、金融家，行政部门和其他单位的领导者、管理者
实际、保守、顺从，喜欢结构性的活动。尊重权威和规章制度，喜欢按计划办事，细心、有条理，习惯接受他人的指挥和领导，自己不谋求领导职务。喜欢关注实际和细节，通常较为谨慎和保守，缺乏创造性，不喜欢冒险和竞争，富有自我牺牲精神	传统型或常规型、习俗型C	职业类型：主要指各类文件档案、图书资料、统计报表之类相关的各类科室工作。 主要职业：会计、出纳、统计人员；打字员；办公室人员；秘书和文员；图书管理员；旅游、外贸人员；保管员、邮递员、审计人员；人事（人力资源）管理人员等

（3）人们倾向于寻找和选择那种有利于他们技术、能力的发挥，能充分表达他们的态

度，实现他们的价值，并使自己能扮演满意角色的环境。在此，人们选择环境，同时环境也选择人，个体与环境相互作用，使个体产生一些他所喜欢的处理人际问题和环境问题的方法。这个过程的完成需要一段相当长的时间。

（4）一个人的所作所为是他本人个性和环境特征交相作用的结果。个体人格模式和环境模式的不同匹配可以预测个体的一系列行为发生概率和好坏程度，包括职业选择、工作改变、工作绩效和个人能力。

（5）个体类型和环境类型的一致性、和谐度的程度可由六边形模型来解释和评估。个体类型和环境类型的距离越短，则两者之间的关系便越紧密。比如，一个社会型的人和一个社会型的环境是最和谐一致的。这种六边形模型能得到四种不同的人—环境之间关系的和谐度。

（6）个体内部或环境内部的相容性程度也可以用一个六边形模型来决定。在六边形模型中，相邻的类型是高相容的，或是有着一致性的兴趣和职业职责的；相对的类型则有高的非相容性，或者说包含一些无关的个体特征和职业功能。例如，一个人同时在艺术型和传统型维度上得了高分，那么他将得到一个非相容的编码。因为艺术型和传统型在六边形上的位置是相对的，二者所包含的所有内容也是相对的。

（7）个体或者环境的区分度可由职业的编码、所绘的结果剖面图以及两者共同来解释。

在六边形模型中，六种类型按照彼此相似程度定位，相邻两个维度在各种特征上最相近，相关程度最高。距离越远，两个维度之间的差异越大，相关程度越低。每种类型与其他五种类型存在三种关系：相近、中性和相斥。霍兰德又经过了大规模的试验，分别确定了男性和女性的各种类型之间的相关系数，如图3-3 所示。可见，人的人格或职业性向类型与职业环境类型相关性越大，适应程度就越高，最为理想的就是找到与自己职业性向相重合的职业类型，即"一致性"。其次是相接近的，这样经过努力也能完全适应，毕竟每个人都具有广泛的适应能力，即在某种程度上相近于另外两种类型，因此也能适应另外两种职业类型的工作。如实际型的人在研究型的职业环境里，男性的相关系数是 0.39，女性的是 0.50，经过努力，能适应其职业环境。如果选择了相斥的，则既不可能有乐趣，也难适应工作，甚至无法胜任工作，如传统型的人在艺术型的职业环境里，男女的相关系数分别只有 0.07、0.05，这称为"非一致性"。

霍兰德把人格、职业、职业兴趣及其测验等有机结合在一起，提出了各种职业人格类型间的结构性关系模型，使人们对各人格类型间的关系有了较为清晰的认识，对职业代码内涵的认识达到了一个新的高度，其理论比较符合逻辑和实证的科学标准，并且获得了大量实证研究的支持。1982 年编撰完成的《霍兰德职业兴趣代码字典》（Dictionary of Holland Occupational Codes，DHOC），对《美国职业大典》（Dictionary of Occupational Title，DOT）中的每一个职业都给出了职业兴趣代码，将职业兴趣量表直接应用于职业辅导和咨询，其理论被认为是最有影响的职业发展理论和职业分类体系之一，在教育、培训、招录/招聘、职业生涯管理、职业辅导和咨询等领域得到越来越多的应用，其影响和作用日益扩大。

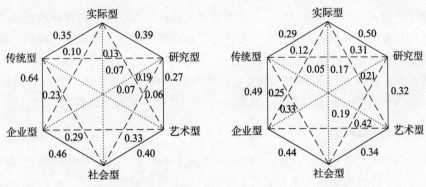

图 3-3 霍兰德职业性向理论图示（左为男性、右为女性）

但同时该理论也有其缺点。实际上，六种类型并不是相互孤立的，但在六边形模型中，相邻的职业存在距离相等缺陷。对此，1991 年，加蒂（I.Gati）在综合了罗伊（A.Roe）的圆形模型理论的基础上，提出了职业兴趣的层级模型。两年后，普雷迪格尔（Prediger）在六边形模型的基础上加上人和物、数据和观念两个维度，使职业的类型和性质有机地结合起来。美国大学考试中心（ACT）又在普雷迪格尔的两维基础上，将职业群体的具体位置标定在坐标图上，由此得到工作世界图，如图 3-4 所示。工作世界地图将 26 种职业领域（相

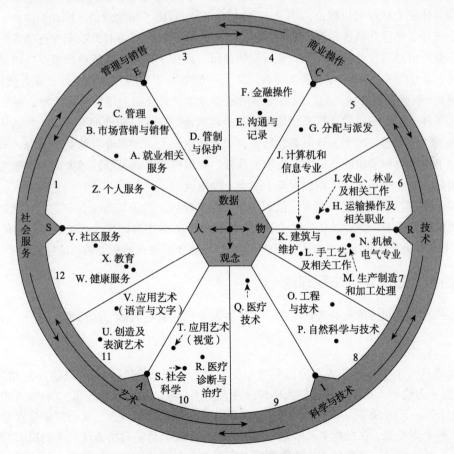

图 3-4 美国 ACT 的工作世界图图示

似的工作群）分为 12 个职业领域，基本覆盖了美国的所有职业。每种职业领域都按照如下四种工作任务族群来确定其在 ACT 工作世界地图中的位置。①数据：事实、数字、文件、计算、商业程序。②观念：洞见、理论、新的表达或行动方式，可以是文字、方程式或音乐等形式。③人：你能够为之服务、提供帮助、提供信息和照料的人，或是你向其售卖商品的人。④物：机器、工具、生物、食物、木材、金属等材料。

（三）弗鲁姆择业动机理论

美国心理学家弗鲁姆（V.Vroom）于 1964 年在《工作和激励》一书中提出了期望理论。该理论认为，个体行为动机的强度取决于效价的大小和期望值的高低，动机强度与效价及期望值成正比，用公式表示为：$M = V \cdot E$。式中，M 为动机强度，是指积极性的激发程度，表明个体为达一定目标而努力的程度；V 为效价，是指个体对一定目标重要性的主观评价；E 为期望值，是指个体对实现目标可能性大小的评估，也即目标实现概率。

可见，效价越大，期望值越高，行为动机越强烈。如果效价为零乃至负值，表明目标实现对个人毫无意义。在这种情况下，目标实现的可能性再大，个人也不会产生追逐目标的动机，不会为此付出任何积极性的努力。如果目标实现的概率为零，那么无论目标实现意义多么重大，个体同样不会产生追求目标的动机。将该理论用于解释个人的职业选择行为，即具体化为择业动机理论，用公式表示为：择业动机 = 职业效价×职业概率。

公式中，择业动机表示择业者对目标职业的追求程度，或者对某项职业选择意向的大小；职业效价是指择业者对某项职业价值的评价，取决于择业者的职业价值观，以及对某项具体职业的要求，如兴趣、劳动条件、工资、职业声望等的评估。因此，职业效价=职业价值观×职业要素评估。而职业概率是指择业者获得某项职业可能性的大小，主要取决于三个条件。①竞争系数。这是指该项职业的需求量与谋求该职业的劳动者人数的比值，在其他条件一定的情况下，竞争系数越大，职业概率越大。②择业者的竞争能力，即择业者自身工作能力和求职就业能力，竞争力越强，获得该职业的可能性越大。③其他随机因素。因此，职业概率 = 竞争系数×竞争能力×随机性。

综上所述，择业动机 = 职业价值观×职业要素评估×竞争系数×竞争能力×随机性。择业动机理论表明，择业动机的大小，不仅取决于个人的主观因素，还决定于社会的客观条件；不仅取决于某些职业对个人的吸引程度，还取决于获得这些职业的可能性大小等因素。

五、品德、态度和价值观理论

品德、态度和价值观的理论丰厚，下面主要介绍三者的内涵、结构等。

（一）品德

品德是古今中外公职人员素质标准中的重要内容，正所谓"为政以德，譬如北辰"（《论语·为政》）。孔子心目中的人格标准或者品德标准，以君子为楷模，所以，《论语》中"君子"一词出现了 100 多次。但品德又是一个相当复杂的概念。从心理学角度看，品德是一种个体现象。它是指个人依据一定的道德行为准则行动时所表现出来的稳固的倾向和特征，其结构包括道德认识、道德情感、道德意志和道德行为；从教育学角度看，比较流行的观点是把品德与思想品德等同，认为品德是指一定社会思想、政治、道德的规范在个体身上的体现，品德的内容是思想品质、政治品质、道德品质的统一体。在个性中，品德是能做善恶、好坏评价的主要内容，故它在个性中处于十分重要的地位。在教育目标中，德育也是居于智育、美育、体育和劳动技术教育之首，它决定了人的活动的方向及价值，作用不可小视。正如第二章第三节所述，我国古代人力资源测评内容第一位的就是德，第一章第二节关于我国公共部门人力资源的素质，德才兼备是贯穿我党干部素质的一条主线，是在全面的素质要求之上对品德的高要求。

美国高级公务员的品德测评内容与标准包括政治敏锐性、政治自觉性、企业家精神、公共服务精神、诚实正直与责任心；英国公务员品德测评内容包括正直、廉政、客观、诚信、公正与责任心。我国领导干部品德内容包括政治品德、职业道德、社会公德、家庭美德、个人品德；[①]韩强从政治品德、职业道德、社会公德、家庭美德及个人品德方面归纳了干部品德，[②]以及公务员品德胜任力是一个六因素的结构：职业道德、政治品德、敬业奉献、诚信务实、工作作风和个人品质[③]，等等。2008 年，习近平在全国组织工作会议讲话中提出了干部"四德"标准，即政治品德、职业道德、家庭美德和社会公德。2011 年11 月，中组部印发《关于加强对干部德的考核意见》，明确要以对党忠诚、服务人民、廉洁自律为重点，加强对干部政治品质和道德品行的考核。2018 年，习近平在全国组织工作会议讲话中强调，我们今天讲的"德"，第一位的是政治品德。2019 年修订的《党政领导干部选拔任用工作条例》规定：深入考察道德品行，加强对工作时间之外表现的考察，注重了解社会公德、职业道德、家庭美德、个人品德等方面的情况。2019 年 4 月中办印发的《党政领导干部考核工作条例》有如下规定。德。全面考核领导干部政治品质和道德品行。考核领导干部的政治品质，重点了解其坚定理想信念、对党忠诚、尊崇党章、遵守政治纪律和政治规矩，在思想上政治上行动上同以习近平同志为核心的党中央保持高度一致等情况。考核领导干部的道德品行，重点了解其坚守忠诚老实、公道正派、实事求是、清正廉洁等价值观，遵守社会公德、职业道德、家庭美德和个人品德等情况。2020 年 12 月中组部发布的《公务员考核规定》规定："德。全面考核政治品质和道德品行，重点了解学习贯彻习近平新时代中国特色社会主义思想，坚定理想信念，坚守初心使命，忠于宪法、忠于国家、忠于人民，增强'四个意识'、坚定'四个自信'、做到'两个维护'的情况；带头践行社会主义核心价值观，恪守职业道德，遵守社会公德、家庭美德和个人品德等情况。"因此，合理测评品德，意义特殊且重大。

（二）态度

态度是指个体对人和事物所持有的一种较为持久而又一致的心理倾向，也就是人们关于人物和事件的评价性陈述。当然，这种评述反映了一个人对于某一对象的内心感受，可以是赞同的，也可以是反对的。当一个人说"我喜欢我的工作"时，他就是在表达他对工作的态度。它是指引人们对物体、人和事件做出反应的信念与情感倾向性。态度影响行为，

① 萧鸣政. 关于领导干部品德测评的问题研究[J]. 北京大学学报（哲学社会科学版），2013，50(6)：24-33.
② 韩强. 关于考核干部德的几个问题[J]. 中共天津市委党校学报，2011，13(4)：40-44.
③ 梅继霞. 公务员品德胜任力的结构及对工作绩效的影响[J]. 中国行政管理，2017(1)：28-33.

行为也影响态度。①

态度包括认识、情感和行动倾向三种成分或要素。这三者起作用是有先后的，通常是认识在先，它的作用是形成对人和事物的认识、看法，并在此基础上形成一定的评价，紧接着是情感，最后是行动倾向。态度不是行为而是行为的前提，是一种反应的准备状态。有时三者是同步、和谐一致的，有时从认识到行动倾向有一定的距离。

态度是相对稳定的，但也不是不可改变的，如教育、广告在许多情况下就是要改变人们的态度。态度影响着每个人日常生活和工作中的行为，经常发挥着工具性、功利性的功能，同时它还具有自我防御、价值表现和社会判断的功能。但态度作为一种内在的心理活动，是不可能直接观察到的，只能从人们的言语、行为及其他方面进行测定。

（三）价值观

正如前述人与组织价值观的匹配，组织成员的价值观与组织的文化和价值导向相匹配，才能保证两者目标的一致性，而且，组织成员对工作的看法和期许与职位特性相匹配，能激发其更大的工作激情和动力。因此，对价值观的测验具有特殊的重要价值。

价值观是指基于人的一定的思维感官之上而做出的认知、理解、判断或抉择，也就是人认定事物、辨定是非的一种思维或取向，从而体现出人、事、物一定的价值或作用。价值观具有稳定性和持久性、历史性与选择性、主观性的特点。

美国社会心理学家施瓦茨（S.Schwartz）等得出了价值观的五个普遍特征：一是信仰的观念，二是关于值得的终极状态或行为，三是超越具体情境的，四是引导选择或对行为及事物的评价，五是按照相对重要性排列的，进而提出了一个被广泛引用的定义：价值观是合乎需要的、超越情境的目标在一个人的生活中或其他社会存在中起着指导原则的作用。在金盛华等看来，价值观是人们按照自己所理解的重要性对事物进行评价与抉择的标准，是比态度更广泛、更抽象的内在倾向。②价值观对动机有导向的作用，同时也反映人们的认知和需求状况。

六、测量理论

测量理论一般分为经典测量理论、概化理论和项目反应理论三大类，或称三种理论模型。人们通常将以真分数为核心假设的测量理论及其方法体系，统称为经典测量理论（classical test theory，CTT），也称为真分数理论。该理论是最早实现数学形式化的测量理论，此后的测量理论大多是在该理论的基础上、弥补了该理论的缺陷而发展起来的。

（一）真分数理论

在经典测量理论中，人的素质特征测量结果表现为一个数值。但测量的误差造成实际测得的数值往往和该特质的真实水平值不一致，总会略高于或略低于后者，为此，心理学家斯皮尔曼引入了真分数这一概念。真分数的操作定义是无数次测量结果的平均值。相应

---

① 迈尔斯. 心理学[M]. 北京：人民邮电出版社，2013：616.
② 金盛华，辛志勇. 中国人价值观研究的现状及发展趋势[J]. 北京师范大学学报（社会科学版），2003(3)：56-64.

地把实测的分数称作该特质的观察分数，而当观察分数接近真分数时，就认为这次测量的误差较小。显而易见，真分数是一个在理论上构想出来的抽象概念，实际测量是无法得到的，因为任何测量总会存在误差。因此，只能通过改进测量工具、完善操作方法等使观察分数尽可能接近真分数。实际上，只要观察分数与真分数之间的误差不是太大，或者说误差被控制在可接受的范围之内，这样的测量就可以被看作是可接受的测量。

经典测量理论假定，观察分数（计为 X）与真分数（计为 T）之间是一种线性关系，并且只相差一个测量误差（计为 E），其数学模型见公式（3-1）。

$$X = T + E \tag{3-1}$$

根据公式（3-1），格利克森（H.Gulliksen）引申出三个相互关联的假设公理。

假设公理 1：若一个人的某种心理特质可以用平行的测验反复测量足够多次，则其平均误差为 0，即其观察分数的平均值会接近于真分数。用公式表示为

$$E(X) = T \text{ 或 } E(E) = 0$$

假设公理 2：真分数和测量误差之间相互独立，即 $\rho(T, E) = 0$

假设公理 3：各平行测验上的误差分数之间相关为零，即 $\rho(E_1, E_2) = 0$

对此，可从三个方面来理解。①它假定在一定的问题研究范围之内，T 是稳定不变的，测量的任务就是估计其大小。②X 与 T 之间是一种线性关系，并只相差一个随即误差 E。③测量误差 E 完全随机，并服从均值为 0 的正态分布。它不仅独立于所测特质真分数，还独立于所测特质之外的其他任何变量，即不含有系统误差成分。因此，X 的变化是由 E 引起的。

经典测量理论帮助人们得以把握人的外显行为反应水平与其心理特质发展水平之间的关系，价值巨大，但也存在一些缺陷，特别是如下几点。①线性模型的假设，简单、易于理解和推广，但没有对误差的形成原因进行深入探讨，难以区分不同的测量误差。②受样本的抽样变动影响大，分数又依赖于项目的难度，导致不同测验的被测者之间难以比较。③线性模型的假设仅是一种对外部的现象性描述，难以得出内部特质与外部表现的实质关系。而且，大量研究表明，真分数与测量分数间的非线性关系可能更符合事实。所以，运用真分数来刻画人的心理特质水平就存在着较大的相对性和模糊性。④对平行测验的假设受到很大质疑。因为，根据该理论，"如果两个题目不同的测验所测量的是同一特质，并且题目形式、数量、难度、区分度以及测查等值团体后所得分数的分布都是一致的，则这两个测验被称作彼此平行的测验"，各平行测验具有相同的信度和测验标准误差。但实际上，严格平行的测验是不存在的，即使采用同一测验项目对同一组对象在不同时间施测，因为遗忘、动机、新知识与新技能获得等主客观因素的影响，实测分数也会产生较大差异。这是应该注意的（关于误差详见第六章第一节）。

（二）项目反应理论

凡测量都有误差，而影响误差的因素多种多样，如测量工具、测量适用对象的特征水平和态度、测量工具使用者以及测量条件和环境等，而经典测量理论仅以一个 E 就概括了所有的误差，并不能明确具体误差或在总误差中各种误差的相对比例，从而对测量工具和程序的改进没有明确指导意义，针对性不强。为此，1952 年美国洛德（F.Lord）首先提出

了项目反应理论（item response theory，IRT），随后该理论得以迅速发展和广泛应用。

项目反应理论假设被测者有一种潜在特质，潜在特质虽然不能通过直接观测而获得，但可借助被测者对测验项目的反应情况来推测，即潜在特质是在观察分析测验反应基础上提出的一种统计构想，一般是指潜在的能力，并经常用测验总分作为这种潜力的估算。项目反应理论认为被测者在测验项目上的反应和成绩与他们的潜在特质有特殊的关系，并结合项目特征曲线进行分析。项目特征曲线（item characteristic curve，ICC）描述被测者在某一测验项目的正确反应概率与该项目所对应的能力或潜在特质水平之间的函数关系。对项目特征曲线函数关系的不同假设，构成不同的潜在特质模型。被测者对一个项目反应正确的概率由假设的潜在特质模型、项目参数以及被测者相应的能力和潜在特质水平决定，与被测者总体的能力分布无关。而同一条项目特征曲线所对应的项目参数是唯一的，项目反应理论研究的一项重要工作就是确定项目特征曲线的形态，然后写出这条特征曲线的解析式，即项目反应函数，也称为项目特征函数，这就是项目反应理论模型。根据参数的不同，项目特征函数可分为单参数模型（难度）、双参数模型（难度、区分度）和三参数模型（难度、区分度、猜测参数）等，故该理论又被称为潜在特质理论或项目特征曲线理论。

项目反应理论具有明显的优点。①项目参数估计更准确。项目反应理论将被测者的潜在特质水平与其在项目上的反应行为关联起来，并将其参数化、模型化，是通过统计调整控制误差的最好方法，这使其成为题库建设的新宠。②参数的不变性，即项目参数的估计独立于被测者样本。这为编制个性化测验和提高测验效率提供了有力保障。③使成套测验更具针对性和有效性。④导致了计算机自适应测验（computer adapted test，CAT）的产生。根据对题目的作答情况估计出被测者的潜在特质水平，并以此为基础选出难度与之相当的项目进行新一轮的测验，从而使得对潜在特质的估计更加准确。计算机随时都在对题项进行在线调整，以保证挑选出能最大限度测出被测者潜在特质的题项。

项目反应理论也存在一定的缺点。①它假定所测的潜在特质是单维的，这在现实中是很难满足的。②它对项目参数的估计尽管不依赖于特定的样本，但要保证参数估计的稳定性，就需要大量的样本。三参数模型需要 2 000 个以上的样本，双参数模型的样本要求在400 个以上，就是单参数模型最少也要求 200 个样本。现实测评中，要对大量的试题进行大样本测验以获取稳定的参数估计值，人才和物力投入巨大。③模型比较复杂，不易理解，相关软件的操作也有一定的难度，对其实践应用有一定制约。①

（三）概化理论

针对经典测量理论的局限，20 世纪六七十年代，克伦巴赫（Cronbach）等人提出了概化理论（generalizability theory，GT），目的在于提高测量的可靠性和针对性；其后，又有多位学者推动了该理论的发展。该理论又称为概括力理论或拓广理论。

首先，概化理论认为，任何测量都处于一定情境之中，应该从测量情境关系中具体地考查测量误差。对测量情境不同关系的侧重，会形成多种真分数及相应多种不同的信度系

数,应设计一套方法去系统鉴别多种误差的来源及衡量方式,用全域分数代替真分数概念,用概化系数即 G 系数代替信度概念。

其次,概化理论认为,任何测量都是在特定的测量情境下进行的,测量的目的并不是为了获得某特定情境下的测量结果,而是以此推断更一般情境下可能得到的测量结果。该理论提出了测量目标、测量侧面和测量情境基本概念,并强调研究测量必须先研究测量情境关系,而测量情境关系是由一个测量目标和若干个测量侧面构成的。测量目标是指测量所要描述和研究的心理特征,即"测什么";而构成测量条件与具体情境关系的因素,即测量侧面。如阅读能力测验,其目的是对被测者阅读能力的测量,因此,阅读能力就是测量目标。此外,试题的水平、测评者等因素也会影响测验的总变异,这两个因素就是测量侧面。这样对被测者阅读能力的测量就是在双侧面情境的条件下进行的。测量侧面中的单个事例叫侧面的水平,如有两个测评者甲和乙,则测评者这一侧面就有两个水平。测量侧面可再细分为随机侧面和固定侧面。随机侧面是指测量侧面中所包含的各水平中是类似水平的随机样本,而非固定不变的侧面,如大规模考试中阅卷者(测评者)每次都有可能不同,由这样变化的阅卷者所组成的测量侧面就称为随机侧面。固定侧面是指在各次实施中测量侧面的所在水平一直保持不变的测量侧面,如标准化的心理测验中,测验的项目总是一样的,这样的侧面就叫固定侧面。因此,测验的标准化就是对某些测量侧面进行固定。固定测量侧面可以减少测量误差,但随之而来的问题是会使测量目标变得更为局限。比如,把阅读理解题定为对科技说明文的理解,这时所测的特质就不再是一般的阅读理解能力,而是特定的对科技说明文的理解能力了。此时所测分数就不能再推广到原来那么宽广的范围了。

最后,重要目的是估计各种来源的误差变异的大小,通过概化研究即 G 研究(G-research)估计变异成分,而后通过决策研究即 D 研究(D-research)收集数据,作为决策和解释的依据。

与真分数理论相比,概化理论具有独特的优点。①它以随机平行测验为基础,使满足平行的条件更容易达到。②通过方差分析等统计工具,能够对总体测量误差进行分解,使每个部分对应于特定的误差来源,更便于控制误差。③信度概念既能估计出主效应,也能估计出交互作用效应,还能对各估计值的大小进行直接比较,为提高测验质量提供了有力的支持。至于其统计计算相当繁杂的问题,可借助计算机完成。

但它也同样存在缺点。①概化理论将所测量的心理特征看作单维度的、稳定的,因此,在实际应用中同样要强调保持试题样组的同质性。②在计量方法上,它是以方差分析为基本的分析工具,但在数据结构的复杂性方差分量估计中,有时会出现负值,这是一个很难解释的结果。③在测量应用上,由于随机抽样的易变性,它适用于实测数据的事后分析,而难以作为事前预测的工具。一次抽样数据的分析结果仅是测量统计规律的描写,其可靠性依赖于实测数据的完备性,所以,难以作为普遍规律加以推广和应用。[1]这也要求使用者需要具备较高的测验设计水平和实测控制能力。

对上述三种测量理论,①经典测量理论是基础;项目反应理论是从微观层面深入具体的项目层次,采用数学建模和统计调整,而不是随机抽样的方法对项目进行分析;概化

---

① 徐世勇,李英武. 人员素质测评[M]. 北京:中国人民大学出版社,2019:47.

理论则是在宏观层面上从外推的角度，沿着经典测量理论中随机样本的思路向前发展。②经典测量理论操作简单、容易理解，适应面广；项目反应理论数理逻辑严密，测量精度较高；而概化理论主要解决测量误差及其来源问题，对于分析信度有明显优势。③项目反应理论和概化理论对使用者素质、客观条件等要求较高，致其应用范围受限。

第三节　公共部门人力资源测评的工作基础

对公共部门人力资源测评来说，因测评目的、职位等不同，测评的具体内容也不同。为了有效地测出所要测的内容，还需要通过职位分析、胜任力分析等，准确获知具体要"测什么"的问题。显然这是公共部门人力资源测评的工作基础。

一、职位分析

职位分析是公共部门人力资源管理的一项基础性职能活动和基本管理工具，是公共部门人力资源测评的一项重要工作基础。

（一）职位分析的概念

综合国内外观点，职位分析是指采用科学的方法和手段，对各职位的性质、任务、责任以及所需人员的资格、条件等进行调查、分析、研究，加以科学的系统描绘，最后做出规范化记录的过程。也称为工作分析。一般包括对以下七个问题的调查分析，即何人（who）、何事（what）、何时（when）、何地（where）、如何（how）、为何（why）、为何人（for whom），其内容主要包括工作的内涵和工作对任职者的要求两大部分。

工作内涵主要包括：对工作特征的揭示与概括、名称的选择与表达；工作任务、工作职责、工作内容、工作关系与工作强度的分析；工作材料、工作对象与工作环境的分析。

工作对工作者的要求，即任职资格或 KSAO（knowledge、skills、abilities、other characteristics，知识、技能、能力和其他特质），主要包括从事该工作的人员应基本具备的教育程度、知识水平、工作年限、操作技能、职业道德、身体素质、心理素质等。其中，基于工作要求的职位分析关注工作特定任务、KSAO 及工作内容，如图 3-5 所示；基于素

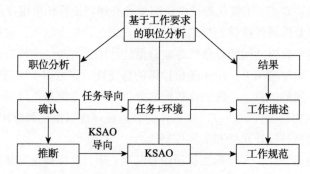

图 3-5　基于工作要求的职位分析法

资料来源：赫尼曼，贾奇，卡迈尔-米勒. 组织人员配置——招募、选拔和雇用[M]. 7 版. 北京：中国人民大学出版社，2017：105.

质的职位分析试图确认适应于所有工作和角色的更通用的 KSAO，而基于团队的职位分析强调特定工作 KSAO 和跨工作 KSAO。

关于 KSAO，作为美国最大的职业信息数据库的职业信息网可以提供相应的帮助。例如，它提供了各职业水平所需的 33 种知识定义；适用于不同职业范围的 46 种技能（前 10 种是获取和传递信息的基本技能，其他的是促进任务绩效的跨职能技能）；4 种通用能力分类：认知能力（包括语言能力、创意产生和推理能力、定量能力、记忆力、知觉能力、空间能力和注意力）、心理运动能力（包括精细操控能力、控制运动能力、反应时间和速度能力）、体力（身体力量、耐力、柔韧性、平衡性、协调性）和感知能力（包括视觉能力、听觉和说话能力）；其他特质（如法律要求、可用性要求、品格要求等）。

（二）职位分析的流程

1. 准备阶段

其主要任务如下：①明确职位分析的意义、目的；②建立职位分析小组，并培训职位分析人员；③明确职位分析的主要任务、主要职责及工作流程；④向有关人员宣传、解释，建立友好合作关系；⑤确定职位分析的方法、工具等。

2. 调查阶段

其主要任务如下：①设计调查方案，制订工作计划，编制确定相应的调查问卷、提纲等；②综合运用各种方法收集职位信息，并确认其准确性，这些信息主要包括：相关法律法规和政策规定，现有职位分析资料和职位说明书，组织结构图、工作流程图等基础资料，工作活动，工作中人的行为，工作所使用的的机器、工具、设备及其他辅助工具，工作绩效标准，工作时间、地点、组织形式、物理环境等工作背景，工作对任职者的资格要求等。

3. 分析阶段

其主要任务如下：①仔细审核已收集到的各种信息；②创造性地分析、发现有关工作和工作人员的关键成分；③归纳总结出职位分析的必需材料和要素；④对照最初列出的主要任务，针对职位分析提出的问题，提出改进建议，重新划分工作范围、内容、职责等，确保所提出的问题都得到解决。

4. 完成阶段

其主要任务如下：①根据所收集的信息、调查的结果、分析和总结的结论及改进建议，编制职位说明书；②对职位分析进行评估；③将职位分析结果用于实际工作，并注意收集应用的反馈信息，以不断完善职位说明书，使其能够及时反映职位的变动情况。

（三）职位分析的方法

经过近百年的理论研究和实践总结，职位分析已形成了较为成熟的方法体系，并形成定量、定性，结构性、非结构性等分类，如文献分析法、观察法、访谈法、工作日志法属于通用的职位信息收集方法，管理职位描述问卷法、职位分析问卷法、体能分析问卷、能力要求方法等属于以人为基础的职位分析方法，而任务清单法、美国文官委员会职位分析程序、美国劳工部职位分析程序、功能职位分析法、关键事件法等属于以工作为基础的职位分析方法。

（四）职位说明书

职位说明书是职位分析的直接成果，是人力资源管理的基本文件，又称为工作说明书。是对职位进行的全面、系统和深入的说明。它包括职位描述和职位规范两部分。职位描述是对该职位的工作情况的说明，是关于该职位所承担的任务、职责及责任的目录清单，又称工作描述。而职位规范是对从事该职位的工作活动的人的要求，是承担该职位的职责的人应基本具备的知识、技能、能力和其他特征的目录清单，又称任职资格、工作规范。

职位说明书的形式多样，可根据实际需要编制。原人事部制定的《国家公务员职位分类工作实施办法》规定，公务员职位说明书包括如下内容。①职位名称。②职位代码：指每一个职位的代表号码。③工作项目：列出职位按照职责应担负的全部工作项目。④工作概述：按照工作项目简要说明工作的内容、程序、职责及权限。⑤所需知识能力：完成本职工作所需的学识、才能、技术和经验。必须以职位的工作需要为依据，不是按现有人员的情况认定。⑥转任和升迁的方向：职位上的任职人员按照业务一般要求可以转任和升迁的方向。⑦工作标准：每个工作项目所应达到的质量和数量的基本标准。下述是通用的内容，其中除了任职资格都属于职位描述。

（1）职位标识。这包括职位名称、职位等级、薪点范围、职位编号、所属部门，以及编写人、编写日期、审批人等。

（2）工作概要。这是对该职位的工作任务、职能、活动的概括描述，因此要用简单的语句表述，又称为工作摘要。

（3）工作职责。这是指列明该职位在组织中承担的职责以及每项职责的具体任务和活动。工作职责的分析有基于战略的职责分解和基于流程的职责分析两种办法。前者侧重于对具体职责内容的界定，主要回答"该职位需要承担什么职责来为组织创造价值？"后者侧重于对每项职责的角色和权限进行理顺，主要回答"在每项职责中，该职位应该扮演什么角色，应如何处理与上下游之间的关系"。

（4）工作关系。这是指组织内各职位之间横向与纵向的联系。一要清楚指出该职位的上下级关系，即所受的监督和所实施的监督；二要说明该职位与其他职位的关系，即职位之间的横向联系，有时要包括与组织外部的关系。通过纵向和横向的描述，可以清楚地看出该职位在组织系统中的确切位置。

（5）业绩标准。这是对如何衡量每项职责完成情况的规定。不能将其简单地等同于绩效考核中的考核指标，它是提取职位层级的绩效考核指标的重要基础和依据。

（6）工作权限。这主要是指该职位的决策范围、层级与控制力度等，包括人事权限、财务权限、业务权限等。

（7）工作环境和条件。这主要包括工作的时间、地点和物理环境、安全状况、职业危害性等。

（8）任职资格。这是指承担该职位职责的人应具备的基本条件或最低条件，包括所学专业、学历要求、资格证书、工作经验、知识、技能、能力、身体状况等。这可以作为测评的直接依据。另外，这些资格条件可分为公共部门整体素质和分层分类素质体系两部分，即为了实现公共部门战略，每个职位对其任职者应具备的基本素质。其中，分层分类素质体系可分为通用、共用和特殊三类要素。

二、胜任力分析

Competency 的意思就是能力、技能等，常与 competence、skill、ability 等混用，其汉译有胜任力、胜任素质、胜任特征、资质、能力等，本书采用胜任力。它是由麦克利兰（D.McClelland）最早提出。20 世纪 70 年代初，麦克利兰受美国政府邀请，设计了一种能够有效预测驻外联络官绩效的方法，后被广泛应用于公共部门和私营部门人力资源管理。

（一）胜任力的概念

胜任力被定义为一种个人的基本特征，一种行为，一种知识或技能，或者是一种有关知识、技能和态度的综合体等。综合起来看，胜任力是指能在某职位或工作角色达成优秀绩效而必须具备的有关知识、技能、自我认知、个性、动机以及其他相关个人特征的总和和组合，并以此区别开绩效的优秀者和一般者。因此，首先，胜任力既包括内在（隐性）的特征，也包括外在（显性）的特征。其次，胜任力是与工作任务相关。不同的工作情境，胜任力有所不同。因此，不存在适用于所有工作情境的高胜任力。再次，胜任力与绩效相关，能以此区分优秀绩效和一般绩效，进而可以预测一个人未来的高绩效。最后，胜任力是可以衡量的，即可以观察、分级、测量并评价的。胜任力是可以培养的，即可以通过后天的学习而逐步发展起来，当然，人与人之间胜任力发展的程度是有差异的。

（二）胜任力模型的概念

胜任力模型是指为高质量地完成某项工作、实现高绩效目标，而要求任职者所具备的一系列胜任力的集合，既包括任职者的知识、技能、行为等，也包括动机、个性特征、内驱力等。它描绘了能够鉴别绩效优异者与绩效一般者的动机、特质、技能和能力，以及特定职位或层级所要求的一组行为特征。[①]胜任力模型通常包括三个基本构成要素：胜任力名称、胜任力定义、胜任力的行为指标等级。胜任力名称是对提取的素质等进行概括的名称定义；胜任力定义是对提取的胜任力内涵进行界定；行为指标等级则是对胜任力行为表现的分级标准，每一个胜任力基本上都会划分出 3~5 级不同的行为表现程度。一般认为，在同一种胜任力上，一个人得到的评价等级越高，其在实际工作中表现出与该胜任力相应的行为的概率越大，工作绩效也就越高。胜任力模型涉及胜任力的类别及其组合，对某职位而言，并不是类别越多、级别越高越好，合格的胜任力模型应满足以下三个条件：①关注产生高绩效的关键性因素；②与组织的愿景、使命、价值观和战略密切相关；③形式简单，已被人们接受并用于日常工作实践。胜任力模型主要有以下几个。

1. 冰山模型

麦克利兰将个体素质的不同表现形式划分为"冰山以上部分"和深藏的、内在的"冰

---

① 仲理峰，时勘. 胜任特征研究的新进展[J]. 南开管理评论，2003(6)：4-8.

山以下部分"。前者包括知识、技能和能力，是人的外在表现，容易被感知、测量和培养；后者包括社会角色、自我认知、特质、动机，是人的内在部分，不易被了解和测量。在后来的研究中，麦克利兰和他的同事提出了 21 项管理者胜任力模型：准确的自我评价、概念化、对密切联系的关注、对影响力的关注、发展他人、诊断化运用概念、效率导向、逻辑思维、管理团队流程、记忆力、对客观性的感知、积极关注、提前行动、自信、自控力、专业知识、自发性、持久性、适应性、社会化权力的运用、单方面能力的使用等。

莱尔·斯潘塞和塞尼·斯潘塞（L.Spencer，Jr. & S.Spencer）又从特征的角度提出了五种胜任力：知识、技能、自我概念、特质和动机。其中，知识和技能是"水上部分"，而自我概念、特质和动机是"水下部分"。相对而言，知识和技能属于基准性素质，是对工作人员基础素质的要求，容易测量、培养，但难以把绩效的优秀者与一般者区别开来。而自我概念、特质和动机属于鉴别性素质，是区分绩效优秀者与一般者的关键因素，但难以评价和培养。

2. 洋葱模型

博亚特兹（R.Boyatzis）等在麦克利兰冰山模型的基础上提出了洋葱模型。该模型把胜任力分为三层：最外层包括知识、技能，相对容易评价、培养，中间层包括自我概念、社会角色、态度或价值观，核心层包括特质、动机，相对不易评价和培养，形成三层层层包裹的结构。洋葱模型的本质内容与冰山模型是一样的，但是洋葱模型对胜任力的表述更突出其层次性。

3. 其他应用模型

美国劳工部就业与培训管理局建立了一套适用于不同行业人员的胜任力模型。该模型可分为三个层次，第一层为基本胜任力，第二层为行业或职业胜任力，最上层为职位胜任力。其中，基本胜任力可细分为个人有效性胜任力、学术型胜任力、工作场所胜任力三小类，每一小类胜任力再细分为具体的胜任力。例如，个人有效性胜任力包含人际技能、诚实性、专业性、积极性、可靠性、学习意愿六种胜任力。美国人事总署人力资源与开发中心通过对联邦、地方政府、私人与非营利组织的管理、文职/技术、专业/行政人员的调研，建立了胜任力模型。欧洲中央银行建立的胜任力模型如表3-4所示，这被广泛应用于人力资源管理的各个环节，如工作人员甄选、培训开发、绩效管理、职业生涯管理、薪酬管理等。英国国家行政学院为促进英国高级公务员素质发展，开发了政府职业技能计划，要求高级公务员不仅要具备领导力、核心能力、专业技能和丰富经验，还需提高战略思维、沟通与营销能力，并设置了人事管理、财务管理、程序和项目管理以及资料分析和应用等领域能力提升项目（图 3-6）。

表 3-4　欧洲中央银行建立的胜任力模型

个人胜任力	人际胜任力	任务导向胜任力	信息导向胜任力	人力资源管理胜任力
知识面	影响力	组织建设	战略思维	授权
自我发展	关系构建	指导	商务理解	团队指导
自动性	劝告	组织	概念化	团队建设

续表

个人胜任力	人际胜任力	任务导向胜任力	信息导向胜任力	人力资源管理胜任力
陈述结果	**团队导向**	决策	创新	高绩效推进
承诺	服务导向	**解决问题**	整体化	激励
适应性	**文化敏感性**	结构化工作	**分析能力**	指导他人
	沟通	绩效任务	处理能力	提供支持
	开放性		理解能力	知识转化

注：粗体字体为 11 项核心胜任力。

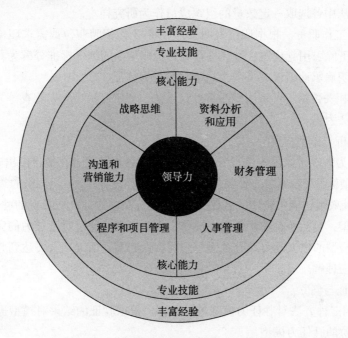

图 3-6　英国高级公务员胜任力模型

（三）胜任力模型构建

1. 胜任力模型构建的流程

胜任力模型的构建通常遵循四个基本流程：前期准备、相关数据收集与研究、数据分析与模型构建、模型验证与确立。

1）前期准备

（1）成立胜任力模型构建小组。通常包括组织领导成员、胜任力模型专家或心理学家、组织人事部门或人资源管理部门干部或其他人员（以下简称组织人事人员），以及胜任力模型所涉及职位的任职者与其直接上级。

（2）明确组织战略与相关职位。通过对组织战略与组织文化的分析，明确实现组织战略的关键环节，以及该环节中的核心职位，明确胜任力模型的构建目标。

（3）界定绩效标准。这可以采用职位分析和专家小组讨论的方法来确定。通过职位分析，可以明确职位对任职者的具体要求，提炼出鉴别优秀者和一般者的标准。专家小组讨论的方法是指有中高层领导和相关专家组成一个小组，一起讨论决定绩效标准。两种方法各有其优缺点，结合使用可以扬长避短，互相补充。另外一种比较简便的方法是有领导者直接确定绩效标准，当然这比较主观，但可以酌情使用。

（4）制订工作计划书。明确胜任力模型构建的程序、方法、人员构成、时间进度安排，以及应急调整方案，保证整个流程的顺利、有序进行。

2）相关数据收集与研究

（1）选取绩优人员。根据考核结果把组织成员分为"绩效普通组"与"绩效优秀组"两个对照组，从中各选取一定数量的组织成员作为研究样本。

（2）梳理工作职责。根据职位说明书等，将招录/招聘职位或需求职位或拟任职位或目标职位（以下除引用党规国法外，均称为目标职位）的绩优标准分解为具体的任务要项和工作职责，明确驱动组织成员产生高绩效的行为特征。

（3）收集相关数据。可采用行为事件访谈法、德尔菲法、问卷调查等方法，但一般以行为事件访谈法为主。

3）数据分析与模型构建

（1）对行为事件访谈报告进行分析汇总，记录各种胜任力在报告中出现的频次。

（2）对比绩优组和普通组的要素指标发生频次与相关程度，找出两组的共性与差异特征。

（3）根据绩效组访谈报告中的胜任力表现，提炼高绩效标准所具备的胜任要素与特征，构建胜任力模型，包括所有的胜任力、操作定义与等级。通过对胜任力的完整描述，形成胜任力词典。模型的建立既要充分考虑组织的特点和实际情况，又要达到胜任力层级不重叠、能区分、易理解。

4）模型验证与确立。

通常可采用三种方法对胜任力模型进行验证，根据验证的结果对模型进行修正，最终确立适合该职位的胜任力模型。

（1）实验验证。重新选取另一组绩优人员与一般人员作为样本，分析构建的胜任力模型是否能与对照样本进行区分。

（2）培训验证。运用胜任力模型进行培训，并对其进行追踪，考查他们在以后工作中是否表现更出色。

（3）标杆验证。选取标杆性组织的对应职位及人员作为样本，考查胜任力模型对其行为差异及未来绩效的预测程度。

2. 建立胜任力模型的方法

识别、收集、测评胜任力信息或数据方法有战略演绎法、调查法、归纳法、专家研讨法、行为事件访谈法等。其中，行为事件访谈法（behavioral event interview，BEI）是最常用的方法。它是由麦克利兰结合关键事件法（critical incident technique，CIT）与主题统觉测验而提出来的。行为事件访谈法是一种开放式的行为回顾式调查法，通过对目标职位任职者的访谈，了解任职者在工作中所发生的成功或不成功的关键事例，包括事情的起因、过程、结果、相关任务、影响范围等，挖掘影响绩效的细节，然后对收集到的具体事件和行为进行汇总、分析、编码，在不同的被访谈群体（绩效优秀者和绩效一般者）之间进行对比，确认目标职位的胜任力。

　　行为事件访谈法有如下基本假设。①在每个职位上，都有一些人比他人做得更好。绩效好的人与绩效平平的人采取的工作方式是不同的。②高绩效者之所以能够采取不同的工作方式，是因为他们具备一般人所没有的某些特质。③通过研究高绩效者和绩效平平者之间的差异，可以发现导致高绩效的那些特质。在这些基本假设下，行为事件访谈法凭借高度结构化的访谈模式和熟练掌握相关访谈技术的访谈，详细了解被访谈者工作中的关键事件及其成功要素，收集其过去的行为和真实想法，从中发掘有价值的个人特质。行为事件访谈法对被访谈者行为细节的发掘极为深入，所以，访谈者通常需要接受一系列的标准培训，并通过反复的实践才能有效地掌握该项技术。行为事件访谈法的关键步骤如下。

　　（1）采集行为事件。行为事件是指那些与工作绩效具有高度关联性的、比较有代表性的、能够反映职位主要工作职责的事件。为了归纳出某项胜任力指标，一般需要收集 4~6 个行为事件，包括 2~3 个成功事例和 2~3 个失败的事例。访谈者通过请被访谈者"讲故事"，采集 3~6 个被访谈者在职位上经历过的典型或关键事件的详细资料。一般而言，行为事件具备四个构成要件 STAR，即情境（Situation）、任务或目标（task/target）、行动（action）、结果（result）且只有同时具备这四个构成要件，行为事件才具有完整性，才能为后续的"编码"工作打下较好的基础。

　　①情境：那是一个怎么样的情境？什么样的因素导致这样的情境？在这个情境中有谁参与？

　　②任务或目标：你面临的主要任务是什么？要达到什么样的目标？

　　③行动：你当时采取了什么行动？有什么感受？是什么想法激励你这么做？

　　④结果：最后的结果是什么？期间又发生了什么？

　　（2）收集工作所需胜任力。要求被访谈者描述从事目前的工作所必需的能力及个性特点。此时，请被访谈者归纳胜任该职位所需要的技能、知识、个性等特征，有时候也会要求进一步描述并举例说明。这样做有两个目的：对前一步骤的事件描述进行某种检验和确认；使被访谈者感到他的专业知识意见受到尊重。这个步骤实际上是访谈结束前的回顾和拾遗补漏阶段。

　　（3）数据资料分析整理。这通常包括：职位及工作职责、行为事件、胜任力、简要解释、总结和分析。

　　表 3-5~表 3-7、图 3-7~图 3-9 为县级党政领导正职胜任力模型及其要素的重要性认同度，城市社区工作者、政府机关处级干部、智慧图书馆馆员、高校中层领导干部、大数据时代国企领导干部的胜任力模型。

表 3-5　县级党政领导正职胜任力模型及其要素的重要性认同度

维度		要素	$\bar{x}$	s
知识	基础知识	政治理论	3.85	0.58
		人文与社会学知识	3.77	0.48
		科技知识	3.98	0.85
		哲学与历史知识	3.94	0.88

续表

维度		要素	$\bar{x}$	s
知识	关键知识	行政管理理论	4.44	0.83
		管理工作经历	4.27	0.76
		政策法规常识	4.29	0.85
	专业知识	与岗位有关的专业知识	3.94	0.81
能力	基本能力	语言表达能力	3.88	0.51
		文字表达能力	3.87	0.37
		人际沟通能力	3.84	0.61
		组织协调能力	3.86	0.58
能力	关键能力	激励下属与建设团队能力	4.36	0.56
		知人善任能力	4.23	0.56
		学习力	4.42	0.86
		科学思维能力	4.44	0.81
		战略思维能力	4.05	0.61
		形势预测与抢抓机遇促发展能力	4.64	0.82
		计划能力	4.39	0.83
能力	关键能力	决策能力	4.68	0.82
		解决实际问题能力	3.98	0.40
		发展当地经济能力	4.05	0.78
		应对复杂局面能力	4.34	0.83
		岗位与环境适应能力	3.91	0.43
		变革与创新能力	4.44	0.80
		举一反三与融会贯通能力	4.35	0.80
素质	思想政治素质 一般	政治信仰坚定	3.88	0.56
		自律性	3.88	0.55
		原则性	3.85	0.60
		责任心	3.87	0.55
		公平公正性	3.88	0.53
		奉献与牺牲精神	3.88	0.54
	思想政治素质 关键	大局意识	4.63	0.81
		为公众服务意识	4.57	0.84
		优政意识	4.32	0.85
		成就动机与愿景视野	4.59	0.82
	道德素质 一般	诚信度	3.87	0.56
		自我反省力	3.82	0.56
	道德素质 关键	容人度量与宽容心	4.26	0.81
	身心素质	情绪稳定性与自控能力	3.83	0.60
		身体健康且精力充沛	3.46	1.12

续表

维度		要素	$\bar{x}$	s
个性特征	基本个性	乐观自信且富有激情	3.45	1.14
	关键个性	宜人性与亲和力	4.68	0.78
		竞争意识	4.02	0.62
		合作精神	4.16	0.57

注：①此模型为经过初步验证后正式建立的模型。②此表中要素的认同度是验证阶段818名调查对象对模型要素的认同度。③$\bar{x}$为均数，均数值越大说明认同程度越高；s为标准差，用以说明变异程度，标准差越小，表示变异度越小，一致性越高。

资料来源：郑学宝，孙健敏. 县级党政领导正职胜任力模型研究[J]. 中州学刊，2006(1)：22-24.

表3-6　城市社区工作者胜任力模型

	一级因子	二级因子
城市社区工作者胜任力	个人品质	豁达开朗、热情诚恳、耐心细致、同理心
	自我管理	工作动机、自我控制、自我激励
	职业适应	政治立场、知识素养、法治观念、职业认同感、民主意识
	基本能力	人际沟通、组织协调、团队合作、应变能力、学习发展
	核心技能	专业化服务、建立关系、促进居民参与

资料来源：车峰. 基于胜任力模型的城市社区工作者绩效考评研究[J]. 华东理工大学学报（社会科学版），2017，32(2)：19-29.

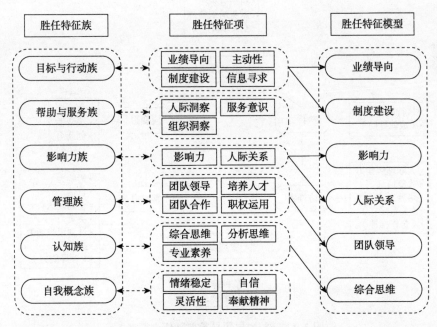

图3-7　政府机关处级领导干部胜任力模型
资料来源：陆晓光，龚其国. 处级领导干部胜任特征模型的实证研究[J].
管理评论，2014，26(5)：71-76.

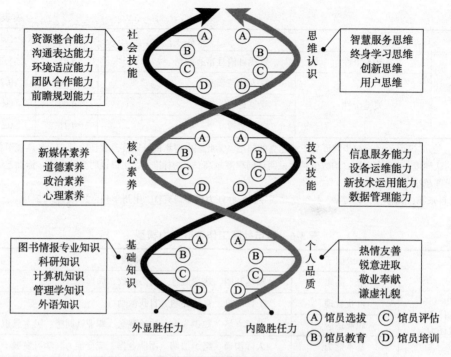

图 3-8　智慧图书馆馆员胜任力双螺旋模型

资料来源：蒋知义，曹丹，邹凯，等. 智慧图书馆馆员胜任力双螺旋模型构建[J].

图书馆，2020(12)：34-41, 66.

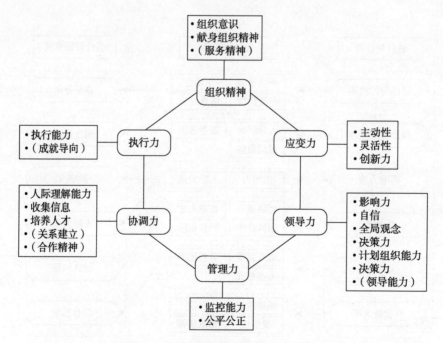

图 3-9　高校中层领导干部胜任力模型

资料来源：大学领导管理干部胜任力模型研究课题组，郭锋. 大学中层领导管理干部胜任力模型研究[J].

国家教育行政学院学报，2014(11)：77-84.

表 3-7　大数据时代国企领导干部胜任力模型

一级特征群	二级特征群	胜任素质特征
德	政治品德	大局意识、政治素养
	职业道德	执行力、原则性
能	战略决策	宏观思维、分析能力、善抓重点
	学习创新	善于学习、创新思维
	应变掌控	危机处理、适应能力
	组织协调	工作思路、计划组织、资源整合
	人际沟通	沟通能力、人际维护
	团队引领	班子和谐、选人用人、授权激励、员工关系
勤	成就导向	事业心、工作魄力、工作要求
	工作投入	责任意识、敬业精神
廉	廉洁自律	清正廉洁、群众基础、克己奉公

资料来源：王涛，唐琳琳，张晖. 大数据时代国有企业领导干部胜任力实证研究——以 Z 省级电力公司为例[J]. 领导科学，2019(6)：92-95.

主　要　词　汇

一般能力　　特殊能力　　智力　　创造力　　人格　　品德　　态度　　价值观
人职匹配　　职业性向类型　　职位分析　　职位说明书　　胜任力　　胜任力模型

复习思考题

1. 公共部门人力资源测评的客观基础是什么？

2. 你是如何理解能力这个概念的？它有哪些分类？

3. 智力与能力、知识、技能、创造力是什么关系？

4. 简要介绍智力的相关理论。

5. 简要介绍主要的人格理论。

6. 简要介绍职业兴趣与选择理论。

7. 简要介绍品德、态度和价值观的概念和结构。

8. 简要介绍三种测量理论。

9. 谈谈职位分析的流程、方法。

10. 胜任力模型有哪些？

11. 介绍胜任力模型构建的流程、方法。

12. 谈一谈职位分析、胜任力分析在公共部门人力资源测评中的作用。

我国公务员胜任力模型构建的价值、问题与特殊性

推荐进一步学习阅读书目

1. 漆书青. 现代测量理论在考试中的应用[M]. 武汉：华中师范大学出版社，2003.
2. 胡月星. 公务员胜任特征实证研究[M]. 北京：国家行政学院出版社，2015.

第四章

公共部门人力资源测评指标体系及设计

【学习目标】

- 掌握公共部门人力资源测评指标的概念。
- 掌握公共部门人力资源测评标志的概念和形式。
- 掌握公共部门人力资源测评标度的概念和类型。
- 掌握公共部门人力资源测评指标体系的概念和基本模型。
- 掌握公共部门人力资源测评指标体系设计的原则和程序。
- 掌握公共部门人力资源测评指标的确定方法。
- 掌握公共部门人力资源测评指标权重的确定。
- 掌握公共部门人力资源测评指标的计量。

第一节 公共部门人力资源测评指标与指标体系

一、公共部门人力资源测评指标

（一）公共部门人力资源测评指标的概念

测评指标是测评内容操作化的表现形式，是指能反映被测者特定属性的一系列具体测查的方面或维度，是测评指标体系的基本单位，即测评要素，如责任心、沟通能力、应急处突能力、公共服务动机等是测评内容的细化条目。它被用来表征被测者的特征状态，实质上也是用人准则的具体化。每一个具体的测评指标都要有相应的测评标志和测评标度。

（二）公共部门人力资源测评标志

测评标志是指为每一个测评指标确立的关键性界定特征或描述特征，应具有可辨别性、易操作。通常一个测评指标要由多个测评标志来说明，且形式多样。

1. 按表现形式或提问方式将测评标志划分

（1）评语短句式。这是指采用简短判断与评论的短句作为测评标志，有的还加入具体的量词。如针对"语言流畅性"，测评标志可以设为如下一组短句：少有不当间断的情形，且持续时间只有十多秒……常有不当间断的情形，且持续时间有 1 分钟以上。

（2）问题提示式。这是指以具体的问题或设问提示测评者把握某个测评指标的特征。如针对"忠诚度"，可用"能严守单位机密吗？""能积极维护单位形象吗？""能完成单位要求的所有工作吗？""能积极主动工作吗？"等来表达。

（3）方向指示式。这是指只规定测评指标特征应主要考查哪些方面，并没有具体规定标志和标度，让测评者在大方向下自己去把握细微的操作。这在传统的测评中常被采用，优点是指标确立迅速、方便，而缺点是很难避免测评者不同的主观判断标准造成的差异。如对"业务经验"，"主要从被测者的业务年限、熟悉程度、有无工作成果等方面进行考查"。

2. 按操作方式分将测评标志划分

（1）测定式。这是指利用各种测量仪器或测评工具等直接测出或计量，并根据有限标准直接确定的标志。如具体完成的产品的数量、完成特定任务所需要的时间等。

（2）评定式。这是指难以用仪器仪表等工具测量或计算出该标志的精确数据时，需根据对现场的观察、相关资料的分析等，依据有关标准评定出结果的标志。如对品德、工作重要性等。

3. 按表达的内涵的客观性程度将测评标志划分

（1）客观式。这是指表达的内涵完全是客观的，同上述测定式。

（2）主观式。这是指表达的内涵完全是主观的，同上述评定式。

（3）半客观半主观式。这是指表达的内涵主客观兼有或受主客观双重影响，即所反映的内容与结果不是被测者的实际而直接的行为结果，而是间接行为结果，如能力测验分数、抽样调查数据等。

（三）公共部门人力资源测评标度

测评标度是指描述测评标志的程度差异与状态水平的顺序和度量。也就是对素质特征或表现的范围、强度或频率的规定。有的将测评标志、测评标度合为测评标准，有的将测评标志视为测评标准，那么，如果是后者的话，测评标度就是用测评标准对测评指标进行衡量后的结果表现形式。因为测评标准指的是测评指标的内在规定性，通过该标准实现了从测评内容、测评目标、测评项目到测评指标层层分解后的可操作化，是一个测量精度的概念。测评标度可以是数量的，也可以是语言的；可以是精确的，也可以是模糊的。当然，每一个具体的测评指标，要有相应的测评标志和测评标度。测评标度大致有以下几种。

1. 等级式

这是指用一些等级顺序明确的字词、具有程度差异的字母或数字揭示测评标志状态、水平变化的刻度形式，其中等级与等级之间的级差应该具有顺序关系，最好还要有等距关系。如"优、良、中、差"；"多、较多、一般、较少、少"；"甲、乙、丙、丁"；"A、B、C、D"；"1、2、3、4"等。等级之间应具有顺序关系，且距离要适当。太大了，测评结果太粗，区分度差；太小了，结果过细，有可能使测评过于烦琐，不好把握与操作。

2. 数量式

这是指以分数来揭示测评标志水平变化的一种刻度，分为离散型与连续型两种形式。

前者是指用一些规定好的离散数量（一般是整数）来标度标志水平，数量之间没有其他的过度水平；而后者是设定一些数量变化的区域，允许用区域中任一个数量表明标志的水平。表 4-1 示例的是同一测评指标的两种标度表现形式。比较起来看，连续型给测评者主观发挥的余地更充分，而离散型更便于数据的统计。

表 4-1　应变能力指标的两种标度示例

测评指标	测评标志	离散型测评标度	连续型测评标度
应变能力	思维活跃，对新事物迅速做出判断，能有效地处理突发事件	10 分	8~10 分
	思维较活跃，对新事物表现不敏感，在突发事件面前表现较自然，但不能有效地处理	5 分	4~7 分
	思维缺乏灵活性，对新事物表现木讷，在突发事件面前表现出无所适从，没有自己的主见，流露出紧张不安的情绪	0 分	0~3 分

3. 符号式

这是指以一种简便的符号来提示测评标志的不同水平。如"○""△""×"分别表示"上""中""下"三种水平；"√"与"×"表示"是""否"。这既能避免差异刺激带来的负面影响，又比较直观形象，且不受语种和文化程度差异的影响。

4. 数轴式

这是指用一个带有刻度的数轴来表示测评标志的不同水平。直观灵活，能在较大程度上允许测评者根据实际情况自主变化。

5. 定义式

这是指用许多字词、句子规定各个标度的范围与级别差异，实质上是将评语式标志与等级式标度相结合，给评语断句式标志赋予了一个等级。

6. 综合式

这是指综合上述两种或更多的标度形式，来揭示测评标志不同状态与水平变化的情况。这在实践中是很常见的。

二、公共部门人力资源测评指标体系

（一）公共部门人力资源测评指标体系的概念

公共部门人力资源测评指标体系是指由一群彼此相互关联的测评指标所组成的特定组合。该指标体系体现了各个指标之间的内在联系及其在整个指标体系中的重要性，反映了公共部门人力资源测评所要检测的各个方面。

通过构建公共部门人力资源测评指标体系，一方面，可以统一测评标准，有效克服测评者的主观随意性，对被测者进行科学比较，提高测评的客观性和科学性。另一方面，建立测评指标体系的过程，就是对组织、职位和人员三者特征进行深入分析的过程，所以，这有利于深化公共部门和测评者对组织、相关职位及其工作者的正确认识。

（二）公共部门人力资源测评指标体系的纵向结构

1. 测评目的

公共部门人力资源测评的目的主要是：①作为公共部门人力资源招录/招聘、选拔晋升的依据，如选拔性测评；②为公共部门人力资源教育培训提供依据，如诊断性测评、开发性或发展性测评；③为公共部门人力资源使用提供参考，如配置性测评、考核性测评。

2. 测评内容

测评内容应根据测评目的而定，并应尽可能使测评内容具体化，切忌抽象和空洞（参考第一章第二节）。为简便省力，在确定测评内容时，可先分析被测者的特点，找出其值得测评的因素，然后针对测评目的和职位要求进行筛选。

3. 测评目标

测评目标是对测评内容进行筛选、综合、转化后的抽象性概括。二者也是相对的。如"管理能力"作为一项测评内容，决策能力、组织能力就是两个测评目标；同时，"管理能力"又相对"能力"（这项测评内容）是测评目标。

4. 测评项目

测评项目是对测评目标的具体规定，如英语能力是测评目标，那么需要测听、说、读、写四个方面，即四个测评项目。

5. 测评指标

测评指标是对测评项目的具体分解，如测英语听力（这项测评项目）时，可分为听短语、听句子、听情境对话等测评指标。

测评指标体系对被测者素质特征的数量和质量起着"标尺"的作用，被测者素质特征只有通过测评指标体系才能表现出其相对水平和内在价值。

（三）公共部门人力资源测评指标体系的横向结构

1. 结构性要素

这是指被测者的身体素质和心理素质。从静态角度反映了被测者素质及其功能行为的构成。如第一章第二节所说，身体素质包括生理健康状况和体力状况；心理素质主要包括品德素质、文化素质和心智素质等，共同构成个体内在的精神动力，决定了被测者能力的发挥。

2. 行为环境因素

这是指被测者的实际工作表现及其所处的环境条件。从动态角度反映了被测者素质及其功能行为的特性。与其他组织一样，公共部门人员的能力及其发挥，既取决于个人素质等内部环境，也受制于工作性质（如工作的难度、责任、范围、权限、地位等）与组织背景（领导因素、人际状况、组织文化等）两个因素。通过确认行为环境要素与被测者素质及功能行为的关系，全面反映被测者素质及功能行为特征。

3. 工作绩效因素

这是指被测者工作绩效本身。无疑，工作绩效是个人素质与能力水平的综合体现，通过对工作绩效要素的确认，如工作的数量、质量、效率、成果，人才培养与成长等，尽可能对公共部门人员素质及其功能行为做出准确的评价。

（四）公共部门人力资源测评指标体系的基本模型

根据上述纵横结构，形成公共部门人力资源测评指标体系的基本模型[①]，如图 4-1 所示。

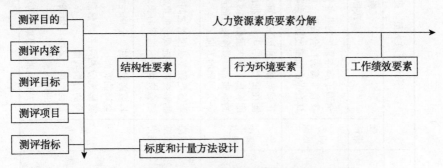

图 4-1 公共部门人力资源测评指标体系的基本模型

首先，从公共部门人力资源测评指标体系的结构看，由测评内容到测评目标，得到了反映测评对象总体特征的一级指标；又由测评目标到测评项目，形成了表达一级指标具体特征的二级指标；再由测评项目到测评指标，建立了确认二级指标具体特征的三级指标。这样一个层层推进的过程，就是将测评对象的特征，一步步具体化、可操作化。也可以说是将测评内容用规范化的行为特征进行描述界定，并按层次逐步分解、逐级细化，由一级到二级再到三级，由不可测量、难以测量，直至不必再分或不能再分的可以具体测量的测评指标。因此，测评指标体系即用两级或三级指标表达即可，可不使用测评目标、项目等概念，更直接通俗明了。见表 4-2、表 4-3。

其次，一个科学的公共部门人力资源测评指标体系不是测评指标、测评标志和测评标度的简单加总，而是三者的有机结合。现实应用中，测评指标也可以没有测评标度，也可以将测评标志和标度合二为一，如定义式标度就是评语短句式测评标志与等级式测评标度的结合。同时，由于评语短句式测评标志本身带有标度含义，因此，也可以将其与数量式标度结合，或者不设置测评标度。

最后，需要特别说明的是，对于测评指标与测评要素，除了基于各种原因，只出现测评指标或测评要素，因而不涉及二者关系的外，二者在三种情况下使用，一是视为同义词，即测评指标等于测评要素，如测评指标等于测评要素，是能反映测评对象特定属性的一系列考察方面或维度[②]，是测评对象的具体测评维度[③]；二是测评指标包括测评要素，即测评要素是测评指标的下位概念，如一个完整的测评指标包括测评要素、测评标志和测评标度[④]，测评指标的要素包括测评要素、测评标志和测评标度[⑤]；三是测评要素包括测评指标，

---

① 萧鸣政. 人力资源测评与选拔[M]. 3 版. 上海：复旦大学出版社，2018：132.

② 龙立荣. 人员测评的理论与方法[M]. 武汉：武汉大学出版社，2009：24.

③ 王淑红. 人员素质测评[M]. 北京：北京大学出版社，2012：76.

④ 郭朝晖. 人才素质测评技术[M]. 北京：北京大学出版社，2018：30-31.

⑤ 凌文辁，柳士顺，谢衡晓，等. 人员测评：理论、技术与应用[M]. 北京：科学出版社，2010：81；赵曙明，赵宜萱. 人才测评——理论、方法、工具、实务[M]. 北京：人民邮电出版社，2019：22.

表 4-2　上海市国家公务员能力素质指标体系

一级指标	二级指标	基层行政人员（科级以下） 三级指标	二级指标	中层行政人员（正副处级） 三级指标	二级指标	高层行政人员（副局级） 三级指标
岗位知识	岗位知识	精通本岗位专门业务知识 熟悉本岗位相关的专业知识 具备一般社会常识	职务知识	熟悉本处室的所有业务知识 具有复合性知识结构 具有丰富的社会常识 熟悉 WTO 知识和国际规则	职务见识	全面了解本系统的业务知识 具有丰富的社会阅历 具有做出高难度问题判断的出色见解
思考能力	理解能力	正确理解与业务有关的工作要求 正确领会上级主管领导指示的具体政策法规 正确把握业务对象服务对象的具体要求	分析能力	正确理解与本处室业务有关的法律、法规、政策和上级指示 正确分析与本处室业务有关的政治、经济、社会等领域的多种信息	洞察能力	正确把握党和国家政治的重大方针政策 能够在重大政治斗争中把准方向、明辨是非 能够在了解问题的基础上，洞察问题的本质、指明将来可能产生的问题以及正确解决问题的方向
	想象能力	能够改进工作方式方法，创造性地解决问题	创新能力	能够运用新的观点观察和思考问题及各种现象，进行理论创新 能够提出新的见解和解决问题的思路，进行制度创新	战略思维能力	能够把握复杂因素之间的因果联系 能够突破传统观念的束缚并有新的见解 能够协调一时之需与长远目标之间的关系
行动能力	执行能力	依据法律规定的范围、程序、内容和手段行使行政权力 按计划高质量完成工作任务 及时向领导汇报难以判断的事态	实行能力	能够独立完成处室内一定难度的工作任务 能够按照自己的判断和领导指示达到目标的实现和课题的解决 能够根据课题发展态势变化，及时进行目标和政策的制定与调整 能够准确理解下属意图和准确传达上级指示	决策能力	具有跨部门的、全局性的能力 能够充分利用各种信息对当前形势进行正确的分析判断 正确把握目标和民意，采纳与协调社会经济形势变化 不失时机地做出果敢的决断

续表

对象＼指标	基层行政人员（科级以下）		中层行政人员（正副处级）		高层行政人员（副局级）	
一级指标	二级指标	三级指标	二级指标	三级指标	二级指标	三级指标
行动能力	学习能力	能够处理好学习与工作的关系；主动学习新的业务知识；能够有效地完成规定的学习目标	研究能力	熟悉社会调查原理与方法；能够收集、整理信息资料；能够指导或者撰写高质量的研究报告	研究能力	熟悉社会调查原理与方法；能够收集、整理、分析与本业务有关的信息资料；能够指导或者撰写高质量的调研报告
	表达能力	能够以口头方式准确表达自己的观点、主张和传递信息；熟悉一门外语，具备基本的阅读、口译、笔译能力；能够起草公函、简报、通报、工作总结、研究报告、规定、办法等工作文稿	国际交流能力	能够用外语进行一般交流；对国外文化、习俗有一定了解	国际交流能力	对国外文化、习俗有一定了解；熟悉国际礼仪知识，具有国际交往能力
	信息处理能力	准确及时处理来访中较为疑难或疑难政策性较强的问题；熟悉现代化办公技术，能够用计算机网络技术办公	判断能力	根据自己的权责，对政策的制定和实行进行果决判断；能在形势变化不得以的情况下快速做出改变方针政策的判断；在需要危机管理对应的时候，能不失时机地做出准确判断；针对突发高难度问题，能够快速决定联合行动的相关者，解决办法，应对措施等		—
管理能力	组织活动能力	能够出色完成会议的组织筹备工作；能够有效组织一定规模的集体活动	团队建设能力	能够协调下属工作人员之间的矛盾和冲突，提高人际关系质量；能够吸纳开放性、多样化的意见的积极性	监督能力	全面掌握本部门业务执行的基本情况；密切关注工作人员的身心健康、人际关系和工作环境等；能够根据部门将重点推进行业务分配和具体指导；严格要求下属部门依法办事

续表

对象 指标 一级指标	基层行政人员（科级以下）		中层行政人员（正副处级）		高层行政人员（副局级）	
	二级指标	三级指标	二级指标	三级指标	二级指标	三级指标
管理能力	沟通协调能力	具有化解敌意的说服力和谈判技巧，能够与有关业务部门密切合作，寻求支持和配合	指导培养能力	根据需要对下属进行指导帮助，确切把握下属的工作能力和适应性、工作能力和适应性，制定下属培养来的方针、计划及时向上级领导举荐下属中的优秀人才	评估能力	能够准确评估下属的业绩和能力，能够严格公正，不为个人偏见和私念所左右
	—	—	时间管理能力	能够把握时间节点，按时完成任务，能够学会"弹钢琴"，同时应对几件事情	—	—
工作态度	责任心	对本岗位工作认真负责，对安全与保卫工作中表现出的奉献精神	责任感	正确理解本部门的组织领导目标和使命，及时向上级领导阐明意见，汇报情况，对下级工作结果采勇于负责	使命感	勇于对全局工作负总责，具有高度的政治鉴别力
	积极性	有不断提高本岗位工作的质量与数量的热情和姿态，改进和改善工作，积极参加政治学习活动，积极参加集体或公益活动	价值观	能够充分认识权力为人民服务的立场和责任，能够采取与社会规范、公务员伦理道德一致的行动	市民观念	深知一切权力来自于人民，行政权力是基于人民权力的委托，虚心采纳市民意见，并根据合理意见进行行政策调整
	纪律性	遵守各种规章制度，尊重各级别人，礼貌待人，服从命令、听从指挥	成本意识	具有节约意识，注重产出效益	—	—
	协作性	在本岗位内的合作态度，在本岗位外的合作精神	—	—	—	—

资料来源：王体法、李春燕、金莉萍，等. 上海市国家公务员能力素质标准研究[J]. 公共行政与人力资源，2004(1): 25-31.

表 4-3 湖北省省直机关公务员通用能力席位标准（试行）

	厅级	处级	科级	科办员
1	学习能力	学习能力	学习能力	学习能力
2	政治鉴别能力	政治鉴别能力	政治识别能力	政治认知能力
3	调查研究能力	调查研究能力	调查研究能力	调查研究能力
4	表达能力	表达能力	表达能力	表达能力
5	依法行政（办事）能力	依法行政（办事）能力	依法行政（办事）能力	依法行政（行政）能力
6	科学决策与推动发展能力	参谋与策划能力	工作执行能力	工作执行能力
7	管理创新能力	工作创新能力	工作创新能力	工作创新能力
8	公共服务能力	公共服务能力	服务基层能力	服务基层能力
9	党风廉政建设能力	党风廉政建设能力	自我规范和约束能力	自我规范和约束能力
10	战略性团队建设能力	团队组织管理能力	团队协作能力	团队合作能力
11	公共危机管理能力	应急管理能力	应急能力	应急能力
12	身心健康与调适能力	身心健康与调适能力	身心健康与调适能力	身心健康与调适能力

将测评要素作为测评指标的上位概念，如测评要素进一步分为测评项目、测评指标[1]，或测评指标是对每个测评要素列出的操作性定义[2]，为此，一方面，三种情况各有其历史、学科等原因，如同第一章第一节对测试、测验、考试、考查等不同用法，以及对测评主体与对象的不同称谓一样，本书继续予以尊重，并兼顾对特定场合或情境、具体测评方法和工具的习惯用法，以及《公务员法》等党规国法的规定；另一方面，将测评指标与测评要素做同义词使用，并以此对测评指标体系做了如上界定。

第二节 公共部门人力资源测评指标体系设计

公共部门人力资源测评指标体系设计，就是确定具体可测的测评指标及衡量这些指标的标志和标度的活动或过程。

一、公共部门人力资源测评指标体系设计的原则

公共部门人力资源测评指标体系是测评的基础，其设计既是一个理论问题，也是一个实践问题，因此，应坚持如下基本原则。

①同质性。这是指测评指标、测评标志、测评标度的特征要与被测者素质特征相一致。

②针对性。这是指要针对不同的行业、组织，不同的对象（如机关工作人员、专业技术人员等），不同的目的，不同的情境，不同的职位等进行设计。即使是某一组织内部的管理职位，还要区别开高、中、基三层，测评指标各有侧重。

③完备性与精练性相结合。这是指要从众多候选测评指标中选择构建完备性和精练

---

① 张文贤. 人才测评[M]. 2 版. 北京：科学出版社，2018：90.

② 孙健敏. 人力资源测评理论与技术[M]. 2 版. 北京：首都经济贸易大学出版社，2014：268.

性相结合的测评指标体系。测评指标既要全面反映职位对任职者所具备的素质及功能要求，又不必要对所有素质特征进行测评，只选择影响较大的、有代表性的指标进行测评，减少测评指标的数目，以尽可能少的指标个数来充分体现测评的目的，少而精、少而全。

④明确性。这是指每个测评指标都应是清晰的、确定的，既不能含糊不清、模棱两可，也不能使用带有暗示性或偏颇性的词语，以免产生误解、歧义和误导。这就要求尽量把测评指标分解为较小的单位，避免出现综合性太强的指标。如"表达能力"应明确是口头表达能力还是书面表达能力，抑或两者都要具备。

⑤可操作性。这是指测评指标是可以辨别的、比较的、测评的。测评指标体系过简、过繁都应避免，应可行有效、易于操作，即测评指标要有工具进行客观或相对客观的测量和评价，测评标志可以通过直接观察、计算或其他方法辨别、把握和计量，测评标度应尽量简化、突出重点，语言通俗易懂，尽量避免或少用专业术语。

⑥独立性。这是指测评指标在同一层次上要独立，不存在交叉、重叠和因果关系，每一个指标代表自己独立的特征。

⑦结构性。这是指测评指标体系在总体上要有条件、过程与结果三个方面的指标，防止短期行为。

⑧不平等。这是指测评指标的重要性不同，对测评结果的贡献不同，通过赋予测评指标不同的权重来表示或反映重要性的大小。

二、公共部门人力资源测评指标体系设计的程序

（一）明确测评对象和目的

公共部门人力资源测评指标体系的建立，必须以一定的测评客体为对象。测评客体的特点不同，测评指标体系就不同，即使是同一个测评客体，若测评目的不同，所制定的测评指标体系也会不同。党政机关干部的指标体系肯定与医生、教师的测评指标体系不同，党政机关内部不同级别公务员的测评指标体系也不完全相同，各级各类学校中的教师与后勤管理人员（职员）的测评指标体系差别更大。当然，基于配置性的与基于开发性的测评指标体系也有显著差异。

（二）确定测评指标体系的结构

通过职位分析或胜任力分析、理论推导、问卷调查、个案分析、专题访谈、人事档案查询、文献资料分析等方法，从测评内容、测评目标、测评项目到测评指标，或从一级指标到二级指标再到三级指标，逐步、逐级、逐层推论出符合理论原理要求、工作实际需求和满足可测性需要的测评指标和体系构想。要注意有整体观念，从全面出发，充分发挥上述各种方法的优势。具体操作中，还可采用一些统计方法来确定指标与指标之间的关系等，如频次分析、因素分析（即因子分析）和聚类分析等。对上述各方法，除职位分析、胜任力分析详见第三章第三节外，其余方法见本节"三、公共部门人力资源测评指标的确定方法"。

（三）筛选与表述测评指标

这一步是对上一步获得的大量测评指标进行分析研究，筛选确定测评指标，并给予清晰、准确的表述和界定，使测评者、被测者及第三者均能明确其含义，特别注意不要引起测评者的理解不一致。其核心是删除重复性指标，选择和保留优良指标。

1. 删掉重复性指标

分析测评指标体系的整个内涵，把内容有重复的指标删掉。

2. 避免涉及隐私、社会敏感性问题

测评指标的确定、表达和界定，应注意避免涉及个人隐私、社会敏感性问题。

3. 用比较简单可测的指标替代可测性较差的指标

按可操作性原则，认真研究指标，用比较简单可测的指标去替代可测性较差的指标。

4. 筛选优良的测评指标

针对下列两项内容，逐个检核测评指标：①该指标是否具有实际价值；②该指标是否切实可行。如果一个指标虽然具有实际价值，但并不切实可行；或虽有可行的条件但实际价值不大，这样的话就应删除。

（1）对测评指标陈述一个明确的理由与用途，即说明为什么需要该指标及所得结果将如何使用。以此回答该指标的潜在价值。

（2）考查测评指标的可行性与现实性。这可针对下面四个问题进行：①保留该指标并进行测评，在逻辑上是否可行；②所需要的数据结果及行为表现是否可以从该指标中得到，或者测评者与被测者双方经过合理的努力之后是否能够得到；③该指标的施测条件是否具备；④该指标的保留有无充分的价值，并保证有理由使用其结果。[①]

（四）制定测评标准

测评标志是对测评指标进行文字意义和情境意义上的定性表述和界定；测评标度则是对测评指标进行数量等级或程度上的表述和界定，从而使测评指标和测评指标体系得以清晰准确地界定且具有可操作性。

（五）设定测评指标的权重

权重是指测评指标在测评指标体系中的重要性或测评指标在总分中应占的比重，其数量表示就是权数。在一个测评指标体系中，各个指标所处的地位和作用是不同的，权重自然不同。即使同一测评指标，相对于不同的测评对象，也会有不同权重。这需要根据实际需求，科学合理地设置（见本节"四、公共部门人力资源测评指标的量化"）。

（六）规定测评指标的计量方法

测评结果的获得，自然需要通过对各指标的测评标度进行综合分析，但一些测评指标的内涵是模糊的，其外延也无法界定，因此，如果没有科学统一的计量方法，测评结果会

---

① 王淑红. 人员素质测评[M]. 北京：北京大学出版社，2012：84.

产生很大的误差,需要规定计量方法(见本节的"四、公共部门人力资源测评指标的量化")。

(七)试测并修改完善测评指标体系

上述程序完成后,建立的测评指标体系的客观性、准确性、可行性如何,必须经过实践检验,因此在正式施测前,先要在小范围内试测。①选择熟悉的测评客体,这有利于将实测结果与实际情况进行对比;②尽量选择各种层次中有代表性的客体,试测场景要与将来正式施测的场景无实质性的差别;③试测中如发生误解误用、操作时间不平衡等情况,需要及时、详细记录;④对测评结果进行认真细致的分析,对测评指标体系进行不断的修改与完善,达到客观、准确、可行,以保证正式测评时的可靠性与有效性。另外,有关效度、信度及区分度分析等详见第六章。

三、公共部门人力资源测评指标的确定方法

公共部门人力资源测评指标确定方法较多,除了第三章第三节职位分析、胜任力分析之外,还有如下方法。需说明的是:①前六个是定量方法,后三个是定性方法;②这些方法也在职位分析、胜任力分析中不同程度地使用;③每个方法内容都较多,这里仅是简略的介绍。

(一)文献查阅法

文献查阅法是指从相关的文献资料中查找有关测评指标,利用已有研究成果帮助建构测评指标的方法。其步骤包括文献收集、摘录信息、文献分析等环节。文献包括相关词典、教材、著作、专业期刊、研究报告、学位论文等。如《中华人民共和国职业分类大典》明确说明各类职业、具体职位的实际工作内容、教育培训要求、职业能力倾向、职业性格类型等。实际上,现有研究成果比较丰富,利用价值很高。

该法优点主要是依据充分、效率较高;缺点主要是受制于专业文献的数量、质量和查阅权限。

(二)理论推导法

理论推导法是指从某些理论出发逐步推导测评指标的方法,又称为素质结构分析法。理论来源主要有两个方面。一是心理学、生理学、社会学、管理学等有关人的学科理论,如第三章第二节心理学人格理论中的类型论、特质论等。这些理论从不同角度明确了可从哪些维度来确定测评指标。二是与职位相关的专业理论。这些理论明确了与职位相关的品德、知识、能力、工作经验及个性特点等要求。

该方法的优点主要是逻辑严密、结构完整,而且效率较高,但缺点是要求设计者精通相关理论。

(三)头脑风暴法

头脑风暴法是指邀请相关专家、管理人员等召开专题会议,主持者以明确的方式向所有参与者阐明问题,创造融洽轻松的会议气氛,让大家畅所欲言、各抒己见,"自由"提出所有可以想到的有关测评指标的方法。设主持人一名,只主持会议,对设想不做评论;设记录员1~2人,认真将与会者每一设想不论好坏都完整地记录下来。参加人数一般为5

人至 10 人，时间为 1 小时左右，一般分为准备、热身、明确问题、重新表述问题、畅谈、筛选等步骤。

该法的主要特点是自由畅想、以量求质、求异创新、延迟评判，以期筛选出最合理的测评指标，实践表明，其优点是能排除折中方案，对所讨论问题通过客观、连续的分析，找到一组切实可行的方案；缺点主要是对主持人、参与者的素质要求较高，主持人如果不善于引导，可能会使讨论漫无边际，而参与者的素质高低直接决定了指标是否全面和科学。

（四）个案研究法

个案研究法是指在较长时间内，对某一个体、群体或组织连续进行调查分析，从典型个案里推导出普遍规律，以获得测评指标资料的方法。常见的有以下两种。

1. 典型人物分析法

典型人物分析法是指通过分析典型人物的工作情况、日常表现或工作角色特征来编制测评指标体系的方法。其操作步骤主要是：①明确测评的目的与对象；②依据测评目的与对象特征选择一个或多个典型样本；③选择适当的方法，从典型人物身上分析出典型特征；④在众多典型特征中找出最主要特征，并确认为测评指标。

2. 典型资料分析法

典型资料分析法是指通过分析某些人物或事件文字资料，归纳出测评指标体系的方法。当然，这既可以选择成功的典型资料，作为正向测评指标进行分析，也可以选择失败的典型资料，作为反向测评指标进行分析。

该法的优点是针对性强、构思的整体性强，也能节省一定的人力、物力；缺点主要是周期较长，而且易受设计者素质所限。

（五）专题访谈法

专题访谈法是指通过面对面的谈话，用口头沟通的途径直接获取有关测评指标信息的方法。如可以通过与部门领导、组织人事人员与目标职位现任职者及其上级主管、下属、同事等进行交谈，询问如下问题。①你认为具备什么条件的人最适合从事某某职位工作？②某某职位的绩效标准主要有哪些？③你觉得某某职位工作取得成功的人身上大多具有哪些共性？等等。通过汇总分析访谈所得资料，可以从中获得诸多有价值的信息。

该法有个别访谈法和群体访谈法两种。其优点主要是简单、易行、便捷，内容集中，运用广泛；缺点主要是谈话无统一规范，信息的获取与加工都深受设计者个人条件的影响。

（六）问卷调查法

问卷调查法是指运用问卷，要求被调查者据其个人实际如实回答，以收集有关测评指标资料的方法。这里的问卷是一组与测评指标有关的问题，或者说是一份为收集测评指标资料而编制的问题调查表。该法是人们在社会调查研究活动中用来收集资料的一种常用工具。如设计者通过访谈法把评价某职位工作者的评定要素归纳为 40 个，为筛选要素或寻求关键要素，可以用问题或表格的形式设计成问卷进行调查。

根据答案的标准化程度，可将调查问卷分为开放式和封闭式两种。前者无标准化答案和回答程序，被调查者根据自己的真实想法自由回答；而后者设有标准的答题方式，如是非法、选择法、等级排列法等。比较而言，开放式问卷能广泛了解情况，收集大量信息，适用于指标选择的初级阶段；而封闭式问卷答案规范，便于统计分析，适合于指标的分析判断及指标体系的总体规划。

（七）频次分析法

频次分析法是指根据前期初步筛选的测评指标设计调查问卷，征求相关专业人士或管理者的意见，然后对问卷调查结果进行统计分析，按各个指标出现的频次从高到低决定指标的取舍。

该法的优点是能够反映不同指标得到认同的程度，较为客观；缺点主要是如果出现若干相同频次的指标，就难以处理，而且不同的被调查对象可能会导致频次出现较大差异。

（八）因子分析法

因子分析法是指从变量群中分离或提取共性因子的多元分析方法。在测评指标体系设计中，从研究指标相关矩阵内部的依赖关系出发，把一些信息重叠、具有错综复杂关系的变量归结为少数几个不相关的综合因子。可在许多变量中找出隐藏的具有代表性的因子，将相同本质的变量归入一个因子，减少变量的数目，也可以检验变量间关系的假设。如根据相关性大小把变量分组，使得同组内的变量之间相关性较高，而不同组的变量不相关或相关性较低，每组变量代表一个基本结构，即公共因子。

该方法的优点是，由于因子分析能够在不损失信息或少损失信息的情况下，将多个指标减少为少数几个因子，既减少了指标个数又能再现指标之间的内在联系；缺点是计算过程较为复杂，不过可以借助统计软件完成，如 SPSS（statistical product and service solution）、SAS（statistical analysis system）及其他专业软件如 MATLAB（matrix & laboratory 两个词的组合）等。

（九）聚类分析法

聚类分析法是指将数据分类到不同的类或者簇的多元分析方法。根据"物以类聚"的道理，寻找数据之间内在结构，在相似的基础上对指标进行分类，这样同一簇中的对象有很大的相似性，而不同簇间的对象有很大的相异性，所以，又称为群分析。

该法优点明显，作为一种探索性的分析，在分类过程中，人们不必事先给出一个分类的标准，聚类分析能够从样本数据出发，自动进行分类。但缺点是聚类分析方法多种，所使用方法的不同，常常会得到不同的结论，而且不同的研究者对于同一组数据进行聚类分析，所得到的聚类数未必一致。

四、公共部门人力资源测评指标的量化

（一）测评指标权重的确定

测评指标权重是指测评指标在公共部门人力资源测评指标体系中的相对重要性或测评指标在总分中应占的比重。其数值表示即为权数。权数有两种形式：一是绝对权数，即

分配给测评指标的分数，也称为自重权数，常以绝对数量的形式表示；二是相对权数，即依据测评指标体系中各部分指标相对总体的不同比重赋予不同的百分数，以区分测评指标在总体中的重要性，常以权重系数的形式表示。

1. 加权的三种类型

（1）纵向加权。这是指对不同的测评指标给予不同的权数值，其目的是使不同测评指标的得分可以进行纵向比较。

（2）横向加权。这是指给每个指标分配不同等级分数，其目的是使不同的测评对象在同一测评指标上的得分可以比较。

（3）综合加权。这是指纵向加权与横向加权同时进行，其目的是使不同的测评对象在不同的测评指标上的得分可以相互比较。

2. 确定测评指标权重的原则

（1）各指标价值体现与系统整体优化相结合。在测评指标体系内，每个测评指标对指标体系都有相应的作用和贡献，所以，在确定测评指标权重时，①对各测评指标进行分析比较，权衡每个指标的作用和效果，对其相对重要性做出准确判断，发挥出每个测评指标的应有功能。②注重测评指标体系的整体优化，处理好各测评指标之间的相对关系，把测评指标体系整体最优化作为出发点和追求的目标，合理分配权重，既不能平均分配，又不能片面强调个别指标的最优化，而忽略其他指标的功用。

（2）主观意图与客观情况相结合。测评指标的权重反映了设计者和公共组织对人们工作行为的价值导向和引导意图，所以，对其认为重要的指标赋予较大的权数；但同时，客观情况往往与主观意愿不完全一致，需要结合党规国法和行业相关惯例、历史指标和现实指标、社会公认指标与公共部门的特殊性，以及同行业、同系统、同职位间的平衡等，将主观意图与客观情况两方面有机结合起来。

（3）民主与集中相结合。权重代表了人们对测评指标重要性的定性判断的数量化，显然，这受制于个人价值观、态度、能力等影响，对同一指标会有各自不同的看法，因此，需要坚持民主和集中相结合的原则，在尽可能多听取人们建议的基础上，集中相关人员的意见，形成较为统一的测评方案。

3. 确定测评指标权重的方法

确定测评指标权重的方法较多，下面的前七个属于主观赋权法，后三个是客观赋权法，实践中也采取二者结合的主客观赋权法或组合赋权法。

（1）主观经验法。这是指设计者、组织人事人员及外请相关专家等作为加权者，依据自己的经验确定指标权重的方法。这需要加权者在调查研究的基础上进行定性分析，然后结合以往经验，根据当前实际确定权数。其优点主要是操作方便、效率较高，相关研究较为成熟，使用得当也能够很好地反映客观实际；缺点主要是权重的解释力不足，有时难以让人信服，同时对赋权者的要求较高。这也是所有主观赋权法的优缺点。

（2）专家加权法。这是指聘请相关专家作为加权者，由其各自独立地对测评指标加权，然后按每个测评指标进行统计，取其平均值作为指标权重的方法。该法比上述主观经验法可靠，但在大家意见分散时效果较差。

（3）比较加权法。这是指以同级测评指标中重要程度最小的那个为标准，其他各指标均与之比较，做出是它多少倍的重要性判断的方法。该法易于掌握，虽然主观性也很大，但若与专家加权法结合使用，效果比较好。

（4）分类加权法。这是指先按主次对指标排队，然后分别用不同的权数对各类指标进行不同的加权。

（5）对偶比较法。这是指把测评指标两两配对比较后，按列相加，得到相应指标的合计分；再将每个指标合计分相加得到所有指标的总分；用各个指标的合计分除以总分，即得到相应指标的权重。

（6）德尔菲法。这是一种较为复杂的专家加权法，又称为专家咨询法。其程序是：①选择有关方面的专家，请他们分别独自填写对权重设立的意见，每位专家从一开始到结束，互相之间都不进行沟通；②主持人统计专家意见并把结果反馈给每位专家；③每位专家根据统计反馈的结果，对自己的意见再次进行修订；④重复前面的步骤（结果反馈和调整），直到各专家意见趋于一致为止。该法在主观赋权法中优点突出，因为在预测过程中，专家彼此互不讨论、互不联系，有效避免了权威、职称、职务、口才以及人数优势对确定权重的干扰，集中了大多数人的正确意见；其缺点是由于最后不再考虑少数专家的意见，容易失去一部分信息，同时也缺乏科学的检验手段。

（7）层次分析法。这是指通过分析复杂系统所包含的因素及其相互关系，将问题分解为不同的要素，并将这些要素归并为不同的层次，从而形成一个多层次的分析结构模型。在每一层次可按照某一规定准则，对该层要素进行逐对比较，写成矩阵形式，建立判断矩阵。通过判断矩阵的最大特征根及其相对应的特征向量的计算，得出该层次要素对于该准则的权重。其步骤主要是：①对同一层次的各个指标，运用两两比较的方法建立判断矩阵；②类似对偶比较法求出每个测评指标的权重系数；③进行一致性检验，并删除不合格的指标；④综合运算，得出各指标相对指标体系的权重。该法思路清晰，可将加权者的思维过程数学化和模型化，所需要的定量数据也不太多，适用于多准则、多目标的复杂问题决策，是测评领域中应用十分广泛的一种方法。

（8）多元分析法。这是指利用多元分析中的因素分析、主成分分析与多元回归分析来计算各个测评指标的权重。因素分析、主成分分析一般是先计算同一级的各个测评指标之间的相关系数，然后通过因素分析或主成分分析确定各个指标的权重。多元回归分析则是把同级的数个测评指标看作是自变量，而将对应的上一级指标看作因变量，寻找二者之间的线性关系，进而得到分指标相对于总指标的权重系数。该法客观，但要求设计者熟悉多元分析。

（9）变异系数法。变异系数又称为离散系数，是用来衡量资料中各观测值变异程度的一个统计量。变异系数法是直接利用各项指标所包含的测评对象信息，通过计算得到指标的权重。其基本思想是：指标取值差异越大的指标，也就是越难以实现的指标，这样的指标更能反映被测者之间的差距，所以在测评时应格外重视和关注。运用该法赋权的步骤主要是：①计算各指标值的均值和标准差；②求出各指标的变异系数（标准差除以平均值）；③用每一个指标对应的变异系数除以变异系数之和得出每个指标的权重。该法作为客观赋权法，通过数学方法来确定权重，计算结果不依赖于人的主观判断，但计算方法相对复杂，有时得出的权重会与人们主观判断的实际重要程度有较大出入，故常结合主观赋权法一起使用。

（10）信息熵法。熵原本是一热力学概念，引入信息论后，按信息论基本原理的解释，信息是系统有序程度的一个度量，而熵是系统无序程度的一个度量，二者绝对值相等，但符号相反。运用信息熵确定指标权重时，如果各测评对象在某个指标上的值相差较大时，熵值较小，说明该指标提供的有用信息量较大，权重也应该越大。同时说明他们在该指标上有明显差异，应重点考查。当然，与主观赋权法不同的是，信息熵所确定的权重并不是在决策或评估问题中某指标的实际意义上的重要性系数，而是在各指标值确定的情况下，表示各指标在竞争意义上的相对激烈程度的系数。运用信息熵赋权的步骤主要是：①数据标准化处理，建立各被测者在各指标上得分的标准化矩阵；②计算各指标对应的熵值；③计算各指标的权重。该法是根据各项指标值的变异程度来确定指标权重的，避免了人为因素带来的偏差，客观性强，但它存在对指标本身重要程度的忽略，有时确定的权重会与预期的结果相距较远，同时该法不能减少指标的维数。

（二）测评指标的计量

任何测评指标的计量都包括两个方面：计量等级及其对应的分数、计量的规则或标准。

1. 计量等级及其对应的分数

为了使测评结果规范、统一，计分简单，便于计算机处理，对测评指标体系中的每个指标，采取统一的分等计分法：每个测评指标可均分为 1~5 等，分别对应 5~1 分。

2. 计量的规则或标准

常见的计量规则或标准分为以下两种。

（1）客观性测评指标。对于具有客观性的数据与结果，可采取客观性的计量方法。

①如果客观指标有法定标准可依，则参照法定标准计量。

②若暂无法定标准，一是参考标准法。按有关的政策规定或国内外经验数据，制定参考标准，并以该参考标准为效标，根据被测者偏离效标的实际程度确定相应等级进行计量。二是排序法。把被测者在某一测评指标上实际达到的水平从高到低排列，以获得最高分者得 5 分为标准，除此之外的按比例折算，确定等级得分。

（2）主观性测评指标。大多数测评指标既没有客观性的数据与结果，也很难量化，这就需要在充分调研的基础上，结合实际，对指标进行定性分析，然后根据以往经验和现实需要，确定被测者在该指标上的等级水平并给以相应的分数。

为了保证测评结果的相对客观与准确，一般要求测评者是一个群体，具体的计量方法是每个测评者对某一测评指标按统一的等级量表进行测评，然后统计出各等级上的总人数，并据此算出分数。如有 15 个测评者对同一位被测者的某一指标进行测评，5 人的打分为一等 5 分，3 人的为二等 4 分，4 人的为三等 3 分，3 人的为四等 2 分，没有考官将其评为五等 1 分，则该位被测者在该指标下的得分为

$$5 \times (5/15) + 4 \times (3/15) + 3 \times (4/15) + 2 \times (3/15) \approx 3.67（分）$$

此外，还可采用以下方法。

①分点赋分法。先将每个指标划分为若干等级，然后将指派给该指标的分数（权重分）根据指标等级的程度及个数划分几个数值点，每个分数值与相应的等级对应。

②分段赋分法。先将每个指标分为若干等级，然后将指派给该指标的分数（权重分）根据等级个数划分为相互连接的数段。

③连续赋分法。先将指标水平等级看作为一个连续的系统，用 0～1 之间的任何一个数值来表示被测者在相应指标达到的水平，然后再把这个数值与该指标被赋的权重分数相乘即得到测评分数。

④积分赋分法。用文字描述指标的不同等级或不同的要素，把指标权重分数分配给各个等级或各个要素，各等级或要素分数相加即为该指标的测评分数。可具体分为分等积分法和累计积分法两种，前者是指指标各要素上分配的分数均等，后者是指指标各要素上分配的分数不相等。

表 4-4、表 4-5 为公共部门人力资源测评指标体系实例。

表 4-4　基层公务员能力素质测评指标体系模型

一级指标	二级指标	三级指标	指标属性
公共服务能力（0.312）	依法行政能力（0.492）	法律意识	绩效结果（基础能力素质）
		民主意识	
		形势研判能力	
		执行贯彻能力	
		科学决策能力	
	机关业务能力（0.257）	服务意识	
		效率意识	
		责任意识	
		公文写作能力	
		联系群众能力	
	危机管控能力（0.251）	风险识别能力	
		风险防范能力	
		应急应变能力	
		舆情引导能力	
协同合作能力（0.172）	关系构建能力（0.236）	大局意识	组织关系类（基础能力素质）
		合作意识	
		团队组建能力	
		冲突管理能力	
		感召力	
	人际沟通能力（0.302）	表达能力	
		求同存异思维	
		沟通技巧	
		聆听艺术	
		人际融洽能力	

续表

一级指标	二级指标	三级指标	指标属性
协同合作能力 （0.172）	组织协调能力 （0.462）	计划统筹能力	
		知人善任能力	
		激励启发能力	
		督导控制能力	
		谈判协商能力	
学习创新能力 （0.211）	调查研究能力 （0.281）	实事求是态度	发展潜力类 （专业能力素质）
		发现问题能力	
		分析问题能力	
		解决问题能力	
	学习运用能力 （0.345）	学习态度	
		学习方法	
		学以致用	
	创新变革能力 （0.374）	创新意识	
		创新思维	
		总结反思能力	
		改革拓展能力	
信息媒介能力 （0.136）	工具适应能力 （0.406）	设备操作能力	
		故障排除能力	
		设备维护能力	
	信息发掘能力 （0.306）	大数据思维	
		信息鉴别能力	
		信息收集能力	
		信息筛选能力	
	信息应用能力 （0.288）	信息分析与处理能力	
		信息保存与分享能力	
		保密管理能力	
		信息道德素养	
防腐拒变能力 （0.169）	政治鉴别能力 （0.418）	政治认知力	战略方向类 （核心能力素质）
		政治观察力	
		政治判断力	
		政治执行力	
		政治敏锐性	
	抵制诱惑能力 （0.215）	廉政意识	
		自律意识	
		规矩意识	
	自我管理能力 （0.367）	自我认知能力	
		自我调控能力	
		自我塑造能力	

资料来源：文敏，李磊，梁丽芝. 基层公务员能力素质测评模型的构建与实证分析[J]. 行政与法，2019，4(5)：17-33.（括号内为权重。原文注：因文章篇幅限制仅列示一级指标二级指标的权重。）

表 4-5　某高校中层干部素质测评指标体系（部分）

一级指标	二级指标	三级指标	标志与标度		
品德素质（30）	工作态度（5）	工作责任心（3）	工作责任心强，认真努力工作，良好完成工作任务（3）	比较认真努力，基本完成本职工作任务（1）	工作责任心不强，常把自己的工作推给他人（0）
		工作主动性（2）	工作积极肯干，主动提出工作改进具体建议（2）	工作比较主动，偶尔提出工作改进建议（1）	工作不积极主动。不能较好完成本职工作（0）
	……				
能力素质（25）		政治辨别力（7）	坚持正确的政治方向、坚定的政治立场、鲜明的政治观点、严格的政治纪律、较高的政治鉴别力和政治敏锐性，在大是大非面前保持清醒头脑，在错综复杂的情况下站稳立场（7-5）	能较好地坚持正确的政治方向、坚定的政治立场、鲜明的政治观点、严格的政治纪律、较高的政治鉴别力和政治敏锐性，在大是大非面前保持清醒头脑，在错综复杂的情况下站稳立场（4-2）	不能坚持正确的政治方向、坚定的政治立场、鲜明的政治观点、严格的政治纪律、较高的政治鉴别力和政治敏锐性，在大是大非面前保持清醒头脑，在错综复杂的情况下站稳立场（1-0）
		应急处突能力（7）	事态研判准确，反应迅速，能很好地处理突发事件，随机应变，做好现场管控与妥善处置（7-5）	事态研判比较准确，反应比较迅速，能较好地处理突发事件，基本做好现场管控与妥善处置（4-2）	既不能做好事态研判，也难以处理突发事件，反应迟钝、手足无措（1-0）
		创新能力（2）	善于创新，经常有一些新的思路、设想和办法（2）	能接受新事物，偶尔有些新设想、新点子（1）	因循守旧，缺乏创造力（0）
	自我管理能力（7）	计划性（2）	主动做好工作计划安排，并根据工作进展和条件变化及时修正计划（2）	基本做到按章办事，有条不紊（1）	无计划安排，自由散漫（0）
		情绪控制（3）	能很好地控制自己的情绪（3）	能较好地控制自己的情绪（2）	难以控制自己的情绪（0）
		……			
	……				

主 要 词 汇

测评指标　　测评标志　　测评标度　　测评指标体系　　文献查阅法

理论推导法　头脑风暴法　个案研究法　专题访谈法　　问卷调查法

频次分析法　因子分析法　聚类分析法　测评指标权重　主观经验法

专家加权法　比较加权法　分类加权法　对偶比较法　　德尔菲法

层次分析法　多元分析法　变异系数　　信息熵法　　　测评指标计量

分点赋分法　分段赋分法　连续赋分法　积分赋分法

复习思考题

1. 什么是公共部门人力资源测评指标？

2. 什么是公共部门人力资源测评标志？它有哪些形式？

3. 什么是公共部门人力资源测评标度？它有哪些类型？

4. 什么是公共部门人力资源测评指标体系？

5. 如何理解公共部门人力资源测评指标体系基本模型？

6. 公共部门人力资源测评指标体系设计的原则有哪些？程序有哪些？

7. 简述公共部门人力资源测评指标的确定方法。

8. 公共部门人力资源测评指标权重确定的原则有哪些？方法有哪些？

9. 简述公共部门人力资源测评指标的计量。

10. 如果给你们班招聘一位专职辅导员，请建立相应的测评指标体系。

中学教师资格申请人员教育教学基本素质和能力测试表

推荐进一步学习阅读书目

1. 埃里克·普里恩，伦纳德·古德斯坦，珍妮特·古德斯坦，等. 工作分析——实用指南[M]. 北京：中国人民大学出版社，2015.

2. 易平涛，李伟伟，郭亚军. 综合评价理论与方法[M]. 2版. 北京：经济管理出版社，2019.

第五章

公共部门人力资源测评方法及选择

【学习目标】

- 掌握公共部门人力资源测评的主要方法及党规国法的规定。
- 掌握公共部门人力资源测评方法选择的依据和原则。

第一节 公共部门人力资源测评方法

公共部门人力资源测评方法有多种分类，如有的分为哲学方法、要素设计方法、标准编制方法、计量方法、评价方法、思想教育方法等；有的分为问卷测验法、投射测验法和情境测验法，其中问卷测验法包括自陈量表法和他评量表法，投射测验法主要用于人格测验，而情境测验法是一种行为观察法，评价中心就是一种情境测验法。

中共中央办公厅、国务院办公厅分别于 2017 年、2018 年印发的《关于深化职称制度改革的意见》和《关于分类推进人才评价机制改革的指导意见》均指出，按照社会和业内认可的要求，建立以同行评价为基础的业内评价机制，注重引入市场评价和社会评价，发挥多元评价主体作用。基础研究人才以同行学术评价为主，加强国际同行评价。应用研究和技术开发人才突出市场评价，由用户、市场和专家等相关第三方评价。哲学社会科学人才评价重在同行认可和社会效益。丰富评价手段，科学灵活采用考试、评审、考评结合、考核认定、个人述职、面试答辩、实践操作、业绩展示等不同方式，提高评价的针对性和精准性。同时，健全以职业能力为导向、以工作业绩为重点、注重职业道德和知识水平的技能人才评价体系。完善职业资格评价、职业技能等级认定、专项职业能力考核等多元化评价方式，做好评价结果有机衔接。人力资源和社会保障部（以下简称人社部）《关于改革完善技能人才评价制度的意见》强调用人单位和社会培训评价组织可结合实际，按规定综合运用理论知识考试、技能操作考核、业绩评审、竞赛选拔、企校合作等多种鉴定考评方式，克服唯学历、唯职称、唯论文倾向，提高评价的针对性和有效性。

现行公共部门人力资源测评的方法主要包括笔试、心理测验、面试、评价中心、履历分析、民主推荐、考察、民主测评、同行评价、笔迹分析、体能测评、体检等，有的也将绩效考核的方法，如目标管理法、360 度反馈法等纳入测评。按照前述对公共部门人力资源测评的界定，结合公共部门人力资源测评实践，本书将讲述如下方法。

一、笔试

笔试是一种传统的测评方法，早先的科举制就是最初的笔试测评方法。今天，笔试已发展成为最常见、最重要的测评方法之一，如高校招生考试、研究生招生考试、公务员等公职人员招录/招聘考试、各种职业资格认证考试等。它主要用于测评被测者的基本知识、专业知识、管理知识、外语知识、其他相关知识，以及阅读理解能力、综合分析能力、提出和解决问题能力、文字表达能力等，效度较高、成本较低、程序规范、操作方便、成绩评定比较客观，利于大规模进行。

《公务员法》第三十条规定：公务员录用考试采取笔试和面试等方式进行，考试内容根据公务员应当具备的基本能力和不同职位类别、不同层级机关分别设置；《公务员录用规定》第二十二条规定：公务员录用考试采取笔试和面试等方式进行；《公务员公开遴选办法》第四章考试规定：考试一般采用笔试和面试等方式进行。《事业单位人事管理条例》第九条规定了事业单位公开招聘工作人员的程序，其中有考试、考察。《事业单位公开招聘人员暂行规定》第四章考试与考核规定：考试内容应为招聘岗位所必需的专业知识、业务能力和工作技能。考试可采取笔试、面试等多种方式。对于应聘工勤岗位的人员，可根据需要重点进行实际操作能力测试。急需引进的高层次、短缺专业人才，具有高级专业技术职务或博士学位的人员，可以采取直接考核的方式招聘。对通过考试的应聘人员，用人单位应组织对其思想政治表现、道德品质、业务能力、工作实绩等情况进行考核，并对应聘人员资格条件进行复查。

二、心理测验

心理测验是通过观察个人的少数具有代表性的行为，依据确定的原则，对于贯穿在人的行为活动中的心理特征，进行推论和数量化分析的一种科学的测评方法。人的心理特性不仅无法被直接观察到，而且还存在明显的个别差异，但任何一种心理特性总会以一定的行为表现出来，而心理测验就是让人们在测验时产生某些行为——个体对测验题目的反应，并根据这些行为反应来推论其相应的心理特性。

常用的心理测验有智力测验、能力倾向测验、人格测验、职业兴趣测验等。心理测验能够较好地描述和测量被测者的个性特点，发展至今数量已达几千个，具有客观、经济、方便的特点以及较好的信度、效度，在我国公共部门人力资源测评中受到广泛的青睐。《公务员录用规定》第三十一条规定：招录机关根据职位需要，经省级以上公务员主管部门批准，可以对报考者有关心理素质进行测评，测评结果作为择优确定拟录用人员的重要参考。

三、面试

面试是通过面试考官与被面试者即应试者双方面对面的观察和交流，收集有关信息，由面试考官对应试者进行测评的一种测评方法。它能充分发挥应试者的能力等，为面试考官评价提供重要的依据。其中，根据应试者当场对所提问题的回答，了解他们的经验、动机，测评他们的理解能力、倾听能力、沟通技巧、思维的敏捷性、语言表达能力等；通过对应试者面试过程中行为特征的观察，测评其外表、气质、风度、情绪的稳定性与应变能力等。面试考官可以通过连续发问及时弄清应试者表述不清的问题，既可以提高测评的深度、清晰度，也可以减少应试者作弊等的可能性，从而使其得以广泛应用。

《公务员法》《公务员录用规定》规定了面试是公务员录用考试之一；《公务员公开遴选办法》也规定了面试是考试方式之一。《事业单位公开招聘人员暂行规定》规定面试也是事业单位公开招聘工作人员的考试方式之一。

四、评价中心

评价中心是包括多种测评方法的综合测评系统。它源于情境模拟，在测评时，有多位评价者或评委根据特定的测评目的、标准和程序，使用无领导小组讨论、文件筐测验、角色扮演、案例分析、管理游戏、演讲等方法，对被评价者的综合能力进行测评。它具有很强的针对性和有效性，相对于心理测验，更强调针对具体的职位来测评被评价者的实际的全面的工作能力。是一种针对高级管理人员最有效的测评方法。

在公务员录用面试，领导干部公开选拔、竞争上岗，公务员公开遴选，事业单位和公益国企人员公开招聘、竞争上岗中，无领导小组讨论、文件筐测验等都得到广泛的应用。

五、履历分析

履历分析是通过对被测者的个人背景、工作与生活经历等进行分析，判断其与职位适应性、未来工作业绩等的一种测评方法。履历包括个人的基本信息、教育培训经历、任职经历、健康状况、社会关系、兴趣爱好特长、个性特征等。为了有效获取被测者的履历信息，事先设计好需要被测者提供的资料内容，即通过结构化设计履历表，其中，权重式履历表和传记式履历表是应用较为广泛的两种履历表。

《党政领导干部选拔任用工作条例》《公务员录用规定》《公务员调任规定》《公务员公开遴选办法》《公务员录用考察办法（试行）》等都在考察程序规定了有关审核干部档案、查核个人有关事项报告、查询社会信用记录等，如《公务员录用考察办法（试行）》规定，要采取个别谈话、审核人事档案（学籍档案）、查询社会信用记录等方法；《公务员调任规定》规定，要审核干部人事档案，查核个人有关事项报告，查询社会信用记录。其中，审核人事档案（学籍档案）、查询社会信用记录可根据履历分析进行。

六、民主推荐

民主推荐是一种按照规定的程序、范围和要求，组织有关人员参加的推荐领导干部人选的测评方法。这是党政领导干部选拔任用的必经程序和基础环节。

《公务员法》规定的公务员晋升领导职务程序中包括民主推荐，公务员职级晋升应根据个人德才表现、工作实绩和任职资历，参考民主推荐或者民主测评结果确定人选；《党政领导干部选拔任用工作条例》第四章对民主推荐做出了系统规范；《事业单位领导人员管理规定》要求选拔事业单位领导人员，应当经过民主推荐，合理确定参加民主推荐人员范围，规范谈话调研推荐和会议推荐方式方法；《高等学校领导人员管理暂行办法》《宣传思想文化系统事业单位领导人员管理暂行办法》等规定，确定考察对象，应当综合考虑工作需要、人选德才条件、一贯表现、人岗相适、民主推荐和征求意见等情况，防止简单以票或者以分等取人偏向；《中国共产党普通高等学校基层组织工作条例》规定，选拔任用学校中层管理人员，由高校党委及其组织部门按照有关规定进行分析研判和动议、民主推荐、考察，充分听取有关方面意见。这既较好地保留了民主推荐在"防止个人或少数人说了算"上的积极作用，又有利于减少披着"民主假面"的"弄虚作假"行为。

七、考察

考察是按照规定的程序、要求，确定考察人选或对象，并组织有关人员对其进行全面了解和公正评价，为公务员录用、公开遴选、调任及干部选拔任用提供依据的一种测评方法。在人员素质测评框架下，"考察"一词在三个层面上使用，一是近似于测评，二是细致深刻地观察，三是作为一种测评方法。

考察是公务员招录、遴选、调任、职务晋升，党政领导干部选拔任用的必经程序，也是国有企事业单位其他管理人员选拔晋升的一环，当然也是我国传统的官吏考核方式之一。因此，这里的考察是指一种测评的方法。对于考察，针对公务员录用、调任、公开遴选和党政领导干部选拔任用等，各有不同的规定。

《党政领导干部选拔任用工作条例》对党政领导干部选拔任用的考察，《公务员录用规定》《公务员录用考察办法（试行）》对公务员录用的考察，《公务员公开遴选办法》对公务员公开遴选的考察，《公务员调任规定》对公务员调任的考察都出了详细的规定；《事业单位领导人员管理规定》《高等学校领导人员管理暂行办法》《宣传思想文化系统事业单位领导人员管理暂行办法》《中小学校领导人员管理暂行办法》《科研事业单位领导人员管理暂行办法》《公立医院领导人员管理暂行办法》等都对相应领导人员选拔任用的考察做出了规定。《中国共产党国有企业基层组织工作条例（试行）》规定，国有企业党组织应当按照干部管理权限，规范动议提名、组织考察、讨论决定等程序，做好选配企业领导人员工作等。

八、同行评价

同行评价是同一领域的一些同行专家作为评价人，共同对该领域的一项知识产品进行评价的活动。这里的知识产品是被评价人在进行知识活动中所获得的精神产品，如论文、著作等。

作为公共部门人力资源测评的一种方法，它主要用于职称评审、人才选拔与引进、有关荣誉评定，以及对专业技术人员相关专业活动的评价。

第二节　公共部门人力资源测评方法选择

公共部门人力资源测评方法的选择，是根据选择的依据、原则、流程进行抉择。

一、公共部门人力资源测评方法选择的依据

（一）测评方案

1. 测评目的

即为什么要测评，这是测评方法选择的首要依据。例如，是选拔还是开发，抑或诊断？选择的方法自然有所不同。

2. 测评指标

测评的内容或测评指标是选择测评方法的关键依据。例如，是测评心理健康状况，还是测评智力，抑或测评人格特质；再如，是测评法律知识、社会保障知识，还是测评应急处变能力、治理能力，也需要选择各自相应的测评方法。测评智力可选用韦克斯勒成人智力量表等，测评人格可选定卡特尔16PF、迈尔斯—布里格斯人格测验（Myers-Briggs type indicator，MBTI）等；测评法律知识、社会保障知识可选择笔试等，而测评应急处变能力、治理能力可以选用情境面试等。

3. 测评方法的适用性

任何一种测评方法都有其适用性，如性价比、预测效度、公平程度等各有差异，因此，为保证测评的信度、效度等，多数情况下，会选择几种测评方法搭配结合，扬长避短、互为利用，所以，测评方法的适用性也是选择方法的重要依据。例如，一项针对测评专家和组织人事人员的调查，要求他们以自己的实践经验为参照，就笔试、结构化面试、民主评议、情境模拟等测评方法适用于哪些指标或要素进行适用性排序，结果由高到低排序见表5-1。另一项统计也说明了我国有关测评方法的具体应用情况，见表5-2。另外，美国两位工业心理学家按照效度、公平程度、使用性、成本等四个评价指标，对 11 种方法做了比较。每一项各分高、中、低三级。该结果对于实际中使用这些方法具有指导意义，见表5-3。其中，效度越高，表明采用这一方法获得的结果预测该人员的实际工作绩效越有用。公平程度是指该方法对不同人员（种族、性别、宗教、年龄等）所测的结果是否会引起偏差和不同对待。公平程度分的三级是按使用中是否会引起大的问题、一些问题、没有问题而定，当然那些没有引起任何问题的方法，其公平程度为高。可使用性的三级是依据实际该方法的方便程度而定。成本是按所花费用情况而定。在美国对被测者所花费用低于 20 美元的为低成本，20～50 美元的为中成本，高于 50 美元的为高成本。从该表可见，在 11 种方法中，有的在某一方面分数高些，而在另一个方面低些，没有一个方法在四个方面都是得低分或者都是高分的。

表 5-1 测评方法与测评指标的比较选择

笔试	适用性排序	面谈	适用性排序	民主评议	适用性排序	情境评价	适用性排序
测评要素		测评要素		测评要素		测评要素	
知识面	1	口头交往技能	1	个人影响力	1	宏观决策能力	1
业务水平	2	自信心	2	求实精神	2	应变能力	2
书面交流能力	3	成就感	3	领导能力	3	领导能力	3
兴趣广度	4	知识面	4	组织协调能力	4	组织协调能力	4
思想政策水平	5	业务水平	5	精力水平	5	行政管理能力	5
自学能力	6	兴趣广度	6	主动性	6	决断性	6
科技性向	7	实际工作经验	7	调研能力	7	灵活性	7
实际工作经验	8	竞争意识	8	人际关系能力	8	竞争意识	8
宏观决策能力	9	应变能力	9	激励	9	知识面	9
行政管理能力	10	宏观决策能力	10	行政管理能力	10	创造性	10
创造性	11	思想政策水平	11	宏观决策能力	11	自信心	11
		求实精神	12	口头交往技能	12	主动性	12
		精力水平	13	实际工作经验	13	业务水平	13
		人际关系技能	14	坚持性	14	调研能力	14
		行政管理能力	15	冒风险程度	15	人际关系能力	15
		领导能力	16	思想政策水平	16	口头交往能力	16
		寻求上级赞同	17	自我管理能力	17	坚持性	17
		科技性向	18	决断性	18	冒风险程度	18
		创造性	19	灵活性	19	思想与政策水平	19
		个人影响力	20	竞争意识	20	个人的影响力	20
		自学能力	21	业务水平	21	精力水平	21
		灵活性	22	知识面	22	激励	22
		自我管理能力	23	创造性	23	自我管理能力	23
		寻求同事赞同	24	应变能力	24	科技性向	24
				自信心	25	成就感	25
				科技性向	26	兴趣广度	26
				寻求上级赞同	27	实际工作经验	27
				成就感	28	求实精神	28
				自学能力	29	寻求上级赞同	29
				兴趣广度	30	自学能力	30
				寻求同事赞同	31	书面交流能力	31

资料来源：王继承. 人事测评技术[M]. 广州：广东经济出版社，2001：69-70.

（二）公共部门的特征

1. 管理体系

公共部门管理体系是其人力资源测评体系的重要支柱，管理体系由战略目标、核心理

表 5-2　测评方法应用情况

测评目的		主要应用的测评方法	测评结果的评价		
			效度	公平	成本
公务员招录、选拔	公务员考试录用（录用担任一级主任科员以下及其他相当职级层次的公务员）	笔试：行政职业能力测验（客观题）、申论（主观题）、专业技能测评、结构化面试 身体素质测试（体检）	中	高	中
	高级公务员选拔（副处级以上的领导职务公务员）	履历分析和绩效考核 面试、笔试、无领导小组讨论、心理测验、文件筐测验等	较高	高	高
企事业单位招聘	一般工作人员招聘	履历分析 面试	低	低	低
	管理人员招聘	履历分析、业绩考核、同行评定 面试、笔试、心理测验、无领导小组讨论、文件筐测验	较高	高	高

资料来源：易经章. 我国人才测评研究现状与问题分析[J]. 人才开发，2005(2)：20-22.

表 5-3　测评方法比较

测评方法	效度	公平程度	可使用性	成本
智力测验	中	中	高	低
能力测验	中	高	中	低
个性与兴趣测验	中	高	低	中
面谈	低	中	高	中
工作模拟	高	高	低	高
情境练习	中	未知	低	中
个人资料	高	中	高	低
同行评定	高	中	低	低
自我介绍（申请表）	低	高	中	低
推荐信	低	—	高	低
评价中心	高	高	低	高

念、组织结构、规章制度、程序流程、决策支持、管理控制等模块构成，这是选择测评方法的前提依据。如果一个组织缺乏规章制度、管理流程不完善，职位任职资格、行为标准缺乏，这就意味着很难建立合理的人力资源测评体系，难以选择合适的测评方法，或者说测评很难反映被测者的真实情况。

2. 组织文化

组织文化是决定测评方法选择的重要依据，因为，不同的组织文化，都或明或隐地有所坚持和有所反对，并使组织成员形成一定的行为模式。例如，甲组织强调做事创业、拼搏向上，乙组织强调服从、感恩，二者的价值理念、行为模式差异明显，这实际上是选择或塑造了不同素质的人，因此，测评方法的选择应结合相应的组织文化。

3. 领导者的管理风格

任何公共部门的人力资源测评都是由上而下推行的，那么测评方法的选择必须考虑领导者的管理风格，并获得领导者的支持，这是无须多言的。

（三）被测者职位或目标职位及所属部门特点

1. 被测者职位或目标职位

职位不同，工作的性质、内容、责任、标准也就不同，对任职者的素质要求自然不同，测评指标也就相应有所不同，或者说，测评的侧重点也就有所不同，因此，需据此选择不同的测评方法。例如，对中层管理者和高层管理者来说，其素质要求差异较大，测评指标也就有明显的差异，中层管理者的测评指标主要有相关知识、个性特征、管理能力、其他相关能力等，高层管理者的测评指标主要有相关知识、管理能力、领导能力、成就动机、创造性思维能力、开放变革意识等，前者可选择结构化面试、相关人格测验、管理风格测验、评价中心等，后者可选择评价中心、管理风格测验、领导行为测验、管理潜能测验、动机测验、相关人格测验等。

2. 被测者所在部门

每个部门的工作性质、工作繁简难易程度、任职资格要求等有所不同，这对部门内部人员的素质要求也就相应有所不同，如公立医院、学校、文化机构、科研机构等事业单位的专业技术人员，强调各自的专业技术能力、创新开发能力等，就可以选择相应的履历分析、笔试（专业知识）、面试、人格测验等方法。

当然，在一个具体的公共部门内部，针对不同的测评目的、指标、职位或被测者等，应当也能够选择出适宜的测评方法或测评方法组合。切记，是测评方法服务于测评的目的、指标和职位，而不是相反。

二、公共部门人力资源测评方法选择的原则

（一）法治

法治是指公共部门人力资源测评方法的选择必须坚持法治思维，依规依法选择测评方法。《公务员法》《党政领导干部选拔任用工作条例》《事业单位人事管理条例》等党内法规和国家法律法规，都对相应的公务员、党政领导干部、事业单位工作人员的测评方法选择做出了相应的明确规定，必须严格执行；对于没有或没有必要明确规定的，要坚持以法治精神、按法治思维，结合其他原则选择。

（二）匹配

匹配是指公共部门人力资源测评方法的选择必须与特定的测评目的、测评指标、职位等相匹配。无论是公务员招录、公开遴选，还是领导干部选拔任用，抑或事业单位人员公开招聘，乃至公共部门各类人员的公开选拔、竞争上岗等，都需要以通过职位分析或胜任力分析获取任职资格，并从中提取品德、知识、技能、能力等测评指标，选取合适的测评方法。

（三）有效

有效是指公共部门人力资源测评方法的选择必须能够有效地将人员素质特征区分开来，具有相应的预测效度。不同测评方法的预测效度不同，有关测评方法的预测效度比较见表 5-4；表 5-5、表 5-6 和图 5-1 是其他研究所得的测评方法效度，其中效度指标是指预测结果与实际工作绩效的相关系数；表 5-7 是对测评方法的评价，其中的"？"意味着尚不明确。

表 5-4　各类测评方法的预测效度比较

测评方法	预测效度	测评方法	预测效度
评价方法	0.43	同行评价	0.49
一般智力测定	0.49	工作样品	0.54
个人材料	0.30	学业成绩	0.14
身体能力	0.30	特殊能力测验	0.27
面谈	0.09	自我介绍	0.15
推荐信	0.23	专家评定	—

表 5-5　测评方法的效度比较（一）

具体方法	效度	具体方法	效度
评价中心	0.31～0.63	个人履历资料法	0.24～0.37
工作取样	0.31～0.54	个性测验	0.15～0.22
能力测验	0.25～0.53	申请表	0.14～0.26
行为性面试	0.25～0.40	非行为性面试	0.11～0.23

资料来源：CLARK T. Management selection by executive recruitment consultancies：a survey and explanation of selection methods[J]. Journal of managerial psychology, 1992, 7(6)：3-10.

表 5-6　测评方法的效度比较（二）

具体方法	效度	具体方法	效度
评价中心——提升	0.68	个人履历资料法	0.40
结构化面试	0.62	个性测验	0.38
工作取样	0.55	非结构化面试	0.31
能力测验	0.54	申请表	0.13
评价中心——绩效	0.41	笔迹法	0.00

资料来源：ANDERSON, N, SHACKLETON, V. successful selection interviewing[M]. Oxford：Blackwell, 1993.

表 5-7　测评方法评价

方法	使用频率	成本	信度	效度	效用	被测者反应	负面影响
人格测验	低	低	高	中	？	消极	低
能力测验	低	低	高	高	高	消极	高

续表

方法	使用频率	成本	信度	效度	效用	被测者反应	负面影响
情绪能力测验	中	低	高	低	？	？	低
绩效考核和工作样本	中	高	高	高	高	积极	低
情境判断测验	低	高	中	中	？	积极	中
诚信测验	低	低	高	高	高	消极	低
兴趣、价值观测验	低	低	低	低	？	？	低
结构化面试	中	高	高	高	？	积极	混合
团队测评	低	中	？	？	？	积极	？

资料来源：赫尼曼，贾奇，卡迈尔-米勒. 组织人员配置——招募、选拔和雇用[M]. 7 版. 北京：中国人民大学出版社，2017：323.

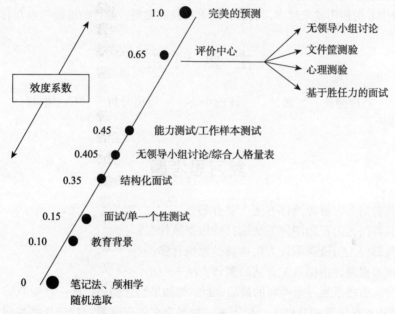

图 5-1　测评方法的效度比较（三）

资料来源：刘远我. 人才测评方法与应用[M]. 3 版. 北京：电子工业出版社，2015：33.

（四）公平

公平是指公共部门人力资源测评方法的选择必须能够保证测评的公平。例如，公务员招录、公开遴选与事业单位人员公开招聘，为了减少测评者主观因素产生的误差，必须选择客观性强的测评方法，如结构化面试、标准化测验，以及各种测评方法的相互印证等。

（五）测谎

测谎是指公共部门人力资源测评方法的选择必须能够解决相关信息的伪装、隐瞒等，建立测谎机制或具有测谎能力。例如，在编制试题时可采用声东击西的策略，也可采用多种测评方法，使测评得分能够相互印证。

（六）经济

经济是指公共部门人力资源测评方法的选择必须考虑适当的测评收益与测评成本的比率。例如，一些单位在招聘一般工作人员时，鉴于经济的考虑，会采取笔试、面试等相对简单的测评方法。

总之，公共部门人力资源测评方法的选择需要考虑多种因素，把握选择的依据，遵守选择的原则。其中，还要特别注意：一是测评方法的选择，要坚持各种测评方法服从于测评指标、职位要求和组织特点等，而不能反过来让测评指标、职位要求和组织特点服从于测评方法；二是要避免同一种测评方法服务于所有的测评指标、职位要求和组织特点，注意对各种测评方法进行有效组合，使测评效果达到整体最优；三是既要看到测评方法的信度高低与其应用的普遍性之间并没有必然的联系，同时也要注意到这种状况正在逐步改变，像心理测验、评价中心的使用越来越多，而且，随着科技的发展，测评的准确性也在日益提高。

主 要 词 汇

笔试　　心理测验　　面试　　评价中心　　履历分析　　民主推荐　　考察
同行评价

复习思考题

1. 公共部门人力资源测评方法主要有哪些？

2. 公共部门人力资源测评方法选择的依据是什么？

3. 公共部门人力资源测评方法选择的原则有哪些？

4. 如何根据测评指标选配合适的测评方法？

5. 在完成第四章复习思考题的最后一题，即如果给你们班招聘一位专职辅导员，建立了相应的测评指标体系的基础上，接下来，如果有多位应试者，应选择哪些测评方法？

从公务员招录、公开选拔看测评方法的选配

推荐进一步学习阅读书目

1. 吴志明，孙健敏，武欣. 人事测评理论与实证研究[M]. 北京：机械工业出版社，2009.

2. 方振邦，陈曦. 党政领导干部选拔任用[M]. 北京：中国人民大学出版社，2019.

第六章

公共部门人力资源测评质量检验

【学习目标】

- 掌握误差的概念、类型、来源与控制。
- 掌握信度、效度、难度和区分度的概念。
- 掌握信度、效度的类型、估计方法、影响因素与提高方法。
- 掌握难度、区分度的概念和计算方法。
- 熟悉效度与信度的关系。
- 熟悉难度与区分度的关系。

第一节　公共部门人力资源测评的误差

一、公共部门人力资源测评误差的概念与类型

误差是指与测量目的无关的因素所导致的测量结果不准确或不一致的效应。这可从两个方面来理解：一是误差是由与测量目的无关的变化因素引起的，如不正确地使用测量工具；二是这些无关变因会造成不准确或不一致的测量结果，前者是指由于测量误差的存在导致结果不准确，后者是指测量误差导致测量结果的不一致。因此，保证测量的准确与公平，就需要减少和控制误差。

导致测量结果与实际水平不相符的因素可分为两类，即误差可分为随机误差和系统误差。

随机误差又称可变误差，是指由与测量目的无关的偶然因素引起，且不易控制的误差。如面试考官掌握评分标准宽严不一，则会造成成绩出现较大的随机误差。这是一种难以控制的、难以避免的，且既影响测量结果的准确性又影响一致性的误差。

系统误差又称恒定误差，是指由与测量无关的变量引起的一种恒定而有规律的误差。这种误差稳定地存在于每一次测量中，尽管多次测量的结果非常一致，但实测结果与真实数值有差异。如笔试时，有一道 8 分题的标准答案有误，全体正确作答该题者的成绩都普遍下降 8 分，这就是系统误差。系统误差只影响测量结果的准确性，不影响测量结果的一致性。

二、公共部门人力资源测评误差的来源与控制

常见的测量误差主要来自以下四个方面，当然，误差的控制也是针对这四个方面。

（一）测量工具引起的误差及控制

一是测量工具偏离测评目标。毫无疑问，这是影响测评结果准确性的极其重要的因素，如测量能力的工具里面不应有测量人格的项目。二是项目较少或取样代表性不足，被测者的反应就很难代表其真实水平。三是项目设置形式。如是非判断题、单一选择题等都具有可猜性，而所有的主观题也都具有评分的主观性，这都可能引起误差。四是施测程序。如有些题项的顺序，可能会受到前面题项的提醒和干扰。五是项目用词不当及过难或过易。题目表达含义模糊、模棱两可，或叙述不清、存在歧义，都可能导致对题意的理解错误，实际所测的特质与欲测的目标特质不一致；而题目过难或过易所造成的"天花板效应"和"地板效应"等，也会带来误差。

为此，一是建立科学的测评指标体系，保证行为样本要有足够的数量，且具有代表性和典型性。二是提高测量工具结构化程度。其中，要由专业人士按照测量学的要求进行系统化设计，并在实施过程中提供明确的操作指导规程。三是正确选择测量工具。现有测量工具很多，应结合第五章测评方法的选择，根据测评的目的和目标等，针对不同工具特点，慎重选用。四是施测前进行小规模试测。准确了解试题题目是否存在歧义或不好理解的地方等，以尽量消除误差。

（二）施测过程引起的误差及控制

尽管现在测量的标准化程度越来越高，经验越来越丰富，大部分施测条件都能得到控制，但在测量过程中一些偶发因素依然存在，从而产生相应的误差。

一是物理环境干扰。其主要包括温度、噪声、照明、通风、背景音乐、座位安排等不当，桌椅质量差和空间不符合人体工程学等，都会使被测者一定程度地反应失真，影响正常水平的发挥。二是流程安排失当。如某些测量环节时间过长会导致被测者疲劳，而时间过短又会导致被测者难以充分发挥自己的水平；流程过于复杂也会增加被测者理解难度，降低他们的参与积极性等。三是纪律控制不好。如现场混乱，出现有人作弊（如代考、抄袭、相互交流等）、泄题等，使结果与真实情况严重不符。四是错误操作。如测评者误读指导语，被测者对指导语错误理解、误答，计分错误、分数汇总错误等，都会造成误差。五是意外干扰或分心。如生病、停电，题目或作答纸印刷不清、装订错误等测验用品突发问题等都会影响结果。六是评分一致性难以保证。对问答题、论述题等，评分标准难以掌握，加上阅卷者偏好，难以保证评分的一致性。

为此，一要加强测前准备工作，保证所有相关人员熟悉整个流程、场地、程序、工具和纪律要求，保证指导语等清楚、明确、易懂，制定应急预案，提高应急处突能力。二要强化对现场的有效管理，优化流程，良好管控环境，严格执行有关党规国法和各项纪律。

（三）被测者引起的误差及控制

被测者的诸多生理、心理因素都会带来测量的误差，而且是比较难以控制的。

一是生理因素。如生病、疲劳、失眠、过度焦虑、生物节律、情绪状态不佳等都会影响结果，特别表现在答题的速度和准确度上。二是应试动机。应试的动机不同，会影响其作答态度、注意力、持久性、反应速度等，从而影响成绩。如人格测验中，为获得好的测验结果，很多被测者会故意掩饰自己的动机，使其符合社会规范的要求。如果其动机只是带来偶然的不稳定结果，则是随机误差，同样降低了测量的有效性和可靠性。三是测评焦虑。这是指被测者在应试前和应试中出现的一种紧张的、不愉快的情绪体验，是对结果的担忧。研究表明，适度焦虑会使人维持一定的兴奋水平，注意力增强，提高反应速度，从而对测评产生积极的影响。但过高的焦虑会使工作效率降低、注意力分散、思维狭窄、记忆阻碍、反应速度减慢，因而会大大影响成绩。过低的焦虑不能激发被测者的答题兴趣，因而得到的成绩也不够理想。一般而言，焦虑水平与成绩（特别是能力测验）呈倒U形曲线关系。四是练习效应。对被测者来说，对新的测验程序或项目形式，会感觉比较陌生，影响成绩；但提供一定的演示、练习和培训，成绩就会大大提高。如接受过面试培训或参加过面试的被测者，就可能比那些没有相似经历的被测者表现优秀，因为他们知道面试考官需要什么样的答案，或者经常被询问的题目类型相似，答案可以迁移，从而获得较好的成绩。五是反应倾向。这是指独立于测验内容的反应倾向，它会使本来能力相同的被测者获得不同的成绩。如速度测验，时间有限，而题量又较大，求快与求准两种不同倾向会对结果产生较大影响；对于是非题，有的可能偏好选"是"或"非"；对于人格测验题目，有的可能会掩饰自己部分特质。六是文化教育因素。被测者接受的教育程度不同、成长的文化背景差异等，会影响对题目的理解、答题态度、答题偏好等，造成一定的误差。

为此，一是在测前尽可能使每个被测者都了解测验程序，进行预先提示，引导被测者形成正确的认识，保持积极良好的心态，善于调节压力。二是编制测验时有针对性地加以控制。如对反应倾向的影响，在编制是非题或其他有标准选项的项目时，应使选择"是"或"非"或标准答案比例大致相等，并且将项目依据正确选项进行某种无明确规律的排列，即让正确选项的呈现随机分布。三是采取多次测量，提高测量工具的针对性，避免长期采用一种固化的测评模式等。

（四）测评者引起的误差及控制

测评者的年龄、性别、外表，施测时的言谈举止、表情动作、精神面貌、是否按规定施测等均能影响结果。如果不按照规定施测，给予被测者特别协助或暗示，掌握标准不一，以及计时错误等都会带来较大误差。当步骤复杂，测题本身是模糊不确定的形式，在安排测评条件上有较大自由度（如个别施测）时，以及对程序不熟悉的人施测时，测评者的影响作用更大。同时，测评者的心理效应，如首因效应、晕轮效应、刻板印象等也是误差的主要来源。

为此，一是要选择经过专门训练的专业人士做测评者。一名合格的测评者，既要掌握测评的知识、技术等，又要具备良好的政治品格、法治素养和职业道德，保证测评严格依法依规，按照既定标准和程序等进行。二是要在被测者和测评者之间营造宽松、和谐的氛围，测评者要保持客观、亲和、友善的态度，保障被测者正常发挥、真实体现个人特质，尽可能减少误差。对心理效应的表现及控制详见第十一章第四节。

最后要强调的是，控制误差，就必须使测验标准化，即测验的编制、施测、评分及对分数的解释形式等必须标准化，这样才能够有效控制导致误差的因素，以减少误差，使测验分数更可信、更有效。一是对所有受测者施测相同的或等值的题目。测验内容不同，所测得的结果就无法进行比较。二是测验的编制，不仅要注意所收集的材料的丰富性和普遍性，同时还要注意以下几点。①测验项目的取样应当对欲测特质具有代表性；②测验项目的取材范围要同编题计划所列项目相一致；③测验项目的难度（特别是能力测验）或应答率（特别是人格测验）应有一定的分布范围；④编写测验项目的用语要力求精练简短，浅显明了，减少歧义；⑤初编题目的数量要多于最终所需要的数量，以便筛选或编制复本；⑥测验项目的说明必须简明且完备。三是所有被测者必须在相同的条件下受测，这包括：①相同的测验情境，如统一的采光条件、桌椅高度、桌面面积、场所布置等；②相同的指导语。指导语应事先拟好，印在测验项目的前面，并且力求清晰、简单、明了，不致引起误解；③相同的测验时限。四是评分的客观性，即两个或两个以上的测评者对同一份测验试卷的评定是一致的。只有当评分是客观的时候才能够将分数的差异归于被测者本身的差异。对于主观性试题来说，如果不同测评者之间的一致性能达到90%以上，就可大致认定评分是客观的。为此，①对被测者的反应及时准确地记录，尤其是在口头测验和操作测验时更应该如此；②要有一张标准答案或正确反应的表格，即计分键；③将被测者的反应与计分键比较，确定被测者反应应得的分数。五是对测验结果解释的标准化，如果对同一施测过程可做出不同的解释，那么测验便失去了客观性。这就要求建立一定的参照标准，使测验分数可以同参照标准进行比较，从而显现其分数所代表的意义。[①]

第二节　公共部门人力资源测评的信度

一、信度的概念

信度是指测量结果的可靠性或一致性或稳定性，即测量结果是否反映了被测者稳定、一贯的真实特征。也就是使用同一种测量工具对同样的被测者进行多次测量结果之间的一致性程度。随机误差的大小直接影响信度的高低，随机误差越大，信度越低，因此，信度也可定义为测量结果受随机误差影响的程度。这可从两个层面来理解。一是以同一测量工具重复测量被测者某项持久性的特质时，是否得到相同的结果？由此可知该测量工具的稳定性、可信赖性或可预测性。二是测量工具能否减少随机误差的影响而提供某项特质个别差异程度的真实量数？由此可知测量结果的精确性。

第三章公式（3-1）$X=T+E$，是针对每个被测者的分数而言的，而对于一组被测者的分数来说，测量分数的总变异数（实得分数的变异数或方差，S_X^2）等于真分数的变异数（S_T^2）与误差变异数（S_E^2）之和，即公式（6-1），并可以转化为公式（6-2），即真分数与测量误差的变异数在总变异数中所占的比率之和为1。

① 郑日昌，孙大强. 心理测量与测验[M]. 2 版. 北京：中国人民大学出版社，2013：37-40.

$$S_X^2 = S_T^2 + S_E^2 \tag{6-1}$$

$$\frac{S_T^2}{S_X^2} + \frac{S_E^2}{S_X^2} = 1 \tag{6-2}$$

信度高低的量化指标称为信度系数，它是指一组测量分数的真分数的变异数与总变异数的比率，即公式（6-3），式中，r_{xx} 为信度系数。由于真分数的变异数是无法统计的，因此，式（6-3）可以转化为公式（6-4）。

$$r_{xx} = \frac{S_T^2}{S_X^2} \tag{6-3}$$

$$r_{xx} = \frac{S_X^2 - S_E^2}{S_X^2} = 1 - \frac{S_E^2}{S_X^2} \tag{6-4}$$

由上可见，①信度不是个人分数的特性，而是一组测量分数或一系列测量的特性；②真分数的变异数是不能直接测量的，因此，信度是一个理论上构想的概念，只能根据一组实得的分数进行估计。

信度系数越大，结果越准确。在理想状态下，$r_{xx} = 1$，即测量所得的分数就是真分数。但在实际操作中，信度系数不可能完全等于 1，只能无限接近 1。一般来说，能力与成就测验的信度系数应达到 0.90 以上才能说结果是有意义的，兴趣、人格等测验应该达到 0.8 左右；当 $r_{xx} < 0.7$ 时，不能用测验结果来对个人做评价，也不能在团体间做比较；当 $r_{xx} > 0.75$ 时，可用于团体间的比较；当 $r_{xx} > 0.85$ 时，可用于鉴别个人。

二、信度的类型与估计

信度是反映随机误差大小的指标，误差的方式或来源不同，从而产生了如下不同的信度估计方法。

（一）重测信度

重测信度是指用同一个测量工具对同一组被测者，在不同时间施测两次所得结果的一致性程度。又称为再测信度。重测信度能表示两次施测结果有无变动，反映测验分数的稳定程度，故又称为稳定性系数。稳定性系数越高，说明测验的稳定性越好，受随机因素的影响越小。可用皮尔逊积差相关系数公式（6-5）计算再测信度。

$$r = \frac{N \sum xy - \sum x \sum y}{\sqrt{\left(N \sum x^2 - \left(\sum x\right)^2\right)\left(N \sum y^2 - \left(\sum y\right)^2\right)}} \tag{6-5}$$

式中，r 为反映再测信度的皮尔逊积差相关系数，x 为第一次测验得分，y 为第二次测验得分，N 为被测者的数量。

重测信度的优点在于提供有关测验结果是否随时间而变异的资料，作为预测被测者将来行为表现的依据。但缺点是易受练习和记忆的影响，前后两次施测相隔的时间应适度。如果相隔时间太短，则记忆犹新，练习的影响仍比较大，往往造成假性的高相关；如果相隔时间太长，则身心发展、学习培训、阅历经验等积累均足以改变分数的意义，而使相关降低。一般言之，相隔时间越长，稳定系数越低。所以应用时，①注意时间间隔，最适宜的相隔时间随测验的目的和性质而异，对人力资源素质特征测评来说，间隔最好不要超过六个月；②所测的特征是稳定的，这是计算稳定性系数的前提；③样本要有一定规模，并具有代表性。

（二）复本信度

复本信度是指用两个测验复本测量同一组被测者所得结果的一致性程度，又称为等值系数。两个复本题目不相同，但在所测素质内容、数量、格式、难度、区分度、时限、指导语、实施过程即其他所有方面都相同或相似。复本信度的高低反映了两个测验复本在内容上的等值性程度。

等值系数的计算与稳定系数一样，当两列数据都是正态分布的连续型数值变量，而且两者之间呈线性关系时，其大小等同于同一批次被测者在两个复本测量上所得分数的皮尔逊积差相关系数。但是当两列数据是等级数值或等级排序时，则需要用斯皮尔曼相关系数计算，见公式（6-6）。

$$r = 1 - \frac{6\sum D^2}{N(N^2-1)} \tag{6-6}$$

式中，r 为反映复本信度的斯皮尔曼等级相关系数，D 为同一被测者两次评定等级之差，N 为被测者的数量。

复本测量可分为两种，即同时连续实施和相隔一段时间分两次实施，前者的复本信度称为等值性系数，后者称为稳定性与等值性系数或等值稳定性系数。因为后者不仅可以判断两次测验内容是否等值，还可以反映时间因素对被测者潜在属性的影响程度，具有较高的准确性，不论从测验原理还是实验研究上都认为是检验信度最好的一种方法。

复本效度的优点比较明显：①能够降低记忆和练习等效应；②适用于长期追踪研究或探讨某些无关变量对测验效果的影响；③能够减少额外训练或作弊的可能性，所以，复本信度应用范围很广泛。但它同时也存在缺点：①如果研究的行为易受练习影响，则只能减少而无法排除这种影响；②若测验性质依赖于重复，应避免使用；③严格的复本测验是很难构造出来的，不是所有的测验都能找到合适的复本。

（三）分半信度

分半信度是指将一个测验分成对等的两半后，所有被测者在这两半上所得分数的一致性程度。在没有复本且只能实施一次测验的情况下，通常采用分半法来估计信度。分半信度可以和等值系数一样解释，即相当于最短时间施测的两个平行测验。由于只需要对一个测验进行一次施测，考查的是两半题目之间的一致性，所以该信度系数也被称为内部一致性系数。但通常将它归类为等值的特例，与其他等值性测量的区别在于它是在测验施测后才分成两个。

计算分半信度，首先需要将测验分半，得到可比较的两半。分半的方法较多，常见的方法是按奇数题和偶数题分半。然后与等值复本效度的计算方法类似，只不过被测者在两半测验上得分的相关系数只是半个测验的信度，而且，在其他条件相等的情况下，测验越长，信度系数越高，因此，分半系数会低估信度，必须用斯皮尔曼—布朗（Spearman-Brown）公式（6-7）加以校正，获得测验在原长度时的信度估计值。

$$r_{xx} = \frac{2r_{hh}}{1+r_{hh}}$$ （6-7）

式中，r_{xx}为修正后的测验信度值，r_{hh}为两半测验分数间的相关系数。

采用斯皮尔曼—布朗公式进行校正，前提是假设两半测验分数的变异数相等，如果该假设不能满足，就要用下面两个公式之一进行修正。

一是弗朗那根（Flanagan）公式（6-8）。二是卢伦（Rulon）公式（6-9）。

$$r_{xx} = 2\left(1 - \frac{S_a^2 + S_b^2}{S_x^2}\right)$$ （6-8）

式中，S_a^2、S_b^2分别为两半测验分数的变异数，S_x^2为整个测验总分的变异数。

$$r_{xx} = 1 - \frac{S_d^2}{S_x^2}$$ （6-9）

式中，S_d^2为两半测验分数之差的变异数，S_x^2为整个测验总分的变异数。

分半信度的优点明显。①降低了难度、成本。因为针对同一个样本进行两次测量的难度较大，成本也较高，而分半信度可以大大降低。②弥补重测信度的不足。像练习效应，以及如果要测量的心理特征波动很大如心境，采用重测信度可能低估了信度的值，而分半效度可以弥补该不足。③信度较高。因为误差的主要来源是题目本身，而时间因素并不对分半信度产生影响。如果信度低，则是由于测验两半之间题目内容取样的不同造成的。时间因素并不影响分半信度，所以该方法得到的信度往往较高。但同时其缺点也是明显的。①不适用于速度测验。速度测验是指一种由简单题目组成的，所有人都能做出所有题目的测验，这样看似奇偶数题的相关很高，但这只是一种假象。因为所有做过的题基本上都能够做对，那么个体的奇偶数题的得分相等。②分半困难。对绝大多数测验来说，特别是按题目顺序编排的测验，前后两半题目的难度会不同，因此难以对题目进行合理地分半，像采用奇偶分半法时，对于由易到难的题目可以直接得到接近相等的两半，但对于存在前后牵连关系的题目，需要把解决同一个问题的一组题目放到同一半中，否则将高估信度的值。③由于将一个测验分成两半的方法很多，除了按题号的奇偶性分半外，还可以按题目的难度、内容分半等，所以，同一个测验会有多个分半信度值。

（四）内部一致性信度

内部一致性信度是指测验内部所有题目间的一致性程度，又称同质性信度。这里的一致性，一是指所有题目测的都是同一种素质特征，二是指所有题目得分之间都具有较高的正相关。如果各个题目得分之间的相关系数很高，可认为不论题目内容和形式如何，测验的同质性很高；相反，即使所有题目看起来都好像测量同一特质，但分数相关很低时，说明测验是异质的。这时，测验结果就不好解释，一个好的办法就是把一个异质的测验分解为多个具有同质性的分测验，如卡特尔 16PF 包含 16 个分量表，每个量表测量一种人格特质。

重测信度和复本信度分别注重考虑测量跨时间的稳定性和跨形式的等值性，而内部一致性信度关注题目之间的关系。内部一致性效度的一种粗略估计方法是求测验的分半信度。但因分半方法多种多样，所得结果不太稳定，因此可以计算出所有可能的分半信度，并用其平均值来作为内部一致性的估计值。但该办法较为复杂，毕竟所有可能的分半信度的个数是个天文数字。于是，人们推导出了公式（6-10），式中，K 为一个测验的题目个数，$\overline{r_{ij}}$ 为所有题目间相关系数的平均值。但鉴于所有题目间都求出相关会比较麻烦，由该公式导出了公式（6-11）～公式（6-13）。

$$r_{xx} = \frac{K\overline{r_{ij}}}{1+(K-1)\overline{r_{ij}}} \tag{6-10}$$

1. 库德—理查森公式

当测验为（0,1）两级计分时，使用 K-R20 公式（6-11）进行估算。

$$r_{K\text{-}R20} = \left(\frac{K}{K-1}\right)\left(1 - \frac{\sum p_i q_i}{S_x^2}\right) \tag{6-11}$$

式中，K 为构成测验的题目数；p_i 为通过第 i 题的人数比例，q_i 为未通过第 i 题的人数比例；S_x^2 为测验总分的变异数。

当测验项目难度接近时，可以采用库德—理查森提出的简便公式，即 K-R21 公式（6-12）。

$$r_{K\text{-}R21} = \frac{K}{K-1}\left(1 - \frac{K\overline{p}\overline{q}}{S_x^2}\right) \tag{6-12}$$

式中，$\overline{p}$ 和 $\overline{q}$ 分别表示题目的平均通过率和平均失败率，其余指标同上。

2. 克隆巴赫 α 系数

对多级计分的测验（包括两级计分），可用克隆巴赫（Cronbach）系数 α 公式（6-13）计算。该公式可以计算任何测验的内部一致性系数。实际上，K-R20 和 K-R21 只是其特例，因为在（0,1）计分时有 $\sum S_i^2 = \sum p_i q_i$。此外，$\alpha$ 值还是所有可能的分半信度的平均值，它只是测量信度的下界的一个估算值，即当 α 值大时，信度必高；但当 α 值小时，却不能断定信度不高。

$$\alpha = \frac{K}{K-1}\left(1 - \frac{\sum S_i^2}{S_x^2}\right) \tag{6-13}$$

内部一致性信度优点明显，因为重测信度和复本信度需要通过多次测验才能估计信度系数不同，而内部一致性信度只需施测一次就可以，可以排除记忆和练习的效果。但同时也存在以下缺点。①它只可用于测量单一概念的测验。②用于速度测验时，会有信度估计膨胀现象。因为速度测验都是简单或相对简单的题目，而且要在限制时间内完成，被测者可以答对大多数题目，因此内部一致性都会很高。鉴于多数测验混合了能力测验和速度测验，如标准化成就测验，因此在估计成就测验的信度时，除了采用内部一致性方法外，还应再估计其他的信度，如重测信度或者复本信度等。

（五）评分者信度

评分者信度是指多个评分者给同一批被测者的答卷评分的一致性程度。像投射测验、道德判断、无领导小组讨论等，无法完全客观计分，评分者之间的变异就属于误差来源之一，对此，除了需要通常的信度估计外，还需要估算评分者信度的度量。一般要求在成对的受过训练的评分者之间平均一致性达到 0.90 以上，才认为评分是客观的。

当评分者人数为两个时，评分者信度等于两个评分者给同一批被测者的答卷所给分数的相关系数（积差相关或等级相关）。当评分者人数多于两个且采用等级积分时，评分者信度可用肯德尔（Kendall）和谐系数公式（6-14）进行估计。

$$W = \frac{12 \left[\sum R_i^2 - \frac{\left(\sum R_i \right)^2}{N} \right]}{K^2(N^3 - N)} \qquad （6\text{-}14）$$

式中，K 为评分者人数，N 为被测对象数（通常是被测者人数，每人一份试卷），R_i 是第 i 个被测对象（考卷）的被评等级之和。

三、信度的影响因素及提高的方法

（一）信度的影响因素

信度是测量过程中随机误差大小的反映，随机误差大，信度就低，因此，凡是能引起测量随机误差的因素——被测者、测评者、施测情境、测量工具等都会影响信度，这在本章第一节误差的来源和控制多涉及，下面主要分析几个重要因素。

1. 被测者的特征

就单个被测者，如本章第一节所说，其耐心、注意力、求胜心、应试动机、作答态度、身心健康状况等会影响自身心理特质水平的稳定性，从而造成测量误差。

就被测团体来说，一是团体内部水平的异质或离散程度会影响信度。这是因为信度估计值大都是以相关为基础的，而相关系数的大小往往取决于全体被测者得分的分布情况，被测团体越异质，其分数分布范围就越广，信度系数也就越高，这有可能高估了实际的信度值；相反，被测团体越同质，其分数分布范围就越窄，信度系数就越小，这时又有可能低估了实际的信度值。这往往需要重新确定测量的信度。二是团体的平均水平也会影响信度。因为团队的平均水平过高或过低也会使总分分布变窄，低估真正的信度值。而且，对不同水平的团体来说，项目的难度不尽相同，每个项目在难度上的变化累积起来，便会影响信度。问题不仅在于此，更在于这种影响不能由统计公式来推估，只能从经验中发现它们。

2. 测验的长度

一般来说，测验越长，信度越高。一则随着测验的加长，可能改进项目取样的代表性，更好地反映了被测者的真实水平；二则随着项目数量的增加，被测者的潜在差异也会更多地表现出来；三则项目越多，每个项目的随机误差越可互相抵消。根据斯皮尔曼—布朗公式可以推导出一个理想信度的测验的长度，见公式（6-15）。

$$n = \frac{r_{nn}(1 - r_{xx})}{r_{xx}(1 - r_{nn})}$$ （6-15）

式中，n 为测验长度延长的倍数，r_{nn} 为测验延长后的信度系数，r_{xx} 为测验延长前的信度系数。当然，如果一个测验的题目数量过多，也可以通过该公式进行删减，不过这时求出的 n 就小于 1。

假定一个包括 10 个题目的测验的信度为 0.50，那么增加题目数量后，对信度系数的影响见表 6-1。可见，增加测验长度的效果遵循报酬递减规律，这说明增加题目数量是提高信度的最有效途径之一，但并非题目越多越好。所以，在满足信度系数要求的前提下，应将数量控制在适度范围之内，这样既可以节约时间精力，也可以避免因题目数量过多引起被测者的疲劳和反感而对信度带来的不良影响。

表 6-1　题目数量与信度系数之间的关系

题目数量	10	50	100	200	300	400	500
信度系数	0.500	0.830	0.910	0.950	0.968	0.976	0.980

3. 测验的难度

测验的难度与信度本没有直接对应关系，但当测验难度很高或很低时，被测者的回答都会倾向于一致，分数的范围就会缩小，从而降低信度。同时如果题目过难，被测者可凭猜测作答，无法反映出真实水平。因此，只有当难度水平使分数的分布范围最大时，信度才会最高。理论上，难度为 0.50 时，分数分布范围最大。但难度为 0.50 时只适合于简答题，而对于选择题，由于存在一个相对较大的猜对概率，难度值应当提高，根据洛德（Lord）的观点，选择题和判断题的理想平均难度为：五择一测题：0.70；四择一测题：0.74；三择一测题：0.77；是非判断题：0.85。

4. 两次施测的间隔时间

在计算重测信度和稳定性与等值性系数时，两次测验相隔的时间越短，其信度值就越大；间隔时间越长，其他因素带来影响的机会就越多，因而其信度值就可能越小。

（二）提高信度的常用方法

提高信度的常用方法较多，除下述方法外，还有施测者要严格执行施测规程、测评者严格按标准给分、施测场地严格按测验手册要求进行布置等。

1. 适当增加测验的长度

如前所述，项目数量太少会降低测量的信度，因此，提高信度的一个常用方法是增加测验的长度，当然其前提是新增项目必须与原有项目同质，且数量适度。

2. 控制测验项目的难度

当测验中所有试题的难度接近正态分布并控制在中等水平时，被测团体的得分分布也会接近正态分布，且标准差会较大，以相关为基础的信度值也必然会增大。所以，控制测验项目的难度也是提高信度的一个常用方法。

3. 提高测验试题的区分度

区分度是题目的质量指标（详见本章第四节），直接影响到信度，因此，提高所有试题的区分度，可以较为显著地提高信度。

4. 选取恰当的被测团体

由于被测团体的平均水平和内部差异情况均会影响信度，因此，在进行信度检验时，需要根据测验的使用目的来选择被测团体。即在编制和使用测验时，一定要弄清楚常模团体的年龄、性别、职业、爱好、文化程度等。一个特别异质的团体所获得的信度值并不等于其中某些较同质的亚团体所获得的信度值，只有各亚团体所获得的信度值都合乎要求的测验，才具有广泛的应用性。

第三节　公共部门人力资源测评的效度

一、效度的概念

效度（validity）即正确性，是指一个测验或测量工具实际能测出其所要测的特质的程度。效度越高，表示测验的结果与所要测查的特质之间的吻合程度越高。效度是科学测量工具最重要的必备条件，一个测验若无多少效度，则无论其是否具有其他任何要件，一律无法发挥真正的功能。

从统计角度出发，效度可定义为：与测量目的有关的真实变异数（由所测量的特质引起的主要变异）与总变异数（实得变异数）的比率，见公式（6-16）。

$$r_{xy}^2 = \frac{S_V^2}{S_X^2} \qquad (6\text{-}16)$$

式中，r_{xy} 为效度系数，S_V^2 为有效变异数，S_X^2 为总变异数。与信度一样，效度也是理论上构想的概念，不可能通过该公式计算获得，只能通过已有的资料进行推论。

对效度可从如下三个方面来理解。①效度是一个相对概念。它是相对于一定的测量目的而言的，即只针对一定目的有效。如测量某一特质有效的量表，若用来测量另一种特质，这必然效度极低。②效度是一个程度概念。心理特质具有较隐蔽的特性，只能通过其行为表现进行推测，这就决定了心理测量只能达到某种程度上的准确，不可能达到百分之百的准确。因此，效度只有程度上的差异，不存在全有或全无的区别，因此用"有效"或"无效"来评价测量结果是不妥的，使用"高效度""中等效度""低效度"的说法更为科学。③效度是测量的随机误差和系统误差的综合反映。与信度不同，无论是系统误差还是随机误差，只要存在误差，都会影响效度，而信度只受到随机误差的影响。

二、效度与信度的关系

信度与效度共同构成选择和评价测量工具的重要标准，但二者所解决的是不同类型的误差问题，二者既相互区别又相互联系。

公式（6-1）$S_X^2 = S_T^2 + S_E^2$ 只涉及随机误差的变异，系统误差的变异包含在真分数的变异之中，即真分数变异还可以分成两部分：与测量目的有关的变异（S_V^2）和与测量目的无关的变异（S_I^2），这样公式（6-1）转化为公式（6-17）。

$$S_X^2 = S_V^2 + S_I^2 + S_E^2 \qquad\qquad (6\text{-}17)$$

由此可以得出：当随机误差的变异数（S_E^2）减小时，真分数的变异数（S_T^2）增加，信度 r_{xx} ［S_T^2 / S_X^2，见公式（6-3）］随之提高，但信度的提高，只是给有效变异数（S_V^2）的增加提供了可能，至于效度的变化，还要看系统误差变异数（S_I^2）的大小，可见，信度高不一定效度高。但鉴于 $r_{xy}^2 = S_V^2 / S_X^2 = \left(S_T^2 - S_I^2\right)/ S_X^2 = r_{xx} - S_I^2 / S_X^2$，而 $S_I^2 \geq 0$，所以，$r_{xy}^2 \leq r_{xx}$，即一个测验的效度总是受它的信度所制约，信度系数的平方根是效度系数的最高限度。

因此，第一，效度是测量的首要条件，信度高是效度高的必要条件而非充分条件。第二，信度低，效度不可能高。因为如果不能保证测量数据的准确性，就不能有效地说明所研究的对象，效度也就成了一句空话。第三，信度高，效度未必高。因为信度只能说明测量的数据是准确的，但这个数据可能并不是想要的，也不能有效反映测量的目标。如用标准米尺来量体重，每次的测量值都很稳定、很一致（信度高），但测量的结果是身高，而不是测量的目标——体重，因此效度很低。第四，效度高，信度必然高。一个有效地满足目标的测量，其测量数据必定是准确的、稳定的。信度与效度的关系还可以用图 6-1 进行解释。

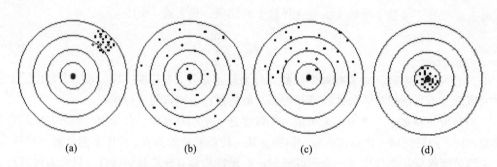

(a)	(b)	(c)	(d)

图 6-1　信度与效度关系示意图

(a) 多次测量结果都很稳定，但都出现了系统偏差（信度高，但效度低）；(b) 多次测量结果极不稳定，大部分结果没有命中目标中心（受信度低的影响，效度不可能高）；(c) 多次测量结果既不稳定（信度低）又不准确（效度也低）；(d) 多次测量结果既稳定又准确（信度和效度都高）。

三、效度的类型与估计

随着测量理论和实践的发展，效度已经被视为一个综合体，效度证据的来源也已多种，如美国教育与心理测验标准就列举了八种，其中比较常用的是内容效度、构念效度和效标关联效度三种。这些效度分类适用于不同的目的，如知识测评，内容效度非常重要；而对人才选拔，预测效度更重要。

（一）内容效度

1. 内容效度的概念

内容效度是指测题对有关内容或行为取样的适当性和相符性，即实际测到的内容与所要测量的内容之间的吻合程度。如果实际测到的内容与想要测的内容保持一致，则表明测量结果的内容效度高。由于这主要与测量内容有关，所以叫内容效度，又称逻辑效度。可见，一个有较好内容效度的测验需要具备两个前提条件：一是具有定义完好的内容范围，二是测题应在所界定的内容范围内且具有代表性。

2. 内容效度的估计方法

（1）专家评定法。这是指由一定数量的专家根据测题和假设的内容范围做出系统的比较判断的方法。是一种常用的、定性分析的方法。如果测题对测量内容的有效代表得到了多数专家的认可，可认为该测量具有相应的内容效度。因此，该法简便易行，但问题在于这主要依赖专家的知识和经验，主观性较强，且缺乏一个客观、可量化的评估标准。当专家们的意见不一致时，可以通过计算内容效度比检验专家们在多大程度上达成一致，见公式（6-18）。式中，n_e 为持有肯定意见的专家人数，N 为专家总人数。C 的取值范围为 $-1 \sim 1$。为此要把其最小值与表 6-2 中呈现的最小值进行比较，它取决于专家的数量。

$$C = \frac{(n_e - N/2)}{N/2} \tag{6-18}$$

表 6-2　Lawshe 内容效度评定的最小值

专家人数	≤5	6	7	8	9	10	20	40
最小值	0.99	0.99	0.99	0.75	0.78	0.62	0.42	0.29

（2）经验法。这是指通过经验和常识，判断实测的内容是不是欲测的内容。不同的被测团体在测验上的得分和对每题的反应存在较大差异，如高年级学生比低年级的水平要高，如果测验的总分和题目的通过率随着年级而增高，则说明该测验基本测量了教学的内容。

（3）统计法。这是内容效度的定量估计方法。

一是克伦巴赫法。即编制两个取自同样内容范围的独立的平行测验，并用来测同一批被测者，然后计算测验的复本信度。如果相关较高，则说明测验具有较高的内容效度（除非两个测验取样偏向同一方面）；如果相关较低，则说明两个测验中至少有一个缺乏内容效度。

二是再测法。首先给一组被测者进行前期测量，当然，由于他们对其中的内容知之甚少，所以得分会较低；然后让他们学习有关内容或接受训练，结束之后再进行后期测量。如果后测成绩有很大提高，则说明所测内容正是被测者新近学习或训练的内容，进而证明内容效度较高。

3. 内容效度的应用及注意事项

内容效度主要应用于成就测验，因为成就测验主要是测量被测者掌握某种技能、学习某门课程所达到的程度。其中，题目取样的代表性问题是内容效度的主要考查方面。内容效度分析也用于选拔和分类的职业测验。这种测验所要测的内容就是实际工作所需的知识和技能。但它不适用于能力倾向测验和人格测验。因为这些测验的是较抽象的特质，内容范围也难明确界定，故而难以评估测项是否具有代表性。内容效度的主要缺点是缺乏合适的数量指标，因而妨碍了各测量间的相互比较。

在实际应用中，要避免与表面效度相混淆。所谓表面效度指的是外行人从表面上看测验是否有效。其实，表面效度不能算是一种效度，它不反映实际测量的东西，但它能影响被测者的动机，从而影响效度，所以必须重视表面效度。一般来说，最佳行为测验往往表面效度高，其他测验则希望表面效度低。

（二）构念效度

构念效度是指测验能够实际测量到理论的特质或者概念的程度，又称为结构效度、构想效度、建构效度等。构念是指用来解释人类行为的理论上的架构或特质，是一些抽象而属假设性的概念、特质或变量，如智力、焦虑、攻击性、成就动机等。它们不能通过直接测量获得，而是通过可以观察的各种材料（如具体的行为特征），能够确定被测者是否具有该项特征。

建立具有构念效度的测量，必须先从某一构念的理论出发，导出各项关于心理功能或行为的基本假设，进而据以设计和编制测验，然后由果求因，以相关、实验和因素分析等方法，查核测验结果是否符合心理学理论。构念效度的检验通常包括以下步骤：①根据已有的文献、研究结果、实际经验等建立构念的假设性理论；②根据构念的假设性理论，设计、编制测量工具；③选取适当的样本施测；④以科学的统计方法检验测量工具是否可以有效解释构念的理论。

估计构念效度的方法包括测验内部的方法和测验间的方法。前者包括内容效度、内部一致性等；后者包括因素分析、相容效度、聚合效度与区分效度等。

（三）效标关联效度

1. 效标关联效度的概念

效标关联效度是指测验分数与某一外部外在效标之间相关的一致性程度，即测验结果能够代表和预测效标行为的有效性和准确性程度，又称为实证效度或统计效度。效标是指衡量一个测验有效性的参照标准，通常可以直接、独立地测量出目标行为，具有多样性、复杂性、特殊性和时间性。按照效标测量材料获得的时间，可将效标关联效度分为同时效度与预测效度两种。同时效度是指收集效标材料与测验分数差不多同时进行，而预测效度是指收集效标材料在实际测量结束后隔一段时间再获得。但区分二者的标准不是时间，而是测验的目的，前者主要用于测量现在的状态，后者主要用于预测未来的情况。

2. 效标的种类

效标即效度标准，其选择是估计效标关联效度的关键。效标具有双重含义：一是代表其概念内容的观念效标，二是对其进行具体度量的效标测量。如针对应届高校毕业生的招聘实施相关测验，其观念效标是学业能力，效标测量则可以用综合分析能力、沟通表达能力等具体指标来表示。

较常用的效标有以下几种。①学业成就。如学历、在校成绩、有关奖励和荣誉等，可以作为智力、学习能力测验的效标。②实际工作表现。这是比较令人满意的效标测量，可作为一般智力测验、能力倾向测验、人格测验及一些职业测验的效标。③等级评定。由有关专家或机构对智力、人格、学习成绩、工作表现等做出的评定等级用来作为有关测量的效标。④团体特征。如兴趣测验如果能区分不同职业的人，能力倾向测验能区分成功与不成功的人，人格测验能区分不同的精神症状，那么这些测验便是有效的。另外，像专门训练成绩、其他现成的有效测验等也是有关测量的效标。

3. 效标关联效度估计方法

（1）相关法。即计算测验分数与效标分数间的相关，得到的结果为效度系数。如积差相关法、等级相关法、二列相关法、四分相关法等。效度系数应达到什么程度才可以接受，对此没有一个统一的答案，因为解释效度时还必须考虑其他有关因素，但一般来说，相关系数必须达到统计上显著的水平。如果其他情况已定，则效度系数越高越好。

（2）区分法。即看预测源的分数是否可以区分由效标测量所定义的团体。如某单位通过测验新录用了一批工作人员，经过一段时间的工作，根据他们的工作成绩将其分为称职的和不称职的，然后看最初他们的测验分数，检验两组分数的平均分数是否有显著差异。故又称为分组检验法。

（3）命中率法。命中率是指根据测验所做的正确决定的比率。它主要用作取舍决策，又称为取舍正确率。某测量工具的效度高不高，主要是看命中率的高低，即通过测验所做出的决策与实际情况的吻合程度。命中率包括正命中率、负命中率和总命中率。正命中率是指被测验选出来的人中真正被选对了的人数的比率，负命中率是指被测验所淘汰的人中真正应该被淘汰的人数的比率，总命中率是指被测验选对了人的人数和被淘汰对了的人数之和与总人数之比。显而易见，如果同时在意被选对了和被淘汰对了的人数的比率，则以总命中率作为效度指标，即总命中率高，效度就高；若只关心被选者是否全部符合要求，而不关心被淘汰者中是否有符合要求的人，则应选用正命中率高的工具，正命中率越高，效度就越高。

该法优点是易于理解，实施方便。但缺点在于只考虑到临界点附近分类决策的有效性，难以像效度系数那样在整个范围内提供了测验分数与效标分数的关系；同时，该法对刚刚低于临界分数的被测者可能很不公平，特别是临界点附近的被测者较为集中时，这尤其突出，因此分类决策时对临界分数的确定务必慎重。

一般来说，只要时间、精力等允许，就可以尽力去收集每个测验尽可能多的效度证据，但这实际上难以做到，因此，对一个具体的测验而言，并不总是需要收集所有效度形式的证据，这取决于测验的目的。具体言之，内容效度最适合于测量具体属性的测验，如成就测验；构念效度最适合于测量抽象概念的测验，如自我效能感、心理资本等；效标关联效度最适合于用来预测结果的测验，如人员的选拔测验等。

四、效度的影响因素及提高的方法

（一）效度的影响因素

从理论上讲，凡是与测量目的无关的、稳定的和不稳定的变异来源都会影响测量的效度，因此，影响效度的因素很多，主要包括如下几种。

1. 测验本身

（1）测验项目的质量。即测验项目是否能较好地代表预测素质的内容或结构，语言表述是否清楚准确，难度是否适当，以及测量中产生的其他各种误差，都会直接影响内容效度和构念效度。显然，如果测验项目没有较好地代表欲测内容或结构，内容效度或结构效度必然不高；题目语义不清、指导语不明，题目太难或太易、太少或安排不当等，都会降低效度。

（2）测验的长度。测验的长度会影响测验的信度，同时也会影响效度。根据斯皮尔曼——布朗公式可以计算长度增加后的新测验的效度，见公式（6-19）。其中，$r_{(nx)y}$ 为长度相当于原测验 n 倍的新测验的效度系数，r_{xx} 为原测验的信度系数，r_{xy} 为原测验的效度系数，n 为倍数。在此，原测验和新测验的效度系数是使用同一个效标计算出来的。可见，如果一个测验的效度不理想，可以通过增加同质性题目的办法使测验的信度和效度达到一个较理想的水平。

$$r_{(nx)y} = \frac{r_{xy}}{\sqrt{(1-r_{xx})/n + r_{xx}}} \tag{6-19}$$

（3）测验的信度。根据本节"二、效度与信度的关系"，特别是 $r_{xy}^2 = S_V^2 / S_X^2 = (S_T^2 - S_I^2)/S_X^2 = r_{xx} - S_I^2 / S_X^2$ 可知，效度受信度所制约，所有影响信度的随机误差都会影响效度，低信度必然导致低效度。

2. 样本

每个测验都有其适用范围，如适用于某一年龄段或某一职业的被测者，这要求在验证测验效度时所选取的被测者样本能代表测验适用的被测者总体。如果选取的不是被测者总体的代表性样本，那么估计出来的效度系数就可能不是真正的效度。

因此，就整个被测团体而言，①在其他条件相同的情况下，异质性越高，效度越高。因为效度受到被测团体分数分布的影响。②有时候，同一个测验，对不同年龄、性别、职业、文化程度被测团体，得出不同的预测能力，即具有不同的测量效度。事实上，被测团体的这些特征常常成为干涉变量。③样本容量越大，测量误差越小，效度也就越高。

3. 施测过程

在施测过程中，一是客观环境，如噪声、高温等容易引起被测者不适；二是施测者不遵从指导语的要求、潜意识的引导，评分、计分的差错等；三是其他意外的干扰等都会降低效度。同时，一般来说，被测者的动机、情绪、兴趣、态度和身体状态等都会影响信度，造成较大的随机误差，进而影响效度。

4. 效标

一个测验有多少种具体用途，就可以根据多少种效标进行效度分析，因此，效标选择不当会直接影响对效度的估计。比如，采用积差相关法计算效度系数时，要求测验和效标分数的分布都应是正态，且二者是线性关系，但测验分数和效标间可能存在更复杂的关系，因此，在选用相关系数的计算公式时，注意各公式的使用条件；再如效标缺陷，如大多数高校教师的工作包括教学、科研和社会服务三个方面，如果仅使用教学和服务两个方面的指标，这就是有缺陷的；又如效标污染，即效标受到预测变量以外的因素的影响，结果导致效度下降，像带有偏见、个人恩怨地对下属的绩效考核，这样的考核结果肯定与实际情况相差甚远，效度也自然随之下降，而且这种影响也是无法预知的。

（二）提高效度的常用方法

1. 精心设计测验

通过精心设计测验，尽可能避免系统误差。①使试题样本充分反映欲测内容和结构。实践表明，双向细目表是一个较为有效的工具。它是由测量的内容材料维度和行为技能所构成的表格，有助于决定应选择哪些方面的项目以及各类型项目应占的比例。当然，双向细目表的研制应由专业人士进行，既要考虑欲测构念的理论依据，也要考虑欲测构念的实践情况。实践证明，根据双向细目表开发出来的测量工具，其内容效度与构念效度一般说来都会比较好。（关于双向细目表，详见第八章第四节）②保证适当的难易程度、区分度，避免出现题目偏倚。③保持恰当的测验长度。④测验题目的印制、作答的要求、评分计分的标准、题目意思的表述等都要科学、规范，避免一切可以避免的误差。

2. 严格实施测验

一般来说，基于精心设计的测验，在施测过程中，系统误差不会太明显，随机误差却有失控的可能。为此，施测者一定要严格按手册指导语操作，既不要有意无意地造成紧张气氛，也不要给被测者一些暗示、协助等，尽量减少无关因素的干扰。

3. 优化测评环境

被测者会因自身多种因素，带来较大的随机误差。为此，应注意优化测评环境，创设标准的测评情境，提醒和帮助被测者从生理、心理、知识、能力等多方面做好应有的准备，调整好心态，以正常状态应试。

4. 正确选择效标

效标本是测验的外在因素，不会引起测验的误差。但它作为衡量测量结果有效性的标准，应具备构念效度，否则很难正确地估计测量的效标关联效度。为此，一方面，选择的效标必须能最有效地反映测量目标，即效标测量本身必须有效；具有较高的信度，且可以用较为简单的方法进行客观测量。另一方面，如果效标及效标测量都合乎要求，接下来应注意计算公式的使用条件，选用适当的计算公式，以保证正确估计效度。

第四节　公共部门人力资源测评项目分析

项目分析是指根据试测结果对组成测验的每个项目（题目）特征进行分析，评估题目质量高低、确定题目筛选标准并进行筛选和优化的过程和方法。广义的项目分析包括质的分析（定性分析）和量的分析（定量分析）两个方面。前者主要包括内容效度、题目编写的恰当性、思想性和有效性等分析；后者主要包括对于题目难度和区分度的分析。鉴于任何测验的信度、效度最终都要依赖于题目的上述性质，因此，通过项目分析，可以选择、替代或修改项目，提高测验的信度和效度，使测验变得更加简洁、实用、有效与可靠。

一、难度

难度是指项目的难易程度。在成就或能力测验中称为难度；而在人格、兴趣、动机等测验中，因项目无难易之分，又称为通俗度或流行性，即答对或通过该项目的人数。通常以项目的通过率、得分率或答对率来表示。

（一）两级计分项目难度计算

1. 通过率法

如果项目采取 1、0 两级或二值计分形式，答对记 1 分，答错记 0 分，常用的是以通过率表示难度，即被测者答对或每个项目的通过人数百分比，见公式（6-20）。因此，$0 \leqslant P \leqslant 1$。

$$P = \frac{R}{N} \times 100\% \tag{6-20}$$

式中，P 代表项目的难度，R 为答对或通过该项目的人数，N 为被测者总人数。

2. 高低分组法

如果被测者人数较多，可以先将被测者按照总分的高低次序排列，然后，在两端分别划出人数比例相等的高分组和低分组，一般取 27%，再分别求出高分组、低分组在每一项目上的通过率 P_H、P_L，求其平均值作为该项目的难度，见公式（6-21）。

$$P = \frac{(P_H + P_L)}{2} \tag{6-21}$$

（二）非两级计分项目难度计算

1. 用被测者得分平均数估算

如果项目不是两级计分，如简答题、论述题等，可采用平均得分率表示难度，见公式（6-22）。其中 $\bar{X}$ 为所有被测者在该项目上的平均得分，X_{max} 为该项目的最高得分（满分）。

$$P = \frac{\bar{X}}{X_{max}} \times 100\% \tag{6-22}$$

2. 用难度校正公式计算

在多项选择题中，由于允许猜测，被选答案的数目越少，猜测的作用越大，被测者的得分可能被夸大，不能真实反映测验的真实难度，吉尔福特提出了一个校正公式（6-23）。其中，CP 为校正后的通过率，P 为实际得到的通过率，K 为选项的数目。

$$CP = \frac{KP-1}{K-1} \tag{6-23}$$

（三）难度水平的确定

难度水平多高为好，取决于测验的目的和性质等。一般的标准化常模参照测验，难度接近 0.50 比较理想，此时项目具有最大的区分度。但实际操作时，使所有项目难度都到达 0.50 困难很大，而且也没必要，通常只需使项目的平均难度接近 0.50，而各个项目的难度在 0.30～0.70 变化即可。如果是标准参照测验，如目的是为了解被测者对某方面知识技能的掌握情况，就不必过多考虑难度。如果是为了人员选拔录用，可采用难度值接近录取率的项目，当然这是指整个测验的平均难度，不是每个项目都取同等难度。

测验的性质不同，难度值要求也不同。像速度测验的难度不宜太高，而且应使每个项目的难度值基本相等；而难度测验的难度值在 0.50 左右。当然，二者都应防止被测者得满分，因为满分意味着无法了解被测者的最高水平。

二、区分度

区分度是指项目对被测者心理特质水平差异的区分能力或鉴别能力。又称为鉴别度。具有良好区分度的项目，水平高的被测者得高分，水平低的被测者得低分。因此，项目的区分度是评价项目质量好坏的重要指标，也是筛选项目的主要依据。

区分度的计算方法较多，都是以被测者对项目的反应与某种参照标准之间的关系为基础。如人格测验可把被测者的反应与由其他方式确定为具有某种人格特征的人做比较，看二者是否一致。因此，在使用时可根据测验的目的、性质、计算的工作量等来选择方法，并注意互相验证。

（一）鉴别指数法

鉴别指数法是指通过比较高分组和低分组在某一项目上的通过率的差异，作为项目鉴别指数的方法。如从分数两端各取 27% 进行计算。但在人数较少的情况下，可以取 50%，即把上下两半被测者直接作为高低分组，以保证较高的效度。当然。由于计算机的使用和统计技术的完善，人数较多时，也可以取上下 50% 作为划分高低组的标准，或者多分几组进行分析，结果更加准确。见公式（6-24）。其中，D 为鉴别指数，P_H 为高分组在该项目上的通过率，P_L 为低分组在该项目上的通过率。D 的取值范围是：$0 \leqslant D \leqslant 1$。$D$ 值越大，区分度越大。1965 年，美国测量专家伊贝尔（L. Ebel）根据长期的经验提出用鉴别指数评价项目性能的标准，见表 6-3。

$$D = P_H - P_L \tag{6-24}$$

表 6-3　鉴别指数评价标准

鉴别指数 D	项目评价
0.40 及以上	很好
0.30～0.39	良好，修改后会更佳
0.20～0.29	尚可，但需修改
0.19 以下	差，必须淘汰

（二）相关法（项目—总分相关）

鉴别指数法虽然计算方便，容易理解，但结果不够精确，在大规模或标准化测验中，多采用相关法计算。

1. 点二列相关

该法适用的项目是 1、0 两级计分或二分变量，效标分数或测验总分为连续变量的数据资料，计算公式见公式（6-25）。其中，D 为区分度；p 为项目通过率；$q=1-p$，为未通过率；$\overline{X}_p$ 为通过该项目被测者的平均效标分数；$\overline{X}_q$ 为未通过该项目被测者的平均效标分数；S_t 为全体被测者的效标分数的标准差。

$$D = \frac{(\overline{X}_p - \overline{X}_q)}{S_t\sqrt{pq}} \tag{6-25}$$

2. 积差相关

对于非两级计分的项目，可用项目得分与效标分数求积差相关系数，得到项目的区分度，相关系数越大，说明项目区分度越高。

此外，还有二列相关、ψ 相关、方差法等计算方法。要注意的是，区分度具有相对性，为此，①不同的计算方法得出来的区分度值不同，这意味着在分析区分度时，对于同一类型的项目必须采用同一种计算方法，否则难以进行分析比较。②区分度的大小受被测者团体异质程度的影响，被测者团体越同质，同一项目的区分度越小，因此在说明区分度时，总是要针对某个具体的被测者团体。③一般来说，样本容量越小，其统计值越不可靠，因此，用相关法计算后，不能仅从数值大小进行判断，还应运用统计显著性检验法，检验区分度值是否显著。④鉴别指数值受分组标准的影响较大，分组越极端，其值越大，所以，一般取 27% 作为极端组的划分标准。

三、难度和区分度的关系

一般来说，较难的项目对高水平被测者区分度高，较易的项目对低水平被测者区分度高。二者的密切关系可以通过如下方法求得。如果某项目的通过率为 1.0 或 0，则表明高分组和低分组全部通过或没有人通过，则 $D=0$；如果项目的通过率为 0.5，则有可能是高分组的被测者全部通过了，而低分组无人通过，此时，$D=1.0$，这是鉴别指数的最大可能值；如果通过率为 0.7，则有可能高分组通过率为 1.0，低分组的通过率为 0.4，此时区分度 $D=0.6$，依次类推就可求出不同难度项目的最大可能的 D 值，见表 6-4。

表 6-4 难度与区分度的关系

难度 P	1.00	0.90	0.70	0.60	0.50	0.40	0.30	0.10	0
区分度 D	0	0.20	0.60	0.80	1.00	0.80	0.60	0.20	0

由此可见，难度越接近于 0.5，项目区分度越大，而难度越接近 1.0 或 0 时，项目的区分度越小。因此，要提高区分度，最好让项目保持中等程度的难度。但实际上不能这么做。因为一个测验中的项目大多趋向于与有关的内容或技能具有某种程度的相关。假若所有的题目都完全相关（$r = 1$），并且都是 0.50 的难度水平，在一个项目上通过的人，在其他各项目上也会通过；在一个项目上失败的人，在其他项目上也将失败，那么一半被测者将通过每一个项目，另一半将全通不过。测验将只有两种分数，即满分与零分，呈 V 形分布。这样，从整体上来说，测验所提供的信息便相对减少。事实上，如果测验的所有项目都是中等难度，只有在项目的内在相关为 0 时，整个测验分数才产生正态分布。考虑到在实际测验中，一般各项目之间都具有某种程度的相关，在利用项目分析选择试题时，应使项目的难度分布广一些，梯度大一些，使整个测验的难度分布呈正态分布，且平均水平保持在 0.50 左右，让一部分较难的项目对高水平的被测者具有较高区分度，一部分较容易的项目对低水平的被测者具有较高区分度，而中等难度的项目对中等水平被测者区分度较高。这样就能把各种水平的人都区分开来，并且区分得比较细。[①]

主 要 词 汇

误差　随机误差　系统误差　信度　重测信度　复本信度　分半信度
内部一致性信度　评分者信度　效度　内容效度　构念效度　效标关联
效度　难度　区分度

复习思考题

1. 什么是公共部门人力资源测评的误差？它有哪些类型、来源？如何进行控制？

2. 什么是公共部门人力资源测评的信度？它有哪些类型，如何进行估计？它有哪些影响因素？它的提高方法有哪些？

3. 什么是公共部门人力资源测评的效度？它有哪些类型，如何进行估计？它有哪些影响因素？它的提高方法有哪些？

4. 信度和效度有什么关系？

5. 什么是难度、区分度？如何计算？二者有什么关系？

6. 试分析大学英语四、六级考试的误差、信度、效度、难度和区分度。

---

① 戴海崎，张锋. 心理与教育测量[M]. 4 版. 广州：暨南大学出版社，2018：87-88.

公务员结构化面试信效度的影响因素及提升

推荐进一步学习阅读书目

1. 陈社育. 公务员录用考试的信度和效度研究[M]. 南京：南京大学出版社，2012.

2. 杨国枢，文崇一，吴聪贤，等. 社会及行为科学研究法[M]. 13 版. 重庆：重庆大学出版社，2006.

第七章

公共部门人力资源测评流程

【学习目标】

- 掌握公共部门人力资源测评通用流程。
- 了解公务员录用、公开遴选，党政领导干部选拔任用，以及事业单位公开招聘工作人员和内部竞聘上岗程序的程序。
- 掌握公共部门人力资源测评方案的内容。
- 掌握公共部门人力资源测评方法、工具的选择、修订或研制。
- 掌握公共部门人力资源测评方案组织与实施。
- 掌握公共部门人力资源测评数据处理与结果分析。
- 掌握公共部门人力资源测评报告撰写。
- 熟悉公共部门人力资源测评结果反馈运用与评估改进。

第一节　公共部门人力资源测评基本流程

一、公共部门人力资源测评通用流程

公共部门人力资源测评作为一种专业化的活动，必须遵循相应的规范化的流程，其中，有些环节和内容是由法律法规明确规定的，这是必须严格遵守的。尽管各公共部门实施人力资源测评的目的、内容、对象等不同，测评的设计、实施环节也有差异，但作为一种普适性的专业活动，它有其特定的规范化的流程。其通用流程可分为测评准备、测评实施、测评数据处理与结果分析、测评报告撰写、测评结果反馈运用与评估改进五个阶段（图7-1），每个阶段又分为若干环节或步骤。

二、公务员录用、公开遴选与党政领导干部选拔任用程序

（一）公务员录用程序

对录用担任一级主任科员以下及其他相当职级层次的公务员，《公务员法》第二十三条规定，采取公开考试、严格考察、平等竞争、择优录取的办法；《公务员录用规定》第六条规定，应当按照下列程序进行：①发布招考公告；②报名与资格审查；③考试；

④体检；⑤考察；⑥公示；⑦审批或者备案。省级以上公务员主管部门可以对上述程序进行调整。

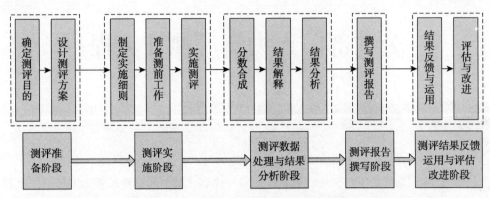

图 7-1　公共部门人力资源测评通用流程图

（二）公务员公开遴选程序

《公务员公开遴选办法》第五条规定，公开遴选一般按照下列程序进行：①发布公告；②报名与资格审查；③考试；④考察；⑤决定与任职。省级以上公务员主管部门可以根据需要对上述程序进行调整。

（三）党政领导干部选拔任用程序

《党政领导干部选拔任用工作条例》以第三章分析研判和动议、第四章民主推荐、第五章考察、第六章讨论决定、第七章任职等对党政领导干部选拔任用做出了详细的规定。

三、事业单位公开招聘工作人员和内部竞聘上岗程序

《事业单位人事管理条例》第九条规定，事业单位公开招聘工作人员按照下列程序进行：①制定公开招聘方案；②公布招聘岗位、资格条件等招聘信息；③审查应聘人员资格条件；④考试、考察；⑤体检；⑥公示拟聘人员名单；⑦订立聘用合同，办理聘用手续。

《事业单位人事管理条例》第十条规定，事业单位内部产生岗位人选，需要竞聘上岗的，按照下列程序进行：①制定竞聘上岗方案；②在本单位公布竞聘岗位、资格条件、聘期等信息；③审查竞聘人员资格条件；④考评；⑤在本单位公示拟聘人员名单；⑥办理聘任手续。

第二节　公共部门人力资源测评方案设计

测评方案是指对某一测评活动所涉及的各个方面的总体规划、设计、部署和安排，主要回答测什么、怎么测、如何组织施测等关键问题。这是测评准备阶段的主要任务，也是一项专业性强、难度较大的工作，尤其像公务员考试这种涉及面广、社会影响大的测评，必须依规依法制定周详细致、职责分明、合理可行的测评方案。

一、测评方案的主要内容

一份系统、完整的测评方案包含以下主要内容。

（一）前言

前言简要交代制定该方案的背景、依据等。

（二）测评目的

确定测评目的是整个测评活动的起点，而测评目的不仅决定了测评活动的内容、标准、方式、方法，划定了被测者的大体范围，也为测评的报告、评估等提供了指南，更是测评活动的最终归宿。因此，测评的首要工作就是确定测评目的。如前所述，公共部门人力资源测评的目的多种多样，大体上可以分为选拔性测评、配置性测评、开发性测评、诊断性测评与考核性测评，这与按测评目的与用途对公共部门人力资源测评进行分类相一致（详见第一章第三节）。

（三）测评对象

确定测评对象是指确定被测者的类型、范围或具体的人员名单。

（四）测评指标体系

测评指标体系由一群彼此相互关联的测评指标组成，反映了测评的内容、对象等（详见第四章）。

（五）测评方法和工具

根据测评的目的、对象、指标体系选择相应的测评方法，进一步选择、修订或研制测评工具。

（六）测评组织管理

测评组织管理包括确定每个测评项目的领导者、执行者、监督者、测评者与计分、计时、引导等管理服务保障人员名单及其各自的职责等。可按需要组建领导小组、工作小组、监督小组、后勤保障小组等。

其中，测评者是测评活动的组织者和实施者，对整个测评工作发挥着相当重要的作用。这可从测评领域专家，公共组织的领导、主管或组织人社（人事）部门专业人员中选配。对其素质要求，必须如下三者兼备，缺一不可：一是拥有测评方面的丰富的理论知识和经验；二是具备良好的职业道德；三是具有测评的专业技能，较好的口头表达、沟通、应变与观察能力等。在一项测评活动中，通常会使用多种测评方法和工具，它们对测评者的要求也不尽相同，所以在测评实施前必须对所有测评者进行培训，以保证测评活动公平公正、有序进行。

（七）测评实施

测评实施主要包括测评前的准备工作（如材料、场地的确定、布置等），测评者和管理服务保障人员的培训，被测者的动员、培训，测评内容实施的先后顺序，测评结果的分析处理，测评的日程安排等。

（八）测评经费预算

测评经费预算包括购买或新研制测评工具，购买仪器、设备、材料以及其他必备用品，外请专家和工作人员，场地及其他等费用。其中，可以重复使用的器具、设备属于固定资产投入。

（九）注意事项

交代有关突发事件的应急处理原则、流程、方法，以及在实施中应该注意的其他问题。

二、测评方法、工具的选择、修订或研制

不同的测评活动，其测评目的、内容、对象、方法等存在差异，因此可以使用的测评方法、工具也有所不同。关于测评方法的选择详见第五章。其中，测评工具一般来源于以下四个方面。一是经过严格标准化的测评工具。这些工具都会提供相应的信度和效度等数据，因此相对比较科学可信。二是未经严格标准化的测评工具。它们的信度和效度检验可能没有完全完成，然而它们在实践运用中的反馈效果较好，所以还比较流行。对它们的选用需要仔细斟酌。三是一些组织针对特定的组织或者测评目的开发的工具。如果借鉴使用，需要格外慎重。四是自行研制。因此，在测评方案设计过程中，需要选择、修订或研制针对不同测评目的和对象的测评工具。毕竟，在多数情况下，直接可用的测评工具总是有限的，所以，需要对已有测评工具进行修订，或研制新的测评工具。

（一）测评工具的选择

选择已有的较为成熟的测评工具是最经济实惠的，但要选到有效且实用的，需要掌握相关测评工具的信息，熟悉选择的标准，结合测评指标体系，并深入考查反映测评工具质量高低的关键性指标，如效度、信度，使用条件，操作要求，可能出现的问题与预防措施，获得的可能性，费用等（有关工具的技术指标、成本、可用性等详见第五章第二节），这样最终选择的测评工具是一个在科学性和现实操作性之间权衡的结果。实际上，可供直接选用的测评工具大多是通用性的和标准化的工具，如智力或能力倾向测验、个性测验之心理素质量表；知识类试卷、机考套题等。

（二）测评工具的修订

测评工具的修订是指按照选择测评工具的要求，以已有测评工具为基础，在对其进行全面评价、不改变原测评工具基本功能和构念的前提下，做出适当的修改和完善。如文件筐测验、无领导小组讨论等，都可以在借鉴的基础上通过修订继续使用。为此，首先，审核测评内容和指导语，修改不适合的表述，使其更加清楚、简洁。其次，进行初试，对测评工具进行修订。重点是收集被测者与测评者双方有关测评的内容、难易、时间、方式等信息，由专业人士评估其效度与信度。再次，根据上述评估，结合测评要求和内在逻辑对

测评工具进行恰当的修改和完善。最后，用已修订的测评工具再次施测，施测对象包括参加初试和没有参加初试的两部分，然后根据再测结果，对测评工具做进一步的调整完善，并给出使用说明和操作指南。

（三）测评工具的研制

对于那些只有本组织才需要的独特知识、能力等的测评，是不可能通过选用或者修订已有测评工具来完成的，这就需要研制测评工具。但这是一项非常专业化的工作，必须由经验丰富的专业人士来完成，大致要经历如下几个阶段。第一，在测评目的的引导下，通过查阅文献、访谈、实地考察等手段对欲测量的潜在构念给出操作性的定义。第二，从操作定义出发，面向专业人士、被测群体广泛收集反映该项构念的相关项目，结合已有的文献资料初步确定测评内容。第三，针对被测者的特点，将测评内容转化为可度量的测评工具。第四，运用新开发的测评工具对被测者进行预试，并进行信度和效度分析，直到满足测量学的要求为止。第五，经过再测积累效度与信度的证据，形成正式测评工具。[①]

在公共部门人力资源测评实践中，任何单项的测评方法和工具都难以达到测评目的，往往需要进行综合性测评，即将多种测评方法和工具组合起来，形成测评方法和工具组合。

第三节　公共部门人力资源测评方案组织与实施

尽管每次测评的方案有所不同，具体的任务、要求也有差异，但就一般而言，测评方案组织与实施主要完成如下工作任务。

一、制定实施细则

由于测评方案是一个总体性的计划，因此，需要将测评方案与具体实施情况相结合，针对具体的任务分工、操作规程、时间进度等制定实施细则，保证测评方案的有效实施。

二、准备测前工作

不同测评工作的要求和复杂程度不同，相应的准备工作也有较大的区别，如单一项目的测评准备工作会相对简单一些，而多种测评项目的综合准备就比较复杂，但总体上可将测前准备工作分为人员、物品和场地三个方面。

（1）人员，总的要求是通知到人、培训到位。分别对被测者、测评者和管理服务保障人员进行培训，明确测评的目的、有关法纪以及各自的任务、职责、要求等。其中，要特别重视测评者的培训。对于综合性的测评，可按测评方法分组组织培训，培训内容要强调测评的目的、指标体系、方法工具、操作流程、程序步骤，施测过程中的观察记录要求，法律纪律，测评中有可能出现的突发事件及应对办法，分歧或争议解决方法，测评报告的结构和内容要求等。

---

① 凌文辁，柳士顺，谢衡晓，等. 人员测评：理论、技术与应用[M]. 北京：科学出版社，2010：78.

（2）物品，主要包括资料、仪器等。如对笔试，重点检查测评工具的表现形式是否符合要求，答题卡（纸）是否配套，草稿纸、书写用具是否备齐；对人—机互动测评；重点检查计算机是否正常运行，预装软件是否完备等。如果是委托或借助其他机构实施的测评，主要督促对方检查落实测评各项准备工作情况。

（3）场地，重点是场地的选择布置，要与测评方法工具的要求及不同被测者的特点相匹配。如要有测评室（或面试室、小组讨论室、角色扮演室等）、候考室、广播室、后勤保障服务工作室，并安排好车辆行进路线及停车场等。

三、实施测评

实施测评包括从测评指导语经实际测评直到回收测评数据。这主要涉及如下三个方面。

（一）测评指导语

在实施测评前，由测评者向被测者说明测评的流程、保密原则和注意事项，目的在于使被测者进一步了解和把握整个测评活动，消除各种顾虑，保证测评活动的顺利完成。

（二）实施测评要重点关注的问题

在施测过程中，无论是笔试、面试、心理测验，还是机考、无领导小组讨论，都需重点关注时间、测评者评价，此外还有若干需要特殊注意的事项。

一是关于时间。可分为如下几种情况。①对该给予被测者提醒的，必须给出明确的时间指示信号。②对于那些只强调起始时间的心理测验，则视被测者作答情况灵活处理。③对公开招聘或者内部竞争上岗，测评结束时间一到，必须要求所有被测者立即停止作答。④当测评是基于培训、职业规划、职业发展时，对时间一到但未完答完的被测者可适度放宽时间要求。

二是关于测评者评价。对面试、角色扮演、无领导小组讨论等，往往在测评结束后，测评者要及时根据自己的观察记录对被测者的表现进行评价。一般是由测评者单独评价，然后再集体讨论，对被测者在每个测评指标或维度上的表现进行评价。为此，要强调和保证每位测评者评价的独立性。如果对某位被测者没能达成一致性意见，持不同意见的测评者就需要互相陈述理由（此时，该被测者在测评过程中的行为表现就是证据。但如果测评者的观察记录存在差异，就需要调取录像资料进行确认，然后再讨论确定评价结果），并经小组讨论，决定最终得分；如果小组讨论仍然不能达成一致，需交领导小组处理。要注意的是，在测评实践中，可能留给测评者评价的时间比较短，一个有效的办法是，为了让测评者能对被测者的主观评价基本达成一致，可先通过集体讨论的方式，找出每个指标的表现最佳者与最差者，然后结合评价标准分别给最佳者与最差者打出分数，确定该指标的分值区间，最后由各个测评者根据集体讨论的原则，结合各个指标上的分值区间独立打出分数。

三是若干需要特殊注意的事项。①严格遵守标准化原则，按照测评手册的要求施测，特别是指导语、施测顺序及结束语，防止测评者个人主观因素对测评结果的影响。②充分收集测评信息。在测评中，测评者要集中精力、仔细观察，及时、准确、详细地记录被测者的回答和行为，将有关信息和可能对决策产生影响的细节全部记录下来。③测评者要建立并保持与被测者的良好关系。对被测者个人的尊重、隐私的保护及在允许范围内任何积极性的评价都会促进双方的良好关系，而这是增进被测者配合并以正常心态完成测评的关键。④严格控制测评现场。既要防止作弊，排除与测评无关因素的干扰，又要在允许的范围内回答被测者的提问，并及时处理意外事件，确保被测者的正常水平得以发挥。总之，要确保被测者在正确指导和不受干扰的情况下客观地完成测评，确保测评能真实衡量被测者的真实水平。

（三）测评数据回收

对于测评过程中产生的数据，要由测评者或其他工作人员统一回收。如果是集中测评，应把收集到的全部数据当众封装，减少被测者不必要的顾虑；如果不是采用集中测评的方式，在发出试题时，就发给每位被测者一个信封，由被测者自己将测评数据装进信封并进行封装，然后再交给测评者或其他工作人员；如果使用电脑，要按时关闭电脑答题系统并储存被测者的答案记录。同时，要对数据进行初步审核，检查数据资料是否齐全，如有问题，及时补救。

第四节　公共部门人力资源测评数据处理与结果分析

测评结束后，要对测评获得的数据进行统计分析，对测评过程记录下来的各种主客观信息进行讨论，对被测者的表现进行深度分析，进而从其行为表现得出其素质特征的结论。其中，有些测评方法是借助计算机系统完成的，因此，得分和分析报告由计算机直接给出；但有些测评结果是运用多种测评方法和工具得出的，这就需要先对同一测评指标在不同测评方法下的得分进行合成，然后综合运用多学科知识进行分析。为此，要遵循信息全面、方法科学的原则，一是全面掌握不同阶段、不同测评方法、不同测评者提供的测评数据。二是掌握测评数据处理的不同方法并正确运用，做到定量分析与定性分析相结合。

一、分数合成

分数合成是指把测评收集到的分散的若干分数组合成为一个总分数。即数据汇总。由于测评目的和所用资料不同，组合的方法既可以是统计的，与可以是推理或直觉的。常用的推理方法有累加法（原始分相加，即单位加权）、算术平均法、加权求和法、连乘综合法、指数连乘法、多重分段（包括综合分段和连续栅栏）、多重回归等。

各种方法各有利弊，也都有其适用情况，因此，在具体使用时，要根据测评的目的，针对不同情况，尽可能采用效度最高的方法，必要时要将几种方法结合起来使用。如心理测验要把被测者的分数与常模进行分析比较得到最终分数，而像面试是由面试考官根据应试者在面试过程中的表现和指标的操作定义打分，面试评分常用 10 点量表，每个指标还会赋予不同的权重，因此，根据每个指标的权重系数，换算出应试者在每个指标上的最后分或总分。

二、结果解释

对测评结果的解释包含两个层面：一是如何使分数具有意义，二是如何将有意义的信息传达给当事人。高德曼（Goldman）提出一个含有三个向度的解释模型，有 16 种不同的解释方式。[①]具体解释时，参照的标准通常有两种，即常模参照和标准参照，进而形成如下两种解释的思路。

（一）常模参照解释

常模参照解释是指以某个参照团体的分数分布作为解释测评结果的参照标准，即将被测者的分数与某个参照团体的分数进行比较，并以该分数在该参照团体中的相对等级或相对位置来报告其成绩。这是一个以测评的原始分数与常模的对照得到可供比较的导出分数的过程。这个用来比较的参照团体称为常模团体。由于常模团体往往是测评总体中抽取出来的一个样本，故称为常模样本，常模样本的分数分布就是解释测评分数的基础——常模，原始分数通过与常模的比较可以转换成等值的导出分数，即标准分，因此，常模样本的选择非常重要。

在确定和选择常模样本时，要注意：①常模样本的构成必须明确界定；②常模样本必须是所测群体的代表性样本；③样本的大小要适当；④注意常模的时效性；⑤将一般常模与特殊常模相结合。

常用的常模有发展常模，包括年龄常模、年级常模等；百分位常模，包括百分等级、四分位数、十分位数和标准分数常模，包括 T 分数、Z 分数、离差智商、标准九分（标准化九级分制）等。

常模的表示方法主要包括转化表和剖析图。转化表由原始分数表、与每个原始分数相对应的导出分数表和常模样本的具体描述三部分组成，也叫常模表。利用转化表可将原始分数转换为导出分数，或者是针对给出的导出分数找出相应的原始分数。剖析图是将测评分数用图形（图表）表示出来的一种模式图。从图上可以很直观地看出被测者在测评及测评的各子测评或子维度上的分数及其相对位置。

（二）标准参照解释

标准参照解释是指以某种标准作为解释测评结果的参照标准，即将被测者的分数与该标准进行比较而对其成绩进行解释。常模参照解释只能说明被测者在某一团体中的相对位置和与常模团体相比较而言的素质特征，难以反映出被测者的实际能力和水平。当需要直接对被测者的素质做出解释而不是参照他人的素质特征时，可采用标准参照解释。标准参照解释分为内容参照分数解释和结果参照分数解释。

内容参照是指确定被测者对某个范围内的内容或技能所掌握和熟悉的程度，又称范围参照。因此，比较的对象不是其他的人，而是测评所包括的内容。这能够反映出被测者所掌握的知识或技能的水平，指出被测者知道什么和能做什么，在多数情况下，这比知道一

---

① 高德曼三个向度的解释模型，提出了四种解释测验分数的类型：叙述的解释、溯因的解释、预测的解释及评价的解释；资料的处理方法有两种：机械的处理与非机械的处理；资料的来源有两种：测验资料与非测验资料，将此三个向度加以组合，可有 $4 \times 2 \times 2 = 16$ 种不同的解释方式。其中，叙述的解释是指描述个人的心理特征状态；溯因的解释是指追溯过去，以解释个人目前的发展情况；预测的解释是指推估个人未来的可能发展情形；评价的解释是指作价值的判断或做决定，这是依据上述几种解释而做的判断，如是否录用或晋升。

个人在团体中的相对位置更有价值。为此，一是确定测评所包含的知识或技能的范围，二是编制一个能报告测评成绩的量表。这主要用于成就测验以及能确定出可接受的最低标准的资格测验，如各种职业资格考试；对大多数能力倾向和人格测验来说，由于所测范围很难确定，因而一般不采用内容参照分数。

结果参照是指用效标行为的水准来表示分数，又称为效标参照。因此，这是将效标材料直接结合到测评结果的解释过程中，可以表示获得某个分数的被测者达到某种标准水平的可能性。这非常适用于用测评进行预测的情况。如笔试成绩在 85 分（满分 100 分）以上的，可以预测其入职后的工作绩效为优等。要得到结果参照分数必须有两个先决条件：一是测评分数必须与一个重要的效标高度相关，即要有效标证据；二是要有一个能把测评分数和效标成绩结合起来的方法，即要有转换分数的图表。常用的方法是期望表，即通过一种简单图表，显示出特定测评分数或分数等级的人获得不同效标分数或等级的百分比，从而将测评分数转换为不同结果发生的概率，如获得 60～90 分的被测者有 95%的可能性达到绩效 B。

三、结果分析

测评结果分析是指根据被测者的得分，分析其在测评指标当中的具体表现，如优势在哪里、不足在哪里等，确认被测者的素质水平等。这里主要介绍整体分布分析、总体水平分析和差异分析三种。

整体分布分析是指通过图表的形式来分析测评结果的一种方法。常见的有频数分布表（如简单频数分布表、累积频数分布表、累积百分比分布表等）和频数分布图分析。以此可以了解数据的最大值、最小值、全距等信息，还可以通过作图来进一步了解分布的偏态和峰态，如次数分布多边图等，更直观地反映被测者的整体分布情况。

总体水平分析是指通过众数、中位数、平均数等代表测评数据的典型水平或者集中趋势的量分析测评结果的总体水平。

差异分析是指主要通过两极差、平均差、方差、标准差、差异系数等分析被测者之间的个体差异情况。

第五节　公共部门人力资源测评报告撰写

公共部门人力资源测评的最终产品是测评报告，它是将测评成果按照一定方式进行整合，并给出相应的解释说明和使用建议，而且一项测评活动的目的、设计、操作、分析、建议等都要通过该报告展示出来。测评报告有不同的分类，一般可分为个体报告和总体报告两种。

一、测评报告的表述形式

（一）文字表述法

文字表述法是指使用通俗易懂的语言文字，按照一定的格式来表述测评结果的一种形式或方法。其优点是内容翔实丰富、具体完整，还可以分类、分系统甚至是分等级描述，利于阅读和理解；缺点是不够直观、形象、简洁，而且存在对文字表意的理解偏差，乃至会出现多义或歧义等，可能对测评结果带来负面影响。

（二）表格表述法

表格表述法是指通过对测评数据进行归类、统计，最后形成表格来表述测评结果的一种形式或方法。这是一种定量表述方法，其优点是简单明了、格式规范、利于对比，有助于归纳总结、整理归档；缺点是表格中有些数据涉及专业知识，可能会带来阅读和理解上的障碍。

（三）图形表述法

图形表述法是指对测评数据进行相应的处理后，用图形来表述测评结果的一种形式或方法。常用的图形有柱状图、折线图、饼状图、散点图等。这也是一种定量表述法，其优点是简明扼要、形象生动、直观性强，方便阅读理解；缺点是信息量偏小，难以对被测者的素质特征进行深入分析。

（四）综合表述法

综合表述法是指运用文字表述的同时，结合表格、图形，综合表述测评结果的一种形式或方法。该法综合发挥了上述不同表述方法的长处，能够形成一份既直观明了又丰富翔实的测评报告。实际上，采用该法的比较多。

二、测评报告的内容

（一）个体测评报告的内容

一份完整的测评报告主要包括以下内容。

1. 测评归类信息

这主要包括测评编号、委托单位、测评机构名称、测评日期等。测评报告要建立一个归类系统，以便于查找、复核、咨询。

2. 被测者信息

这主要包括被测者的姓名、性别、年龄、教育程度、婚姻情况、职业、职位、职务（职级）、职称、特长、爱好等个人信息。这些既是被测者个人特征的反映，也是对测评结果真实性的印证资料，可以根据测评的目的和需要取舍。

3. 测评项目

这是测评报告的核心内容之一，主要是被测者参加了哪些测评活动，如果是多个测评项目需要按顺序排列。注意要完整真实地将对被测者实施的测评项目的组合和先后顺序呈现出来。

4. 测评结果

这是被测者参加测评活动的得分、评价等级等情况，可以用文字、图表及其组合等多种形式表达。一般包括被测者的总体概况和各项测评项目的结果。

5. 测评结果分析

这是对测评结果的书面解释和分析，应按测评项目排列顺序，逐条揭示测评分数和各个指标的分值所代表的含义，并做出必要的文字阐述。

6. 总评

对被测者进行总体评价，包括其优点、缺点及未来发展方向等，结合测评的目的，为其将来发展与人力资源管理决策提出中肯且明确的建议。如就被测者的职业生涯规划和管理，可给其提供一些将来职业发展的意见，以便其扬长避短或是寻找今后需要努力的方向；就招录/招聘、选拔晋升等，可结合具体职位要求等，对是否录用或选拔该被测者提出具体建议。

7. 复核意见

由测评专家对该报告进行复核，确保测评报告的权威性。复核的内容主要包括；总体评价是否全面；内容是否有遗漏；格式是否正确；结果是否真实有效、有无前后矛盾等；解释是否合理适度；评价是否依据所有事实等。

8. 责任人信息

测评报告的结尾要注明报告撰写人和复核专家的姓名、日期、联系方式，以便能够在出现问题时可以取得联系，并提供相关咨询和解释。

9. 备注

说明有关注意事项。如测评结果的效力说明、解释权及免责条款等。

（二）总体测评报告的内容

如果同一个组织有大量人员参加同一项测评，那么还需要向该组织提交一份总体报告。总体报告的内容主要包括需求分析、测评设计、测评方法工具、总体特点、团体测评结果、结果分析、主要建议等。

测评结果总体报告一般要从统计学角度描述所有被测者的分数分布特点，分数的离散程度、样本的特征以及在各个具体指标上的分数分布情况等，从而使组织可以从整体上把握所有被测者的整体素质状况。

三、测评报告撰写应注意的问题

首先，测评报告的内容要客观，这是对测评结果表述的最起码的要求。其次，语言应易于理解，注意深入浅出，将专业词汇转化为通俗易懂的语言。再次，注意结合不同测评项目的结果对素质状况进行综合的分析。最后，由测评专家或复核小组进行复核，保证测评报告的客观、全面、准确、恰当、规范等。

第六节　公共部门人力资源测评结果反馈运用与评估改进

测评报告完成之后，还有一个重要的环节，即测评结果的反馈、运用、评估与改进。

一、测评结果的反馈

测评结果需要准确无误、恰当适时地反馈给被测者本人及其上级领导和组织相关部门等测评结果使用者，并帮助他们充分利用测评的信息开展相关工作。测评结果的反馈不仅可以使被测者等所有测评结果使用者了解被测者的素质状况，为其未来发展提供指导和建议，还可以有效评估测评活动的质量和有效性，为测评活动的改进提供依据。测评结果的反馈，一要准确客观，不得夸大、缩小和遗漏，更不能掺入个人主观意见；二要使用简洁易懂的语言；三要注意保密和隐私保护；四要有效解答疑惑，便于正确理解测评结果，而不是仅给出简单肯定或否定的结论。

测评结果反馈的方式、内容应根据测评目的及反馈对象而定。例如，用于招录/招聘的测评，测评结果应向被测者和招录/招聘单位反馈，如果被测者较多，可采取公告的方式反馈，主要内容是被测者的素质与职位任职资格要求之间的差异；如果是以能力开发为主要目的的测评，应反馈给被测者及其上级、单位组织人事部门，主要内容是被测者每项素质（指标）的特点及其与任职资格要求的差异，以及被测者在每项素质上需要改进的方向、方法等；如果是以培训需求分析为主要目的，应反馈给被测者及单位组织人事部门，主要内容是被测者群体的特点；如果是以职业发展主要目的，应反馈给被测者及其上级、单位组织人事部门，主要内容是被测者表现出来职业倾向，需要提升的素质、开发的潜能等；如果是以绩效考核管理为主要目的，应反馈给被测者及其上级，主要内容是被测者素质中的优缺点以及改进建议。

如果向被测者本人反馈结果，还要选择合适的场所、时间，注意同时营造良好的沟通氛围，注意反馈的方式和措辞。特别是结果反馈可能会对被测者的自我评价和自我认知产生的一定冲击，而其本人自我认识又不够时，需要格外慎重，并提供必要的引导和咨询服务，尽可能降低可能的冲突影响。同时，鼓励被测者积极地参与分析和讨论，大胆地发表意见，引导其对自己进行剖析，找出成绩、优点与存在的问题及其原因，明确发展的方向和目标。

如果向被测者上级或组织人事部门反馈结果，他们可以利用这些结果做出相应的组织人事决策。但需要注意的是，测评在提高公共部门人力资源管理决策科学性方面发挥着非常重要的作用，但同时要正确看待测评的可靠性、有效性等，不应夸大其精度和适用范围，正视其误差与局限，切勿盲目使用甚至滥用测评结果，更不能以测评的分数代替决策。

二、测评结果的运用

公共部门人力资源测评的结果往往是公共部门进行相关人力资源管理决策的重要依据，不仅可以提高公共部门人力资源管理的科学性，还能有效降低人力资源管理的成本。实际上测评的目的也就决定了测评结果的这一运用，主要体现为以下四点。

（一）测评结果是选拔和甄选的重要根据

测评结果的使用与测评不同指标的结果处理往往是一个问题的两个方面。将测评结果用于选拔和甄选，二者存在较大的区别。如有些测评是通过简单的统计方法，把不同的指标以加权的形式进行处理。一般来说，对于选拔类型的测评这样的做法是可行的。例如，能力总分=30%×学习能力＋50%×创新能力＋20%×沟通能力。但对甄选类型的测评，由于它更加强调匹配性，应该尽量避免使用如此简单的方法。通常的做法是根据指标属性的不同，采用不同的处理方法。甄选强调人和职位以及人和组织的匹配，人和职位的匹配重点在知识和能力方面；人和组织的匹配在文化或者核心价值观方面。知识和能力相对比较容易改变，所以可以理解为程度的多少，因此一般可以采用加权求和的方法处理，但是价值观在一定时期内相对比较稳定，所以可以理解为类型的有无，因此加权是不合适的，通常将其作为必备条件来处理。

（二）测评结果是教育培训开发的基本依据

在以诊断或者培训为目的的测评中，测评结果往往都会详细说明被测者在各个方面的优势和不足。因此，测评结果可以直接作为被测者参加培训的依据。但要注意的是，如果将人的素质分为知识、能力（包括技能）和愿望三个方面，其中，知识的不足，是可以通过培训解决的，愿望的问题需要通过宣讲和培训进行适当的提升，但能力欠缺需要通过实际锻炼才能提高，一般的培训难以解决这个问题。

（三）测评结果是绩效考核的重要参考

有的测评的目的就是绩效考核，这类测评的结果就可作为考核的重要参考。但要注意到，对来源于不同评价主体的绩效考核分数（如上级、同级、下级）需要进行一定的加权处理。本来此次测评不是用于绩效考核目的，又希望能把它作为绩效考核的得分处理，则需要对分数进行一定的处理。即应结合被测者具体承担的工作要求，对分数进行适当的修正。如试图把某次能力测评结果用于绩效考核中的能力数据来源，此时，某人在沟通能力上为较高等级，而另一人在沟通能力上为较低等级，但这并不一定意味着前者的绩效考核得分就高于后者，因为还要看他们的职位对沟通能力的等级要求，他们各自能力现状与职位能力要求之间的等级差值才是决定他们绩效考核得分的最终依据。

（四）测评结果用于个体和组织发展的跟踪

测评的结果应作为档案资料妥善保存，一方面，可用于对个体的发展进行跟踪，既有助于个体了解自身的发展历程，也有助于组织分析个体的发展潜力。另一方面，可为组织诊断和评价自身管理状况提供重要的依据。通过定期对组织各阶段人员总体素质水平状况的分析，组织可以了解人员素质的总体发展变化情况，进而在此基础上，诊断自身管理问题，推进管理实践前行。[1]

最后，要说明的是，测评能提供很多有用的信息，甚至是具有极为重要价值的信息，但它只是工具，不是目的。①不能仅依据测评结果就对被测者最终定论，应把测评结果作为更好地了解被测者的手段，进而在此基础上，根据其特点安排工作，采取最合适的管理

---

① 孙健敏. 人力资源测评理论与技术[M]. 2 版. 北京：首都经济贸易大学出版社，2014：301-302.

方法等；同时，寻找被测者特征和职位胜任力的差距，并根据该差距及其职业生涯规划，有意识地在工作中对其进行培养，推动被测者个人与组织的共同发展。②测评不能取代组织的决策。我国公共部门人力管理决策受其战略目标、决策权限、党规国法、内外环境、过去决策、决策者素质及对风险的态度等诸多因素的影响，测评结果能够为该决策提供参考信息，但不能夸大其作用，更不能期望测评结果直接用于决策。③将测评结果用于人力资源管理决策后，工作并非就此完结，因为选定的人选是否合适？测评结果到底在公共部门管理中起到了多大作用？如果有决策失误的话，是否是测评导致的……为此，要从跟踪分析测评结果的应用开始，检验测评方案及其所得结果运用的合理性，以持续改进测评工作，更好地服务于公共部门人力资源管理。

三、测评的评估与改进

公共部门人力资源测评是服务于公共部门人力资源管理的，将测评的结果运用于人力资源管理后，其有效性如何？预期目标是否达到？没达到的话，存在什么问题，有哪些原因，如何改进测评？同时，测评要坚持公共性、公平性等，这是由公共部门人力资源测评的本质特征所决定的。而且，测评还要注重收益与成本的均衡，因此，需要对测评结果及整个测评活动进行评估，以改进测评工作。

评估的内容主要有：一是有效性。这可通过计算用某测评工具测评所得分数与实际工作绩效的分数之间的相关性进行，即求出该种测评工具的效标关联效度。如果存在明显的正相关，说明具有较好的效度，即对绩效具有较好的预测能力。二是公平性。必须保证测评活动依规依法进行，确保公平公正，为此，应从方案设计、各种测评方法工具的使用、测评顺序的安排、测评者及相关工作人员与被测者的互动等多个方面，评估是否对每位被测者要求一致、公平相待。三是成本评估。测评成本是指测评活动所花费的各项成本，可对照测评预算，对测评成本做出评估，以了解不同测评方法工具所用成本的高低。同时，可就测评为组织带来或创造的总价值与成本之比计算收益—成本比，进行经济评价。四是可操作性。可从测评指标、测评方法工具、测评程序等方面评估测评活动的可操作性程度，当然，在其他条件相同或相似的情况下，可操作性程度越高越好。要注意到，评估是一个过程，不是一蹴而就的，需要对被测者及单位的人力资源管理决策进行长期的跟踪研究，毕竟多数测评活动的收益需要一定时间才能显现出来。

评估本身不是目的，而是为了改进测评，为此，根据对测评的评估结论，对测评的方案制定、指标设计、方法工具选配、程序安排等进行持续完善，提高今后测评活动的准确性和有效性。

主 要 词 汇

通用流程　　公务员录用程序　　公务员公开遴选程序　　党政领导干部选拔任用程序
事业单位公开招聘工作人员程序　　事业单位内部竞聘上岗程序　　测评方案　　分数合成

常模参照解释　　标准参照解释　　测评报告　　反馈　　评估

复习思考题

1. 公共部门人力资源测评通用流程包括哪些阶段？每个阶段又包括哪些环节或步骤？

2. 公共部门人力资源测评方案包含哪些内容？

3. 如何理解测评方法、工具的选择、修订或研制？

4. 简要说明一下公共部门人力资源测评方案的组织与实施。

5. 简要说明一下公共部门人力资源测评数据处理与结果分析。

6. 公共部门人力资源测评报告有哪些表述形式？

7. 公共部门人力资源测评报告包括哪些内容？

8. 简要说明一下公共部门人力资源测评结果反馈运用与评估改进。

9. 设计为你们班招聘一位专职辅导员的测评方案（第四章、第五章复习思考题最后一题分别建立了测评指标体系、选定了测评方法）。

浙江省温州市生态环境局乐清分局中层干部职位竞争上岗工作方案

推荐进一步学习阅读书目

1. 郑日昌. 领导素质测评[M]. 上海：华东师范大学出版社，2008.

2. 阿瑟. 员工招聘与录用：招募、面试、甄选和岗前引导实务[M]. 5版. 北京：中国人民大学出版社，2015.

下篇　公共部门人力资源测评技术方法

第八章

笔 试

【学习目标】

- 掌握笔试的概念、优缺点、类型和流程。
- 熟悉公务员考录、公开遴选与事业单位招聘笔试。
- 掌握笔试试题的类型、命制方式、命制原则、常见题型及命制要点
- 掌握布鲁姆认知目标分类及其修订。
- 掌握双向细目表。

第一节 笔 试 概 述

一、笔试的概念

笔试有广义和狭义之分。广义的笔试是指所有在纸上呈现试题，被测评者即报考者或应试者按题意用笔回答的所有纸笔测验。狭义的笔试是指报考者以纸笔为工具、书面解答事先拟好的试题，阅卷者按照统一标准评判报考者知识和能力的测评方法。它是按照统一时间、统一地点、统一要求进行的静态测评方式，如众所周知的高考，研究生入学考试初试和复试笔试，公务员、选调生考试录用笔试，公务员公开遴选、公开选调考试笔试，事业单位人员招聘考试笔试，自学考试，各种专业技术资格考试及各种职业技能鉴定中的理论考试等，所采用的都是狭义上的笔试。本书所指的也是狭义上的笔试。因为按照测验的方式，心理测验可分为纸笔测验、操作测验和投射测验，如果采用广义的笔试，那大多数心理测验都可包括在内，因此，本书的笔试仅指对知识和部分能力的测评，有时会缺乏标准化或标准化程度低，而高度标准化的成就测验、能力测验、人格测验、职业兴趣测验等心理测验虽也使用纸笔测验，但二者有其本质的区别，故将二者区别开。

施测时，监考者将试卷或问卷直接分发给报考者，并当面阐明要求；报考者在监考者监督下，按照规定的程序、时限等，以文字、符号、图表等现场答题。笔试虽受到时空、作答方式等的限制，并在监考者的监督下作答，环境气氛严肃，对报考者有一定心理压力，但因其程序严密，规范明确，能较好防止无关因素的干扰，被广泛用于各种知识、相关能力的测评。它作为初试，与面试等其他方法结合使用，是包括公共部门在内的所有组织的人力资源测评方法之一。

作为最古老的测评方法之一，笔试可以追溯到汉魏时期的取士制，随后在隋唐时期逐

渐发展成为具有深远影响的科举制，时至今日，它仍是现代人力资源测评最常用的方法之一。从形式上看，古代的笔试采用的一般为主观性试题，如科举考试的题型就类似于今天的论述题或命题作文。但随着应用环境、应用要求、技术手段的发展变化，现代笔试的理论依据、试卷设计、过程控制等已有了巨大的进步。

二、笔试的优缺点

（一）笔试的优点

1. 公平

笔试为所有的报考者提供的是同样条件、相同题目、机会均等的公开竞争（即使是A/B卷，难度也应该是一样的），现代技术手段又为此提供了可靠的保证，受施测者、计分人员主观因素的影响小，所有报考者的测评结果相对公平，人们比较容易接受和信服。

2. 客观

笔试是从职位需求出发，依据客观标准对报考者的知识、能力等进行测评，往往有标准化的实施说明、计分系统和解释系统，其中命题者、监考者和阅卷者可以分离；命题者、阅卷者与报考者之间以试卷为媒介，没有直接接触；试卷也事先密封、保密；阅卷也有可记录的客观标准或等级，而且可以保存报考者答题的真实材料，因此，笔试受干扰的人为因素较少，相对较为客观。

3. 经济

笔试可以在短时间内同时对大量报考者进行测评，同时出题阅卷都比较迅速，人、财、物、时间和空间等资源消耗较低，其经济、快速、高效的特点是其他测评方法难以替代的。

4. 简便

笔试一般不需要特殊的仪器、特殊的专业人员，且出题、阅卷也可以由组织内部人自行完成，部分阅卷可由计算机完成，因此，相对简便易行。

5. 面宽

笔试具有测评的对象广泛、内容多元和目标多层的特性，既可以用于公共科目考试，又可以用于专业科目考试。而且，无论是单一科目的考试，还是一次考试中设置多种科目，都可以通过事先设计，使试卷包括多元内容、多层目标，并以一定的长度、难度、时限，从广度和深度两方面对被测者的知识、能力等进行综合测评，因此，测评面相对较宽。

（二）笔试的缺点

1. 间接单一

对测评者而言，报考者不能直接观测，且交互媒介单一，无法系统了解所需信息。

2. 难以测评某些能力和品质

笔试侧重于测评知识，而就能力测评来说，笔试主要测查认知能力，比较偏重知识的记忆，无法对报考者实际行为表现进行测评，如动作技能、解决处理现实事务的能力等；同时，笔试也不能测评人的外显性个性特征，如五官长相、面部表情、举止行为等。当然，对于人的内隐性品质，如政治思想、价值观、道德观、职业品质等，笔试虽然可以测评，但其结果的可靠性、有效性很难得到保证。有时还会发生较为极端的情况，即由于命题的原因，可能仅是反映了报考者应试技巧程度，带来结果的较大偏差。

3. 主观题受阅卷者主观影响大

对主观题的批阅，可能会因评阅标准不一致、个人偏好等主观原因，难以实现尺度上的完全统一，影响结果的客观性。

4. 客观题有猜测或掩饰的偏差

对于客观题，难以完全避免被测者的猜测或掩饰造成的实际偏差。

第二节 笔试的类型与流程

一、笔试的类型

根据笔试的性质、目的、题目的难易程度以及应试人数等，可以将其分为不同的类型。如根据试题的难易程度，可分为速度测试和难度测试；根据应试人数，可以分为团体测试和个体测试；根据组织形式，分为闭卷考试和开卷考试；根据笔试的内容，将其分为知识考试和能力考试，或知识测试和能力测验；根据组织实施的规范化程度，将其分为标准化考试和普通命题考试。以下介绍后两种分类方法。

（一）知识考试与能力测验

1. 知识考试

知识是人们在生活、学习、工作等各种实践活动中所获得的认识和经验的总和，往往代表的是一个人目前已达到的水平；知识考试主要用来测查个体对知识的记忆、理解、应用等，重点是应知应会，即从事某一职位工作，应该了解、知道、掌握的基本知识和应该具备的基本技能。

1956 年，布鲁姆提出了一种新的教育目标分类法，将教育目标划分为认知领域、情感领域和操作领域三个领域，共同构成教育目标体系，其中认知领域，从低到高分为六个层次：知识、理解、应用、分析、综合和评价，见表 8-1。2001 年，布鲁姆去世两年后，由认知心理学家、课程理论专家、测量和评价专家组成的团队对布鲁姆的目标分类框架提出了修订版。同原版相比，修订版提供了一个两维目标分类表。由于历史条件的限制，原分类学未解决掌握知识与形成能力的关系的心理实质问题，只是将知识与记忆相联系，将能力（智慧能力与技能）与较高级的认知过程相联系。这样便于学习结果的测量。原分类学假定，凡是只要求回忆的测验，所测量的是知识；凡要求超越记忆，需要较复杂认知过程的测验，所测量的是水平不同的能力，即智慧能力。修订的目标分类框架在处理掌握知识与形成能力的关系问题上超越了原分类学，将认知教育目标按两个维度分类，即知识维度和认知过程维度。每一类知识的掌握都分为六级水平；每类知识又分若干亚类，共 11 个知识亚类，如事实性知识又分术语知识与具体细节和要素知识。每一认知过程又分若干亚过程，共 19 个亚认知过程，如记忆又分为回忆和再认两个亚过程。见表 8-2。[①]

表 8-1 布鲁姆原认知目标三级分类表

第一级分类	第二级分类	第三级分类	简单示例
知识（知道）	细节的知识	术语的知识；具体事实的知识	如对"什么是公务员管理"的记忆、识别、呈现等
	处理细节的方法与手段的知识	惯例的知识；趋向和顺序的知识；方法学的知识	
	在某一领域普遍与抽象的知识	原理与概念的知识；理论与结构的知识	
智慧能力与技能	理解（领会）	转换；解释；外推	如"你能描述一下是哪些因素导致大家工作效率不高？"
	应用	无第三级分类	如"你工作中遇到某问题，将如何处理？"
	分析	分析元素、关系、组织原理	如"你工作中为什么会遇到这样的问题？"
	综合	产生独特的交流；产生计划或提出一套操作；推导出一组抽象关系	如"工作中怎样才能避免类似问题的发生？"
	评价	根据内在证据判断；根据外部标准判断	如"单位的规章制度能够帮助我们避免这样的问题发生吗？"

表 8-2 修订的认知目标分类学表

知识维度	认知过程维度					
	1. 记忆	2. 理解	3. 应用	4. 分析	5. 评价	6. 创造
A. 事实性知识						
B. 概念性知识						
C. 程序性知识						
D. 反省认知知识						

这同样适应于公共部门人力资源测评的笔试，当然，这六个层次在试题中所占比重应取决于笔试的目的和要求，如在选拔性考试中，按表 8-1 重点是理解、应用、分析、综合四个层次，最低层次的机械记忆和最高层次的评价占比比较小，有利于发挥笔试的区分、选拔功能。大部分试试题的目标层次都成正态分布，应用、分析、综合的试题比重较大。根据职位对知识的要求，分为如下四类知识考试。

（1）基础知识考试。基础知识考试内容广泛，包括自然科学、政治、经济、法律、管理、文化、历史、体育、文学艺术、社交礼仪、人际技巧、外语等。其主要目的是了解报考者对基本知识了解的程度、掌握的广度，从中也可以看出报考者对基础知识的学习能力。

---

① 吴红耘，皮连生. 修订的布鲁姆认知教育目标分类学的理论意义与实践意义——兼论课程改革中"三维目标"说[J]. 课程·教材·教法，2009，29(2)：92-96.

这又称为广度考试或综合考试。

（2）专业知识考试。专业知识考试内容是与目标职位有直接关系的专业知识。主要目的是对报考者专业知识深度的测查，故又被称为深度考试。

（3）相关知识考试。相关知识考试内容是与报考者工作或目标职位相关的知识，是专业知识以外的知识，所以，这受制于专业知识的确定。

（4）知识应用考试。与上述知识考试不同，知识应用考试的重点不是测查知识掌握程度，而是运用某类知识解决实际问题的能力。这在某种意义上讲是知识考试与能力测验的结合。这也是各种职业资格考试的重点。

如《2021年度中国银保监会招考职位专业科目笔试考试大纲》规定，2021年度中国银保监会招考职位全列为特殊专业职位：银保监财经类、银保监财会类、银保监法律类、银保监计算机类、银保监综合类，专业笔试满分100分，其中经济金融基础知识占比10%，专业知识占比80%，英语占比10%，考试内容是考生应掌握经济金融基础知识，及所报考职位类别重点测查的专业知识，并具备良好的知识运用能力。对银保监法律类考试，侧重与银行保险监管相关的法律知识，包括法学基本理论、宪法、行政法、民商法、经济法、刑法、国际法等。《2021年度中国证监会招考职位专业科目笔试考试大纲（法律类）》又规定：法律类专业科目考试试题包括证券期货基础知识和法律专业知识，目的在于测查考生是否具备证券期货监管工作所必需的法律专业知识和相关知识的运用能力。2021年天津市河东区事业单位招聘的笔试科目，教师岗位为《教育综合知识》，会计岗位为《会计基础知识》，保健医岗位为《医学基础知识》，其中《教育综合知识》主要测查教育从业者应该具备的基本职业素养，《会计基础知识》《医学基础知识》主要测查所从事岗位领域的基本知识。

要特别说明的是，这里的知识考试可与第九章第二节的成就测验互相补充。

2. 能力测验

能力测验主要测查那些影响活动较广、稳定性比较强、不易受环境影响的心理特征，如想象力、计算能力、言语理解能力、空间知觉能力、综合分析能力、文字表达能力等。当然，如第三章第二节所述，能力与能力倾向实际上很难区分。在该笔试框架下的能力测验，主要是指行政职业能力倾向测验（administrative aptitude test，AAT）。

行政职业能力有广义、狭义之分，前者是指在党政机关、企事业单位、社会团体等组织中，从事行政职业活动必须具备的、并影响职业效率的个人心理特征；后者专门针对公务员，本书主要在狭义上使用，因为我国一些国有企事业单位招聘笔试中也应用AAT。

在世界各国的公务员录用考试中，具有行政职业能力倾向测验性质的考试已经成为重要的筛选工具之一。英国文官考试中的认知测验和美国文官考试中的基础能力倾向测验，本质上就是AAT。1989年，人事部首次在国家行政机关补充工作人员的录用考试中采用行政职业能力测验。经过多年的发展，已逐渐形成稳定的结构和体系，在应用中取得了良好的效果，现已不限于公务员考录，而是较为广泛地应用于各种人力资源的招录或招聘、选拔配置等。有关我国公务员考试录用、公开遴选、公开选调笔试与事业单位招聘考试笔试中的能力测验详见第三节。

（二）标准化考试与普通命题考试

1. 标准化考试

标准化考试是指根据统一、规范的标准，对考试命题、施测、评分、计分、分数解释等各个环节进行系统、科学地组织实施，从而严格控制了误差的考试，也称为标准化测验（standardized test）。如美国的标准化考试从试题命制、施测、评分到质量分析都需按照《教育与心理测验标准》执行。

标准化考试的优点主要是：①试题覆盖面大，内容比较广泛，有利于全面测查报考者的真实水平，并在一定程度上避免了猜题、押题导致的结果偏差；②客观试题比重较大，试卷编制、施测和阅卷更加严格，减少无关因素的影响，信度较高；③通常有可以进行比较的常模，便于比较不同报考者间的差异，也方便分数的解释；④同一套测验有多个复本可以反复使用，较为经济；⑤可以用来校准其他考试；⑥有利于计算机化，提高效率。其缺点主要是：①考试过于僵化；②能力测验的片面性；③组织实施成本较高。

2. 普通命题考试

普通命题考试是指根据考试所要考查的目标与内容，按照一定的原则和方法自行设计和编写考试题目的考试。事实上，很多时候，受条件所限，难以找到专门机构负责的标准化考试，因此，实践中大量使用的是自编的普通命题考试。

与标准化考试相比，普通命题考试的优点主要是：①考试针对性强，便于评估报考者的特定知识和能力，利于满足组织的特定测评目标；②考试过程相对容易组织实施，可以明显节约人力、物力和时间；③考试结果反馈及时。其缺点主要是：①考试信度受命题者、阅卷者、监考人员对标准理解和把握的差异影响较大；②不同报考者考试结果的可比性较差；③容易出现题意不清、偏重记忆等问题。

显而易见，二者各有短长，至于到底应采用何种考试，取决于笔试的目的和要求以及资源条件等。如果出现某种目标或功能二者均可以实现，现实条件也可以方便地为这两种考试提供备选时，通常选择标准化考试会更有效。

二、笔试的流程

笔试是一个系统的测评过程，在遵循第七章所述测评流程前提下，有其特殊性，可大体分为如下五个阶段。

（一）准备阶段

准备阶段是笔试的基础。主要包括：明确笔试或考试目的，确定笔试内容（包括指标体系），确认测评对象（被测者），制定笔试方案，编写考试大纲。其中，前三项详见第七章。

笔试方案主要包括笔试的目的；笔试的计划安排、时间地点、大体规模；负责组织机构及负责人名单与职责分工；监考规则；阅卷及成绩公布；可能出现的问题及采取的措施预案；相关党规国法及纪律要求；预算安排；其他注意事项。这也是第七章测评方案设计在笔试的具体化。

作为笔试总章程的考试大纲，要对考试性质、笔试内容、笔试方式、目标层次、试题类型、试卷长度、计分标准、考试时限、满分分数等做出全面而细致的规范。该大纲既是考试命题制卷的依据和标准，又是报考者的参考指南，有的还推荐考试用书参考。如《2022年福建省中小学教师公开招聘考试（笔试）中学数学学科考试大纲》包括考试目标与要求、考试内容与要求、考试形式、试卷结构（分为试题类型、内容比例和试题难易比例）等。

（二）制卷阶段

制卷阶段是笔试的核心，也可以与上一阶段合并，作为准备阶段的一部分，但鉴于制卷在笔试中的特殊性和重要性，将其作为一个阶段为佳。其主要包括：成立命题小组，制订命题计划，命制试题，试测与项目分析，组卷及编制试卷复本等。

（1）成立命题小组。命制试题之前，首先组建命题小组。成员应具有多年命题经验或工作经验，对目标职位非常熟悉，可以外聘，也可以是本单位组织人事部门负责人，应有招录/招聘职位所属领域专家等。

（2）制订命制计划。命制计划是试卷编制的总体设计，它以考试大纲为依据，对试题内容、目标层次、题型题量及其分布比例进行具体量化，以及对每一个内容及目标的相对重视程度。这通常是以双向细目表的形式体现。试题命好后，对照命题计划，确定实际命制的题目是否恰当地代表了所要测量的内容，核对重要的内容是否有遗漏等。（关于双向细目表详见本章第四节）

（3）命制试题。详见本章第四节。

（4）试测与分析。题目的优劣，不能单凭主观臆测来决定，必须将初步选出的题目组合成一种或几种预备测试的形式，并试测于一组被测对象以获取借以分析题目质量的客观性资料。试测需要注意：①试测对象取自将来正式测试适用的群体，且具有代表性，要有一定的数量；②试测的实施过程与情境力求与将来正式施测时一致；③时间充裕，使每个被测者都能将题目做完，以便收集充分的资料使统计分析结果更为可靠；④试测中，及时记录被测者的反应；⑤注意保密，特别是重大测试，可以分散试测，即把一套试题拆散，分到不同地区或混杂到不同的试卷中进行。

试测结束后，针对试测结果，就试题的信度、效度、难度、区分度等进行分析；然后，再根据分析的结果对试题进行选择、调整、修改，而后选配形成较好的试题组成正式试卷。

（5）合成试卷。这是指选出性能较好的题目，适当编排，合成正式试卷。首先，试题的选择，不但要考虑项目分析所提供的资料，还要综合考虑考试的目的等。最合适的项目，是指那些能测评所需要的特征，并能对该特征加以有效区分、难度适宜的项目。其次，将选出的题目与编题计划相对照，保证与编题计划相符，否则需要进行适当调整。最后，编排试题。这可以根据试题的难度、类型，考试的目标（认知目标的六个层次顺序）、内容四种方式进行编排。

有时，为防止相邻座位的被测者互通信息、相互抄袭，可通过编制 A、B 卷方式，组成A、B 两卷的题目不变，只是使两份试卷的试题顺序交错排列，或对选择题的选项变换位置。

（6）编制复本。试卷复本是指和正本等值的、测评目标相同、题目数量相等、难度相当、形式相同的试卷。当需要在不同时间或不同地点对报考者施测或正本试卷发生泄密时，就可使用该复本。

（7）编制指导语、试题答案和评分标准。指导语是指施测时说明考试的进行方式及如何答题的指导性语言，通常分为对主考官的和对报考者的。试题答案主要是为了给阅卷者提供评分的标准，主要有标准答案和参考答案两大类。其中，对于客观题，通常应编制标准答案，对于主观题，则一般给出参考答案。编制标准答案，需确保答案的标准性、唯一性、无可争议性及对应性；编制参考答案，主要是给出试题涉及的相关的关键知识点，为每一个知识点赋予计分权重。评分标准是指确定考试的总分值及每道试题的分值和计分标准。

（三）实测阶段

实测阶段主要包括考点考场设置编排，考场规则和监考规则的制定，监考及考务人员培训和管理，考前检查考场等，报考者的组织引导，正式施测，组织巡视，试卷的保密、回收和保管等，违纪处理等。

这一阶段事务繁杂、细致，必须严格执行相应的规则和程序，提升考务管理工作的标准化、规范化和科学化程度，坚持公平竞争考试，有效控制舞弊行为，保证考试的顺利进行和结果的客观公正（具体内容参照第七章第三节）。

（四）阅卷阶段

阅卷阶段主要包括统一阅卷要求、按评分标准阅卷、结果统计、试卷核查、发布成绩等。

控制阅卷误差是该阶段的中心任务，因此，必须统一要求，按统一标准阅卷，使误差降至最小。为此，①可充分利用计算机评阅客观题，毕竟计算机阅卷成本低、结果准确率高，还能有效减少偏袒舞弊等。②正式阅卷前，随机抽取一定样本的试卷进行试评，可以根据试评情况，对原试题答案和评分标准进行修订。③采取复评办法。一是以第一位阅卷者的评分结果为依据，第二位阅卷者对其结果进行复评，目的主要是核查核实；二是对于主观性试题，尤其是分值比较大的试题，采取二评或三评的方式评分，以减少、降低不同阅卷者对主观题的评阅误差。④加强阅卷过程的监控。在阅卷过程中，可给阅卷者反馈各种质量监控指标，如平均分、分数分布情况、标准差、评分误差等。⑤制定实施严密、细致的监督制度。

（五）评估阶段

对笔试进行全面评估，以持续改进笔试（评估的内容参照第七章第六节）。

第三节　公务员考录、公开遴选与事业单位招聘笔试

一、公务员考录笔试

《公务员录用规定》第二十三条规定：笔试包括公共科目和专业科目。以《中央机关及其直属机构 2022 年度考试录用公务员公共科目笔试考试大纲》为例，该大纲规定：中

央机关及其直属机构 2022 年度考试录用公务员公共科目笔试分为行政职业能力测验和申论两科，主要测查从事公务员工作应当具备的基本能力和基本素质。公共科目笔试全部采用闭卷考试的方式。其中，行政职业能力测验为客观性试题，考试时限 120 分钟，满分 100 分。申论为主观性试题，考试时限 180 分钟，满分 100 分。

（一）行政职业能力测验

这主要包括常识判断、言语理解与表达、数量关系、判断推理和资料分析等部分。

1. 常识判断

这主要测查报考者在政治、经济、文化、科技等方面应知应会的基本知识以及运用这些知识进行分析判断的基本能力。

【例 8-1】 发展必须是科学发展，必须坚定不移贯彻创新、协调、绿色、开放、共享的发展理念。下列与之有关的说法，正确的有几项？

（1）创新发展注重的是解决发展动力问题

（2）协调发展注重的是解决社会公平正义问题

（3）绿色发展注重的是解决人与自然和谐共生问题

（4）开放发展注重的是解决发展内外联动问题

（5）共享发展注重的是解决发展不平衡问题

A. 1   B. 2   C. 3   D. 4

答案：C。创新发展注重的是解决发展动力问题；协调发展注重的是解决发展不平衡问题；绿色发展注重的是解决人与自然和谐共生问题；开放发展注重的是解决发展内外联动问题；共享发展注重的是解决社会公平正义问题。对比可知，语句②和语句⑤错误。因此，正确答案为 C。

2. 言语理解与表达

这主要测查报考者运用语言文字进行思考和交流、迅速准确地理解和把握文字材料内涵的能力，包括根据材料查找主要信息及重要细节；正确理解阅读材料中指定词语、语句的含义；概括归纳阅读材料的中心、主旨；判断新组成的语句与阅读材料原意是否一致；根据上下文内容合理推断阅读材料中的隐含信息；判断作者的态度、意图、倾向、目的；准确、得体地遣词用字等。

【例 8-2】 环境保护主义是一种信念，是一种重建人与自然关系的强烈愿望。要实现这一愿望，就必须树立一种自然共同体的意识，即将人类在共同体中的征服者角色，转变为这一共同体中的普通一员。它暗含着对每个成员的尊敬，也包括对这个共同体本身的尊敬。只有树立了这样的一种道德意识，人们才有可能在运用其在这一共同体中的权利时，感到所负有的对这个共同体的义务。这不仅依赖对自然本质的科学理解，也依赖在了解基础上建立起的对自然的感情。

文段最后一句话中的"这"指的是：

A. 自然共同体意识的树立   B. 对自然共同体的义务

C. 热爱自然的感情   D. 重建人与自然关系的愿望

答案：A。首句指出环境保护主义"是一种重建人与自然关系的强烈愿望"，次句说明

"要实现这一愿望，就必须树立一种自然共同体的意识"，第三句说明"只有树立了这样的一种道德意识"的重要意义，最后归结到"这不仅依赖……，也依赖……"，即实现这种意识的条件。因此，可知"这"指的是"自然共同体意识的树立"，正确答案为A。

3. 数量关系

这主要测查报考者理解、把握事物间量化关系和解决数量关系问题的能力，主要涉及数据关系的分析、推理、判断、运算等。常用题型有数字推理和数学运算两种。

（1）数字推理：每道题给出一个数列，但其中缺少一项，要求报考者仔细观察这个数列各数字之间的关系，找出其中的排列规律，然后从四个供选择的答案中选出最合适、最合理的一个来填补空缺项，使之符合原数列的排列规律。

【例8-3】 1   2   4   8   16   （   ）
A. 16   B. 24   C. 32   D. 36
答案：C。原数列是一个等比数列，后一项是前一项的2倍，故正确答案为C。

（2）数学运算：每道题给出一个算术式子或者表达数量关系的一段文字，要求报考者熟练运用加、减、乘、除等基本运算法则，并利用其他基本数学知识计算或推出结果。

【例8-4】某单位的会议室有5排共40个座位，每排座位数相同。小张和小李随机入座，则他们坐在同一排的概率：

A. 不高于15%   B. 高于15%但低于20%   C. 正好为20%   D. 高于20%

答案：B。根据题意可知，小张随机选一个位置就座，那么小李可以选择的位置为39个，因此总情况数＝40×39。要让他们恰好坐在同一排，应先从5排中选一排，再从这一排中选2个座位，符合条件的情况数＝5×8×7，概率约为7/39＝17.9%。因此，正确答案为B。

4. 判断推理

这主要测查报考者对各种事物关系的分析推理能力，主要涉及对图形、语词概念、事物关系和文字材料的理解、比较、组合、演绎和归纳等。常用题型有图形推理、定义判断、类比推理、逻辑判断四种。

（1）图形推理：每道题给出一套或两套图形，要求报考者通过观察分析找出图形排列的规律，选出符合规律的一项。

【例8-5】 把下面的六个图形分为两类，使每一类图形都有各自的共同特征或规律，分类正确的一项是

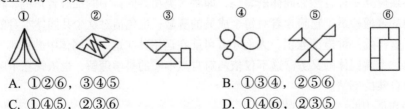

A. ①②⑥，③④⑤   B. ①③④，②⑤⑥
C. ①④⑤，②③⑥   D. ①④⑥，②③⑤

答案：A。题干中每个图形中都有多个封闭图形和线段，考虑二者之间的位置关系。正确答案为A。

（2）定义判断：每道题先对相关概念进行定义，然后分别列出四种情况，要求报考者

严格依据定义选出一个最符合或最不符合该定义的答案。

【例8-6】　党政机关公文是党政机关实施领导、履行职能、处理公务的具有特定效力和规范体式的文书。其中命令（令）适用于公布行政法规和规章、宣布施行重大强制性措施、批准授予和晋升衔级、嘉奖有关单位和人员。意见适用于对重要问题提出见解和处理办法。批复适用于答复下级机关请示事项。函适用于不相隶属机关之间商洽工作、询问和答复问题、请求批准和答复审批事项。

根据上述定义，下列选项中应添加"批复"的是：

A.《国务院办公厅关于进一步加强资本市场中小投资者合法权益保护工作的____》

B.《国务院办公厅关于黑龙江双鸭山经济开发区升级为国家级经济技术开发区的____》

C.《国务院关于同意设立陕西西咸新区的____》

D.《国务院关于在我国统一实行法定计量单位的____》

答案：C。根据题干，"批复"的定义要点是：答复下级机关请示事项。C选项中，同意设立陕西西咸新区，属于答复下级机关请示，符合定义。因此，正确答案为C。

（3）类比推理：给出一组相关的词，要求通过观察分析，在备选答案中找出一组与之在逻辑关系上最为贴近或相似的词。

【例8-7】　设计：发放：问卷

A. 复制：修改：文字　　　　　　　B. 预习：复习：考试

C. 播放：快进：磁带　　　　　　　D. 制定：执行：政策

答案：D。"设计"和"发放"是问卷实施过程中必然经历的两个步骤，顺序是先设计，后发放。D选项，"制定""执行"是政策实行过程中必然经历的两个步骤，并且制定在前，执行在后，与题干逻辑关系一致，A、B、C选项中的词语不具备题干中的逻辑关系。因此，正确答案为D。

（4）逻辑判断：每道题给出一段陈述，这段陈述被假设是正确的，不容置疑的。要求报考者根据这段陈述，运用一定的逻辑推论，选择一个最恰当的答案。

【例8-8】　一切生命有机体都需要新陈代谢，否则生命就会停止。文明也是一样，如果长期自我封闭，必将走向衰落。交流互鉴是文明发展的本质要求。只有同其他文明交流互鉴、取长补短，才能保持旺盛生命活力。

由此可以推出：

A. 一种文明如果没有长期自我封闭，就不会走向衰落

B. 一种文明如果同其他文明交流互鉴、取长补短，就能保持旺盛生命活力

C. 一种文明如果没有同其他文明交流互鉴，就不能保持旺盛生命活力

D. 一种文明如果没有保持旺盛生命活力，它就没有同其他文明取长补短

答案：C。A选项将题干中的条件前后件均加否定，不能推出；B选项将题干中的"只有……才……"转换为"如果……就……"，不能推出；C选项是对题干最后一句话的同义表述，可以推出；D选项将题干最后一句话的前后件对调，不能推出。因此，正确答案为C。

5. 资料分析

这主要测查报考者对文字、数字、图表等统计性资料的综合理解与分析加工能力。

【**例 8-9**】 2019 年全国地铁运营线路长度达 5181 千米，占城轨交通运营线路总里程的 76.8%（图 8-1 ）。

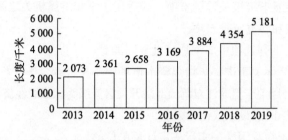

图 8-1　2013—2019 年全国地铁运营线路长度

2019 年末，我国城轨交通配属地铁列车 6 178 列，全年实现地铁客运量 227.76 亿人次（表 8-3 ）。

表 8-3　2019 年我国部分城市地铁运营状况

城市	运营线路长度/千米	运营线路条数/条	配属地铁列车/列	客运量/亿人次
上海	669.5	15	898	38.7
北京	637.6	20	1 001	39.4
广州	489.4	13	510	32.9
武汉	338.4	9	435	12.4
深圳	304.4	8	384	17.8
成都	302.2	7	410	14.0
重庆	230.0	7	223	6.1
天津	178.6	5	178	4.7
南京	176.8	5	203	10.4
苏州	165.9	4	173	3.6
西安	158.0	5	203	9.5
郑州	151.7	4	151	4.1
杭州	130.9	4	174	6.3

注：除客运量为全年数值外，其余指标为年末时点值。

（1）2014—2019 年，全国地铁运营线路长度同比增长 20%以上的年份有几个？

A. 1　　　　　B. 2　　　　　C. 3　　　　　D. 4

答案：A。

（2）以下城市中，2019 年末平均每条运营的地铁线路配属地铁列车数最多的是：

A. 广州　　　　　B. 武汉　　　　　C. 成都　　　　　D. 南京

答案：C。

（二）申论

申论是指根据所给材料引申开来，进行分析阐述和论证说明，有申辩、申述、论述、论证之意。为充分体现考试目的，申论考试在给定材料的选择、作答的具体要求方面进一步体现对提出问题、分析问题和解决问题的能力以及表达能力的测查。在总体设计上，一是做到材料是报考者生活、工作中经常接触或是社会中的热点问题，不能太偏；二是做到材料既不能偏重于文科，也不偏重理科，没有学科、专业上的歧视。

从公务员考录改革的方向来看，申论考试在结构形式、操作逻辑上都紧扣政府工作的实际，主要表现在三个方面。①它扣住政府面临的现实问题——通常是社会问题、经济问题、民生问题、文化问题和政治问题，其实质是公共政策问题、公共管理问题和国家治理问题。这从前提上就决定了考试范围是在公共管理范围内，所以极大地增强了申论考试选拔人才的针对性。②它扣住从事公共管理工作实际需要的专业化才干，也就是不仅要求报考者具有普通人才皆备的单纯写作能力，而且更要求他们具有解决申论给定实际公共管理问题的各种能力。这些能力是借助写作来证明的，从而提高了考试写作的专业化程度和科学性。③它通过给定材料和考试作答要求，通过一定的角色或虚拟身份，将报考者引导到具体的实际工作中。这就要求考生必须迅速进入相应的角色，按照党政机关工作的实际做法、实际要求和实际运作规程来解决问题，选拔出具有公共管理才能和适合从事公职工作的人员。④给定材料涉及面很广，但试题具有较强的针对性、合理性，也就是说，问题的解决一定是具有可行性。申论考试不会引导考生漫无边际地遐想，不管问题多么复杂，涉及面多广，这些问题都是可以解决也是能够解决的。申论的作答基本题型总体可分为归纳概括题、分析理解题、贯彻执行题、提出对策题和写作论证题五类。[①]

《中央机关及其直属机构 2022 年度考试录用公务员公共科目笔试考试大纲》规定：申论试卷由注意事项、给定资料和作答要求三部分组成。申论考试按照中央机关及其省级直属机构综合管理类职位、市（地）级及以下直属机构综合管理类职位和行政执法类职位，分别命制试题。

1. 中央机关及其省级直属机构综合管理类职位申论考试主要测查的报考者能力

（1）阅读理解能力——全面把握给定资料的相关内容，准确理解给定资料的含义，准确提炼事实所包含的观点，并揭示所反映的本质问题。

（2）综合分析能力——对给定资料的全部或部分的内容、观点或问题进行分析和归纳，多角度地思考资料内容，做出合理的推断或评价。

（3）提出和解决问题能力——准确理解把握给定资料所反映的问题，提出解决问题的措施或办法。

（4）文字表达能力——熟练使用指定的语种，运用说明、陈述、议论等方式，准确规范、简明畅达地表述思想观点。

2. 市（地）级及以下直属机构综合管理类职位申论考试主要测查的报考者能力

（1）阅读理解能力——能够理解给定资料的主要内容，把握给定资料各部分之间的关

---

① 运丽君. 申论写作研究[M]. 天津：南开大学出版社，2014：4，48.

系，对给定资料所涉及的观点、事实做出恰当的解释。

（2）贯彻执行能力——能够准确理解工作目标和组织意图，遵循依法行政的原则，根据客观实际情况，及时有效地完成任务。

（3）解决问题能力——对给定资料所反映的问题进行分析，并提出解决的措施或办法。

（4）文字表达能力——熟练使用指定的语种，对事件、观点进行准确合理的说明、陈述或阐释。

3. 行政执法类职位申论考试主要测查的报考者能力

（1）阅读理解能力——准确理解归纳给定资料的主要内容，对所涉及的观点和事实进行恰当的解释，并做出合理的推断。

（2）依法办事能力——遵循依法行政的原则，综合运用恰当有效的方法完成任务、解决问题、实现目标。

（3）公共服务能力——能够全面准确了解公众需求和愿望，灵活运用各种措施和办法为公众提供优质、高效、便捷的服务。

（4）文字表达能力——熟练使用指定的语种，对事件、观点进行准确合理的说明、陈述或阐释。

具体题目示例、作答参考见本章附录。

二、公务员公开遴选、公开选调笔试

《公务员公开遴选办法》第十六条规定：考试内容根据不同职位类别、不同层级机关公务员应当具备的能力素质分别设置，重点测查用习近平新时代中国特色社会主义思想指导分析和解决问题的能力。

《2022年度中央机关公开遴选和公开选调公务员公告》：考试分为笔试和面试。笔试的科目与内容：副处长和一级至四级调研员公开遴选职位和公开选调职位，考案例分析与对策性论文一科（A类），一级主任科员及以下职级公开遴选职位考案例分析一科（B类），满分均为100分。

《十堰市2022年市直机关（单位）公开遴选公务员公告》：笔试设《综合知识测试》一科，满分150分，主要测试运用习近平新时代中国特色社会主义思想指导、分析、解决实际问题的能力、政策理论水平、文字表达能力等综合素质。

三、事业单位招聘考试

按照人社部人事考试中心公布的《事业单位公开招聘分类考试公共科目笔试考试大纲（2022年版）》规定，基于事业单位不同招聘岗位对人的能力素质有不同要求，事业单位公开招聘分类考试公共科目笔试分为：

综合管理类（A类）：主要适用于事业单位中以行政性、事务性和业务管理为主的岗位；

社会科学专技类（B类）：主要适用于事业单位人文社科类专业技术岗位；

自然科学专技类（C类）：主要适用于事业单位自然科学类专业技术岗位；

中小学教师类（D类）：主要适用于中小学和中专等教育机构的教师岗位；

医疗卫生类（E类）：主要适用于医疗卫生机构的专业技术岗位。

以上五个类别笔试的公共科目均为《职业能力倾向测验》和《综合应用能力》，前者考试时限为 90 分钟，满分为 150 分；后者考试时限为 120 分钟，满分为 150 分。事业单位公开招聘分类考试公共科目笔试属于职位竞争性考试，根据不同类别的评价需求确定试卷的内容，主要测查工作岗位所需的基本能力和综合应用能力。以综合管理类（A类）为例。

（一）《职业能力倾向测验（A类）》

1. 考试性质和目标

主要测查报考者从事管理工作密切相关的、适合通过客观化纸笔测验方式进行考查的基本素质和能力要素，包括常识判断、言语理解与表达、数量关系、判断推理和资料分析等五部分。

2. 考试内容

（1）常识判断。主要测查报考者应知应会的基本知识以及运用这些知识进行分析判断的基本能力，重点测查综合管理基本素质，涉及国情、政治、经济、文化、法律、科技等方面。

（2）言语理解与表达。主要测查报考者准确理解和把握文字材料内涵、进行思考和交流的能力，包括理解语句之间的逻辑关系，概括材料主旨，把握主要信息及重要细节，准确和得体地遣词用字、表达观点等。

（3）数量关系。主要测查报考者理解、把握事物间量化关系和解决数量关系问题的能力，主要涉及数据关系的分析、运算和推断等。

（4）判断推理。主要测查报考者对各种事物关系的分析推理能力，涉及对图形、语词概念、事物关系和文字材料的理解、比较、组合、演绎和归纳等。常见题型有图形推理、定义判断、类比推理、逻辑判断、综合判断推理等。

（5）资料分析。主要测查报考者对各种复合性的数据资料进行综合理解与分析加工的能力，资料通常以统计性的图表、文字材料等形式呈现。

（二）《综合应用能力（A类）》

1. 考试性质和目标

针对事业单位管理岗位公开招聘工作人员而设置的考试科目，旨在测查报考者综合运用相关知识和技能发现问题、分析问题、解决问题的能力。

2. 考试内容和测评要素

主要测查报考者的管理角色意识、分析判断能力、计划与控制能力、沟通协调能力和文字表达能力。

（1）管理角色意识：对管理岗位的职责权限有清晰认识，能够从管理者的角度理解、思考和解决问题，具有服务意识。

（2）分析判断能力：面对工作情境，能够发现和界定问题，分析问题原因及影响因素，做出恰当的评估和判断。

（3）计划与控制能力：能够根据岗位职责和工作要求，利用可支配的资源，设想可以解决问题的方式方法，使工作按预想的进程和方向发展，以获得期望的结果。

（4）沟通协调能力：能够在管理工作中向有关人员征询意见，传递信息，施加影响，获得支持与配合。

（5）文字表达能力：能够根据管理工作需要撰写文稿，准确和清晰地进行书面表达。

3. 试卷结构

试卷由注意事项、背景材料和试题三部分组成，以主观性试题为主。试题内容主要涉及事业单位管理岗位典型的工作任务，如观点归纳、资料分类、草拟信函、会务安排、应急处理、联络通知等。

第四节　笔试试题命制

一、笔试试题的类型

笔试试题有多种分类，其中，根据试题的正确答案是否唯一，阅卷评分是否客观，可分为客观性试题和主观性试题。

（一）客观题

客观题是指由报考者从可供选择项中确定正确（最佳）或错误答案的试题。客观题宜于测查知识的记忆、理解、应用、分析等目标层次，其优点主要在于：①题量大、知识覆盖面广、适用面宽，测查要点容易做到均匀分布；②再加上阅卷评分客观、准确、统一、误差较小，不受阅卷者主观因素的影响，信度较高；③答案固定、计分简单，易于使用计算机阅卷，效率较高。缺点主要在于：①效度较低，难以根据考试需要直接命题；②命题难度大；③综合性低，难以测查报考者综合、评价等较高层次目标的能力，反映不出报考者解题的思维过程；④干扰答案给报考者提供了"学习"错误信息的机会，带来了负面影响；⑤难以避免报考者的猜题行为。

笔试中常用的客观题有选择题、判断题、是非题、匹配题、答案唯一的填空题等。

（二）主观题

主观题是指由报考者以自己的答案来回答所提问题的试题。主观题宜于测查知识的分析、综合、评价等高层次目标，其优点主要是：①对考试内容可以直接命题，效度较高；②所需题量小，命题较为简便；③综合性强，即可对具体知识、相关能力等进行综合测查，报考者能较充分地表述自己的见解，在一定程度上反映出报考者解答问题的思维过程；④没有统一答案，给报考者在处理问题方式、回答内容的组织及答题重点等多个方面，提供了自由阐述的灵活性，也减少了猜测行为的影响。缺点主要是：①题量少、知识覆盖面窄；②阅卷评分因人而异、因时而异，不够客观、准确；③难以排除文字表达能力、书写质量、用词等对评分产生的干扰；④以上诸项使误差不可避免，更难以控制，直接造成信度较低；⑤不易采用现代化的评分工具和手段。

笔试中常用的主观题有简答题、辨析题、论述题、证明题、作文题、申论题、案例分析题等。

二、笔试试题的命制方式

笔试试题的命制方式主要有选题、改题和编题三种。

选题是指选用一些现成的题目作为试题。这是最简便和直接的方法。一些相关组织、机构内部或市面上也都有相应的材料可供选择。一般用于规模较小、自测性等考试。对于大型的考试，选题的前提是必须有一个试题库。选题并非原封不动地把题目搬过来，可以根据需要对题目进行适当调整、修改。如改变题目的描述方式，其中的数字、题型等，但应保持基本难度和风格不变，否则，就成为"改题"了。

改题是指以现成的题目为基础，经过修改，成为一个适用性的题目。但改后的题目必须仍符合考试目的、知识点和难度要求等。主要办法有：①改变题目中的条件、结构等；②对题目进行外包装，主要是通过语言表述的方式，改变原有题目的外在表现形式；③改变题型或者提问方式，前者如改客观题为主观题，后者如改提问式为直叙式（陈述句）；④对若干题目进行组合。

编题是指命制新的试题，是试题命制的主要手段。其重点是一个"新"字，这需要命题者具有较强的相关专业知识、熟练掌握命题技巧等。

三、笔试试题命制的原则

尽管笔试试题种类繁多，命制形式不同，命制的要领和技巧也各有特点，但作为测查报考者知识掌握程度、相关能力水平与潜力发展状况的载体，具有共同遵守的命制原则。

（一）命制依据明确

试题命制的依据是根据考试大纲制定的双向细目表。从目标、内容、题型、分值到时间及其分布比例都严格遵照双向细目表的规定要求，不得随意扩大更改。

（二）试题应有代表性

测查报考者的知识水平，只能通过对报考者部分知识点的掌握程度来推测其整体知识水平，为此，要采集部分关键的、具有代表性的知识点作为样本来推测被测者的整体知识水平。

（三）试题形式恰当

试题的形式要服从笔试的目的、内容，题型的选择应便于施测、作答和阅卷评分；试题的抗干扰性要强；格式不要给报考者带来误解；同时应兼顾报考者群体的知识、生活、工作背景等。

（四）试题表述规范清晰

试题表述语言要规范清晰、用词恰当、文字简练，表意确切明了，做到与解题无关的字不留，与试题有关的词不漏。这不仅有利于报考者准确理解题意，节省审题时间，把主要时间和精力用在答题上，也对于客观确定评分标准有着重要意义。其中，指导语、作答要求等，应言简意明，不致造成费解或误解，真正起到辅助报考者作答的作用；尽力避免使用艰深的字句，总的要求是，除针对阅读能力的试题外，试题应尽可能使报考者不受语言能力的影响；凡需以特殊方式解答的试题，应在指导语中明确指出。

（五）试题难度适宜

试题难度主要取决于笔试的目的及性质、应试群体的知识能力水平以及录取率等，为保证难度合适，客观反映报考者的实际水平，一是要包括不同难度的试题，能力测验尤其如此。二是注意将试题由易到难、循序渐进排列。三是根据考试的性质、录取率等，确定不同难易程度试题的比例，控制试题的难度梯度。如选拔性考试，当录取率较高时，高难度题的比例可以相应降低；反之，高难度题的比例可以提高。通常情况下，试题难易梯度比例，有研究建议较难、中等、较易三者比例为 2：5：3 或 2：6：2，以保证对报考者的能力进行有效鉴别。

（六）试题之间彼此独立

每道题应意义完整、各自独立，试题与答案的文字表述不能有重复现象。同一试卷的试题不得彼此关联，更不能有本题或同卷其他试题正确作答的线索。

（七）试题答案无异议

试题的答案不可有任何争议，应有不致引起争论的确定答案，评价标准必须客观化，且易于掌握和操作，有利于评分误差的控制。

（八）试题数量要满足需要

如果不是为题库命制试题，仅是命制一次考试需要的试题，各类题型的编题数量至少是最终需要量的 2 倍，以供审题、统题等环节筛选和作为同次考试的复本使用。

四、笔试常见题型及命制要点

（一）选择题

选择题是指在向报考者提出一个问题的同时，提供若干答案供其选择的试题。是最为灵活和使用最为广泛的一种客观。它在结构上分为两部分：一是题干，即呈现一个问题的情境，由直接问句或不完全的陈述句构成；二是选项，即对题干问题的可能回答或补充，其中正确的选项为正答，错误的为诱答，诱答的主要功能是迷惑那些无法确定答案的报考者。

1. 选择题的形式

按不同的分类标准，可将选择题分为不同的形式，如按正答是一个还是多个，将选择题分成单项选择题与多项选择题，多项选择题实际上是单项选择题的一种变形，即若干个单项选择题的组合。此外，选择题还有最佳选择题、比较选择题、类推选择题、组合选择题、分类选择题、排列选择题、阅读理解选择题、填空选择题、因果选择题等形式。

2. 选择题的优缺点

（1）选择题的优点：①容量大，适用范围广；②报考者的反应和评分都比较客观；③作答简便；④有利于实现标准化考试。

（2）选择题的缺点：①命题技巧要求高，且难度不易把握，特别是诱答难度大；②适于测"面"不宜测"点"，较难测查报考者的综合、评价、表达、写作等高层次的认知能力；③猜题的可能性较大。

3. 选择题命制要点

（1）题干的命制要点。①必须明确、清晰、规范。题干要测查的内容必须明确，紧扣知识点，且表意清晰、确切，文字规范、简练，使报考者在不看选项的情况下，即可以明白题干的意思。②中间不得出现选项及帮助报考者猜测正确答案的线索。如题干和正确选项使用了相同的字词或者正确答案比诱答叙述得更详细。③慎用否定句。

（2）选项的命制要点。①每题的选项在语法、逻辑上应与题干保持协调一致，以免留下猜答线索，且尽量简练，相同部分应放到题干中，以免重复累赘。②选项之间应独立、平行，不得交叉重叠，且形式、结构、长度应大体一致，特别是正确选项不要明显长于其他选项。③同一份试卷中，选项数要保持一致，且都与题干密切相关，并不得在简单选项中掺杂一两个复杂选项。设计选项时，一般采用 4～6 个选项答案。④正确选项和迷惑选项都要随机排列。如果选项有自身的逻辑顺序，如日期、时间等，则仍按此顺序排列，否则随机排列。⑤诱答的迷惑性要高。诱答的内容、形式、结构、逻辑关系等都应与正答相似且显得似是而非，以增强迷惑性；但不能错得太明显，应尽力使不知道正确答案的报考者难以凭借常识和猜测找到答案。

（二）填空题

填空题是指在一段文字或一个陈述句中，缺少一个或几个关键的词语、数字等，要求报考者补充缺失信息的试题。填空题主要用于测查报考者对知识的记忆能力、所学知识是否系统，以及在某些情况下对知识的理解能力。

1. 填空题的优缺点

（1）填空题的优点：①答案明确；②命制容易；③评分客观；④受猜测因素影响较小；⑤比选择题效度高。

（2）填空题的缺点：①助长机械记忆；②难以测查复杂的知识和能力。

2. 填空题命制要点

（1）命题思路统一，所留空白的长度尽量一致，避免长度不一给报考者带来暗示。

（2）答题要求明确，空白处需填写的答案唯一，且具体简单。当所填写的答案是有单位的数字时，应给定答案的单位，以免引起答案的不确定性。

（3）需要填充的只限于关键词语、数字，并与上下文有密切联系，且留空不宜过多，以免造成试题反映的信息量不足，使报考者难以了解题意。

（4）空缺通常放在句尾、句中，但不宜放于句首，这样更符合人们的阅读习惯。

（5）避免在给出的语句中提供作答线索。

（三）是非判断题

是非判断题是指报考者对一个命题或一个陈述句做出"正确"与"错误"判断的试题。它实质上是一种特殊的选择题，即选项缩小为"正确"与"错误"两个的选择题。

1. 是非判断题的优缺点

（1）是非判断题的优点：①测查的知识面广；②命题容易；③作答简便；④评分客观。

（2）是非判断题的缺点：①仅是测查一定低层次的认知目标，难以测查较高层次的能力；②鉴于许多自然科学、社会科学等的概念，必须在某种限制条件下才能成立，而这种限制条件往往会成为报考者猜测答题的线索，再加上只有两种答案，猜题的命中率可达50%。

2. 是非判断题命制要点

针对上述缺点，可把判断正误与改错、分析、说明理由等相结合，采用辨析题形式，要求报考者在判断正误的基础上阐述理由。命制要点主要如下。

（1）测查的内容应紧扣知识点，是有意义的事实、概念、原理等，特别是容易发生混淆、易产生理解错误的知识点，并要有相应的深度，且避免用非重点的枝节问题和有争议的问题。

（2）每道题只测查一个重要知识点，避免半对半错的现象发生，以及使用包括几个概念的复合句或双重判断句。

（3）语言意思明确、简洁明了，避免歧义。

（4）如果是表达意见的试题，必须指出意见的来源和根据。因为意见本身并无对错之分，但可以测出报考者是否了解某些重要见解、信念和价值观念等。

（5）避免使用带有暗示作用的特殊限定词，如易表明命题或陈述句是错误的"总是""一切""都""决不"以及易表明命题或陈述句是正确的"一般""通常""有时"等。

（6）尽量避免否定句，尤其是双重否定句，以免报考者困惑。

（7）正误题的数量大体相同、长度应大体一致，且随机排列。

（四）匹配题

匹配题是指报考者就多个刺激项（题干）对多个反应项（选项），指出哪个反应项与哪个刺激项是匹配的试题。匹配题既可以是刺激项与反应项数量完全相等的完全匹配，也可以是反应项多于刺激项的不完全匹配。实质上，搭配题实质是题干并列、选项相同的一组选择题，广泛用于测查报考者搭配、连接相关事物或概念的能力，如名词与定义、人与事件、事件与时间、作者与著作、方法与用途等连接。

1. 匹配题的优缺点

（1）匹配题的优点：①容量大；②命题容易；③作答简便；④评分客观；⑤猜答概率小于是非判断题等。

（2）匹配题的缺点：只适合测查低层次认知目标，如知识的记忆、理解等。

2. 匹配题命制要点

（1）刺激项和反应项的性质应接近，并在语法、形式、结构、长度上大体保持一致，同时按时间、大小、逻辑等顺序排列。

（2）同一题中配对不能太多，最好采用不完全匹配。一般可以列举 6～15 个项目，其中反应项的数量比刺激项多 2～3 个。

（3）答题要求明确说明匹配的根据、方法、选项被选择的次数等。

（4）同一组的刺激项和反应项安排在同一页，且位置清楚，一般情况下反应项安排在右边。

（五）简答题

简答题是指报考者就一个直接问句做简短扼要的解释、说明和论述的试题。简答题可测查报考者对基本概念、基本原理等知识的记忆、理解，以及对事件或事物简明扼要的叙述、概括能力与初步的分析和解决问题的能力。

1. 简答题的优缺点

（1）简答题的优点：①使用范围广；②命题容易；③猜题的机会小。

（2）简答题的缺点：①知识点覆盖面小；②易鼓励机械记忆；③评分较难客观，且易受到书写的整洁程度、阅卷者主观偏见等无关因素的影响。

2. 简答题命制要点

（1）题目应是重要知识点，避免使用琐碎、枝节的问题，并清楚明确，且数量不要太多。

（2）答案要唯一正确，且简洁具体。

（3）强调知识的实际应用，把问题与实际情境结合起来。

（六）论述题

论述题是指报考者就某个或某些问题，自己计划、构思、组织语言并写成较长答案作答的试题。报考者在材料的选用和组织、处理问题的方式及回答的重点和风格等方面有相当的自由。适合全面测查报考者的知识水平及材料组织、逻辑思维、分析判断、文字表达等能力，在一定情况下还可以测查报考者的创造能力。

1. 论述题的类型及与简答题的区别

根据题目作答要求的不同，可将论述题分为限制型与自由型或扩展型两种。前者对答案的形式、范围、程度都做了较为具体的限制，比较适合测查理解、应用和分析的能力，而不大适于测查综合、评价的能力；后者对作答的形式、范围等限制较少，允许报考者自己决定答题的形式，自由发挥其综合和评价的能力，但评分难度较大，试题取样范围也更为受限，信度和内容效度受到更大的影响。同时，还可根据写作方式的不同，把论述题分为叙述式、说明式、评价式、分析式和批驳式等形式。

论述题与简答题的区别主要在于测查知识的目标层次不同。简答题主要强调知识的记忆、理解与简单分析，而论述题强调的是概念、原理的综合应用，相对应的是分析、综合、评价目标及创造力的测查。

2. 论述题的优缺点

（1）论述题的优点：①命题简单；②能够测查出报考者较深层次的能力；③区分度较高，特别适合选拔性测评；④猜题成功率低。

（2）论述题的缺点：①试题取样代表性差，测查内容窄；②答卷、阅卷费时；③难以标准化，评分主观性强，且不一致。有研究指出，不同阅卷者对同一试卷的评分一致性不高，相关系数仅为 0.62～0.72，同一个阅卷者对两份等值的试卷的评分一致性更低，仅为 0.42～0.43。即使同一阅卷者在经过一段时间后，重新评同一份试卷，给出的分数也会前后不一致。④评分易受语词流畅、书写整洁优美与否、个人成见等其他无关因素的影响。

3. 论述题命制要点

（1）答题要求清晰、明确，使报考者清楚了解应该做什么、如何去做。通常情况下，对限制型论述题，因有限制性要求，报考者比较容易明白，而对扩展型论述题有时则不然，特别是兼有限制型和扩展型的，既要求报考者自由发挥，又不能漫无边际，可采取附加评分标准的方法，对答题要求既指明重点，又明确限定，让报考者在重点之处能充分发挥其聪明才智。有关评分标准的附加说明，可根据命题设计。同时，尽量避免用"谁""什么""何时""何地"等简单反应词把报考者的反应限制于"知识记忆"的层次，而应用"为什么""描述""解释""比较""关系""分析""批判""评价"等比较能引发报考者反应的词。

（2）论述的问题必须是有定论的。这是因为论述题评分本就受主观因素影响大，再加上答案的不确定性，更加大了评分的困难，信度难以保证，因此，要设置有定论的问题。

（3）合理控制试题容量和作答时间。如果试题容量过大，答题时间偏紧，就会变成速度测验，反之，时间过于宽松，就失去了论述题的作用。为此，①对知识涵盖面较大的题目，可将它分成若干小题目，既有助于帮助报考者明确作答方向，也便于评分；②对每题的作答时间做出限制，使报考者更有效地分配时间；③限定答题范围和答题长度，既可保证论述题的作答不受影响，又能使报考者有效利用时间答完全部试题。

（4）制定一个较为理想的答案，或至少在阅卷者的思想上达成较为理想答案的共识，以及一系列评分细则，尽可能详细、具体地划分得分点及制定评分依据，并同时对另外一些可接受的答案做出规定和说明。

（5）尽量不出选做题。原因主要在于不同题目难以等值；报考者均会选择有准备或熟悉的试题作答，造成实际水平的区分困难；出现所有报考者都不选的试题，但这恰是要测查的内容，因此，要避免出选做题。如果处于为能力强或特殊能力的报考者的特殊考虑，可以命制附加题。

（七）案例分析题

案例分析题是指报考者根据一定的理论知识，围绕一段背景材料和若干问题，或给予评价，或做出决策，或提出解决问题对策的试题。

1. 案例分析题优缺点

（1）案例分析题的优点：①综合性能强，可以测查知识掌握的程度与理解、应用的能力，以及综合、分析、评价与解决实际问题的能力；②区分度较高，特别适合选拔性测评；③猜题成功率低。

（2）案例分析题的缺点：①试题取样代表性差，与论述题相似，试卷可容纳的题量小，占用的分值高，作答费时，影响知识测查的广度；②评分不易标准化、客观化，加上阅卷者素质高低有别，评分标准宽严不一，评分受主观因素影响大，信度难以提高；③对背景材料的要求较高，命制难度较大。

2. 案例分析题命制要点

（1）一份试卷中试题的数量不宜过多，一般命制 1~2 道；每道案例分析题要求报考者回答的问题一般设置 2~3 个，并根据知识点，站在局外人的角度设计确定。

（2）选取案例应属于工作中具有代表性的典型事件，并紧扣相应知识点。背景材料可以是已发生过的真实事件，或是虽未发生但极有可能发生的事件，其中，一是包含的信息要能满足案例分析的需要，既要避免信息不够而使分析难以深入，又要避免阅读背景材料花费的时间过长占用了分析思考的时间；二是案情要完整，不管情节复杂与否，都必须情节完整，符合事件本身的内在逻辑，不得随意添加或隐去答题必须感知的条件资料。

（3）背景材料一般不披露事件所涉及的真实的人名、地名、单位名；所涉及的数据也不要求一定是实际数据，可进行加工处理，但扩大与缩小的比例一定要相同，不改变原发事件的性质。

（4）与论述题相似，应制定具体详细的评分标准、计分依据等。

五、双向细目表

（一）双向细目表的概念与结构

双向细目表是指一种考查目标和考查内容之间的关联表，也称两向度表、两向度次数表。它由三个要素组成。

（1）目标，即考查的能力层次，也就是回答要"考什么"。如前述布鲁姆目标分类系统中的六个目标层次。

（2）内容，即考查的知识或测评指标，反映了考查的基本素材。如某类人员应具备的相关知识、技能等。

（3）目标与内容的比例，即权重。它反映了目标与内容各项目之间的相对重要性。

（二）常见的双向细目表

（1）反映内容与目标关系的双向细目表，见表8-4。其中，填写的数字（A1，A2……

AN，B1，B2……BN，CI，C2……CN，D1，D2……DN，E1，E2……EN，F1，F2……FN）代表某一考查范围内要测查某一种目标时，应该命制的试题的比重或试题数量；最下边一行的合计数字（X1，X2……XN）代表某一个目标在整份试卷中所占的比重或试题数量；最右边一栏的合计数字（Y1，Y2……YN）代表某一类内容在整份试卷中所占的比重或试题数量。最右下角的字母 N 是 100% 或试题总数。

（2）反映内容与目标、题型之间关系的双向细目表，见表 8-5。

（3）反映题型、难度与内容之间关系的双向细目表，见表 8-6。该表可以体现不同题型对难易度与内容的分配情况，与表 8-7 相比，比较强调内容。其优点是试题取样代表性高，可适当控制难易程度，表中数据容易分配；突出的缺点是未能反映目标。

表 8-4　反映内容与目标关系的双向细目表

内容＼比重＼目标	记忆	理解	应用	分析	评价	创造	合计
类别 1	A1	B1	C1	D1	E1	F1	Y1
类别 2	A2	B2	C2	D2	E2	F2	Y2
……	……	……	……	……	……	……	……
类别 N	AN	BN	CN	DN	EN	FN	YN
合计	X1	X2	X3	X4	X5	X6	N

表 8-5　反映内容与目标、题型之间关系的双向细目表

内容＼比重＼目标	选择题 记忆、理解	填空题 记忆、理解	简答题 记忆、理解、应用	论述题 分析、评价、创造	案例分析题 应用、分析、评价、创造	…… ……	合计
类别 1	A1	B1	C1	D1	E1	……	Y1
类别 2	A2	B2	C2	D2	E2	……	Y2
……	……	……	……	……	……	……	……
类别 N	AN	BN	CN	DN	EN	……	YN
合计	X1	X2	X3	X4	X5	……	N

表 8-6　反映题型、难度与内容之间关系的双向细目表

题型 题量		选择题	填空题	简答题	论述题	案例分析题	……	合计
难易度	难							
	中							
	易							
内容	类别 1							
	类别 2							
	……							
	类别 N							
合计								

（4）反映题型、难度与目标之间关系的双向细目表，见表 8-7。该表可以体现不同题型对难易度和目标的分配情况，与表 8-6 相比，比较强调目标。其优点是能较好地实现目标，可适当控制难易程度，表中数据容易分配；突出的缺点是题量分布没有在表中充分反映出来。

表 8-7　反映题型、难度与目标之间关系的双向细目表

题型	题量	难易度			目标						合计
		难	中	易	记忆	理解	应用	分析	评价	创造	
选择题											
简答题											
论述题											
……											

（三）双向细目表的编制

双向细目表的编制，通常按以下程序进行。①列出考试大纲的细目表。②列出各部分内容的权重。③列出各种认知能力（学习水平）目标的权重。即对记忆、理解、应用、分析、评价、创造六级目标分别赋予权重。④确定各考查点的"三个参数"。每一个由内容和目标相交的格子构成一个考查点，每个点都需要分配得分点和题型，再根据相应权重算出各考查点的实际分数值。得分点、题型和实际分数值，是各考查点必须明确的三个重要参数。⑤审查各考查点的分配是否合理。这包括各目标所占百分比的分配是否合理，各内容所占百分比是否合理两个方面。这样，试卷的内容效度就有了保证，从表中直观得出内容分布和能力水平分布的情况（易、中、难分数分布情况），有效避免因主观随意性产生的覆盖面过狭、过偏，或过难、过易等情况的出现。

双向细目表的编制，应注意如下几点。①要依据考试的目的，而不是通过生搬硬套某种表格来编制。不同的考试目的，考查的侧重点不同，双向细目表的制作必须得以充分反映，特别是人力资源测评中的某些考试并不像学业或课程考试那么强调目标和内容的均衡，如有些选拔，专业知识考试只是了解报考者是否基本具备某专业或学科的常识，至于达到了何种水平则不重要，因此，也就没有必要设计表 8-4 那样的典型的双向细目表，而表 8-6 这种表格可能更适用。②充分考虑认知领域各水平层次所占的比例。为此，要兼顾考试的目的与考试的难度、区分度要求。尽管考试需要有一定的难度以保证起到选拔或评估或考核的作用，但前提是这种难度不能影响到考试的区分度。③内容的比重要适当。这需要广泛收集理论与实践资料。④各题的采分点必须明确。应根据每道题想要测查的知识内容、认知水平层次确定其分值比例。⑤注意学科专业特点和报考者的实际情况。[①]

---

① 龙立荣. 人员测评的理论与方法[M]. 武汉：武汉大学出版社，2009：141-142.

主 要 词 汇

笔试　　制卷　　命题　　复本　　阅卷　　速度测试　　难度测试　　团体测试
个体测试　　知识考试　　能力测验　　标准化考试　　普通命题考试
行政职业能力测验　　申论　　客观题　　主观题　　选择题　　填空题
判断题　　匹配题　　简答题　　论述题　　案例分析题　　双向细目表

复习思考题

1. 什么是笔试？它有何优缺点？有何作用？

2. 介绍一下笔试的流程。

3. 笔试有哪些类型？

4. 布鲁姆的认知领域教育目标分类将知识从低到高分为哪些层次？

5. 知识考试包括哪些类型？

6. 什么是行政职业能力测验？什么是申论？

7. 如何理解和评价公务员录用考试既有鲜明的国家特色，又有其共同性？

8. 什么是标准化考试与普通命题考试？各有何优缺点？

9. 笔试试题有哪些类型？

10. 笔试试题的命制方式有几种？命制原则是什么？

11. 笔试常见题型的优缺点、命制要点各是什么？

12. 什么是双向细目表？它由哪些要素组成？它有哪些类型？如何编制一个双向细目表？

13. 分析你最近的一门专业课程的考试，考出了你的真实实力（水平）吗？为什么？

14. 如何评价我国公共部门人力资源招录/招聘、公开遴选及其他选拔晋升中的笔试？有何建议？

案例材料分析

事业单位公开招聘、公务员考录考试笔试分类

推荐进一步学习阅读书目

1. 于秀琴，仝震. 行政职业能力开发与测评[M]. 北京：高等教育出版社，2014.

2. 运丽君. 申论写作研究[M]. 天津：南开大学出版社，2014.

附 录

2019 年国家公务员考试申论试卷（副省级）与分析

第九章

心理测验（上）

【学习目标】

- 掌握心理测验的概念、要素、优缺点及需特别注意的若干问题。
- 熟悉心理测验的类型。
- 掌握能力测验和人格测验的相关概念。
- 掌握智力测验、能力倾向测验、成就测验与创造力测验。
- 掌握自陈量表的内涵及其特点。
- 掌握投射测验的内涵、假设与优缺点。
- 熟悉常见的人格测验。
- 掌握人格测验的特殊问题。

第一节　心理测验概述

一、心理测验的概念

如何给心理测验下定义，学者之间有较大的差异。比较知名的界定，如布朗（F.Brownv）认为：所谓测验，是对一个行为样组进行测量的系统程序；而在阿纳斯塔西看来，心理测验实质上是对行为样组的客观的和标准化的测量。因此，心理测验是指通过观察人的少数具有代表性的行为，对贯穿于人的活动过程的心理特点做出推论和数量化分析的一种测评方法。

心理测验技术最早的故乡是中国，古代中国在能力测验、人格测验等均取得举世公认的成就。当然，现代意义上的心理测验是 20 世纪初才发展起来的（详见第一章第四节）。

对我国公共部门人力资源测评来说，20 世纪末 21 世纪初，心理测验正式成为公务员选拔的重要手段。如 2000 年 5 月，人事部、公安部联合制定的《关于地方公安机关录用人民警察实行省级统一招考的意见》，第一次明确将"心理素质测评"以文件形式纳入人民警察招录体系。2003 年 6 月，上海市招警考试时首次引入心理测验。2015 年 11 月，人社部、公安部、国家公务员局在《关于加强公安机关人民警察招录工作的意见》中指出，有条件的地方在招警时，可结合实际开展心理素质测评试点工作，并将测评结果作为辨识考生是否适合从事人民警察职业的重要参考。现在，心理测验已成为公共部门人力资源测评的重要方法。

二、心理测验的要素

根据前述阿纳斯塔西的界定得出心理测验的三个要素或关键词，即行为样组、标准化、客观性，有的研究者在此基础上加上难度或应答率、信度和效度等。这可视为心理测验应具备的基本条件。

（一）行为样本

心理测验测的是人的行为，是通过测量与某种心理特质相连的行为来推断此心理特质的，是通过抽取具有代表性的行为样本进行的。可见，这是一种间接测量，而且实际测量时，并非把与此心理特质相关的所有行为都进行测量，这既不可能，也没有必要，而是从人的大量行为中抽取与欲测量的心理特质直接相关的一组行为进行测量，并根据对这一组行为的测量结果推断其心理特质。当然，这意味着，如果抽样不同，所得结果可能也不同；同时，那些不要求被测者做出任何外显行为的测量（如 X 光检查）或那些被测者行为对所要测量的东西只是附带的测量（如压力心电图）等，都不在心理测验范围之内。因此，行为样本要能够代表行为总体，即测验中的行为必须能够代表在测验情形之外出现的行为。毕竟一个测验的质量主要是由样本的代表性所决定的。该行为样本也被称为行为样组。

（二）标准化

标准化是指心理测验的编制、实施、计分及测验分数解释程序等的一致性。如此才能减少误差，保证所有被测者的测验条件都是相同的，确保测验的信度与效度。这包括测验内容、施测条件、评分规则、测验常模等的标准化。

（三）客观性

客观性是指心理测验的实施、计分及结果的解释等都不掺杂任何主观因素。理论上，如果测验的实施、评分及分数解释等都与特定测评者的主观判断无关，那么该测验就是客观的。当然，鉴于学科的局限，心理测验目前尚不能达到完美的标准化和客观性，但客观性作为衡量心理测验科学性的重要标志，在大多数测验中已经达到相当高的程度。

三、心理测验的优缺点

（一）心理测验的优点

1. 科学性强

心理测验以心理学为基础，研究已经比较成熟，出现了很多具有较高信度和效度的技术工具，能够较科学地考查个体的心理特征。

2. 公平性高

心理测验有其严格的规范要求，结果比较公正客观，很少受到测评者的晕轮效应、类我效应、近因效应等主观因素的影响，因此具有较高的公平性。

3. 便捷高效

心理测验实施过程通常比较简单，也比较适合大规模施测，可在较短时间内了解一个人的能力水平、个性特征与心理状态等。

（二）心理测验的缺点

1. 成本较高

心理测验的准备工作需要花费不小的人力、物力和财力。特别是随着时代的发展，人的心理特征结构不断发生变化，已有的心理测验越来越不能满足实际需求，需要对其进行修订和更新，尤其是用于职业测验，更需要投入很大的精力、财力去编制、试测与修改。

2. 对测评者要求较高

心理测验过程和评估的客观性等对测评者的能力提出了很高的要求，需要选择合适的测评者，并对其进行相应的培训。

3. 误差的不利影响

大多数心理测验都是基于有限的可观察行为样本，又通常是在某一时间范围内的取样。如同一个人竞聘同一个职位，由不同的选拔决策者负责，就会有不同的过程，可能会有不同的结果；即使同一个人，先后两次被同一个选拔决策者测评，也会因为时间、地点、天气、个人身心状态、自身预期等多种不确定因素而导致成绩有差别。这种由行为抽样和测验情境的不同而产生的分数不一致与误差有关。至于被测者有可能提前准备过相应的测验题目，以及在测验过程中为了获得有利于自己的结果而隐藏真实想法，更会导致测验结果的失真。

四、心理测验的类型

根据不同的标准，心理测验可以划分为不同的类型。

（一）按测验的内容划分

按照测验的内容可将心理测验划分为认知测验与人格测验。认知测验测的是人的认知行为，而人格测验测的是人的社会行为。认知测验又按照具体的测验内容分为智力测验、能力倾向测验和成就测验。其中，智力测验主要测查认知活动中较为稳定的行为特征，是对认知过程或认知活动的整体测评；能力倾向测验是对人的认知潜在能力的测评，是对人的认知活动的深层次测评；成就测验主要测查人的知识与技能，是对认知活动结果的测评。

较常用的是智力测验、能力倾向测验、成就测验、职业兴趣测验、品德测验、态度测验、价值观测验、人格测验等。当然，也可以把职业兴趣测验、品德测验、态度测验、价值观测验等归入人格测验。其中，智力测验、能力倾向测验、成就测验都属于最高行为的测验，人格测验（包括品德测验、态度测验、价值观测验等）则属于典型行为测验。

需说明的是，第一，第三章第二节阐述的能力分为实际能力和潜在能力，也可把实际能力的测验称为能力测验，把潜在能力的测验称为能力倾向测验或性向测验，实际上二者很难区分开。第二，能力倾向测验和成就测验容易混淆。二者的区别主要有以下几点。①

与经验的一致性程度不同。能力倾向测验反映的是广泛的学习经验的影响，而成就测验测量的是相对规范化经验的影响，如某种课程、训练程序对个人的影响。②用途不同。能力倾向测验常用于预测将来的成就，如估计被测者在将来某种训练中获益的程度，以及预测被测者在某种新情境中的表现等，而成就测验一般是评估被测者在已完成的训练中的情况，强调的是被测者此时的作为。③能力倾向测验偏重于预测效度的分析，而成就测验偏重于内容效度的分析。当然，上述区别是相对的，实际上这些测验之间并不存在本质的区别。能力倾向测验不可能排除正规学习、训练及知识经验的影响，某些成就测验也包含了较为广泛和不规范的教育经验的作用；成就测验也可用来预测将来的学习，特别是在预测学校的学习成绩方面有时还要优于能力倾向测验或智力测验。

（二）按测验的对象划分

按照测验的对象可将心理测验划分为个别测验与团体测验。前者是指每次仅对一位被测者进行测验；后者是指同一时间、一个测评者同时对许多被测者进行测验。

（三）按测验的材料划分

按照测验的材料可将心理测验划分文字测验与非文字测验。前者即广义上的纸笔测验；后者即操作测验，测验题目多属于图形、实物、工具、模型的辨认和操作，被测者通过指认、手工操作向测评者提供答案。

（四）按测验的性质划分

按照测验的性质可将心理测验划分为构造性测验与投射性测验。前者有清楚的内容结构，所呈现的刺激和被测者的任务都是明确的，计分、解释都有严格的规定；后者是让被测者在无意中将自己内心深处的欲望、观念、情绪、动机、态度等投射在反应中，以便测评者观察并分析被测者的反应特点，进而对其心理做深层次的分析，当然其刺激是没有明确意义的，问题模糊，对被测者的反应也没有明确规定。

（五）按测验反应的场所划分

按照测验反应的场所可将心理测验划分为一般测验、情境测验与观察评定测验。一般测验是对被测者在行为样本上反应的测验；情境测验是对被测者在模拟情境中反应的测验；观察评定测验是对被测者在日常实际情况下行为表现的测验。

（六）按测验的目的划分

按照测验的目的可将测验划分为描述性测验、诊断性测验与预测性测验。描述性测验是为了描述和说明被测者在某一心理特质上的一般状况或说明某一时期的问题；诊断性测验是对个人或团体的某种行为进行诊断；预测性测验是从测验分数预示一个人将来的表现和某一心理状况所能达到的水平。

（七）按测验的要求划分

按照测验的要求可将心理测验划分为最高行为测验与典型行为测验。前者要求被测者尽可能做出最好的回答，答案有正确、错误之分，如智力测验、成就测验；后者要求通常的习惯方式做出反应，答案没有正确、错误之分，如人格测验。

另外，按照测验的标准化程度可将心理测验划分为标准化测验与非标准化测验，衡量标准化测验质量的指标是其信度和效度；按照测验实施主体的不同可将心理测验划分为自评测验与他评测验，前者即自陈式测验，是被测者评价自己的行为表现或心理特点，而后者是由其他主体对被测者进行测验；按照心理测验的速度与时限将心理测验划分为速度测验与难度测验，前者识别个人做题的最快速度，后者在于识别个人在某一方面能够达到的最高水平，实际上，多数测验同时涉及难度和速度两个方面；按照测验时被测者反应的自由度可将心理测验划分为有限反应型或限制反应型与自由反应型，前者如投射测验，而强迫选择属于后者；按照测验的应用领域可将心理测验划分教育测验、临床测验与职业测验，公共部门人力资源测评中的心理测验就是指职业测验。

五、心理测验需特别注意的若干问题

作为一个系统的测评过程，心理测验在遵循第七章所述测评流程的前提下，需要特别注意如下几个问题。

（一）测验使用者需具备一定的资格

心理测验是专业技术性很强的工作，无论是测验的选择，还是具体的实施、计分、结果的解释等，只有具备相应的测量学、心理测验等方面的理论知识、技能训练有素的心理测验工作者才能胜任。像人格测验、心理健康诊断测验，即使是专业的心理测验工作者，也必须慎重对待，不能随便使用自己不熟悉的心理测验量表。

（二）慎重选择测验量表

今天，心理测验量表已形成较为系统、复杂的量表体系，不同量表各有其测验内容、使用对象范围，使用者必须慎重选择：一方面，要根据测评的具体目的、对象及测评指标体系选择适合的量表；另一方面，要综合考虑有关量表的信度、效度、常模的代表性以及实施的方便性、经济性等。

（三）严格按测验流程进行

测评者要严格按照心理测验所要求的标准流程进行，包括测验的准备、实施、被测者的反应和行为的记录、结果的处理与解释，尽量使测验标准化，尽可能减少测验情境、被测者的焦虑情绪、测评者主观态度及其他因素对被测者成绩的影响，使测验公平、真实地衡量每个被测者的真实水平。

（四）测验须合法并保密

心理测验必须保证合规合法，遵守心理测验的道德准则，理解并在实测中保障被测者的合法权益，测验结果在法律允许的范围内被保密，不能将测验结果泄露给无关人员，保证测评只是为了了解被测者的相关情况以及对其进行选拔、培养、训练、考核等。

（五）正确理解与解释测验结果

任何心理测验都有误差，而测验分数只是对被测者目前状况的施测结果，何况人的心理水平是会变化的，所以，首先，既不能仅凭一次测验的结果就下结论，也不能只依据心理测验结果来评判，还应参照使用其他方法的结果，综合评判，然后得出基本结论。其次，对分数进行带形解释。由于误差的存在，测验分数只是被测者真实状况的一个估计值，因此，应将分数视为一个范围，而不是一个精确的固定点，即对分数提供带形解释。最后，对来自不同量表的测验分数，不能直接进行比较。因为不同量表，其内容和常模群体是有差异的，即使两个测验名称相同，但由于它们所含的具体内容不同，其分数也不具有可比性。

第二节　能　力　测　验

根据第三章第二节关于能力、智力的界定，能力测验可分为一般能力测验、能力倾向测验、成就测验和创造力测验。它们之间有交叉甚至有重合的部分，但各有其使用目的、实施流程和解释方法。其中，一般能力测验即通常所说的智力测验。

一、智力测验

智力测验是指测量和评价个体智力水平的测验。它是一种间接测量，是对体现一个人的智力水平的行为样组进行测量，用数字加以描述，其结果是给人的智力行为确定一种数量化的值，即通过对表现智力水平的行为的测量来推断一个人的智力水平。

早期的心理测验基本上就是智力测验。中国古代就产生了不少智力测验的思想和实践，在第二章有关我国古代人力资源测评，就涉及智力测验及其他能力测验。有研究认为《论语·先进》记载的孔子通过问答鉴别法测量弟子的智力。[①]而北齐时代的刘昼提出的"使左手画方，右手画圆，令一时俱成"，可能是有记载的最早的智力测验（也有观点认为是世界上有记载的最早的单项特殊能力测验）。清代后期出现的七巧板，以及民间流行的九连环等游戏可以看作中国古代的智力测验实践。在西方，比奈被称为智力测验的鼻祖和奠基人，因为他编制了世界上第一份真正意义上的智力测验表，即 1905 比奈—西蒙量表。

智力测验可分为个体智力测验、团体智力测验以及一些专门智力测验。比较著名的个体智力测验有多个，用于成人的主要是韦氏成人智力量表，并形成多个修订版本。团体测验比较著名的有陆军甲种和乙种测验，前者是言语性量表，后者是操作性量表（适用于有阅读困难的人）。美国选拔士兵还经常采用军人资格测验（AFQT）。而瑞文推理测验既可个别施测，也可团体进行。基于公共部门，主要介绍如下测验。

（一）韦克斯勒智力测验

韦克斯勒智力量表是世界上最有影响力和应用最广泛的智力测验。自 1939 年韦克斯勒发表第一个成人智力量表后，又陆续推出了儿童和幼儿智力量表，并进行了多次修订。

---

① 郑红. 中国古代智力测验的方法与启示[J]. 南京航空航天大学学报（社会科学版），2007，9（1）：80-84.

韦氏的几个量表在结构上非常相似。韦克斯勒认为："智力是个人有目的地行动、理智地思考及有效地应付环境的整体或综合能力。"基于这一定义，他在量表中设计了 11 个分测验，其中第 1、3、5、7、9、11 个分测验组成言语量表，第 2、4、6、8、10 个分测验则组成操作量表，见表 9-1。

表 9-1 韦氏成人智力量表的内容

分测验名称		所欲测的内容	测验题目示例
言语量表 V	常识	知识的广度、对日常事务的认识以及长时期的记忆能力	例：巴拉圭在下列的哪个洲 A. 非洲；B. 南美洲
	数字广度	注意力和短时记忆能力	例：顺背"76485214391"
	词汇	言语理解能力	例：找出与"确信"意义最相近的词
	算术	数学推理能力、计算和解决问题的能力	例：6（ ）6（ ）6（ ）6＝1
	理解	判断能力和理解能力	例：人如果倒立着喝水，能不能喝进去
	类同	逻辑思维和抽象概括能力	例：请说出"汽油与食物……"的相似之处
操作量表 P	填图	视觉记忆、辨认能力、有视觉理解能力	例：要求被试者指出卡片上的图画所缺部位
	图片排列	知觉组织能力和对社会情境的理解能力	例：要求被试者把几张图片在规定的时间内排列成一个有意义的故事
	积木图	分析综合能力、知觉组织及视动协调能力	例：要求被试者用 4 块或 9 块红白两色的立方体积木摆出给定的几何图案
	图形拼凑	概括思维能力与知觉组织能力	例：要求被试者把零乱的拼板拼出一个完整的图形
	数字符号	知觉辨别速度与组织能力	例：要求被试者按照对应方式迅速在每个数字下填上相应的符号

在韦氏测验中，每个分测验均可单独计分。所有分测验的原始分数都要转换为平均数为 10、标准差为 3 的标准分数。将标准分数相加，便可得到言语量表、操作量表的得分和总分数，再将这些分数转换成离差分数，从而可得到言语智商、操作智商和总智商。这些智商分数可与同一个年龄组的常模团体相比较，以便明了被测者在他们同年龄组中的相对位置。

龚耀先等人于 1981 年完成了对韦氏成人智力量表的修订，更名为《中国修订韦氏成人智力量表》(WAIS-RC)。WAIS-RC 的最大变动在于根据我国国情，删除了部分完全不适合我国文化背景的题目，分别建立了农村和城市两套超模，并根据我国样本的测验结果对测验项目顺序作了适当调整。

（二）瑞文推理测验

瑞文标准推理测验（Raven standard progressive matrices，SPM）是英国心理学家瑞文（J.Raven）于 1938 年设计的非文字智力测验，其理论依据是斯皮尔曼的智力二因素论。测验共有 60 个题目，依次分为 A、B、C、D、E 五组，难度逐步增加，每组 12 题。同时，每组内部题目也是由易到难排列。每组题目所用解题思路基本一致，但各组之间有差异。直观上看，A 组题目主要测辨别力、图形比较、图形想象等；B 组主要测类同、比较、图形组合等；C 组题主要测比较、推理、图形组合等；D 组主要测系列关系、图形套合等；E 组主要测套合、互换等抽象推理能力。

每个题目都有一定的主题图，但是每张大的主题图中都缺失一部分，主体图下有6～8
张小图片，其中有一张小图片可以填补在主体图的缺失部分，从而使整个图案合理与完整。
被测者的任务就是从每题下面所给的小图片中找出适合于填补大图案的一张，并把该小图
片的序号填入答案纸内相应题目号的下面。如图9-1所示。计分时对照标准答案为被测者
计分（满分各12分），然后再将五组测验的分数相加即可得到测验总分（满分为60分）。

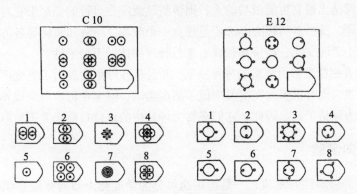

图 9-1　推文推理测验题目示例

该测验不受文化、种族与语言的限制，并可用于一些聋哑人，从而使得该测验可以进
行各类比较性研究，使用方便，解释直观简单，具有极高的信度和效度。张厚粲对标准瑞
文推理测验进行了修订，制定了中国常模。标准瑞文推理测验中国版本的分半信度达到
0.95，间隔15天和30天的重测信度为0.82和0.79，与韦氏言语智商、操作智商和总智商
的相关系数分别为0.54、0.70和0.71，与高考语文成绩、数学成绩和总分的相关系数分别
是0.29、0.54和0.45。

（三）智力测验中的特殊问题

虽然上述传统的智力测验在理论基础和实际运用中存在这样或那样的问题，受到来自
各方的批判，甚至一度受到社会的抵制，但目前为止，它仍被作为有效的智力个体差异评
估工具而得到广泛应用。究其原因，大致可以归于以下几个方面。

一是智力本身虽具有可变性，但从另一个角度来说，也具有稳定性。其稳定性主要表
现在：个体智力在其相应团体中的相对位置长时期内保持稳定。这种相对位置的稳定可以
首先归因于个体的遗传素质。研究表明，血缘关系越近的人智商相关越高，可见，遗传对
智力的发展具有不可忽视的作用。虽然环境的变化对智力发展会产生很大的影响，但就普
遍范围而言，多数人的环境是相对稳定的，突如其来的环境巨变相对少见。而且，后天经
验是一个积累的过程，先前经验为以后的发展提供了基础，因而最初发展较快、智力水平
较高的个体很有可能在其团体中继续保持领先地位。可见，个体智力的相对稳定性为智力
测验具有一定预测效度提供了可能性。另外，由于个体智力的发展到一定年龄以后会越来
越慢，最终会达到顶峰，并在此后长时期内处于稳定状态，因此智力测验的预测效度便会
出现随被测者年龄增大递增的趋势。

二是智力测验实际运用于录取、选拔安置人员。实践证明，其对学生和职业等效标的

预测具有较好的效度，可以有效地帮助决策者提高决策正确率。

三是由于智力测验对不同团体可能存在不公平性，因此人们已经试图从改善智力测验本身来缓解这一问题，如改善题目结构，或据亚文化群的特点为不同团体编制不同的测验，或在同一测验中为不同团体制定子常模等。但从另一个角度来说，当智力测验被用于选拔人员时，更应看重的是其预测效度而非其公平性。只要一个测验确实能够在一定的录取率下相当准确地筛选出最有可能成功的人，则该测验就应是可行的。至于它对各种不同团体公平与否的问题，最根本的解决办法还是建立一个政治、经济和文化等各方面高度平等的社会，从本质上消除文化、经济和教育对某些特殊团体的不公平性。

四是虽然人们指出智力测验的种种缺陷，并且从各种角度提出了更全面更完善的智力评估手段的设想，也有很多人在实践中做了诸多尝试，但至今仍未出现成熟的、超越这些智力测验的智力评估工具。因此，它们在智力评估中的地位目前仍是不可取代的。[①]

二、能力倾向测验

能力倾向测验即性向测验，一是按用途可分为学业能力倾向测验和职业能力倾向测验，前者是指有关学业能力倾向的测验，可再分为一般学业能力倾向测验和特殊学业能力倾向测验；后者是指有关职业行为或活动能力倾向的测验，如行政职业能力测验（详见第八章第二节）。二是按内容和功能可分为多维度能力倾向测验和特殊能力倾向测验，前者是由各种测量不同能力的分测验组合而成，用于判定一个人多方面的潜能；后者主要用于判定一个人某方面或一定领域的特殊潜能。

（一）多维度能力倾向测验

多维度能力倾向测验既可以成套施测，也可以单独施测某些分测验。多维度能力倾向测验种类较多，如差别能力倾向测验或区分能力倾向测验、弗拉纳根能力倾向分类测验等，较为常用的是一般能力倾向成套测验。

一般能力倾向成套测验是美国联邦劳工部就业保险局自 1934 年花了十多年时间编制而成的。它是在对早期为某些工作而准备的 50 多种测验进行因素分析的基础上编辑而成，不但在美国经过多次修订，而且也被世界上许多国家引进修订。它包括 12 个分测验（8 个纸笔测验、4 个仪器测验），评定 9 种能力倾向因素。其内容结构、能力倾向于职业的关系分别见表 9-2、表 9-3。该测验的原始分数可以转化为百分等级，也可以转化为标准分（平均分为 100，标准差为 20）。

通过分析各种职业个体的 GATB 分数，确定每种职业团体 GATB 的分数特点，从而绘制出每种职业的能力剖析图或职业能力模型，从中可以确定每种职业的临界 GATB 分数。对于个体而言，可以将得到的分数换算成标准分，并与大约 36 种职业类型的 OAP 比较，找到个体可能适合的职业。因此，该测验可为学生的升学指导和职业咨询提供信息，同时为人力资源的合理配置等提供参考依据。

---

① 戴海崎，张锋. 心理与教育测量[M]. 4 版. 广州：暨南大学出版社，2018：198.

表 9-2 GATB 的内容结构

测量的能力倾向	代号	内容	能力分类
1. 一般学习能力	G	把 V、N、S 三个分测验的分数相加	认知
2. 言语能力	V	每组词中哪两个词意义相同或相反	认知
3. 数理能力	N	计算和算术推理	认知
4. 空间能力	S	理解三维物体的二维表示及三维运动结果	知觉
5. 形状知觉	P	匹配有同样工具的画和匹配同样的几何图形	知觉
6.书写知觉	Q	与形状知觉类似，但要求匹配名称	知觉
7. 运动协调	K	在一系列方格中用铅笔做出特定的记号	运动
8. 手指灵活度	F	装配和拆卸铆钉和垫圈	运动
9. 手部敏感性	M	在一个木板上传递和翻转木桩	运动

表 9-3 GATB 能力倾向与职业的关系

能力倾向组合	职 业	能力倾向组合	职 业
1.G-V-N	人文系统的专业职业	9.N-S-M	设计、制图作业及电气职业
2.G-V-Q	特别需要言语能力的事务职业	10. Q-P-F	制版、描图的职业
3.G-N-Q	自然科学系统的专门职业	11. Q-P	检查分类职业
4.G-N-Q	需要数的能力的一般事务职业	12. S-P-F	造型、手指作业的职业
5.G-Q-K	机械事物的职业	13. S-P-M	造型、手臂作业的职业
6.G-Q-M	机械装置的操纵、运转及警备、保安职业	14. P-M	手臂作业的职业
7.G-Q	需要一般性判断的注意力的职业	15. K-F-M	看视作业、身体性作业的职业
8.G-S-P	美术作业的职业		

戴忠恒根据我国国情于 1989—1992 年以日本劳动省 1983 年修订版为蓝本，在三个方面对该测验做了改动，编制了中国试用常模。

（二）特殊能力倾向测验

特殊能力倾向测验用于判定个体是否在特定领域具有特殊潜力，如文书能力、机械能力、音乐能力等。它是鉴别个体在文书、机械、美术、音乐等某方面是否具有特殊潜能的一种工具，最初是为了弥补智力测验的不足而编制和使用的。目前一些传统的特殊能力倾向测验，如文书、机械等测验已经是多重能力倾向测验的一个分测验了。但特殊能力倾向测验仍有其存在的价值，毕竟多重能力倾向测验很少涉及运动技能、艺术等领域，需要特殊能力倾向测验作为补充；同时，特殊能力倾向测验的灵活性强，可以单独使用，也可以和其他测验结合起来使用。因而被广泛地运用于职业测评、教育测验，特别是人力资源的招聘、选拔配置等。

心理运动能力测验是最早建构起来的特殊能力测验，它测量的是受个体意识支配的精细动作能力，即专门测量速度、协调和运动反应等特性，大多与手的灵巧性相关，也有部分会涉及腿或者脚的运动。它包括大幅度运动测验、小动作运动测验及二者结合的测验，用于预测特定职业和行业的工作绩效。大幅度运动测验一般用于测量手指、手和手臂大幅度运动的速度及准确性，如斯特龙伯格敏捷测验、明尼苏达操作速度测验等。小动作运动测验主要测量小动作的速度及准确性，如奥康纳手指灵活测验、克劳福德小部件灵活测验等。大小动作运动测验，会同时测量手和手臂的大小动作及手指敏捷性两个方面的能力，如普渡钉板测验、本纳特手—工具敏捷性测验等。

机械能力倾向测验主要包括明尼苏达空间关系测验、明尼苏达机械拼合测验、明尼苏达书面形状测验、本纳特机械理解测验等。

文书能力倾向测验包括一般文书测验、明尼苏达文书测验、翁德里克人事测验等。

此外，还有感知觉测验、计算机程序编排和操作能力测验等，实际上那些用于相关专业人员的选拔、专业资格鉴定等的测验也都是专业能力测验。

三、成就测验

成就是指个人通过学习和训练所获得的知识、学识和技能等。成就测验是指测查个体能够完成特定领域行为和活动的测验。目的是考查其经过教育与训练后所获得的知识、学识与技能的掌握、运用的程度和水平。成就测验由来已久，我国西周时期就已经有定期进行的学业考试，科举考试制度更是世界上出现最早的由国家组织的成就测验。在西方，20世纪初桑代克的《心理与社会测量的理论导论》一书的出版标志着现代标准化成就测验与教育测量学的诞生。我国的中考、高考、研究生入学考试，公务员招录、事业单位人员招聘考试及其选拔晋升中的有关知识考试都属于成就测验。实际上，成就测验也被应用于社会各个领域，对考查人们的专业知识和技能，提高选拔人才的质量，有目的地培养人才，实现人岗匹配，具有非常重要的作用。

依据不同的分类标准，成就测验可分为不同的类型。其中，按测验的功能不同，可将成就测验分为学业成就测验和职业成就测验。前者用于教育领域，后者用于党政机关和企事业等组织。按编制方法不同，可将成就测验分为标准化成就测验和自编测验。前者是由相关专家按测量学基本原理编制的，适用于大规模评定个人学习成就水平的测验，这种测验的命题、施测、评分和解释都有一定的标准，因此具有较高的信度、效度，例如托福考试。后者是测验组织机构或测评者如教师依据需要自行设计与编制的测验。按测验的内容，可将成就测验分为单学科成就测验和成套成就测验。前者是考查某一特定学科的知识技能，后者考查学校基础课程领域的各方面知识技能。特别说明的是，成就测验可与第八章笔试中的知识考试互相补充。

（一）韦克斯勒个人成就测验（第 2 版）

韦克斯勒个人成就测验（第 2 版）是著名的综合性的个体成就测验，适用于 4~85 岁的个体。它测量个体在阅读、写作、数学和口语方面的学习效果，可用于评价较宽范围的学习知识技能，也可用于满足某种领域的测验需要。同时，在临床使用中发现，该量表能有效鉴别有学习障碍的群体。它由九个分测验组成，主要测阅读、数学、书面语言和口语四个方面，具体内容见表 9-4。

表 9-4　韦克斯勒个人成就测验（第 2 版）的结构

成分	分测验	测试内容
阅读	语词阅读	字母识别、语音知觉、字母的语义识别、字词识别的准确性能力
	假词解码	应用语音解码的技能，要求被测者大声读出卡片上符合英语拼写规则但无意义的单词
	阅读理解	各种阅读理解技能，包含单词、句子、文章三类题型
数学	数位运算	识别和书写数字、解答书面计算题、解答简单方程式的能力
	数学椎理	数量概念，多步骤问题，有关金钱、时间和测量的问题，几何问题，阅读和解释图表问题，统计与概率问题，整数、分数和小数问题，识别数学图案等方面的能力
书面语言	拼写	拼写所听到的字母、字母组合和单词的能力
	书面表达	书写过程，包含字母书写、单词流畅性、句子、段落和文章
口语	听力理解	词与图匹配、句子理解、图与词匹配的能力
	口头表达	有效使用口头语言与他人交流的一般能力，包含句子复述、单词流畅性、文章、提供指示四个部分

九个分测验的施测顺序是语词阅读、数位运算、阅读理解、拼写、假词解码、数学推理、书面表达、听力理解和口头表达。测验时间随着被测者的年龄和所施测的分测验的数量变化而变化。

（二）伍德考克—詹森个人成就测验（修订版）

伍德考克—詹森个人成就测验（修订版）是 1977 年出版的《伍德考克—詹森心理教育测验集》的一部分——成就测验的修订版。该测验集的另一部分为测量智力的伍德考克—詹森成套认知能力测验，两个测验可配套使用。该测验主要用于测量 2～90 岁个体在阅读、数学、书面语言、知识、口头语言五个方面的成就。阅读、数学、书面语言领域包括基本技能、流畅性或自动性、应用或高水准技能；知识领域包括历史、地理、政治、经济、生物、物理、艺术、音乐、文学；口头语言领域包括语言的表达与接受能力。五个测量领域包含 22 个分测验。测验得分一般以百分等级分数表示，也可以将分数转化为一种标准分数。

（三）学业成就评估测验

在美国，高中生想要进大学，除了高中三年学业平均绩点（grade point average，GPA）、课外活动表现、论文及老师的推荐信之外，不可或缺的就是学业成就评估测验（scholastic assessment test，SAT）的成绩。包括 SAT I-Reasoning Test（理解测验）和 SAT Ⅱ-Subject Test（学科测验）。SAT I 主要测量考生的语言及数学理解与推理能力，作为预测考生进入大学后成绩的参考指标。SAT Ⅱ 主要测量考生某一学科的知识和运用这些知识的能力，共有英文写作、文学、数学、生物、化学、语言及听力测验等 22 种学科。每位考生每次最多可报考 3 种学科。SAT 提供各分测验的独立分数，各分测验分数的平均分为分 500，标准差约为 100。有研究显示，SAT 的分数是常模性的，其早期版本信度很高，一般在 0.90 左右，与大学里的成绩效标关联效度为 0.5～0.6。SAT 的效度无明显的男女性别和种族差异。

四、创造力测验

创造力测验是指测量个体运用知识独创性的发现问题、解决问题能力的测验。自吉尔福德开创创造力测验开始，大量研究者基于不同的维度开发了许多创造力测验。早期个体水平的创造力测验往往只强调创造力的某一个维度，创造力的测量沿着创造性的过程、人、产品及环境四个方面分别进行测量。20 世纪 90 年代后出现创造力的汇合取向观点及领域特殊性的观点，创造力测验有了新的发展，呈现综合化和分化趋势，一些新的创造力测量工具应运而生。创造力的汇合取向表明，只有当各种因素汇合的时候，创造力才能最终发生，并且这些因素不只是个体的因素还包括环境因素。在新的创造力观点的影响下，创造力测量的方法和思路上发生了重要变化，更重视创造力测量的生态效度，对创造力测量的局限性有更清醒的认识，注重创造力的综合测评和分化测评，因此创造力测评的内容更丰富、更具针对性。[①]如第三章第二节所述，创造力包括个体创造力和群体（或团队）创造力，较常使用的个体创造力量表有奥尔德姆（G.Oldham）等开发的项目量表[②]，蒂尔尼（P.Tierney）等开发的 9 项目量表[③]，乔治（J.George）等开发的 13 项目量表[④]等。团队创造力测量有其相应的量表，也可以将测量个体创造力的量表改变表述方式，比如将"我"改为"我所在团队"，用来测量团队创造力。[⑤]下面是几种著名的创造力测评。

（一）吉尔福特创造力测验

吉尔福特在其三维智力结构模型中（详见第三章第二节）发现，智力操作中存在聚合与发散两种不同类型的思维：聚合思维是指利用已有的知识经验和传统方法去解决问题的一种有方向、有范围、有条理、有组织的思维方式；而发散思维则是既无一定方向又无一定范围的由已知探索未知的思维方式。他认为创造性活动所依靠的能力主要是发散思维，而目前的智力测验大多测量的是认知能力、记忆能力以及复合思维，较少涉及发散思维，创造力测验主要测量被测者的发散思维水平。

吉尔福特认为发散思维在行为上主要表现出三种特性。一是流畅性。面对智力任务能在短时间内做出快速而众多的反应。二是变通性。思维灵活多变，触类旁通，不受传统思维或心理定式的影响，能多方位地思考和解决问题。三是独特性。对事物能表现出不同寻常的新颖见解。三者相互联系，其中变通性建立在流畅性的基础之上，独特性又建立在变通行与流畅性的基础之上，因为只有反应数量众多，反应角度才有可能多样化，进而才有可能出现新视角、新观点。

作为操作因素，发散思维又与智力结构中的五种内容因素、六种产品因素组合出 30

---

① 徐雪芬，辛涛. 创造力测量的研究取向和新进展[J]. 清华大学教育研究，2013，34(1)：54-63.

② OLDHAM G R, CUMMINGS A. Employee creativity：personal and contextual factors at work[J]. The academy of management journal, 1996, 39(3)：607-634.

③ TIERNEY P, FARMER S M, Graen G B. An examination of leadership and employee creativity：The relevance of traits and relationships[J]. Personnel psychology, 1999, 52(3)：591-620.

④ George J M, ZHOU J. When openness to experience and conscientiousness are related to creative behavior：an interactional approach[J]. The journal of applied psychology, 2001, 86(3)：513-524.

⑤ 张燕，怀明云，章振，等. 组织内创造力影响因素的研究综述[J]. 管理学报，2011，8(2)：226-232.

种心理能力因素，但只编制出 14 个分测验，针对其中 11 种心理能力因素进行测量。具体内容如下。

（1）词语流畅性：迅速写出包含某个字母的单词，例如：O——load，over，pot....

（2）观念流畅性：迅速列举属于某一种类事物的名称，例如："能燃烧的液体"——汽油、煤油、酒精……

（3）联想流畅性：列举近义词，如艰苦——艰难、困难、困苦……

（4）表达流畅性：写出一特定字母开头的四个句子。

（5）多种用途：列举出一个指定物体的各种可能的非同寻常的用途。

（6）解释比喻：以几种不同方式完成包括比喻的句子。

（7）效用测验：尽可能多地列举每一件东西的用途。

（8）故事命题：写出一个短故事情节的所有合适的标题。

（9）推断结果：列举一个假设事件的不同结果。

（10）职业象征：列举一个给定的物体或符号所象征的职业。

（11）图形结合：利用一套简单的图案，如圆形、三角形等，画出几个指定的物体，任一图案都可重复或改变大小，但不能增加其他任何图形。

（12）绘图：将一简单图形复杂化，给出尽可能多的可辨认物体的草图。

（13）火柴问题：移动特定数目的火柴，保留特定数目的正方形或三角形。

（14）装饰：以尽可能多的不同设计修饰一般物体的轮廓图。

前 10 个为语言测验，后四个为图形测验，皆考查发散思维，适用于初中文化水平以上的人，用百分位和标准分数进行分数解释，分半信度为 0.60～0.90。

（二）托兰斯创造性思维测验

美国托兰斯（E.Torrance）于 1966 年编制的创造力测验，包括流畅性、灵活性、独创性、精确性四个方面，是目前最著名、运用最广泛的创造力测验。该测验包括 12 个分测验，称之为"活动"，以缓解被测者的紧张心理，它适合于幼儿园儿童直至成人被测者。该测验包括言语创造性思维测验、图画创造性思维测验和声音词语创造性思维测验三套。

1. 言语创造性思维测验

这包括七项活动。

（1）提问题。根据所呈现的图画，列举出由图画内容所想到的问题。

（2）猜原因。根据所呈现的图画，列举图中所描绘的行为可能的原因。

（3）猜后果。根据所呈现的图画，列举图中所描绘的行为可能的后果。

（4）产品改造。对给定玩具图形提出改进意见。

（5）特殊用途。列举某物体的特殊用途。

（6）非常问题。对同一物体提出尽可能多的不寻常的问题。

（7）假象。推断一种不可能发生的事情一旦发生会出现什么后果。

此套测验从流畅性、灵活性和独创性三个方面计分，其中前三个测验是通过一幅图（图中一个小精灵正在溪水里看它的影子）推演而来的。

2. 图画创造性思维测验

这包括三项活动。

（1）构建图画。把一个边缘为曲线的颜色鲜明的纸片贴在一张空白纸上，贴的部分由自己选择，然后以此为出发点，画一个非同寻常的能说明一段有趣的振奋人心的故事的图画。

（2）完成图画。利用所给的少量不规则线条画物体的草图。

（3）平行线测验。利用成对的短平行线（A本）或圆（B本）尽可能多地画出不同的图。此套测验皆根据基础图案绘图，可得到流畅性、灵活性、独创性和精确性四个分数。

3. 声音词语创造性思维测验

这是后来发展起来的测验，两项活动均用录音磁带实施。第一个活动为音响想象，要求对熟悉及不熟悉的音响刺激做出想象；第二个活动为象声词想象，对 10 个诸如"咔嚓咔嚓"等模仿自然声响的象声词展开想象。两项活动皆为言语性反应，对刺激作自由想象，并写出联想到的有关物体或活动。根据反应的罕见性，记独特性分数。

托兰斯测验的评分者信度为 0.80～0.90，复本及分半信度为 0.70～0.90 之间，可是没有可靠的效度证据。

此外，还有芝加哥大学创造力测验，由芝加哥大学盖泽尔斯（J.Getzczs）和杰克逊（P.Jaekson）于 20 世纪 60 年代初期编制，包括语词联想、用途、隐蔽图形、完成寓言、组成问题五个项目；心理学家威廉斯（M.Williams）根据不同专家从人格角度对创造力进行研究所得出的结论所编制的创造力测验，包括发散性思维测验、发散性情意测验及威廉斯量表三个分测验；心理学家尤金·劳德赛的创造力测验等。

需注意到，现有创造测验，一是评分较复杂。虽然测验手册上有详细的评分准则，但主观性强，测评者之间的一致性程度较低，尤其是在对被测者答案的独特性评分上更是难以统一。二是对测验的效度存在怀疑。目前大多数创造力测验缺乏足够的效度证据，因而，这些测验在实际对创造性成就的预测上究竟有多大效用，目前依然值得探讨。总之，创造力测验乃至其理论依据还处于探索阶段，目前这些测验多被视为研究工具，它们与成就测验的相关度很低，应慎重用于实际预测。

第三节　人　格　测　验

在科学的人格测验创立之前，很多国家、民族与文化中就有人格测验的尝试，某些信念与方法曾拥有众多追随者，而如今已经被证明基本无效，甚至全盘否定，如占星术、颅相学、面相学、色彩学、数字命理学等，这些方法均认为通过某种生理上的特征或者某种和人存在虚假相关的自然关联就可以推测个体的人格。

中国古代高度重视官德的意义，强调官德在治国理政中的价值引导作用，在第二章我国古代人力资源测评，就涉及包括品德、态度、价值观在内的人格测验。在西方，最早使用科学方法测量人格的是高尔顿，他于 1884 年在《品格测量》一文中指出：构成我们行为的品格，是一种明确的东西，所以应该加以测量。他还编制了一个评定品格的量表。但公认的人格测验先驱是克雷培林。比较规范的人格测验始于武德沃斯在 1917 年编制的个人资料调查表。1921 年，罗夏编制的"罗夏墨迹测验"问世，投射测验由此诞生。

目前，人格测验多达数百种，就其编制的方法和施测的程序，除了下文的自陈量表、投射测验外，还有评定量表、行为观察法等。

其中，评定量表是指通过观察，给被测者的某种行为或人格特征确定一个分数（等级）的标准化程序。可由测评者选择与被测者行为或人格特征最相符的一项，用数量予以判定。其形式与自陈量表类似，但自陈量表是被测者本人对测验题目的反应，而评定量表是由他人对被测者做出评定。评定量表主要包括数字评定量表、图表评定量表、标准评定量表和强迫评定量表等，如莱氏品质评定量表、猜人测验等。

行为观察法是指测评者通过直接观察被测者的某种行为表现或变化来评判其特征的方法。它可以是在自然情境中展开的，即测评者不对观察情境进行任何控制，被测者的行为也不会受到影响；也可以将被测者置于选定的情境中，由测评者观察其在此情境下的行为反应，从而判断其人格特征。该法特别适用于对基层工作人员工作技能、工作表现的测查，包含对特定工作的成功绩效所需的一系列合乎希望的行为。由于该法简便易行，因此被广泛采用。

一、自陈量表

（一）自陈量表的内涵及其特点

自陈量表是指针对要测量的人格特征，编制一系列有关的问题或陈述句，要求被测者根据与自己实际情况的符合程度逐一回答，然后以此回答衡量被测者在该人格特征上的表现程度。也称自陈问卷、自陈式人格测验。这些量表有专为人格中某一种特征而设计的，也有为整个人格特征而设计的，因而所得的分数，有的只表示某一特征的情况，有的则表示整个人格特征的情况。自陈量表的项目形式一般采用是非式或选择式。编制自陈量表有一个基本假设，即只有被测者自己最了解自己，而且能够真实反映自己的人格特征。通过自陈量表测量人格是最广泛和最成熟的测验方法。

自陈量表具有突出的优点：①采用纸笔测验，施测方便易行，一般对测验情境和测评者的要求不像智力测验那样严格；②量表结构明确、清晰，计分和解释较为客观；③可以借助常模进行个体间的比较，使结果客观化、标准化；④既可以个人测验，也可以团体测验；⑤成本较低，可在较短时间内获取个体较多的人格资料。

但它同时也有其难以克服的缺点，以下诸项都直接影响到测验的真实性。①对自己人格了解有限。一个人不一定能正确地全面了解自己的人格。②定势的影响。被测者往往不是按照自己的实际情况，而是按社会赞许的行为方式回答测题。③文化的熏陶。由于人们接受的文化环境的影响不同，有的人无论对什么题目，都按"默认心向"，选择"是"或"否"；有的则按"中庸"取向，在"是""不确定""否"三个选项中，常常选择"不确定"。④有些测题不是针对正常人的，所以，被测者回答时会有顾虑。⑤中国人和西方人的人格差异，直接影响我们采用西方量表测验中国人人格时的信度和效度。

因此，编写测验项目时，一是尽量用中性化的词句表达，尽可能回避带有明显社会评价色彩的问题。二是对于必须涉及的个人私生活问题，应采用适当隐蔽措辞予以表达。三是所提供的选项最后排列成若干等级，便于被测者选择更接近其实际情况的答案。四是具备测谎的手段，如采取一些校正测验或迫选测验等。

（二）卡特尔 16 种人格因素问卷

卡特尔 16PF 英文版有 A、B 两套等值的试题，每套有 187 个项目，分配在 16 种人格因素中，每个人格因素包含的项目数不等，少则 13 个，多则 26 个。16 种人格因素是各自独立的，相互之间的相关度较小，被测者不仅可以对自己在 16 种因素上的人格特点有所了解，而且可以根据人格因素组合公式对自己的整体人格做出评价。

16 种人格因素分别为乐群性（A）、聪慧性（B）、稳定性（C）、恃强性（E）、兴奋性（F）、有恒性（G）、敢为性（H）、敏感性（I）、怀疑性（L）、幻想性（M）、世故性（N）、忧虑性（O）、实验性（Q₁）、独立性（Q₂）、自律性（Q₃）、紧张性（Q₄）。16 种人格因素中各个项目是按顺序轮流排列的。16 种人格因素中除了聪慧性（B）各项目有对、错之分外，其余项目均无对、错之分。卡特尔 16 项人格因素问卷结果采用标准分。见表 9-5。

表 9-5　16PF 测验结果报告示例

人格因子	标准分	低分特征	标准分										高分特征
			1	2	3	4	5	6	7	8	9	10	
乐群性 A	5	缄默孤独	☆	☆	☆	☆	★	☆	☆	☆	☆	☆	乐群外向
聪慧性 B	6	迟钝、学识浅薄	☆	☆	☆	☆	☆	★	☆	☆	☆	☆	聪慧、富有才识
稳定性 C	4	情绪激动	☆	☆	☆	★	☆	☆	☆	☆	☆	☆	情绪稳定
恃强性 E	5	谦逊顺从	☆	☆	☆	☆	★	☆	☆	☆	☆	☆	好强固执
兴奋性 F	6	严肃审慎	☆	☆	☆	☆	☆	★	☆	☆	☆	☆	轻松兴奋
有恒性 G	6	权宜敷衍	☆	☆	☆	☆	☆	★	☆	☆	☆	☆	有恒负责
敢为性 H	6	畏怯退缩	☆	☆	☆	☆	☆	★	☆	☆	☆	☆	冒险敢为
敏感性 I	7	理智、着重实际	☆	☆	☆	☆	☆	☆	★	☆	☆	☆	敏感、感情用事
怀疑性 L	6	信赖随和	☆	☆	☆	☆	☆	★	☆	☆	☆	☆	怀疑、刚愎
幻想性 M	9	现实、合乎常规	☆	☆	☆	☆	☆	☆	☆	★	☆	☆	幻想、狂放不羁
世故性 N	6	坦白直率、天真	☆	☆	☆	☆	☆	★	☆	☆	☆	☆	精明能干、世故
忧虑性 O	3	安详沉着、有信心	☆	☆	★	☆	☆	☆	☆	☆	☆	☆	忧虑抑郁、烦恼
实验性 Q₁	5	保守、服从传统	☆	☆	☆	☆	★	☆	☆	☆	☆	☆	自由、批评激进
独立性 Q₂	5	依赖、随附群众	☆	☆	☆	★	☆	☆	☆	☆	☆	☆	自立、当机立断
自律性 Q₃	6	矛盾冲突、不明大体	☆	☆	☆	☆	☆	★	☆	☆	☆	☆	知己知彼、自律严谨
紧张性 Q₄	5	心平气和	☆	★	☆	☆	☆	☆	☆	☆	☆	☆	紧张困扰

16PF 不仅能明确描述被测者在 16 种人格因素上的主要特征，还能根据公式进一步推

算人格类型的次元因素，包括适应与焦虑性、内向与外向性、感情用事与安详机警性、怯懦与果断性以及自控性，这些都是在 16 种人格因素的基础上对更抽象的因素特征进行推断得到的。卡特尔根据个人格因素为现实社会中的某种行为所起作用的大小，对不同因素进行了加权分析，并在对试验资料统计分析的基础上，提出了对如下四个因素的"预测应用公式"，预测在某些特殊环境下的行为特征（即心理健康因素、专业成就因素、创造力因素与新环境中成长能力因素），尤其适用于升学、就业和生活问题的指导。

16PF 问卷的测题都是使用中性化的语言来表达，被测者难以从表面看出哪一个回答好与否，有利于获得被测者的真实回答。国内外实践证明，它具有客观性强、标准化程度高、功能多、广谱性高、效度和信度较高的特点，使用价值较高。问卷具体题目示例如下：

请从 A、B、C 中选择一个符合你的情况的选项。

1. 我有能力应付各种困难。

A. 是的　　　　　　　B. 不一定　　　　　　　C. 不是的

2. 我的思想似乎：

A. 比较先进　　　　　B. 一般　　　　　　　　C. 比较保守

1988 年，戴忠恒、祝蓓里在李绍农对辽宁省修订本的基础上进行了再修订，取得了全国范围内的信度与效度资料，并按性别制定了中国成人、大学生、中学生、干部、专业技术人员等不同群体的常模。

（三）艾森克人格问卷

艾森克及其夫人编制了 EPQ。EPQ 由四个分量表构成：E 量表（内—外倾性）、N 量表（神经质，又称为情绪稳定性）、P 量表（精神质，又称为倔强性）和 L 量表（效度）。

E 量表：得分高表示外向，得分越低越内向。前者表现为活泼开朗、热情大方、善于交际、情感外露、渴望刺激和喜欢冒险，注意力易分散、难持久集中，缺乏持久耐力，兴趣易变换；后者比较安静、稳重、内省，沉默少语、交际被动，不喜欢刺激、情感不易外露、注意力稳定难转移，反应缓慢、行为迟缓。

N 量表：得分高者表现为焦虑、紧张、易怒、敏感多疑，对各种刺激反应强烈，易冲动，具有攻击性，又可能郁郁寡欢、忧心忡忡；得分低者表现为情绪反应缓慢、心境平和，自控能力比较好。

P 量表：并非指精神病，它在所有人身上都存在，只是程度不同。得分高者可能比较孤独、不关心他人、不近人情，喜欢一些古怪的行为，不友好，甚至不顾危险。而艾森克认为，在该维度上得分较高的人，与有创造力相联系。得分低没有明确的现实意义，但通过大量的实证观察，一些低分的人往往个性极度压抑，内心苦闷。

L 量表：测定被测者的掩饰、假托、自身隐蔽等情况。它与其他量表的功能有联系，但它本身代表一种稳定的人格功能。从实践角度来看，得分适中才是比较健康的。以此不仅可以判断其他量表测量结果是否真实，还可以反映个体的社会心态。

另外，艾森克还将 E 和 N 两个维度做了垂直交叉分析，得到四种典型的人格特征，即外向稳定型、外向易变型、内向易变型、内向稳定型。这四种类型又可顺次对应四种气质类型：多血质、胆汁质、抑郁质和黏液质。如图 9-2 所示。

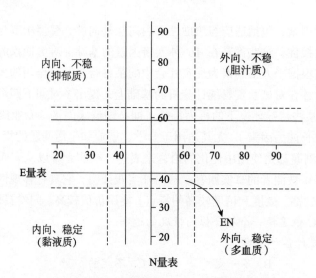

图 9-2　EPQ 量表 E-N 二维关系图

注：张某的 EN 相交图倾向于外向稳定型人格。

资料来源：郑日昌，孙大强．心理测量与测验[M]．2 版．北京：中国人民大学出版社，2013：259.

    EPQ 的理论结构已被大量研究所证实，它实施简便，信效度较高。各量表的分半奇偶相关系数在 0.34～0.77；间隔一个月的重测信度系数在 0.67～0.92，说明测验有较高的信度。因素分析的结果表明该问卷有较为理想的构念效度。E、N 两个维度与卡特尔 16 种因素的进一步因素分析的结果是相似的，即将卡特尔 16PF 获得的特质做进一步的聚合或分组，可得到与 EPQ 内外倾和神经质维度相似的二阶因素。当然，这些因素或维度是实际上每个用因素分析法做特质研究都会发现的重要因素，但 P 维度招致相当大的争议。问卷具体题目示例如下。

    请根据每道题所给情况，作"是"或"否"的回答。

    1. 你是否有许多不同的业余爱好。

    2. 你是否在做任何事情之前都要停下来仔细思考。

    EPQ 中国版有陈仲庚和龚耀先两种修订版本，普遍使用的是龚耀先修订（共 88 题）本。简式量表 EPQ-RS 由钱铭怡等修订完成，即 EPQ-RSC。

（四）迈尔斯-布里格斯人格测验

    迈尔斯-布里格斯人格测验（MBTI）是由美国心理学家布里格斯（K.Briggs）（原是新闻记者）和她的女儿迈尔斯（I.Myers）（原是小说家）根据荣格的心理类型理论和她们对于人格差异的长期观察与研究于 1942 年编制而成，并经历了半个多世纪的陆续修订完善。

    1913 年，荣格提出了内向型性格与外向型性格，1921 年他又提出了四种功能类型，即理性功能相互对立的两种类型——思维功能与情感功能，与非理性功能相互对立的两种类型——感觉功能和直觉功能。布里格斯和迈尔斯在上述两种态度类型和四种功能类型的基础上，又增加了判断和知觉两种类型，由此组成了人格的四个维度、八种方向、16 种性格类型。这四个维度如下。

（1）与世界相互作用方式：内倾（introversion，I）—外倾（extroversion，E）维度。该维度表示个体心理能量的获得途径和与外界相互作用的程度。①内倾型：关注外部环境的变化对自己的影响，将心理能量和注意力聚集于内部世界，注重自己的内心体验。如独立思考，自省，看书，避免成为注意的中心，听的比说得多。②外倾型：关注自己如何影响外部环境，将心理能量和注意力聚集于外部世界和与他人的交往上。如聚会、讨论、聊天。

（2）获取信息主要方式：感觉（sensing，S）—直觉（intuition，I）维度。该维度表示个体在收集信息时注意的指向，又称为非理性维度，在问题解决过程中有重要作用。①感觉型：关注能够衡量或有证据的事物，相信自己对于外界的感觉，看到的、听到的、闻到的、尝到的、触摸到的事物，倾向于通过测量、记录等客观方法获取信息。如关注细节、喜欢描述、喜欢使用和琢磨已知的技能。②直觉型：关注事物的整体和发展变化趋势，灵感、预测、暗示，重视推理，努力改变事物而不是维持它们的现状。如重视想象力、独创力，喜欢学习新技能，但容易厌倦，喜欢使用比喻，习惯于跳跃性地展现事实。

（3）决策方式：思维（thinking，T）—情感（feeling，F）维度。该维度表示个体的思考、判断和决策方式是客观的逻辑推理还是主观的情感和价值，又称为理性维度。①思维型：重视事物之间的逻辑关系，喜欢通过客观的、非个人的逻辑分析做决定，较少受个人情感的影响。如理智、客观、公正。②情感型：重视自己和他人的感受，将个人的价值观作为判定标准。如有同情心、善良、和睦、善解人意，考虑行为对他人情感的影响。

（4）做事方式：判断（judging，J）—知觉（perceiving，P）维度。该维度表示个体与外界相处时的态度或倾向，是倾向于以一种较固定的方式生活（或做决定），还是以一种更自然的方式生活（或收集信息）。这是一种态度维度。①判断型：喜欢做计划和决定，愿意进行管理和控制，偏好有计划、有秩序、井然有序的生活。如重视结果（重点在于完成任务）、按部就班、有条理、尊重时间期限、喜欢做决定。②知觉型：灵活，试图去理解、适应环境，倾向于留有余地，喜欢宽松自由轻松的生活方式。如重视过程，随信息的变化不断调整目标，喜欢有多种选择等。

四个维度，两两组合形成了 16 种性格类型，每种都用四个字母表示（表 9-6），如 ISTJ 型，就是内倾感觉思维判断型。这 16 种性格类型组合可进一步合并成四大类：SJ 型（传统主义者或护卫者）、SP 型（经验主义者或艺术创造者）、NT 型（概念主义者或理性主义者）和 NF 型（理想主义者或通情者）。每一大类包含四个小类，各小类具有较多的共性。当然，由于对某一个体所属类型的判定，主要是依据四个维度内部两极的相对优势，而忽视或者弱化了两极之间的绝对差异，所以，即使在同一类型中，不同的人也会有很大的差异。量表具体题目示例如下。

请从 A、B 中选择一个符合你的情况的选项。

1. 你倾向从何处得到力量：

（A）别人　　　　　　（B）自己的想法

2. 你倾向相信：

（A）我的直觉　　　　（B）我直接的观察和现成的经验

表 9-6　MBTI16 种人格类型表

分类		感觉（S）		直觉（N）	
		思维（T）	情感（F）	情感（F）	思维（T）
内倾（I）	判断（J）	内倾感觉思维判断（ISTJ）	内倾感觉情感判断（ISFJ）	内倾直觉情感判断（INFJ）	内倾直觉思维判断（INTJ）
	知觉（P）	内倾感觉思维知觉（ISTP）	内倾感觉情感知觉（ISFP）	内倾直觉情感知觉（ISFP）	内倾直觉思维知觉（INTP）
外倾（E）	知觉（P）	外倾感觉思维知觉（ESTP）	外倾感觉情感知觉（ESFP）	外倾直觉情感知觉（ENDP）	外倾直觉思维知觉（ENTP）
	判断（J）	外倾感觉思维判断（ESTJ）	外倾感觉情感判断（ESFJ）	外倾直觉情感判断（ENFJ）	外倾直觉思维判断（ENTJ）

MBTI 的信度和效度与同类量表相比较高。但作为一种人格测验工具，它所提供的解释文本明显偏重于积极解释，这有利于发掘个人潜能，不过这也掩盖了可能存在的缺陷。因为研究与实践表明，大多数人的得分都非常接近于确定他属于哪个范畴的临界点上，这样的结果就是：对一两个项目的不同解释会将被测者归入不同的类型，当然，这往往是相近的一个大类中的类型。在参加 MBTI 测验的人中，有 1/3 的人在进行第二次测验时被列入另一个类型内，即使两次测验时间相隔很短。MBTI 主要用于职业发展、职业咨询、团队建议、婚姻情感教育、教育与学习改进等方面，在国际上应用范围很广。

（五）大五人格问卷

大五人格模型是几代研究者共同努力的成果，最早可以追溯到 1949 年，菲斯克（Fiske）提出的理论雏形，后来以考斯塔（P.Costa）和马克雷（R.McCrae）为代表的学者都提出了他们各自的"大五"模型，运用的方法都是对语言词汇中描述人格的形容词进行因素分析，进而得出五因素。20 世纪八九十年代，考斯塔和马克雷经多次修订，最终形成了 NEO-PI、NEO-PI-R 和 NEO-FFI。

这五个人格因素是指：神经质（neuroticism）、外倾性（extraversion）、开放性（openness to experience）、宜人性（agreeableness）和责任心（conscientiousness），具体见表 9-7。问卷具体题目如下。

请在以下的每个数字号表中，指出你最想描述的点。

（1）迫切的 5　　4　　3　　2　　1　　冷静的
（2）群居的 5　　4　　3　　2　　1　　独处的

今天，该模型被广泛接受，但有个关键问题依然存在，即它仍是在描述现象中的人格特质，而不能解释现象本身，既不能解释各因素相互间是如何作用，也不能解释各因素是如何与情境交互作用的，所以，尽管它被广泛接受，但又被认为并不是探求人格特质的有用框架。

（六）本土化人格测验量表

我国研究者对本土化人格测验做出了巨大的努力，开发了多个量表，下面简单介绍三个量表。

表 9-7 大五人格模型

高分者特征	人格维度	低分者特征
烦恼、紧张、情绪化、不安全、不准确、忧郁	神经质（N）： 个体承受压力的程度	平静、放松、不情绪化、果敢、安全、自我陶醉
好社交、活跃、健谈、乐群、乐观、好玩乐、重感情	外倾性（E）： 个体对与他人关系的满意程度	谨慎、冷静、无精打采、冷淡、厌于做事、退让、话少
好奇、兴趣广泛、有创造力、有创新性、富于想象、非传统的	开放性（O）： 个体对新奇事物的兴趣和热衷程度	习俗化、讲实际、兴趣少、无艺术性、非理性
心肠软、脾气好、信任人、助人、宽宏大量、轻信、直率	宜人性（A）： 个体服从他人的倾向性	愤世嫉俗、粗鲁、多疑、不合作、报复心重、残忍、易怒、控制欲
有条理、可靠、勤奋、自律、准时、细心、整洁、有抱负、有毅力	责任心（C）： 个体信誉、对待事务的专心和集中程度	无目标、不可靠、懒惰、粗心、松懈、不检点、意志弱、享乐

1. 中国人个性测量

中国人个性测量表表（Chinese personality assessment inventory，CPAI）是香港中文大学心理学系和中国科学院心理研究所制定的大型人格量表。有 22 个个性量表、12 个临床量表（有一个临床量表与个性量表有一定的重叠）和 3 个效度量表。22 个人格量表可归结为可靠性、人际关系性、领导性和独立性四个方面。该量表涉及的几个本土化人格因素如下。

人情：测量个体在社会交往中遵循包含一系列标准规则的文化规范的程度，其形式包括礼仪、资源互换、利用和保持各种关系等。

阿 Q 精神：代表一种防御机制，包括自我保护式的合理化，将失败归因于外部因素，贬低别人的成功等。

面子：指个体增加自己面子或避免丢脸的倾向，过于在乎面子的人可能会比较肤浅。

家庭取向：家庭给人们提供了情感上和经济上的安全和支持，这种关系可以发展为一种内在的、重要的联系。

2. 华人工作相关人格量表

香港的许志超等本着"针对工作情境下表现的人格特征，编制具体工作情境的人格量表"的目的，开发了华人工作相关人格量表（Chinese personality at work，CPW）。

CPW 的 15 个分量表分别是：个人成就动机、对权威的遵从、计划性和条理性、寻求注意、自主性、友谊的需要、人际省察性、寻求支持、支配性、温顺和谦卑、关怀和助人、创新和求变、执着性、服务取向和管理素质。

3. 中国人人格量表

北京大学王登峰等采用词汇分析方法，分析了包括台湾地区在内的 8000 多个中国词汇，得出了反映中国人人格结构的"大七"模型，并编制了中国人人格量表（qingnian zhongguo personality scale，QZPS）。这七个因素及其所属 18 个小因素分别是：外向性（活跃、合群、乐观）、善良（利他、诚信、重感情）、行事风格（严谨、自制、沉稳）、才干（决断、坚韧、机敏）、情绪性（耐性、爽直）、人际关系（宽和、热情）和处事态度（自信、淡泊）。

研究表明：第一，人格作为个体整体特点的集中反映，既包括外部可观察的行为，也包括只有当事人才能觉察的内心活动和体验以及动机倾向，还包括所有人都难以观察的神经生理活动等方面的特点；第二，人格特点的稳定性不仅表现为外显行为的跨情境一致性，而且在大多数情况下表现为行为与环境要求间的一致性，或对环境的适应性反应。当个体可以自由表现而不会产生任何消极的人际或实际后果时，个体行为的跨情境一致性才可能出现。此外，个体大多数的行为会因为人际或其他方面的原因而做出调整，以适应环境要求或满足自己更高层次的需要。中西方文化中对个人目标和人际目标的不同看重是造成人格与环境因素交互作用不同模式的主要原因。把个体的动机与行为都看作是人格的有机成分时，对人格特点在不同情境下的表现会得到不同的结论。第三，中西方人格结构的差异主要是由于对行为归类的差异所致。因此，西方人格量表和人格概念对中国人而言，并不是有效的描述和预测体系，他们往往把中国人不同的人格特点归为一类。[①]

二、投射测验

（一）投射测验概述

1. 投射测验的内涵

投射（projection）是指个人对客体特征的想象式解释。即个人不自觉地把自己的欲望、情绪、兴趣、态度、动机、价值观等心理特征无意识地反映在对事物的解释之中的心理倾向。在这种情况下，个人对客体特征的投射性解释所反映的不是客体本身的性质，而是自己的心理特征。这样可以此通过测量个人对特定事物的主观解释，获得对被测者人格特征的认识。因此，投射测验是指让被测者通过一定的媒介，建立自己的想象世界，在无拘束的情境中，不自觉地表露出其心理特征的测评方法。通常是向被测者提供预先编制的一些未经组织的、意义模糊的标准化刺激情境，使其在不受任何限制的情况下，自由地对刺激情境做出反应，然后通过分析这些反应，推断其人格特征。

如前所述，自陈量表有其无法克服的缺陷，因为，一个人并非总是能清楚地了解自己，而且，即使能清楚地了解自己，也未必能有效地表达出来，何况在很多时候，人的记忆能力及其有效性也是值得怀疑的，并非处于有意作伪，而是源于其他原因而产生虚假记忆，从而导致答案失真。投射测验正是为了解决这些问题——由无意识动机造成的"防御心理"发展出来的一种人格测验。尽管罗夏 1921 年利用投射技术原理编制了投射测验——罗夏墨迹测验，但投射技术（projective technique）作为一个心理测验术语，最早是由主题统觉测验的编制者美国心理学家莫瑞在 1938 年提出的，之后弗兰克（L.Frank）明确阐述了投射技术的内涵及其重要性，对其做了明确的界定。

2. 投射测验的假设

投射测验的原理与精神分析理论、人格的刺激—认知—反应理论和知觉理论有关，其有如下假设。

---

① 王登峰，崔红. 解读中国人的人格[M]. 北京：社会科学文献出版社，2005：369-371.

（1）人们对外界事物的解释性反应都是有其心理原因的，同时是可以给予说明和预测的。

（2）人们对外部刺激的反应虽然取决于所呈现的刺激的特征，但过去形成的人格特征、当时的心理状态以及对未来的期望等也会渗透在对刺激的反应过程及其结果之中。

（3）正因为人格会无意识地渗透在对刺激情境的解释性反应之中，所以，通过分析被测者对模糊情境解释的内容，就有可能获得对被测者人格特征的认识。

3. 投射测验的优缺点

（1）投射测验的优点如下。①测验任务的非结构化。测验材料没有明确的结构和确切的意义，很模棱两可，如墨迹图等，被测者对材料的反应不受限制。②测验目的的隐蔽性。被测者并不知道他的反应将作何种解释，在很大程度上避免了伪装和防卫，测验结果更能反映真实的人格特征。③结果解释的整体性。这是指结果解释重在对被测者人格特征获得整体性的了解，而不是评估其某个或某几个人格特质。④不受语言文字限制。测验内容多为无明确意义的图片，在测验时不受语言文字的限制，所以被广泛用于人格的跨文化研究。

（2）投射测验的缺点如下。①评分缺乏统一的客观标准，难以进行定量分析。②缺少充足的常模资料，测验结果不易解释。③原理深奥、技术复杂，非经专门训练，否则不能使用。④信度和效度不易建立，难以在不同的测验结果之间进行有效的比较。鉴于此，在具体实践中要慎之又慎。

4. 投射测验的分类

依据测验的目的、材料、反映方式、编制实施、结果解释方法的不同，投射测验有不同的分类。林德西（G.Lindzey）根据被测者的反应方式将投射测验分为以下五类。①联想型：要求被测者说出某种刺激（如单字、墨迹）所引起的联想，如罗夏墨迹测验。②建构型：要求被测者根据所看到的图画，编造一套含有过去、现在、将来等发展过程的故事，如莫瑞的主题统觉测验。③完成型：提供一些不完整的句子、故事或辩论材料等，要求被测者自由补充使之完整，如语句完成测验。④表露型：要求被测者利用某种媒介（如绘画、游戏、心理剧等）自由表露其心理状态，如画人、画树测验。⑤选排型：要求被测者根据一定的准则（如美观、意义等）来选择项目或做排列，可用数字、图画、照片等作为刺激项目。

（二）罗夏墨迹测验（RIT）

罗夏墨迹测验由瑞士精神病学家罗夏于 1921 年编制，是非常有代表性并被广泛使用的投射测验。该测验通过向被测者呈现标准化的墨迹图形——由墨汁偶然形成的模样刺激图版（图 9-3），让被测者自由地看并说出由此所联想到的东西，然后将这些反应用符号进行分类记录，加以分析，进而对被测者人格的各种特征进行诊断。该测验最初制作时，是先在一张纸的中央滴一些墨汁，然后将纸对折，用力挤压，使墨汁向四面八方流动，形成两边对称但形状不定的墨迹图形。按此方法，罗夏制作了多张墨迹图形对精神病患者进行试验，发现不同类型的病人对墨迹图形有不同的反应，然后再和低能者、正常人和艺术家等的反应做比较，最后选定其中 10 张作为测验材料，逐步确定计分方法和解释被测者反应的原则。该测验属于联想型投射测验，可分四个阶段。

（1）自由反应阶段，即自由联想阶段。给被测者提供墨迹图，一般的指导语是"你看到或想到什么，就说什么"。应避免一切诱导性的提问，只是记录被测者的自发反应。测评者不仅要尽量原始地记录被测者的所有言语反应，而且要注意观察他的动作和表情。此外，要测定和记录呈现图版之后到被测者做出第一个反应的时间，以及对这一张图版反应结束的时间。

（2）提问阶段。该阶段是确认被测者在上述阶段所隐藏的想法。测评者以上述阶段的记录材料为基础，通过提问，清楚地了解被测者的反应利用了墨迹图的哪些部分，以及得出回答的决定因素是什么。

（3）类比阶段。这是针对提问阶段尚未充分明白的问题而采取的补充措施，主要是询问被测者对某个墨迹图反应所使用的决定因素是否也用于对其他墨迹图的反应，从而确定是否存在某个共同因素决定着被测者的反应。

（4）极限测验阶段。当测评者对被测者是否使用了某些部分或对决定因素还存在疑虑时，可询问加以确认。

罗夏墨迹测验的计分系统与结果分析较复杂，一般需根据反应时间、回答的部位、回答的依据、联想的内容等几个主要指标来分析。罗夏墨迹测验开创了人格测验的新途径，同时还可用于跨文化的研究。但是它在解释上有较大的主观性，技术复杂，训练要求高，费时间，难掌握，依现代心理测量标

图 9-3　罗夏墨迹测验墨迹图示例

准来看，该测验还不够令人满意。因此，后来的心理学家致力于编制更为客观精确的墨迹测验，比较有代表性的是赫兹曼（W.Holtzman）与其同事编制的赫兹曼墨迹测验，在评分方面和图片材料上皆变得更简便、更标准，使测验信度提高。

（三）主题统觉测验

主题统觉测验是与罗夏墨迹测验齐名的投射测验，由莫瑞等在 20 世纪 30 年代发展起来的。全套测验有 30 张黑白图片和 1 张空白卡片（图 9-4）。图片内容多为一个或多个人物处在模糊背景中，但意义隐晦。施测时根据被测者的性别以及是儿童还是成人（以 14 岁为界），取统一规定的 19 张图片和 1 张空白卡片，每张图片为一题。被测者的任务是看一张图片，然后据此讲一个故事，故事内容不加限制，一般包括图片中的情境表示在发生什么事件，并描述其中角色的情绪表现；图片上的情境是怎么造成的；结果会怎样等。被测者叙述故事时眼看空白卡片，它起着集中被测者的注意力和刺激想象的作用。

主题统觉测验的原理是让被测者给意义隐晦的图片赋予更为明确的意义。表面上看，这一赋予意义的活动是绝对自由的，如在指导语中，测评者就鼓励被测者无拘无束地想象、自由随意地讲述，故事情节越生动越有戏剧性越好，但是莫瑞相信，被测者在这个过程中会不自觉地根据自己潜意识中的欲望、情绪、动机或冲突来编织一个逻辑上连贯的故事，这样就可以对故事内容进行分析，了解被测者特定的内心世界。解释主题统觉测验分数有

两个基本的假设：一是主人公的归因（需要，情绪状态和情感）代表着被测者人格的倾向性；二是被测者所统觉的环境压力也代表着过去、现在和将来。但对主题统觉测验的解释并无公认的方法，莫瑞提出解释时应注意如下几点：主角本身，主角的动机倾向和情感，主角的环境力量、结果、主题、兴趣和情操。

图 9-4　主题统觉测验的图片示例

与罗夏墨迹测验相比，主题统觉测验所呈示的刺激更有结构性，要求被测者给出更复杂、意义更明确的言语表达，但没有标准化的施测程序。研究者们已经编制了主题统觉测验的很多改编本以满足多种用途需要，如调查成就动机、态度等问题等，以及针对青少年、少数民族等特殊群体的。

（四）绘画测验

通常认为，艺术作品特别是绘画作品，常常透露出作者的内心世界。为此，心理学家也借绘画来了解一个人的心理，即产生了绘画测验（drawing test）。该测验可用于测验智力、人格等。在人格测验中，较为著名的绘画测验是由伯恩斯（R. Burns）从布克（J.Buck）画树测验演化而来的房树人测验（House-Tree-Person Technique，HTP），麦柯弗（Machover）的画人测验（Draw-A-Person Test），伯恩斯（Burns）和考夫曼（Kaufman）家庭活动绘画测验（Kinetic-Family-Drawing Technique，KFD），卡尔柯乞的画树测验（Drawing-A-Tree）等。由于绘画测验简便，在时间上和经济上具有自己的鲜明特色，尽管其信度和效度并没有得到充分有效的证明，但在临床上被广泛运用。

其中，房树人测验是一种较为流行的绘画测验，方法多种多样，形式又有许多变通。例如：有的简单要求被测者画出房、树、人，有的要求被测者在画完房树人后，再用蜡笔对画涂抹上彩，还有的对人物画要求画性别相反的两个人物；另有一种为综合性房树人测验（或称统合性房树人测验，Synthetic House-Tree-Person Technique，SHTP），要求被测者在同一张纸上画有房树人来进行测验。这不仅是一种人格测验，而且是一种智力测验。它可以动态地掌握病人病情的演变，并且能促发病人的创造力，甚至通过绘画，起到治疗作用。通过多次绘画达到治疗目的的方法以后逐步形成了心理治疗中的绘画疗法，如图 9-5所示。而图 9-6 是三个示例，其中，左图中的房、树、人在画面上远近适当，提示被测者具有适当的调动感、现实感、冷静性、计划性；中图画的位置在画纸的右侧，提示被测者关注理智的世界和将来的生活，比较注重外在生活和客观意识，标志着男性化的程度；右图用笔的压力过重，整个图形描绘的线条又粗又黑，提示被测者精神压力过高，经常自我主张、过于自信、行动积极，但行动的控制力较弱。

三、人格测验面临的特殊问题

一是基于人格概念的问题，包括：①概念不一致，测量的项目也就不能一致，使得不同的人格测验的结果难以进行比较；②整体动态人格测验的困难；③人格测验测量范畴不明。

二是人格测验的信度与效度，与能力、学业成就测验相比，确实均不及前二者，需要改进测验技术：①测验题目尽可能意义明确；②调整题目的社会赞许性，以减少被测者因选择社会赞许的反应而不如实作答的现象；③设置一些测量说谎的题目或说谎量表，以便能对被测者反应态度做出评价等。

三是人格测验的操作问题。①测验分数的解释。人格具有独特性，但是人格测验的解释有一定的标准，用同样的标准去解释不同人的行为是否恰当，这是值得怀疑的。因为一种行为对某人来说是良好适应，而对另外一个人来说也许是不良适应。而且，按照常模去评价人的行为，可能会鼓励了人们的社会赞许性行为，而限制了个性发展。在解释一个人格测验时，需要考虑到测验剖析图的三个主要特征。第一，需要注意在这个测验上的所有分量表的平均分数。第二，所涉及的人格测验剖析图是各个分量表间分数的分散程度。在这里，关注点是分数的变异量：所有的分数都是相对地在一个水平上，还是不同的分量表间具有巨大的差异？第三，需要考虑剖析图的形状：哪些分量表被提升了？哪些分量表被降低了？尤其是测验剖析图最后的这一个特征，促使了对分量表间交互作用的研究。当解释测验剖析图时，必须考虑到在这个人格测验上的分数模式。各个分量表间通常是具有相互作用的，如两个分量表相结合所得到的结果，往往不同于仅仅使用任何一个分量表所得到的解释。②伪装和社会赞许性反应，即有的受测者在意识或潜意识中有一种防御倾向，可能会选择和自己实际情况不相符合的选项；而有的受测者为了获得较高的社会评价，或不愿意让别人了解自己真实的人格特征，可能会选择和自己实际情况相反的选项，这就造成了人格测验真实性的问题。

四是社会文化背景问题。我国目前使用的人格测验，大部分由国外的人格测验修订而成。不同社会文化背景下的受测者，对某些题目的理解可能完全不同。因此人格测验的编制或修订必须考虑本土的社会文化背景，从国外引进的人格测验，只有在经过仔细修订并建立自己的常模后才能使用。

五是人格测验使用的社会问题。①人格测验是评估人格的重要工具，应该仅限于具有一定资格的专家使用。②人格测验的隐私问题。在西方，人格测验引起过一些批评，认为某些人格测验侵犯了个人隐私，违背民主原则。所以，如何在涉及个人利益的录取、选拔、司法鉴定等实际应用中，既能发挥人格测验的测量作用，又能兼顾个人隐私的保护，是一个需要多方面协调解决的问题。当然，如果测验具有正当的目的，并限于具有一定资格的专家使用，而且这些专家能遵守职业道德对测验结果加以保密，那么在征得被测者同意的前提下，即使在测验中涉及个人某些隐私也不能说是侵犯"隐私"权。[①]

---

① 郑日昌，孙大强. 心理测量与测验[M]. 2 版. 北京：中国人民大学出版社，2013：294-297.

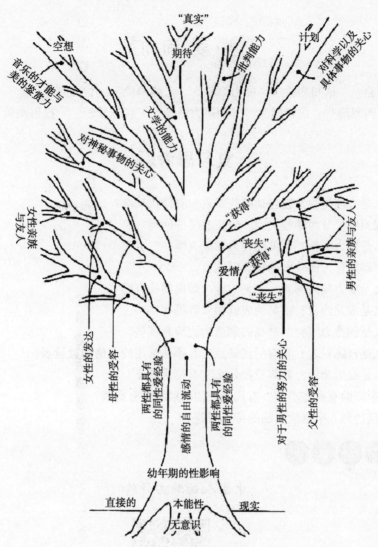

图 9-5　空间与树

资料来源：吉沅洪. 树木——人格投射测试[M]. 重庆：重庆出版社，2007：55-56.

图 9-6　画房、树、人示例

资料来源：张同延，张涵诗. 揭开你人格的秘密——房、树、人绘图心理测验[M].
北京：中国文联出版社，2007：282，286，290.

主 要 词 汇

心理测验　　认知测验　　能力测验　　人格测验　　智力测验
能力倾向测验　　成就测验　　创造力测验　　自陈量表　　投射测验

复习思考题

1. 什么是心理测验？它包括哪些要素？有何优缺点？

2. 心理测验可分为哪些类型？应注意哪些问题？

3. 什么是智力测验？常见的智力测验有哪些？

4. 如何理解智力测验中的特殊问题？

5. 什么是能力倾向测验？常见的能力倾向测验有哪些？

6. 什么是成就测验？常见的成就测验有哪些？

7. 什么是创造力测验？常见的创造力测验有哪些？

8. 什么是自陈量表？它有何优缺点？有哪些常用的人格测验量表？

9. 什么是投射测验？其假设是什么？有何优缺点？

10. 投射测验有哪些类型？有代表性的投射测验有哪些？

11. 如何理解人格测验面临的特殊问题？

案例材料分析

中国人的能力评价

推荐进一步学习阅读书目

1. 赫尼曼，贾奇，卡迈尔-米勒. 组织人员配置——招募、选拔和雇用[M]. 7 版. 北京：中国人民大学出版社，2017.

2. 詹姆斯，马兹勒. 工作组织中的人格[M]. 上海：上海财经大学出版社，2005.

第十章

心理测验（下）

【学习目标】

- 掌握职业兴趣测验的概念。
- 掌握常见的职业兴趣测验。
- 掌握品德测验、态度测验的相关方法。
- 熟悉价值观测验的几种量表。
- 掌握情绪智力的概念和内容。
- 掌握情绪智力的作用、负面效应与测量工具。
- 掌握管理与领导能力测验。

第一节 职业兴趣测验

从 1850 年开始，美国开展了职业指导运动。如第三章第二节所述，1909 年，帕森斯出版了《选择职业》一书，这是最早的职业指导书籍之一。1927 年，心理学家斯特朗出版了第一个兴趣测验，即斯特朗职业兴趣问卷（strong vocational interest blank，SVIB），使测验结果与具体职业直接对应。1958 年，美国通过的《全国义务教育法》鼓励将心理测验与职业指导紧密结合起来，促进了职业指导运动的进一步发展。随后一些大型测验机构相继成立，美国教育考试服务中心始建于 1947 年，美国大学测验中心成立于 1959 年。到 20 世纪 70 年代，职业指导引起世界各国关注，如英国、德国、日本、加拿大和苏联等。

1916 年，清华大学校长周治春首次将心理测验的手段应用在学生选择职业中，这标志着职业指导在我国开始起步。1919 年，黄炎培等老一辈教育家在中华职业教育社的社刊《教育与职业》杂志上发行了《职业指导号》；1920 年，中华职业教育社成立了职业指导部，组织力量对社会职业状况进行调查，对职业选择方法进行演讲，并开展了一系列职业指导活动，如 1924 年在上海、南京、济南、武汉举办对中学生的升学与就业指导。1927 年，中华职业教育社创办了我国第一个为社会服务的组织"上海职业指导所"。新中国成立后，由于实行计划经济和就业统包统配等多种原因，职业指导没有得到足够重视。改革开放以后，职业指导得以恢复和发展，特别是 1986 年，劳动人事部培训就业局编写了就业训练统编教材《就业指导》，我国职业指导逐步走向规范化科学化。

职业兴趣测验是指通过个体对客观事物的反应和对陈述项目的选择，测量其兴趣倾向的测验。比较有影响的职业兴趣测验，除了下文介绍的以外，还有杰克森职业兴趣调查表、ACT 的职业兴趣问卷、白纳德（Brainard）职业爱好问卷等。

一、斯特朗—坎贝尔职业兴趣问卷

斯特朗—坎贝尔职业兴趣问卷（strong-campbell interest inventory，SCII）由 SVIB 发展而来，是国外非常流行的职业兴趣测验。1994 年的 SCII 包括 317 个项目，分为八个部分：职业（135 题）、学校科目（39 题）、休闲活动（29 题）、人的类型（20 题）、活动偏好（30 题）、活动（46 题）、个性特点（12 题）与工作偏好（6 题）。

SCII 的解释基于五类量表得分：管理指标、职业、基本兴趣、一般职业主题和个人风格。一是管理指标量表，用于考查测验结果是否有效，包含三个指标：总反应指标（317 道题中若答题数目少于 300 个，说明漏答太多，测验无效）；奇特反应指标（当被测者有大量奇特反应时，说明结果可疑，需进一步澄清问题所在）；反应分布百分比指标（选择"喜欢""无所谓""不喜欢"各类反应的百分比，通常应该为 14%～60%）。二是职业量表，用于确定被测者喜欢和不喜欢的职业，包括 109 个量表。三是基本兴趣量表（BIS），表明被测者对特定领域的兴趣强度和持久性，共有 25 个量表。四是一般职业主题量表（GOT），这是基于霍兰德的六种职业人格类型进行的理论建构，每个主题下包含 3～5 个 BIS，即被包括的低一级量表都与 GOT 之间高相关。五是个人风格量表，用于测量个人的工作风格、学习环境、领导风格和冒险精神，有四个量表。

SCII 是一个非常成功的心理测验，一是被广泛用于教育、职业咨询和升学、就业指导。二是能助力各类组织加深对其组织成员的了解，做好人职匹配，帮助他们找到对工作感到不满的原因，根据人们的职业兴趣特点进行工作设计和再设计，以及从兴趣的角度进行人际交往指导。三是在量表的建构、应用范围及使用方法等方面提供了许多值得借鉴的经验和启迪。

二、库德职业兴趣调查表

美国心理学家库德（G.Kuder）从 1930 年起陆续开发出一系列的兴趣量表。与斯特朗不同，库德对一群大学生施测描述各种活动的短句，从被测者的反应中确定句子的种类，最后编制出涉及十个兴趣范围的分量表。这十个兴趣范围分别是说服型、文秘型、机械型、服务型、计算型、科研型、户外型、艺术型、文学型、音乐型。其基本思想是：把所有职业分成 10 个兴趣领域，然后确定与之相应的十个同质性量表，被测者的结果按这十个量表计分，通过得分高低决定主要的兴趣领域。

1934 年编制的库德个人偏好记录表在 1966 年被改为库德职业兴趣调查表（Kuder occupational interest survey，KOIS）。1985 年版的 KOIS 包括 100 组"三合一"项目，每题由三个描述有关活动的句子组成，每个句子隶属于不同的分量表，要求被测者必须指出最喜欢的和最不喜欢的活动。1999 年版本，有个"库德职业搜索与个人匹配"（Kuder Career Search With Person Survey），提供的是个人—个人的匹配，而非早期的个人—群体匹配。在库德看来，一个人可能更类似于从事某一具体工作的另一个人，而不是一个具有少量差异的职业群体；如果能将一个人的兴趣与另一个人的兴趣进行匹配，就可以获得关于个体更精确、更有意义的信息。

KOIS 的职业领域量表与职业或大学主修专业量表结合起来，使被测者获得更多的信息；同时，又与霍兰德量表的职业码相互转换。

三、霍兰德职业偏好量表和职业自我指导量表

如第三章第二节所述，霍兰德以其职业人格理论为依据，编制了职业偏好量表 VPI。该量表由 160 个职业条目构成，根据被测者对 160 个职业条目反应的得分高低在职业分类表中查找职业。其最终的职业兴趣既可以是大的职业兴趣领域，也可以是具体的职业。

自我指导量表 SDS 是在 VPI 的基础上发展而成的量表，是自我管理、计分和解释结果的职业咨询工具。其基本内容和施测过程如下。第一，根据个人的经历或感觉等，列出自己理想的或感兴趣的职业，以便与后面测验结果进行比较。第二，进行测量。分别测量活动、潜能、爱好的职业及自我能力评定四个方面，每个方面都是按霍兰德理论编制的测量六种类型的项目，每个方面题数相等（每类型 38 题）。第三，确定职业码。即按六种类型的四个方面测得结果的得分高低，按由大到小取三种类型构成三字母职业码（这些字母为六种类型的英文的头一个字母，每种职业根据研究都有职业码）。第四，根据三字母职业码在职业分类表中查找职业，每种职业都标有职业码和所要求的教育水平。如果找不到或这些职业不理想，还可改变三字母的排列顺序继续寻找。一般来说，这些职业会与前面填的理想的职业基本一致。

由于霍兰德的职业兴趣理论较为符合逻辑和实证的科学标准，且获得了大量实证研究的支持，其理论逐步为许多职业兴趣量表采纳，作为分数合成和结果解释的理论依据。例如，SCII 的 1974 年版和 KOIS 的 1985 年版均采用一定程序将其转化为霍兰德的理论构念形式；ACT 的职业兴趣量表（ACT-VIP）、兴趣测查量表（ACT-IIV），以及乔纳森（Johnason）的职业评价量表（CAI）等，或采用转化的方式，或直接采用霍兰德的理论构念形式进行编制。这些量表均称为符合霍兰德的 RIASEC 理论构念的量表。因此，这些量表的测查结果可以相互比较，从而进一步推动了该理论的完善和发展。

在我国，有研究认为霍兰德的理论在我国得到了部分支持。凌文辁等于 1993 年开始，以霍兰德的理论为框架研制中国职业兴趣量表，该量表具备霍兰德相关理论构想，同时适合我国国情和职业分类体系的特点。

四、沙因职业锚

美国职业指导专家、麻省理工学院斯隆商学院教授沙因（E.Schein）对该院 44 名 MBA 毕业生长达 12 年的追踪研究之后提出了职业锚理论，又称为职业定位理论。

职业锚即"自省的才干、动机和价值观的模式"，又称为职业系留点。具体而言，是指个人进入早期工作情境后，由习得的实际工作经验所决定，并在经验中与自省的动机、需要、价值观、才干相符合，达到自我满足和补偿的一种长期稳定的职业定位。可见，它是指人在进行职业选择的时候，心中无论如何都不愿意放弃的那种重要的东西或价值观，

这个锚点就是人们职业选择所围绕的中心点。因此，职业锚是在职业选择时，特别是有多种选择而必须做出决定时表现得特别明显的或至关重要的东西或价值观。但问题是，个人平常很难知道自己的职业锚到底是什么。

职业锚的核心内容是职业自我观，它包括三方面的内容，即自省的才干和能力——以多种作业环境中的实际成功为基础；自省的动机和需要——以实际情境中的自我测评和自我诊断机会，以及他人的反馈为基础；自省的态度和价值观——以自我与组织和工作环境中的准则与价值观之间的实际际遇为基础。因此，第一，职业锚是以后天工作经验为基础的，它比职业价值观或者工作动机概念更为宽泛。即个体在未有实际工作经验之前，是不可能确切了解自己的能力、动机和价值观的，也不可能进行合适的职业选择。第二，职业锚强调实际工作经验，不可能凭各种测试来预测职业锚。它强调了由实际经验带来的演变、发展和发现。虽然存在某些潜在才能，但是在未接受实际情境测试以前是不可能成为自我观的一个能动的部分。第三，职业锚是自我发展过程中的能动机、价值观、能力的相互作用和逐步整合的结果。它们的相互作用表现在，一个人需要逐步重视自己擅长的东西，以及在那些自己需要或重视的东西中完善自己的能力。第四，职业锚是个人稳定的职业贡献区和成长区。但是，这并不是意味着个人将停止变化和发展。以职业锚为其稳定源，可以获得该职业工作的进一步发展。当然，其职业锚不是固定不变的，是一个在不断探索过程中所产生的动态结果。所以，一方面，职业锚不适合于在校学生，除非个人有相对强的社会工作经验；另一方面，人们职业生涯的中、后期可能会根据变化了的情况，重新选定自己的职业锚。

沙因提出的八种职业锚是：技术/职能型（technical/functional competence，TF）、综合管理型（general managerial competence，GM）、自主/独立型（autonomy/independence，AU）、安全/稳定型（security/stability，SE）、创业创新型（entrepreneurial creativity，EC）、服务/奉献型（service/dedication to a cause，SV）、纯粹挑战型（pure challenge，CH）、生活方式型（life style，LS）。[①]测验示例见图 10-1。

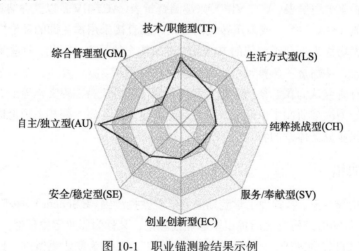

图 10-1　职业锚测验结果示例

沙因认为，这些职业锚可以涵盖绝大部分人的事业追求，但一个人只能拥有一种职业

---

① 沙因，曼伦. 职业锚：变革时代的职业定位与发展[M]. 4 版. 北京：电子工业出版社，2016：48-49.

锚。个人的内心渴望和追求可能是多种多样的，但总会有一个才能、动机和价值观的组合排序，职业锚就处于这种组合排序中最优先的位置。如果一个人的职业锚不清晰，只能说是由于他不具备足够的社会生活经验来判断他最需要什么。必须注意的是，人的职业、职位可以多次变化转换，但职业锚是稳定不变的。由于组织职位设计的原因，相当多的人从事的职位很难与职业锚实现完全匹配，这时，个人的潜能就难以充分发挥。不匹配的程度越高，个人能力发挥的余地就越小，工作中得到的愉悦就越少，这不等于个人不努力，恰恰相反，他有可能付出了更大的努力。公共组织的发展和组织成员的发展并不矛盾，作为个人，需要不断地进行自我探索，确认自己的职业锚，并将自己的认识与组织进行沟通；作为组织，需要建立起灵活的职业发展路径以及多样化的激励体系和薪酬体系，以满足同一工作领域中不同职业锚的需求；组织管理人员也要清楚，即便是同一性质的职位，也可能会有不同的职业锚停泊，这就需要组织去主动提供寻找更好的匹配路径。经过几十年的发展，职业锚问卷已经成为职业发展、职业生涯规划的必选工具。

第二节　品德、态度与价值观测验

一、品德测验

对品德测验，有观点认为它并非心理测验，它不要求对所有的对象进行量化，不要求所有的评判均为客观判断，允许对一部分对象作非客观的分析判断[1]；与人们通常理解的严格意义上的数学化有所不同，与只限于对品德特征中绝对数量测量的狭义解释也不同，它实质上是一种对品德的质量与数量特征的判断，其作用在于真实而客观的描述品德的类型、特征，并对品德的内外差异进行尽可能精确的度量与比较。[2]目前，品德测验的方法有多种，倪峰等根据我国公共部门人力资源，特别是党政干部品德测评的内容和有关的测评方法，归纳出以下七种方法。

①模糊数学综合评判法。吸取与应用模糊数学中综合评判的思想，全面合理地考虑到所有影响因素，采取模糊计量法，通过计算得出测评结果。

②评分评等评语法。对非操行评语法的一种综合兼施与改进。在采取操行评语方法评定出一个分数或等级之后再辅之以评语的说明与补充，以解释等级分数的意义或补充它们无法说明的个性特征。

③操行评定。先提出一系列的评语式测评项目，然后对每个项目做出评定。

④问卷调查法。将测评指标化成问题，回答形式可以是不定型的开放题，也可以是定型的多项选择题或评定量表题。

⑤行为观察法。根据预定的指标，有计划、有目的地直接观察被测者的言语、行为等外部表现。

⑥情境测验。设置一个活动环境或提出一个问题情境，观察被测者在该情境中的反应从而做出评定。

---

① 萧鸣政. 人力资源测评与选拔[M]. 3 版. 上海：复旦大学出版社，2018：291.

② 张文贤. 人才测评[M]. 北京：科学出版社，2018：90.

⑦投射法。让被测者做自主反应，不向被测者提供任何可能的答案，使其较充分地反映自己的品德特征。（详见第九章第三节投射测验）

从上述方法获得的结果来分类，有定性、定量和综合性三种品德测评模式。其中，模糊数学综合评判法为定量的方法，评分评等评语法和操行评定法为定性的方法，问卷调查法、行为观察法、情境测验法和投射法为综合性的方法。[①]除上述方法外，还有面试、背景调查法、仪器测谎法等。有关方法的优缺点见表 10-1。

表 10-1 品德测验方法及其优缺点

方法	优 点	缺 点
模糊数学综合评判法	具有民主性，有统一的参照标准，体现了品德的模糊性	综合计算复杂、费时、耗费人力
评分评等评语法	集合了评分、评等、评语各自方法的优点，测评更具体、精确、深刻、全面、丰富、细致	费时、耗费人力、参照标准不统一
操作评定法	具有准确性、可靠性，有统一的参照标准	带有主观性、费时、耗费人力
问卷调查法	省时、省力，有统一的参照标准	掩蔽性差，具有社会赞许性
行为观察法	具有掩蔽性、真实性、可靠性	没有统一的参照标准，费时、耗费人力
情境测验法	省时、省力，具有真实性、掩蔽性，有统一的参照标准	测评情境设置复杂
投射法	具有真实性、掩蔽性，省时、省力	难以找到统一的参照标准，可操作性差

需注意到，尽管承认品德是可测量的，符合测量的条件，可对品德做出质量与数量特征的评判，而且，品德测验对公共部门来说又具有特殊的价值，但人们对品德能不能量化，还存在很大争议，有学者认为"品德测评是否有效是一个未知数"[②]。这确实涉及，一是品德界定的困难。如国外专家编制开发诚信度测验，尝试对一个人的诚实品质进行测量，但究竟什么样才算诚信往往不很明确。二是品德很难测量出来，被测者对问题的回答往往会与心里的真实想法不一致，因为此类问题的社会敏感性太高，人们不愿意在表面上"违背"社会价值取向，这与后边的价值观测验类似；而像情境模拟的设计难度大、结果具有偶发性，对结果影响很大。因此，一是选择测验方法需综合考虑，最好采用两种以上方法互相验证；二是慎重看待测验结果，特别是不能将其作为评价人的品德好坏的唯一标尺。

二、态度测验

不论是基于第三章第二节态度理论简介，还是基于实际感受，态度因人和事物的不同存在很大的差异，因此，态度测验至今更多的是提供一种科学的思路和方法，而不在乎形成某种固定的测验。这大致可分为两类：一是直接测量，即以某种态度的方向和强度为指标进行测量，传统的量表法基本上都属于直接测量；二是间接测量，即以某种间接方式推测态度，如投射法、生理反应法、内隐态度测量法等。下边介绍几种常见方法。

---

① 倪峰，冯江平，杨林. 我国党政干部品德测评研究述评[J]. 云南师范大学学报（哲学社会科学版），2009，41(6)：79-84.

② 刘远我. 人才测评方法与应用[M]. 3 版. 北京：电子工业出版社，2015：19.

（一）量表法

1. 瑟斯顿量表

瑟斯顿认为，通过人与人之间的比较，态度是可以概念化并且被测量的，1929 年他制定了该方法。它本质上是一种等距测量量表。其基本思路为：围绕某一个态度主题，选取能代表该方面的态度与或项目若干，由专家对这些项目进行等级排列，并把专家排列的结果进行项目分析，保留有效的项目并根据专家的反应确定项目的等级。要了解某个被测者某方面的态度，只需看其对该量表的反应，最后运用对全部项目的反应结果（等级）求中位数，以中位数表示其态度情况。该方法的缺点是制表工作繁重，且量表分值容易受专家的影响。

瑟斯顿量表的信度一般为 0.8～0.9。它的优点很明显，简单明了，易于操作和计算，并且符合统计学原理；缺点主要有：①制定过程复杂，选题目、找专家评定都很困难；②用中位数代表态度等级不一定合适，因为中位数相同，但其余的反应未必一致；③项目的挑选和等级确定以专家的评判为依据，专家的意见能否代表一般人值得怀疑；④等距量表事实上是否真正等距，亦把握不准。尽管如此，瑟斯顿量表在主题比较清楚、调查范围不广的态度问题调查上效果还是比较好的。[①]

2. 李克特量表法

1932 年，李克特（R.Likert）为了避免瑟斯顿量表编制过程的过于复杂，提出了一种类似于瑟斯顿量表，但更为简便的量表——李克特量表。该量表属于总加量表，由 20 个以上的问题组成。

先针对一定的态度对象，收集或编写大量的备选题目，然后抽取一个态度测量对象群体的代表性样本试测，请他们以 5 点量表对每个题目评分：非常赞成得 5 分，赞成得 4 分，不置可否的中立得 3 分，反对得 2 分，非常反对得 1 分。然后对试测结果进行统计处理，保留与量表总得分相关高的题，剔除相关低的题目。保留下来的高相关的题目构成正式量表，接下来施测。被测者所有题目得分加总便是最后所得分数，得分的意义参照量表所有态度表述语得分的总和情况而定。

该量表的优点明显，①制作简单，而且能广泛接受与态度主题有关的题目；②可通过增加项目提高效度，允许被测者充分表达态度的强烈程度；③分数的评定也较为容易，所以常被人使用。缺点主要在于对相同的态度分数，从总分只能看出其赞成程度，对可能持有不同的态度模式则无法做进一步解释。

3. 语义分析法

语义分析法由美国社会心理学家奥斯占德（C. Osgpod）等人于 1957 年创制，基本方法是用成对的两极性质的形容词来制定量表，如好/坏、聪明/愚蠢、成熟/幼稚等来评价态度对象。将成对的两极形容词写在线段的两端，线段上有 5 个或 7 个刻度，分别代表对某对象的几种态度水平（或程度）。被测者根据自己的想法，选择适当的刻度，画圈或钩，然

---

① 戴海崎，张锋. 心理与教育测量[M]. 4 版. 广州：暨南大学出版社，2018：269.

后将被测者所得的分数加起来，即得到被测者的态度。需注意的是，语义分析法在确定其评价维度时一般是选用性质、力量、活动三个因素，即要求被评价的事物或概念可以允许被测者从语义空间的上述三个方面对其进行评价。

该法优点主要是：①量表客观统一，实施程序标准化，计分简单，信度较高；②趣味性强，容易理解，成本较低，实施方便、灵活，可在较短时间内收集较多的资料；③能较客观地研究人们对评价对象的态度及其改变。缺点主要是：设计有一定难度，特别是被评价的事物或概念数目较多时，不易选择对它们都有意义的评价项目与维度，同时由于两端的形容词需在意义上相互对立，要尽可能涵盖事物的所有特性，还需相互独立不重复、确切有效，要选择这样的形容词有时十分不易。有研究认为，该法不适合对复杂问题的深入研究，适用于研究较简单的、表面的问题。

（二）投射法

采用投射法，让被测者做自由反应，不向被测者提供任何可能的答案，这可使人们充分地反映自己的态度（详见第九章第三节投射测验）。

（三）行为观察法

行为观察法是指通过个体的外在行为表现来推测其内在的态度的方法。这是一种间接方法。但它不是一般的观察法，是在实施某些操纵条件下对被测者进行的观察。研究表明，一般态度与多重行为呈正相关；态度越具体，它和单一行为也越有紧密的相关。所以对实际行为的观察，是了解态度的重要途径。如让被测者去完成某项任务，通过观察任务完成质量来确定他对这件事的态度。社会心理学研究者曾采用这种方法，以选择座位的距离作为观察指标，研究白人学生对黑人学生的种族歧视态度，歧视态度较强则座位距离较远；反之则较近。鉴于该法不是直接测定个人的态度，而是以行为作为观察对象，进而推测其态度，实际应用时，应尽可能同其他方法一起使用，以保证结论的可靠性。

（四）生理反应法

生理反应法是指根据被测者生理反应的变化来确定其态度的方法。这也是一种间接方法。通常采用的生理指标有皮肤电反应、脉搏等。其原理在于态度中包含有情感成分，当态度发生变化时，总会伴有情感变化而引起的体内生理反应的变化，如呼吸急促、脉搏加快、瞳孔放大等。根据对这些生理变化的测定，即可推测人们的内在态度。在实际应用中，也尽可能结合其他方法使用。

由于态度影响人们的绩效和行为，工作态度对组织成员的绩效和行为具有预测作用，因此，组织领域较为关注工作态度的测验，如工作满意度、组织承诺等。

工作满意度是指某个人对工作本身及其有关方面有良性感受的心理状态。它是工作者对工作感到满足的体验，与个人的价值观、认知及对工作的感受有关，是受对工作的期望与实际回报的比较决定的。工作满意度测验用于调查人们对工作的满意程度，通常有整体评估法和多维度综合评价法，主要涉及工作报酬、工作特性、工作条件、福利待遇、领导水平、同事关系、个人因素及其他因素等。通过对组织成员工作满意度的分析比较，可以发现管理存在的问题。人们已经开发了多种量表。

组织承诺是指个人对所属组织的目标、价值观等的认同和信任，以及由此带来的积极情感体验。它体现了组织成员与组织之间的一种关系，反映了组织成员对组织的忠诚程度。组织承诺结构多种，人们也开发了多种量表，其中，凌文辁等研究发现，中国员工组织承诺的结构模型中包括感情承诺、理想承诺、规范承诺、经济承诺、机会承诺等。组织承诺不仅是对组织成员承诺状态和水平的测验，也可从中发现管理中可能存在的问题。

三、价值观测验

有研究指出，在选择价值观测验方法时，需考虑所测个体的文化背景，如中国是一个高社会赞许性和社会认同性的国家，排序法和比率法测量得到的价值观将只是对社会规范的依从和认同，正是由于受到被测者反应类型的影响，因此适宜采用情境性投射法进行测量。[①]下面介绍几种价值观测验。

（一）奥尔波特价值观量表

德国哲学家和心理学家斯普兰格（E.Spranger）在《人的类型》一书中把价值观分为理论型、经济型、审美型、社会型、宗教型、政治型六种。随后，奥尔波特等根据该六分类编制了"价值观研究量表"，并认为：理论型的人具有智慧、兴趣，以发现真理为主要追求；经济型的人具有务实的特点，对有用的东西感兴趣；审美型的人追求世界的形式和谐，注重外在形象的美和心灵的感受，用美来衡量客观事物，自身也注重给人以美感；社会型的人追求权力、影响和声望，热心社会活动，喜欢与人交往；宗教型的人认为统一的价值高于一切，信神灵和命运，注重超自然的力量和感觉的东西；政治型的人重视权力、地位和影响力，喜欢控制和支配他人，固执己见，具有反抗性。这一量表在 1960 年修订之后被广泛使用，成为 20 世纪六七十年代西方非常流行的价值观量表。

（二）罗克奇价值观调查表

在价值观的分类中，比较经典的是罗克奇（M.Rokeach）的分类。他把个体的价值观分为两类：终极性价值观和工具性价值观。终极性价值观是指欲达到的最终存在状态或目标，如和平的世界、舒适的生活等；工具性价值观是指为达成上述目标所采用的行为方式或手段，如负责任和自我控制等。同时，他编制了由 36 项价值观信念构成的，分别测量这两类价值观的价值观调查表（Rokeach values survey，RVS）。这体现了他对价值观具有层次性质和有顺序的认识，其价值观调查表使得价值观可以进一步操作化。

（三）施瓦茨价值观量表

施瓦茨设想人类存在着具有普遍意义的"共性"的价值观，由此开发了价值观量表

---

① 杨宜音. 社会心理领域的价值观研究述要[J]. 中国社会科学，1998(2)：82-93.

（Schwartz values survery，SVS）。该量表包含了 57 项价值观，用以代表自我超越、自我提高、保守、对变化的开放性态度等四个维度的 10 个普遍的价值观动机类型，并揭示出它们之间的结构关系。

（四）职业价值观测验

职业价值观是价值观的重要组成部分，是人生目标和人生态度在职业选择方面的具体表现，也就是一个人对职业的认识和态度及对职业目标的追求和向往，还是人们对职业活动所带来的利益的社会判断取向。一个人的理想、信念、世界观对于职业的影响，集中体现在职业价值观上。通过职业价值观测验，可以了解个体的职业价值观倾向，有助于职业决策和提高工作满意度。

赫兹伯格将其分为内在价值观与外在价值观，后人又在此基础上，对职业价值观的维度结构进行了细化。比较知名的有明尼苏达重要性问卷（Minnesota importance questionnaire，MIQ），分为 20 个维度，每个维度五题；舒伯（Super）的职业价值观调查表（work values inventory，WVI），由三个大类共 15 个项目组成；高登（Gordon）的职业价值观调查表（occupational values inventory，OVI）等。尽管我国的职业价值观研究起步较晚，但在不少学者的努力下，也取得明显成就。

1. 职业价值观测验

该测验共 52 题，每种类型四题，分 13 种价值观类型得出分数，找出最高的三项和最低的三项，参考如下 13 种价值观类型的含义进行解释：利他主义、审美主义、智力刺激、成就动机、自主独立、社会地位、权力控制、经济报酬、社会交往、安全稳定、轻松舒适、人际关系和追求新意。[1]具体题目示例如下。

请判断以下内容跟你的情况的符合程度（1 表示"很不重要"；2 表示"不重要"；3 表示"一般"；4 表示"重要"；5 表示"非常重要"。）

	很不重要	不重要	一般	重要	非常重要
1. 你的工作奖金很高。	1	2	3	4	5
2. 你的工作赋予你高于别人的权力。	1	2	3	4	5

2. 工作价值观测验

我国的诺姆四达研究院开发了工作价值观测验和管理价值观测验、领导者动力测验。其中，2006 年，根据美国劳工部工作价值观的理论基础和结构模型进行编制该工作价值观测验，能有效判定个人与组织或岗位在价值观上的匹配程度。测验包括六种工作价值观的测评：风险偏好、独立自主、尊重认可、人际关系、学习成长、条件待遇，共 36 题。见表 10-2。

---

[1] 张爱卿. 人才测评[M]. 2 版. 北京：中国人民大学出版社，2011：190-192.

表 10-2 工作价值观各因素名称及解释

序 号	因素名称	解 释
1	风险偏好	爱挑战，有明确目标，全力追求成功
2	独立自主	思考问题时常有与众不同的见解
3	尊重认可	渴望被认可，不断得到进步
4	人际关系	喜欢人际关系较为融洽的工作氛围，想要与领导和同事建立较好的关系，希望相处在一起能感到愉快、自然，自己能很好地融入团队
5	学习成长	能够寻求或是给予组织中他人的资源与合作
6	条件待遇	工作中的设施条件、工作环境、劳动强度和工作时间的总和

3. 管理价值观测验

管理价值观是指管理者在管理活动中做出管理行为或判断决策时所秉持的核心准则。诺姆四达研究院通过对优秀管理人员与普通管理人员的对比分析，通过对一个组织内核心管理人员与非核心管理人员、高层管理人员与基层管理人员、优秀杰出管理人员与一般管理人员的对比分析，总结提出"信念坚定、敢于担当、成就他人、实干、诚信、公正"六项价值观，是合格和优秀管理者必须具备的管理价值观，是在干部选拔和培养中有关德的评价的重要内容。管理价值观测验（managerial values inventory，MVI）各因素及解释见表10-3。该测验共 60 题，由观点自陈题和行为自陈题两种题型组成。[①]

表 10-3 管理价值观的测验各因素名称及解释

序 号	因素名称	解 释
1	信念坚定	管理者认同和接受组织的价值理念和目标追求，凡事以是否有利于组织目标的达成作为判断决策的原则
2	敢于担当	管理者在关键时刻、危险和艰难时候能够挺身而出，勇敢地承担责任而不附带任何条件
3	成就他人	管理者由衷地为他人取得的成绩而感到高兴，乐见其成，甘为人梯，甚至愿意牺牲自己的机会成全他人的价值取向
4	实干	管理者要具备从实际出发、扎扎实实、务求实效、率先垂范的价值理念
5	诚信	管理者诚实守信，即待人处世真诚，讲信誉，重承诺
6	公正	管理者为人处世有鲜明的原则，不模糊，不偏袒，力求公平公正。具有正义感，敢于维护和伸张正义

第三节 情绪智力测验

一、情绪智力的概念

情绪智力（emotional intelligence，EI）也称为情感智力、情绪智能、情感智慧等，尽管作为一个学术术语已被人们实际运用，但公认对其进行正式研究并提出相关理论的是美

① 苏永华. 人才测评概论[M]. 2 版. 北京：中国人民大学出版社，2016：150-152.

国心理学家萨洛韦（P. Salovey）和梅耶（J. Mayer）于 1990 年发表的论文。因为该文重新解释了 EI 这个概念并提出了较系统的理论。随后关于 EI 的研究发展迅速，该术语也得到了广泛使用。特别是 1995 年，美国心理学家戈尔曼（D. Goleman）出版《情绪智力》一书，更进一步引发全球范围的关注和研究。但是，现在与 EI 相提并论的情绪商数或情绪智商即情商（emotional quotient，EQ）概念是以色列心理学家巴昂（R. Bar-on）于 1988 年在其博士论文中首创的。当时是为了对应于 IQ 而提出来的。他认为 EQ 是一系列有助于个体应对日常生活需要的社会能力和情绪能力，比 IQ 更能预测一个人的成功。因此，EQ 是指 EI 的测量指数，但比 EI 更流行。

在众多情绪智力理论中，上述三方的理论便是其中的典型。实际上，可把情绪智力理论分为心理能力型和综合型两种，前者侧重情绪本身以及与思维的关系，如萨洛韦和梅耶的理论，即知觉、表达、理解和调节情绪的能力；后者不仅包含心理能力，还包含多种其他人格特征，如动机、社会意识、社交技能等，戈尔曼和巴昂的理论便属于综合模型。这样，前者的情绪智力是指与情绪活动有关的能力；而后者将情绪智力视为个性和能力的结合体，这样就把前者认为一些与"情绪"无关的内容（如品德和个性等）都包含进来了，被认为概念界定过于宽泛和松散。

需说明的是，情绪智力不存在性别差异，无论是男性或女性，均各有长短；也并非由遗传决定，不是在儿童早期阶段就已发展定型的，在人的一生中能通过不断地学习而得以不断地提高，随着个体越来越善于调控自己的情绪和冲动，更善于激励自己以及共情能力的增强和社交技巧的不断丰富，人们在 EI 上的表现也得以不断完善。

二、情绪智力的内容

萨洛韦和梅耶将情绪智力划分为四个方面：感知表达情绪、情绪促进思维、理解情绪和管理情绪。戈尔曼将情绪智力界定为五个方面：自我意识（认识自己情绪的能力）、自我调节（妥善管理自己情绪的能力）、自我激励或动机（自我激励的能力）、共情能力（理解他人情绪的能力）与社交能力（人际关系的管理能力），后又结合他人的研究，精练成四个因素 20 种能力的情绪智力结构模型，见表 10-4。戈尔曼还对情绪能力与情绪智力加以区分，他认为情绪能力是以情绪智力为基础的一种习得的能力，能使人们在工作上取得出色的成绩；情绪智力决定了人们学习那种依赖于情绪智力的实际技能的潜能，而情绪能力反映了人们通过学习、掌握技能以及把智力应用到工作中时能够意识到的这些潜能又有多少。梅耶等人对上述三种理论的成分比较如图 10-2 所示。国内也有一些研究，如情绪智力是人们在学习、生活和工作中影响其成功与否的非认知性心理能力，包括情绪觉知能力、情绪评价能力、情绪适应能力、情绪调控能力和情绪表现能力五种因素及 18 个次级因素。[①]

---

① 徐小燕，张进辅. 情绪智力理论的发展综述[J]. 西南师范大学学报（人文社会科学版），2002(6)：77-82.

表 10-4 戈尔曼情绪智力结构模型

	自我	外界
	个体的能力	社会能力
鉴别力	**自我意识**	**社会意识**
	–情绪自我意识	–移情
	–准确的自我评价	–服务取向
	–自信	–组织意识
调节	**自我管理**	**关系管理**
	自我控制	帮助他人
	可信赖	影响力
	尽责	沟通的能力
	适应性	解决冲突的能力
	成就动机	领导的能力
	主动性	改革的能力
		建立关系
		团队协作

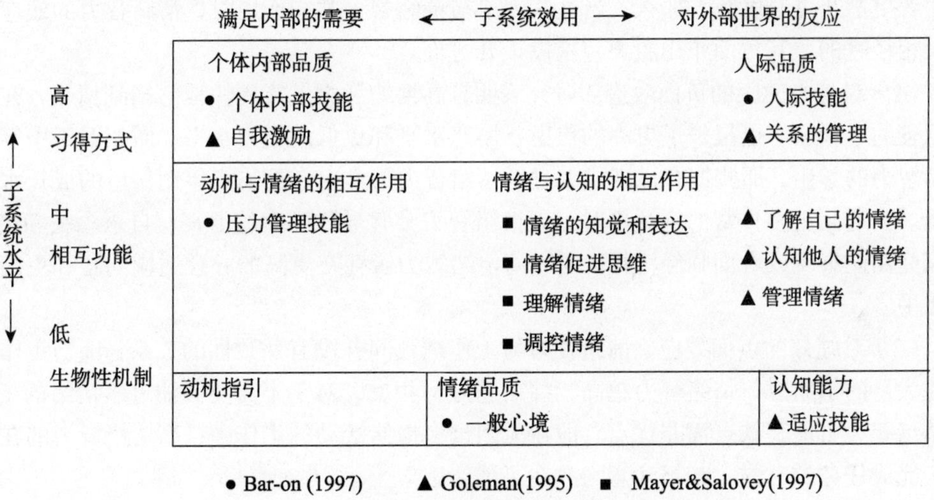

图 10-2 梅耶等人三种理论的成分比较

资料来源：MAYER J D, SALOVEY P, CARUS D R. Models of emotional intelligence[M]//STERNBERG R J. Handbook of human intelligence. 2nd ed. New York：Cambridge University Press, 2000：396-420.

三、情绪智力的作用与负面效应

之前，人们将 IQ 分数与职业生涯中的成就进行相关研究发现：IQ 最高仅能解释成功的 25%。更严密的分析表明，这个数字不会高于 10%，甚至可能低至 4%。这意味着工作中的成功有 75%～96% 是 IQ 不能解释的。戈尔曼曾对全世界 121 家公司与组织的 181 个职位的胜任力模型进行分析后发现：67% 的胜任力被认为与 EI 相关。另有对拉美地区 227 位取得极大成功的主管与 23 位失败的主管进行对比后发现，失败者的 IQ 与所拥有的专业知识技能几乎都是很高的，他们的致命弱点在于 EI：自大、过分依靠脑力、不能适应地区偶发的经济波动、蔑视合作或团队协作。德国和日本也有类似研究结果：失败者的智商与专业知识技能较优，而 EI 不足是祸根。一些研究表明，情绪智力与工作绩效密切相关。在情绪智力的多个方面中，情绪管理与工作绩效相关系数最高，为 0.18；同样的调查发现，一旦与情绪智力（认知能力、责任心和情绪稳定性）相关的个体差异被控制，情绪管理和工作绩效之间的关系就会下降到 0.08。[①]

拥有高的 EQ 能对情绪进行恰当的管理，能适宜、有效地表达情绪，使人们能朝着共同的目标一起顺畅地工作。对个体来讲，情绪智力是影响管理决策的重要因素，有助于预测工作动机，直接影响沟通能力，能够支持更多创新行为构想的产生，有助于提高管理者素质。对团队来讲，团队情绪智力可以提高团队的有效决策和运作效率，有助于团队培养团队信任、团队认同和团队效能感，对团队协作产生积极影响，提高团队绩效，尤其是在团队组建初期，高情绪智力团队的有效性较高，且能够产生更合适的团队目标，并能达成目标。

但情绪智力并非总是积极的，因为，从能力角度讲，EI 是一种与情绪相关的能力，这与其他任何技能一样，既能服务于善良的意愿，也能被非善良甚至邪恶的目的所利用，况且不同的个体有着不同的特质、动机和价值观，他们与组织环境的互动也不同，如高情绪智力者更擅长审时度势，那么，当这些因素与情绪智力共同作用时，情绪智力的效应可能是大相径庭的。其负面作用主要包括以下几方面。

（1）对身心健康的负面效应。研究表明，高情绪智力者能更快地感知到情绪，在观看了沮丧的电影后，也报告了更高的焦虑、愤怒水平和更低的精力水平。而相对于中等水平情绪智力的学生，那些拥有过高或者过低情绪智力的学生在面临童年创伤后的成长水平都较低。当遇到更多日常的麻烦事时，高情绪智力常常导致高度的沮丧、自杀念头和绝望，在家庭功能失调或者面临经济损失时，高情绪智力者存在更高的心理适应问题和更高的沮丧水平。

（2）对绩效的负面效应。情绪智力与工作绩效间并没有一致性的关系，即当工作需要倾注大量的情绪时，情绪智力越高，绩效越好；相反，对于不需要倾注过多情绪的工作，高情绪智力可能是缺点而非优点。即在无须过多情绪活动的工作中，高情绪智力的在本应专心完成任务的时候，却把注意力放在了情绪上。[②]

（3）对人际的负面效应。一方面，情绪智力可能导致人际的情绪操纵与欺骗。虽然情绪智力与使他人情绪变糟的倾向负相关，但是宜人性起到边界调节的作用，即当个体的宜人性较低时，高情绪智力者更有可能使他人情绪变糟。那些具有黑暗人格的人更善于运用情绪技能操控他人。另一方面，情绪智力导致了更多的人际消极行为。研究表明，高情绪智力者既可能带来更多的亲社会行为，也可能产生更多的人际偏差行为，究竟产生何种效应取决于个体特质诱发了何种个人目标，即具有道德同一性的高情绪智力者的亲社会行为更多，而手段最险恶的人正是高情绪智力的马基雅维利主义者。研究发现，当个体有机会

① JOSEPH D L, NEWMAN D A. Emotional intelligence：an integrative meta-analysis and cascading model[J]. Journal of applied psychology, 2010, 95(1)：54-78.

② KHANNA V, MISHRA S K. The dark side of emotional intelligence.[M]//Stachowicz-STANUSCH A, AMANN W, MANGIA G. Corporate social irresponsibility：individual behaviors and organizational practices, Charlotte, NC: IAP, 2017：11-27.

作假时，具有高认知能力与高情绪智力的个体会表现出更多的作假行为。[①]

因此，情绪智力本身既不是正面的，也不是负面的，但可以通过对情绪的有效监管帮助个体目标的实现，这些目标可能是亲社会性的，也可能是反社会性的。对于其中带来的负面效应的机理有相应的解释模型。[②]

四、情绪智力的测量工具

测量情绪智力的工具较多，下列几种是影响较大、使用频率较高的。

（1）萨洛韦和梅耶的 MEIS（multifactor emotional intelligence scale）、MSCEIT（Mayer-Salovey-Caraso emotional intelligence test）量表。前者由四个分量表构成，分别测量情绪识别能力、情绪运用能力、情绪理解能力和情绪管理能力；后者主要用于测量人们执行任务、解决情绪问题的质量和程度，而不是依赖个人对自己情绪技能的主观评估来计分。

（2）巴昂编制的情商量表（Baron emotional quotient inventory，EQ-i）。这被认为是第一个标准化情绪智力量表。有研究指出，美国空军在招收新兵时，将该量表用作预测成功的工具之一，结果发现多数成功者在情绪智力的自信、共情、幸福感和情绪自我觉察等成分上的得分明显较高。该量表不仅用于人力资源管理，还用于心理咨询和治疗、人格形成和训练、学习能力发展等多个领域。

（3）1998 年舒特（Schutte）等人根据梅耶和萨洛韦情绪智力模型编制的情绪智力量表（emotional intelligence scale，EIS）。共有 33 个项目，构成感知情绪、调控自我情绪、调控他人情绪、运用情绪四个分量表。但鉴于其理论结构是建立在早期的情绪智力模型上，被认为对情绪智力的测量有限。

（4）博亚特兹（R.Boyatzis）和戈尔曼编制了情绪能力调查表（emotional competence inventory 360，ECI360）。这是让与被测者熟悉的人对被测者的 20 种能力进行等级评定，这 20 种能力是戈尔曼提出的都与情绪智力相关。ECI360 是一种比较完整的评价工具，包括情绪能力的所有内容，提供了一种评价个人实力和极限的方法，可以准确地告诉人们应该提高哪种能力才能，达到自己事业上的目标。但它只是一个发展性工具，不宜用于招录/招聘。

（5）工作能力量表-EI 版（work profile questionnaire-EI version，WPQei）。这是来测量个人的素质和能力的。根据该量表提供的信息，人们在工作中就可以根据实际情况有目的地提高自己管理情绪的能力。WPQei 以情绪智力的概念模型为基础，包括七个成分：创新、自我意识、直觉、情绪、动机、移情和社会技能。

（6）我国学者开发的量表。我国学者也陆续开发了一些量表，如我国香港的 Wong 和 Law 等在 2002 年开发了自陈式情绪智力量表 WLEIS（wong and law emotional intelligence scale）。该量表是在中国背景下编制而成的，共四个维度，每个维度下各有四个项目，共 16 个项目。四个维度分别是认知自我情绪、认知他人情绪、调节情绪和运用情绪，即四种

---

① TETT R P, FREUND K A, CHRISTIANSEN N D, et al. Faking on self-report emotional intelligence and personality tests：Effects of faking opportunity, cognitive ability, and job type[J]. Personality and Individual Differences, 2012, 52(2)：195–201.

② 孙建群，田晓明，李锐. 情绪智力的负面效应及机制[J]. 心理科学进展，2019，27(8)：1451-1459.

情绪智力。这对中国人施测时不存在文化差异等问题，是一个较好的本土化情绪智力量表。

要说明的是，尽管不能否认情感认知和情绪管理对于许多工作来说都很重要，但情绪智力很难用一种有效的方式测量。权衡支持与反对的论证，断定其有用与否还为时尚早。尽管如此，仍然有越来越多的组织在选拔决策中运用情绪智力测验。如果组织想要在选拔决策中使用情绪智力测验，需要非常谨慎。至少，应该将其局限于对情绪管理有特殊需求的工作。在实际选拔决策中使用之前，应该对使用的情绪智力测验的架构和实证效度进行调查。[①]

第四节　管理与领导能力测验

正如第一章所说，公共部门人员的素质或能力及其建设，极大地影响了公共部门的组织能力和管理文明程度，制约了我国制度优势向治理效能的转化，其中党政机关干部和国有企事业单位管理人员的管理与领导能力是关键之一，因此，其管理与领导能力应成为公共部门各级各类管理人员选拔晋升的最重要指标之一。而实践中，一些地方或部门虽然设置了有关管理或领导能力的标准，但在实际执行时却以各种理由被视为可有可无，为此，加强管理或领导能力测评应是完善公共部门人力资源测评，真正发挥出其应有功能的一个方面。涉及该主题的测验较多，除了以下介绍的内容，还有一些知名的相关测验。

一、管理潜力测验

管理潜力是指管理者对管理活动和行为的有效思维能力特点。我国诺姆四达研究院针对管理人员的职位特点，在深入访谈与分析的基础上，根据实际需求，结合多年的管理人员测评经验，于 2014 年开发了管理潜力测验(managerial potential ability inventory，MPAI)，见表 10-5。本测验共 30 题，答题时间一般为 30 分钟左右，全部采用情境判断题型，模拟真实的工作惜景，能够较好地考查被测者的管理潜力，能为组织甄选优秀的管理者提供有

表 10-5　MPAI 各因素名称及解释

序　号	因素名陈	解　释
1	抓重点	快速地发现事物之间的联系，将纷繁复杂的表象归纳总结为结构清晰的事物特征，并确定工作重心的能力
2	发现规律与预测结果	善于并快速发现事物的发展规律，并能够对事情的发展结果进行准确预测
3	结果导向	高度关注和聚焦目标和结果，将所有的行为、资源、策略都指向目标的达成，又称为目标感
4	突破常规	常常以不寻常的思维方式提出意想不到的观点、策略和措施
5	全局观	能够站在更高层面、全面且系统地看问题、思考问题，能够从整体上把握事物
6	创设沟通平台	能够根据管理需要，创造性地开创沟通渠道、方式，将组织的目标、愿景、意图、要求，用最快、最有效的方式传达到目标对象

---

① 赫尼曼，贾奇，卡迈尔-米勒. 组织人员配置——招募、选择和雇用[M]. 7 版. 北京：中国人民大学出版社，2017：307.

效帮助。[1]

二、领导个性心理测验

领导个性心理测验可采用美国加利福尼亚心理测验（CPI）。CPI力图发展出一套能描述人的正常社交行为的量表，并企图预测一个人在某些特殊场合下会做出什么反应，是著名的测查正常人格特点的量表之一，常被用于领导个性心理测验。

CPI经过多次修订，采用"是—否"型选答。它的18个分量表根据逻辑关系分为四大类。第一类反映人际适应能力等（包括六个量表）：支配性、进取能力、社交性、社交风度、自我接受、幸福感；第二类反映社会化、成熟度、责任心和价值观等（包括六个量表）：责任心、社会化、自我控制、好印象、从众性、宽容性；第三类与成就动机和智力效率有关：顺从性成就、独立性成就、智力效率；第四类为生活态度与倾向：心理感受性、灵活性、女性化/男性化。

杨坚、龚耀先修订版形成440个项目，自1993年建立常模以来，证明有较好的信度、效度，应用广泛。另外，还有根据中国人的特点，从CPI原题中选出来的高区分度题目修订而成《青年性格问卷》，共230道题。

三、菲德勒最难共事者问卷

菲德勒（F.Fiedler）的权变模型提出，有效的群体绩效取决于与下属相互作用的领导者的风格、情境对领导者的控制和影响程度之间的合理匹配。菲德勒相信影响领导成功的关键因素之一是个体的基本领导风格，他开发了最难共事者问卷（least-preferred co-worker questionnaire，LPC），用以测量个体是任务取向型还是关系取向型。问卷由16组对应形容词构成，让被测者回想一下自己共过事的所有同事，并找出一个最难共事者，在16组形容词中按1～8等级对他进行评估（表10-6）。菲德勒相信，在LPC问卷的回答基础上，可以判断出人们最基本的领导风格。如果被测评者把最难共事的同事描述得比较有利（即LPC得分高），表示被测评者乐于与同事形成良好的人际关系，其领导风格属于关系取向型；如果被测评者对最难共事的同事评分不是很有利（即LPC得分低），则表示被测评者可能更关注生产（工作），其领导风格属于任务取向型。

运用LPC可以将绝大多数人划分为两种领导风格，但也有一小部分人处于二者之间，菲德勒承认很难勾勒出这些人的个性特点。值得注意的一点是，菲德勒认为一个人的领导风格是固定不变的，这意味着如果情境要求任务取向的领导者，而在此领导岗位上的是关系取向型领导者时，要想达到最佳效果，则要么改变情境，要么替换领导者。菲德勒认为，领导风格是与生俱来的——你不可能改变你的风格去适应变化的情境。

四、领导者动力测验

在这里，动力即动机，是指某一个人从事某项工作的动力。我国的诺姆四达研究院根

---

① 苏永华. 人才测评概论[M]. 2版. 北京：中国人民大学出版社，2016：148-149.

据马斯洛的需要层次理论，把领导者的动力分为五个层次，即物质回报、组织归属、获得尊重、自我实现、理想抱负，编制了领导者动力测验（managerial motivation inventory，MMI），见表 10-7。该测验共 40 题，答题时间一般为 15 分钟，题型是迫选题，即每题都呈现两个观点或活动，每个观点都可以打 0～3 分，但是两种观点的分数之和必须是 3 分，不能超过 3 分，也不能少于 3 分，对分数的分配代表对观点的认同程度。实践证明，该测验能为管理者实施有效激励和选择工作搭配方式提供参考。[①]

表 10-6 菲德勒 LPC 问卷

快乐—	8	7	6	5	4	3	2	1	—不快乐
友善—	8	7	6	5	4	3	2	1	—不友善
拒绝—	1	2	3	4	5	6	7	8	—接纳
有益—	8	7	6	5	4	3	2	1	—无益
不热情—	1	2	3	4	5	6	7	8	—热情
紧张—	1	2	3	4	5	6	7	8	—轻松
疏远—	1	2	3	4	5	6	7	8	—亲密
冷漠—	1	2	3	4	5	6	7	8	—热心
合作—	8	7	6	5	4	3	2	1	—不合作
助人—	8	7	6	5	4	3	2	1	—敌意
无聊—	1	2	3	4	5	6	7	8	—有趣
好争—	1	2	3	4	5	6	7	8	—融洽
自信—	8	7	6	5	4	3	2	1	—犹豫
高效—	8	7	6	5	4	3	2	1	—低效
郁闷—	1	2	3	4	5	6	7	8	—开朗
开放—	8	7	6	5	4	3	2	1	—防备

表 10-7 MMI 各因素名称及解释

序 号	因素名称	解 释
1	物质回报	期望在组织中能够得到公平合理的工资待遇，享受较好的福利保障
2	组织归属	期望能够融入组织和团队中，适应组织的文化，能够与周围的同事和领导建立积极融洽的关系
3	获得尊重	期望在组织中能够获得他人的尊重和认可，并能够获得与贡献对等的职位和荣誉
4	自我实现	重视自我价值的实现及自我成长，在组织中能够获得实现自我的平台和有利条件
5	理想抱负	期望所从事的工作是其所追求的理想和事业，并能够带来相应的社会影响力和行业影响力

五、中国领导行为评价

凌文辁等在将日本学者三隅二不二的 PM 量表标准化的过程中，发现除了 P（performance，工作绩效）和 M（maintenance，团体维系）两因素外，中国人对领导的期望还包括一个重

---

① 苏永华. 人才测评概论[M]. 2 版. 北京：中国人民大学出版社，2016：152.

要的方面：德，即个人品德 C（character and moral），提出了 CPM 理论。P 和 M 因素反映着领导的共性，C 因素则反映领导的个性，即文化特异性。基于这样的假设，他们编制了 CPM 领导问卷，并且通过实证验证了最初的假设。C、P、M 三者的机能如图 10-3 所示。C、P、M 三种技能分别起着不同的作用，P 是对工作，M 是对他人，C 是对自己。它们之间不是相加的作用，而是相乘，即领导的效果是三者的乘积。

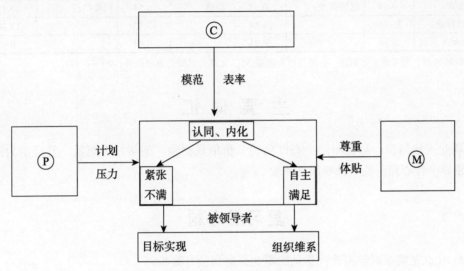

图 10-3　CPM 模式图

资料来源：凌文辁，方俐洛. 心理与行为测量[M]. 北京：机械工业出版社，2004：324.

在此基础上，凌文辁等对中国人内隐领导理论进行了研究，并开发了中国人内隐领导问卷。该理论是人们内心关于"领导者应该是什么样的"问题的概念化。与基于行为论的外显领导理论不同，内隐领导理论立足于人格特质。它将领导内容分为四个维度，即个人品德、目标有效性、人际能力和多面性。见表 10-8。这一模式与 CPM 领导理论有着类似的结构，前三个维度分别对应于 C、P、M 这三个因素，第四个维度"多面性"的内容也包含在 P 因素和 M 因素中。

表 10-8　中国人内隐领导理论的因素结构及每个因素的前 10 个项目（N=597）

个人品德		目标有效性		人际能力		多面性	
项目	负荷量	项目	负荷量	项目	负荷量	项目	负荷量
甘当人民公仆	0.73	有魄力	0.66	老练	0.70	多才多艺	0.56
诚实	0.73	有远见卓识	0.66	谨慎	0.60	使人感到愉快	0.55
表里一致	0.73	有决策能力	0.64	善于交际	0.59	有心理学知识	0.54
实事求是	0.72	办事果断	0.63	成熟	0.59	有冒险精神	0.52
接受批评	0.71	敏锐的观察力	0.62	有风度	0.57	有幽默感	0.52
大公无私	0.71	科学头脑	0.62	好的体态	0.56	喜爱艺术	0.52

续表

个人品德		目标有效性		人际能力		多面性	
项目	负荷量	项目	负荷量	项目	负荷量	项目	负荷量
守信用	0.71	有才能	0.62	举止文雅	0.55	有文学修养	0.51
严于律己	0.70	善于发现人才	0.61	有口才	0.55	精通外语	0.46
廉洁奉公	0.70	深谋远虑	0.60	开朗	0.54	富有想象力	0.43
以身作则	0.69	思想开放	0.59	稳健	0.54	兴趣广泛	0.41
方差解释量	35.79		23.88		13.17		13.44
Cronbacha 系数	0.96		0.94		0.89		0.92

资料来源：凌文辁，方俐洛. 心理与行为测量[M]. 北京：机械工业出版社，2004：327.

主 要 词 汇

职业兴趣测验　品德测验　态度测验　价值观测验　情绪智力测验　管理潜力测验
领导个性心理测验　领导风格测验

复习思考题

1. 什么是职业兴趣测验？常见的职业兴趣测验有哪些？

2. 什么是品德测验？它有哪些方法？

3. 什么是态度测验？它有哪些方法？

4. 什么是价值观测验？它有哪些量表？

5. 什么是情绪智力？它包括哪些内容？有什么作用和负面效应？

6. 常见的情绪智力测量工具有哪些？

7. 常见的管理与领导能力测验有哪些？

8. 如何评价心理测验在我国公共部门人力资源测评中的应用？有何建议？

"黑暗三人格"与职场收益

推荐进一步学习阅读书目

1. 安娜斯塔西，厄比纳. 心理测验[M]. 杭州：浙江教育出版社，2001.

2. 帕金斯. 出类拔萃的 IQ：一门可习得智力的新兴科学[M]. 上海：华东师范大学出版社，2009.

第十一章

面　试

【学习目标】

- 掌握面试的概念、优缺点、内容、类型和流程。
- 掌握面试题目命制、评分表设计与面试考官的素质要求及培训。
- 熟悉面试的技巧、主观偏差与控制。
- 掌握结构化面试的概念、特征和优缺点。
- 掌握行为描述面试和情境面试。
- 掌握结构化面试应注意的问题。

第一节　面试概述

一、面试的概念

今天，面试已被广泛用于各类组织的人力资源测评活动，但对其界定，学术界至今未能形成较为统一的看法，大体可分为广义与狭义两种界定。广义上，面试是指面试考官与被面试者即应试者通过面对面的直接交流，或者将应试者置于某种特定的情境之中，要求其完成相关任务，从而据其表现确定其是否具备目标职位要求等的一种测评方法。这实际上就把一切可以当面演练的形式，如情境模拟的各种方法也都纳入面试的范畴。狭义上，面试仅指面试考官通过与应试者之间进行的你问我答，对其回答、行为表现、相关能力等进行考查，进而评价其与目标职位要求的匹配程度的一种测评方法。

根据公共部门人力资源测评方法体系与测评实践，本书采取狭义的观点，即面试是指一种经过精心设计，在特定场景中，采用面试考官与应试者面对面双向沟通的形式，通过倾听和观察应试者的语言与行为表现，全方位了解其知识、能力、品德等有关素质特征的测评方法。简而言之，即面试考官通过面对面的交流和观察，对应试者的有关素质特征进行测评的方法。在公共部门人力资源管理框架下，"精心设计、特定场景"就把面试与一般的面谈、谈话等相区别，使面试能有针对性地获取应试者的有关信息；"面对面的双向沟通"把面试与广义的情境模拟等测评方法相区别，强调面试考官与应试者之间的直接沟通互动；"倾听和观察应试者的行为与表现"意味着，面试中不仅要关注应试者对问题的回答，而且其在整个面试过程中的表情、动作等身体语言都在观察之列，甚至比口头语言更能反映真实状况；"全方位"说明了面试测查维度的综合性；"有关素质特征"强调了面试考官只能有针对性地测查应试者某些方面的素质特征，而不能面面俱到。

面试是一种既古老又生命力蓬勃的测评方法。用于甄选，可谓源远流长。孔子虽一贯坚持"有教无类"的思想，但犹恐失人，故对远道而来的学子们也要"面试"一番。例如，宰予"利口辩辞"，孔子高兴收下，但后来发现这人既无仁德又十分懒惰，孔子于是骂他是"朽木不可雕"；澹台子羽，孔子见其状貌甚恶，以为材薄，虽收留门下，但让其"退而修行，行不由径"，即把他列为"旁听"弟子。后来子羽在楚国办学成绩很大，名扬诸侯，孔子自我检讨说：吾以言取人，失之宰予；以貌取人，失之子羽（《史记·仲尼弟子列传》）。

三国时期的刘劭对面试颇有研究。他主张通过"接识"而"取同体"。他认为，若想了解一个人某一方面的素质情况，则一个早晨的时间就足够了，若要详细地考查其各方面的内在素质，则需要三天的时间。同时，他告诫人们，面试有其不足之处，如果不去深入交谈，不本着实事求是的态度去辨析对方之言，则会生疑误判："不欲知人，则言无不疑。是故，以深说浅，益深益异；异则相返，反则相非。是故，多陈处直，则以为见美；静听不言，则以为虚空；抗为高谈，则以为不逊；逊让不尽，则以为浅陋；言称一善，则以为不薄；历发众奇，则以为多端；先意而言，则以为分美；因失难之，则以为不喻。说以对反，则以为较己；博以异杂，则以为无要。"（《人物志·接识》）诸葛亮对面试也有相当研究，对其中的言谈与观察，在第二章中谈到他的"七观法"，其中的前四法（问、穷、咨、告），实为通过问答形式的面试进行观察、测量。面试后来以"策问"的特殊形式，普遍运用于科举取士中。一些勤政的皇帝对县级地方官都要亲自面试。

20 世纪 70 年代末以来，我国随着组织人事制度的各项改革，面试逐步发展完善。1981年 7 月，人事部下发了《关于下达部分海关新增干部指标的通知》，通知规定对新增干部的录用除笔试外，要进行面试。面试由此进入到干部的录用考试之中。1988 年 3 月，中组部、劳动人事部发出了《关于政治、税务、工商行政部门和银行、保险系统招收干部实行统一考试的通知》，其中规定：考试后，"由人事部门从高分到低分向用人单位推荐，经用人单位进行政审、体检和必要的考核（含面试）合格后，确定录用或聘用人员名单报批"。因此，1988 年全国面向社会招干约 8 万人，报考者达 105 万，在录用中上海、江苏、福建等许多省市均采用了面试形式，且面试突破了单一的面谈问答形式，出现了与演讲、模拟操作等相结合的形式，面试程序日趋规范。1989 年 1 月，中组部、人事部联合颁发了《关于国家行政机关补充工作人员实行考试办法的通知》，通知要求考试的基本方式为笔试与面试。1994 年，人事部要求全国各地、国家各部委公务员的录用与招聘，按统一的程序与标准进行面试。1996 年，人事部考试录用司正式提出在国家公务员录用考试中全面推行结构化面试。2001 年，人事部印发《国家公务员录用面试暂行办法》和《国务院工作部门面试考官资格管理暂行细则》。2015 年，为规范公务员录用面试工作，人社部根据公务员法、《公务员录用规定（试行）》，制定《公务员录用面试组织管理办法（试行）》。2019 年 6 月实施的新《公务员法》第三十条规定：公务员录用考试采取笔试和面试等方式进行。中组部于 2019 年 10 月修订，并于 11 月发布实施的《公务员录用规定》第二十二条：公务员录用考试采取笔试和面试等方式进行，考试内容根据公务员应当具备的基本能力和不同职位类别、不同层级机关分别设置，重点测查用习近平新时代中国特色社会主义思想指导分析和解决问题的能力。2021 年 9 月新修订印发的《公务员公开遴选办法》第十六条：考试一般采取笔试和面试等方式进行。

西方管理中关于面试的阐述已经有 90 多年的历史，但是作为一种理论研究，最早于 20 世纪 40 年代提出。从公共部门看，英、法、美、日等国的公务员录用考试中均有面试。从 1931 年起，英国文官录用考试中就加入面试这一项，1937 年，面试分数就占全部考试分数的 1/3。面试早已成为包括公共部门在内的所有组织的人力资源测评方法之一。

二、面试的优缺点

相比笔试、心理测验等测评方法，面试能更加直观、灵活和深入地了解应试者的外部表现与内在特征，是一种有理论支持的、在实际工作中行之有效的测评方法。

（一）面试的优点

1. 面试内容的广泛性、灵活性

一方面，面试内容十分广泛，可以对应试者进行全面的测查，涉及应试者的语言表达能力、应变能力、综合分析能力、逻辑思维能力、业务知识与操作技能及兴趣爱好、态度、动机、情绪稳定性等从一般素质到特殊素质在内的各个方面。另一方面，面试内容具有很强的灵活性，可因不同单位、不同部门、不同岗位的要求而不同；也可因不同的测评目的，如招录/招聘、选拔晋升等而重点有所不同；还可以因应试者的教育背景、工作经历及面试过程中的具体表现不同而不同。

2. 面试信息的复合性

面试过程中获得的信息具有较强的复合性，除了应试者的面部表情、语言交谈反馈的信息外，其衣着服饰、表情神态、动作姿势等也在信息交流过程中也发挥了重要作用，面试考官可以由此更进一步了解应试者内在的思想和潜意识的东西。如一个手势具有说明、强调、解释或指出某一问题等作用。

3. 面试过程的直接互动性

面试是面试考官和应试者之间的双向沟通、直接互动交流。一方面，面试过程中，面试考官通过交谈、观察，获取应试者的仪容仪表、工作态度、工作经验、价值观念、语言表达、理解能力、分析判断能力等各方面的信息。另一方面，应试者并不完全处于被动状态，也可以根据面试考官的反应，判断面试考官的价值标准、态度偏好、对自己面试表现的满意程度等，及时调整自己的行为表现；同时还可以通过面试进一步加深对招录/招聘单位、职位、未来发展可能性等的了解。

（二）面试的缺点

1. 受面试考官主观影响大

由于面试是面试考官通过对应试者的言谈举止等的观察、谈话判断其内在素质的，主动权主要控制在面试考官手里，因此，这将受到面试考官的经验、态度、个人喜好和价值观的制约，带有较强的主观色彩。像首因效应、近因效应、对比效应、刻板印象等心理效

应，也影响到面试的有效性。尤其非结构化面试，面试考官的经验、能力和面试技巧将极大影响面试的公平性和结果。

2. 时间长、费用高

面试要经过面试试题和标准设计、面试考官和应试者的双向沟通、面试评价与分析等过程，需要耗费较长的时间和较大的人力、物力、财力。

三、面试的内容

一般来说，面试的内容包括通用内容和专业内容两部分。

（一）通用内容

面试的通用内容，主要包括以下 14 个方面。

1. 个人信息

这主要包括文化程度、技能证书、工作经历、家庭状况等。这些信息可以反映应试者的主要成长、教育、工作等背景，而且从应试者的回答还可以看出其价值观、人生职业规划等。

2. 仪容仪表仪态

这主要包括体格外貌、穿着打扮、言谈举止、精神风貌。这是一个人精神面貌和内在素质的外在表现，是面试中最容易观察到的素质。良好的仪容仪表仪态是绝大多数公共部门人员的必备素质。

3. 工作经验

这主要包括过去从事过的工作或担任过的职务职级或职称、取得的成就、工作收获、工资水平、工作满意度、人际关系状况等。

4. 知识的深度和广度

这是指除专业知识以外的其他相关的稳定的系统化知识的深度和广度。

5. 工作的态度、动机和期望

这既包括应试者过去对（实习）工作的态度，也包括现在对工作的态度和期望，以此了解应试者是否热爱工作以及对目标职位所追求的目标和动机是什么。

6. 语言表达能力

这是指能否将自己的观点、思想清晰、准确、简洁、流畅并有逻辑地表达出来，以及表达的感染力、说服力等。这是一个人的能力、人格及综合素质的外部表现。

7. 反应能力和应变能力

这是指对有关问题、意外事件能迅速、准确地理解，并尽快做出适当反应，进而妥善解决问题的能力。这反映了应试者在决策条件突变的情况下，能否沉着冷静、灵活地根据实际情况做出恰当的应对。面试中可以通过观察应试者对突发问题反应的敏捷性、适宜性等进行测评。

8. 计划、组织和协调能力

这是指根据目标职位要求和工作任务需要，对自己、他人、部门和组织的活动做出计划安排，调配资源，协调活动，并对相关乃至冲突各方进行有效沟通，从而达成目标、完成任务的能力。

9. 综合分析能力

综合是指把分析过的对象或现象的各个部分、各属性联合成一个统一的整体，而分析是指把一件事物、一种现象、一个概念分成较简单的组成部分，找出这些部分的本质属性和彼此之间的关系，所以，综合分析能力是指能否从复杂现象中抓住事物的内在联系或本质要害，既能从宏观角度对事物进行总体考虑，又能从微观方面把握各个组成部分，注意整体与部分间的关系及各部分间的有机协调，并注意到各种问题的轻重缓急，进而提出适当解决方案的能力。

10. 人际沟通和人际关系处理能力

这是指能够通过观点、态度、思想和情感的交流，恰当的为人处世，建立良好协作关系，正确处理人际关系的能力。它反映了应试者能否准确领会对方表达的意图，同时把自己的意图准确表述给对方，以及建立和维持良好的人际关系。

11. 自知自控能力与情绪稳定性

这是指能够客观评价自身优劣，了解自己的情感与需要，特别是在面临批评指责、不公正的待遇、工作压力和困难时，能理性对待，有效调节自己的情绪，使情绪不会在短时间内产生强烈起伏，实施良好的自我控制和管理，并能在实践中不断学习和提高。

12 团队合作意识和能力

这是指基于某个共同的目标而具有相应的整体观念、大局意识、奉献精神、合作能力与团队归属感和荣誉感，能够互补互助、共同奋斗、一起成长，争取团队最佳工作绩效。

13. 自信心、事业进取心

这可通过了解应试者是否具有较为清晰的事业奋斗目标并为之不懈的努力，是否具备信心和毅力去面对并战胜工作中的困难与挫折来把握。

14. 兴趣爱好

这主要通过应试者的书籍阅读、文体活动、个人嗜好、业余爱好、人际交往等来了解其情趣、兴趣、爱好和生活方式等。

（二）专业内容

专业内容或专门内容是指针对某一职位需要的专业知识、专业能力或专业技能，即需要从专业角度测查应试者掌握某一领域内的相对稳定的系统化知识的深度和广度，把握驾驭一定具体专门业务规范的能力或技能的高低及特长等。

第二节 面试的类型与流程

一、面试的类型

根据不同的标准，面试可以分为多种类型。主要有以下几种分类。

1. 按面试标准化或结构化程度分为结构化面试、非结构化面试和半结构化面试

（1）结构化面试。这是指对面试题目、面试实施程序、评价标准、面试考官构成等进行统一明确规范，并严格执行，不得随意调整的面试形式。其中的结构化是指按照职位要求，参照应试者特征，对面试题目、评价方法、评价标准等做出适当设计，确保对整个面试过程的控制，避免由于缺乏预先设计导致的面试操作不规范、面试效果不理想的问题。因此，评价的结果可以量化，从而可在不同的应试者之间进行横向比较。有研究表明，非结构化面试的效度在 0.20～0.37，而结构化面试的效度在 0.35～0.62；还有研究显示，非结构化面试的效度上限是 0.34，而结构化面试的效度上限是 0.67。正是由于结构化面试过程可以得到最大限度的规范化，能保证在较短时间内考查出应试者的有关素质，针对性强、效度高，从而在公共部门中得以广泛运用，也称为标准化面试、模式化面试，详见本章第四节。

（2）非结构化面试。这与结构化面试正相反，没有严格的提问框架、标准答案等，面试考官可以自由发挥，所提的问题可因人而异，可根据具体情况提问，常常提一些开放性问题，并在一些关键点上进行追踪提问。其优点是考官与应试者在问答过程中都比较自然，可以了解更多更深层次的信息；但缺点在于面试的随意性较大，面试结果极易受考官主观因素的影响，因而，对面试考官的要求极高，面试成功与否极其依赖于面试考官的个人因素。

（3）半结构化面试。这是指介于结构化面试与非结构化面试之间的面试形式。可对面试的一些关键因素进行限定，如流程、评价标准等，同时允许面试考官依据具体情况对问题、时间、进一步提问等随机调整。这兼顾了结构化面试和非结构化面试的优点，具有较强的适用性。

2. 按面试的组织方式分为系列面试和小组面试

（1）系列面试。这是指对应试者进行多轮面试的面试形式。一般分为初试、复试，甚至会有第三次、第四次面试。应试者只有通过了较低层次的面试，才有可能被推荐进入更高层次的面试，否则就被淘汰出局。同时，面试的层次越高，要求越严格。在每一轮面试中，考官都根据应试者的表现，形成独立的测评意见；在各轮面试结束后，将各位面试考官的意见进行综合并做出决策。该法的优点在于从多个角度测查应试者，对其做出准确且全面的测查；缺点是程序复杂，成本较高，而且各轮面试可能会因个别考官个人主观性等导致优秀的应试者被淘汰。

（2）小组面试。这是指由面试小组集体对应试者进行面试的方法。小组面试有多人一起同时参与面试，允许每一位考官从不同侧面提出问题，要求应试者回答。因此，与一对一的面试形式相比，小组面试能获得更深入、更有意义的回答。同时，多人参与可以减少因考官个人偏见产生的误差。其缺点在于由多名考官面试，难免给应试者造成心理压力，影响其水平的正常发挥。同时，多个考官对每一个答案可能有不同的看法，结果较难达成统一。有研究表明，不论是结构化面试还是非结构化面试，面试小组的效度并不高于个体面试考官。①

3. 按面试内容的侧重点分为行为描述面试、情境面试和压力面试

（1）行为描述面试。这是指通过测查应试者过去的行为，来预测其将来行为表现的面试形式。也称行为面试。它与情境面试相似，都是测查应试者在特定情境下的行为表现，但行为描述面试的基本原理是：未来行为或绩效的最好预测指标是过去的行为或绩效，因此，它以过去为导向，注重诱发应试者的过去行为或经历，关心"过去怎么做"，通过采用专门设计的问题来了解应试者过去在特定情境下的行为。详见第五节。

（2）情境面试。这是指给应试者设计一个特定情境，测查应试者在此情境下表现的面试形式。情境面试关心应试者在特定的情境下将来"会怎么做"，它的依据是目标设置理论，认为意图与实际行为密切相关，意图是行动的前兆。面试的问题主要由一系列假设的情境构成，通过测查应试者在这些情境下的反应情况，判断应试者是否胜任某项工作。面试的问题多与工作相关，即在职位分析或胜任力分析的基础上设计问题，在面试之前，面试考官会对面试题目确定一个最佳答案，然后根据应试者的回答来对其进行评分。详见本章第五节。

（3）压力面试。这是指在面试过程中逐步向应试者施加压力，测查其对压力的承受能力，以确定其将如何对工作压力做出反应的面试形式。在面试中，面试考官通过提出一系列使人难堪、刺激的问题，置应试者于防御境地，使之感到不舒服，寻找应试者在回答问题时的破绽，并针对破绽集中提问、追问，测查其承受压力的能力及对压力的反应方式。显然，该种面试适用于责任重、任务多、压力大的职位，其优点在于能较为准确地把握应试者的心理素质和抗压能力，缺点在于面试过程不易控制，对面试考官的面试技巧和控制能力要求也较高，否则，如有偏差极易导致压力面试的失败。

另外，按不同标准还有多种分类，如按面试考官和应试者的数量分为：①一对一面试，即由一个面试考官负责面试一个应试者；②一对多面试，即由一个面试考官负责面试一组多个应试者；③多对一面试，同小组面试，即由多名面试考官同时参与面试，并担任不同的角色，从不同的角度测查应试者；④多对多面试，即多名面试考官同时参与面试一组应试者。这些面试形式各有其优缺点和适用性，实际应用时，应根据党规国法，结合具体情况把几种面试形式组合运用。

---

① MCDANIEL M A, WHETZEL D L, SCHMIDT F L, et al. The validity of employment interviews: a comprehensive review and meta-analysis[J]. Journal of Applied Psychology, 1994, 79(4): 599-616.

二、面试的流程

面试也是一个系统的测评过程，在遵循第七章所述测评流程前提下，还有其特殊性，可大体分为如下四个阶段。

（一）面试准备阶段

首先，需要明确以下各项内容：①面试的目的、对象和方式；②面试组织机构、成员与职责；③面试的指标；④面试题目（详见本章第二节）；⑤面试评分表（详见第三节）；⑥面试的时间、场所及其布置等要求；⑦面试考官、其他工作中人员的选择与培训（面试考官的素质要求与培训详见本章第三节）。其次，制定面试工作方案，确保对整个面试工作的有效设计和安排。最后，通知应试者，并安排好接待应试者的人员、地点、必备物品等，以及合理确定面试的顺序等工作。

《公务员录用面试组织管理办法（试行）》规定：组织实施面试应当制定工作方案，明确面试方法、实施步骤与流程、考场设置要求、面试题本命制与管理以及面试工作人员职责等。根据面试工作需要，配备计分、计时、核分、引导、技术保障和安全保障等相关工作人员。面试考官小组一般由 7 名考官组成，其中设主考官 1 名。每个面试室应当配备 1 名监督员。面试工作人员应当具有良好的政治素质、思想品德和较高的业务能力，能够认真履行职责，遵守有关规定，做到廉洁自律。同时，建立健全面试安全工作制度，加强面试相关材料和信息的管理，确保其安全准确，其中，面试题本及其相关材料按照国家规定的密级进行管理；面试组织过程中形成的材料（含数据和音像资料等），由专人建档保管，保存至新录用人员试用期满。

（二）面试实施阶段

按照面试工作方案，面试准备工作就绪之后，就进入实施阶段。该阶段是面试考官与应试者见面直接对话，互相交流、沟通，可分为四个次级阶段或环节。

1. 预备环节

工作人员引导应试者进入面试间；就面试考官与应试者的第一次接触，为消除或缓解应试者的紧张情绪，使其自然进入面试的情境，面试考官可问一些轻松的、与面试不相关的一般性社交话题，目的在于双方建立起宽松、友善的面试氛围。

2. 导入环节

面试考官说明面试要求，提问一些比较通用的，应试者也比较熟悉，基本也有所准备的问题，如"请你用 1 分钟时间简单介绍一下自己"等，逐步引出面试正题。

3. 正题环节

这是面试实施阶段的核心或关键环节。为此，根据测评目的，围绕测评指标，按照事先设计，面试考官向应试者提出相关问题，收集有关应试者具体知识、能力、品德等多方面的信息，倾听回答并密切关注应试者的行为和反应，同时做好相关记录。当然，面试考官要有效控制面试局面，妥善处理突发性问题。在这一环节，面试考官可根据 STAR 原则

（详见第三章第三节）对应试者进行考查。

4. 收尾环节

在充分获取有关应试者的信息，确无遗漏，或主要问题都问完后，就进入该环节。面试考官要给应试者一个提问和陈述的机会，看应试者还需要进一步了解什么，对自己的回答有什么补充或修正，有什么问题需要面试考官或面试组织方做出解释，实现双方信息的互动。此时，应试者心态一般都已放松，面试考官可以把握时机，借应试者的提问等进一步推断其动机、心理状态等。面试正式结束，面试考官应告知应试者通知面试结果的时间和方式，并与应试者互相致谢，互道再见。

（三）面试结果处理阶段

面试结束后，一是各面试考官应及时整理面试记录，根据应试者的现场表现及评分标准独立评分，并对应试者进行简单的文字评价。二是对所有考官的评分进行统计与排序。三是所有面试考官根据应试者现场表现、得分情况，对每个应试者进行讨论与分析，达成公允和统一的意见，形成初步的面试结论，为录用决策提供重要参考。四是相关资料、面试结果等存档备案，并依法按适当方式通知应试者。

（四）面试评估阶段

对面试全过程进行评估，以改进面试。

第三节　面试关键问题解析

面试能否成功虽然受到多种因素的影响，但面试或试题题目、面试评分表、面试考官的影响至关重要。

一、面试题目命制

《公务员录用面试组织管理办法（试行）》规定：命制面试试题应制定工作方案，科学设置面试测评要素或面试要素、试卷结构、试题数量等。测评要素根据招录职位所需能力素质确定。试题命制单位应按照命题规范开展试题命制、征集、评审和组配，编制面试题本。面试题本一般包括面试试题、测评要素、评分参考等内容。下面主要介绍面试题目的类型、命制的原则和步骤。

（一）面试题目的类型

按不同的分类标准，面试题目有不同的类型，通常按面试题目的内容分为如下几种。

1. 背景性题目

设置这类题目通常有三个目的：一是让应试者自然、放松地进入面试情境，形成融洽的面试气氛；二是核实、印证简历或申请表上的相关个人信息；三是为后续的提问提供引导，如"请用 3 分钟时间简要介绍一下自己的特长"。

2. 知识性题目

这主要考查应试者对职位所必需一般知识和专业知识的掌握情况。不同的职位涉及相应的基础性知识和专业性知识。

3. 智能性题目

这主要通过应试者对一些热点问题的理解、分析等，测查其逻辑思维能力、综合分析能力、知识运用能力等。如"对六亿人月收入 1000 元，你怎么看？""下水道口为什么圆的多，请举出三条原因？"

4. 意愿性题目

这主要考查应试者的求职动机与目标职位的匹配性及其价值取向和生活态度等。如"你为何应考我们单位这个职位？"

5. 情境性题目

这是通过考查应试者在一种假设性情境中的行为表现，测查其态度、决策能力、思维敏捷性、随机应变能力等。如"你和你的一位同学一同进入一个新单位工作，与该同学相比，你勤奋、认真、业绩比较突出，但领导对你印象不佳，时常为难你，而你的同学却受到领导信任。你该怎么办？"

6. 行为性题目

这是通过关注应试者过去的行为来预测其未来某一时间段内的工作态度、工作效果、人际交往能力、团队协作能力、解决实际问题能力，及胜任工作的可能性等。如"你以前最有印象的工作任务是什么？怎么完成的？"

7. 压力性题目

这是指给应试者施加一定的压力，观察其在压力情境下的状态，以考查其情绪稳定性、注意力、应变能力、承受压力的能力等。如"经过刚才的面试，我们认为你的表现不是很理想，不太适合这个职位，你觉得呢？"其中，可以设计为连串性题目，即提出一连串的问题来考查应试者。

（二）面试题目命制的原则

1. 思想性

面试题目选取的是现实工作、生活中富有意义的热点或社会问题，应具有一定的思想性，并符合党规国法，在公共部门的面试中尤其强调这一点。

2. 针对性

面试题目的命制，一是要针对确定的职位素质要求或胜任素质，反映出职位要求的代表性、典型性和稳定性。二是要针对应试者人群，即应是应试者群体所熟悉的问题。如某职位的应试者主要是应届高校毕业生，那重点就不应该是对工作经验的考查，而应是基本能力、综合素质及潜力等。三是要针对一项或几项测评指标，具有明确的出题思路与严格的评分标准。

3. 鉴别性

面试题目既要有一定难度，又要具备一定的区分度，能将同一测评指标上处于不同水平的应试者区别出来。既要避免题目太简单，还要避免题目太难。

4. 延伸性

面试题目一是在形式上应保持一定的延伸性，如采用开放性的题目，给应试者留有创新的空间，不要给应试者太多的限制，避免只需要回答是或否的问题，调动应试者的积极性，使其充分表达自己真实的想法，同时，也利于形成融洽的面试氛围。二是在内容上应具有延伸性，使题目之间保持一定的内在联系，形成面试的有机整体，也利于考官追问及根据具体情境做出调整。

（三）面试题目命制的步骤

1. 明确面试指标

通过职位分析或胜任力分析，确认任职资格条件或胜任力，结合面试的目的、内容，进一步明确需要测评指标，然后从中选择适宜面试的指标或要素。

2. 对面试指标下定义

这是指将每个测评的指标行为化，即将需要测评的内容或指标转化为在面试中可以被考查到的具体行为。可从以下几点出发进行定义。①应试者在面试中可能表现出哪些行为？②不同的行为会带来哪些结果？③不同能力水平的应试者在同一测评指标上会有什么不同的表现？④什么样的情境能激发应试者表现出与特定素质相关的行为？⑤对同一面试指标，哪些行为是有效的，哪些行为是无效的？

3. 收集能够表现上述行为的情境或时间信息

这主要包括：①目标职位的工作内容；②目标职位的关键工作任务；③决定工作任务完成质量的关键事件；④工作中的其他重点、难点问题等。

4. 制作题目

一是提取关键事件信息作为题干，即以职位关键事件作为题目的出发点，但信息量不易过大，尽量简洁、易懂。二是命制追问题目。追问务必紧扣题目情境，可按 STAR 原则设计（详见第三章第三节）。

5. 设计答题要点与评分标准

设计答题要点主要是将与职位高绩效相关的关键行为进行罗列，而设计评分标准主要是对每个关键行为依据有效性划分等级，并对每个等级的行为进行定义，这样在评分时，面试考官将应试者描述的行为与不同等级进行比照，确定分数。

6. 试测与调整

面试题目命制出来后，要试测，包括问题的可行性、区分度、信度与效度等，然后针对试测发现的问题，进行调整、完善，确保试题的质量。

二、面试评分表设计

面试评分表集中体现了面试标准，既是面试标准化、结构化的重要手段，也是面试考官手中的重要工具。在面试前的考官培训中，对测评标准的把握和评分表的使用是重要内容之一；面试中，考官边问边听边观察，并将应试者的表现与评分表相对照，在评分表上记录要点，给应试者打分。也称面试评定表。

结构化面试的评分表通常包括六部分。①应试者基本信息。②招录/招聘部门、职位等。③测评要素（指标）及其权重、要素操作定义或观察要点。④评分标准、等级。评价等级一般分为定性与定量两种方式。前者可按成绩或能力的"好、中、差"三级制，"优、良、中、差"四级制，以及五级制、十分制、百分制等进行标度；后者采用赋予分值的形式进行标度。⑤评语栏。⑥面试考官签字栏和时间。（表 11-1）

表 11-1 结构化面试评分表示例

序号		姓名		性别		年龄		学历		部门、职位	
测评要素		语言表达能力	综合分析能力		应变能力		人际交往能力		计划组织协调能力	举止仪表	合计
权重		10	20		20		20		20	10	
观察要点		1. 口齿是否清晰，语言是否流畅？ 2. 用词是否得当？意思表达是否准确？ 3. 内容是否有条理和逻辑性？	1. 能否对问题或现象做深入剖析？ 2. 对问题或现象的产生根源有无认识？ 3. 能否针对问题或现象及其原因提出相应对策？对策是否可行？ 4. 有无独到见解？		1. 面对压力或问题，情绪是否稳定？ 2. 思维反应是否敏捷？ 3. 考虑问题是否周全？ 4. 解决办法是否有效可行？		1. 有无主动与人合作意识？ 2. 与人能否有效进行沟通？ 3. 对人际关系的处理是否违背原则或者影响工作？		1. 能否根据工作目标预见有利因素和不利因素？ 2. 能否根据现实需要和长远效果做出计划？ 3. 能否合理配置人财物等资源？	1. 穿着打扮是否得体？ 2. 言行举止是否符合一般的礼节？ 3. 有无多余的动作？	
评分标准	好	08～10	15～20		15～20		15～20		15～20	08～10	
	中	04～07	07～14		07～14		07～14		07～14	04～07	
	差	00～03	00～06		00～06		00～06		00～06	00～03	
得分											
考官评语									考官签名：	年 月 日	

当然，面试评分表初步设计好后，应对其进行模拟面试，观察其信度和效度，有的甚至要经过多方检验，使之具有较高的信度和效度。

三、面试考官的素质要求与培训

面试考官的素质直接决定面试的成功与否，或者说面试是对面试考官依赖性很强的测评方法。在面试过程中，考官对应试者的测评不是对应试者情况的照相式反映，而是一个深受考官本身的观念、个性、经验、知识结构等综合影响的过程，对同一名应试者，不同考官的评定意见不同就是明证。正如刘劭所言，"一流之人，能识一流之善；二流之人，能识二流之美。尽有诸流，则亦能兼达众材"（《人物志·接识》）。《公务员录用面试组织管理办法（试行）》规定：面试考官应当具有良好的政治素质，有比较丰富的人事管理、人才测评等方面的经验或具有一定年限的机关工作经历，品行优良，公道正派，自觉遵守法律法规，严守工作纪律，恪守行为规范。担任面试主考官的，除具备上述条件外，还应当能够讲普通话，口齿清晰，表达流畅。担任面试考官前一般应当参加省级以上公务员主管部门专门培训，培训时间不得少于 16 学时。培训后，经考试考核合格的颁发面试考官资格证书。《公务员公开遴选办法》规定：面试考官应当公道正派，熟悉公开遴选职位相关业务，具有干部测评相关经验。所以，面试考官应具备如下素质要求，并接受相应的培训。

（一）面试考官的素质要求

1. 良好的个人品格和修养

政治过硬、敬业守德、公道正派、认真负责，坚持人人平等、一视同仁，不偏袒和歧视任何应试者，也不因自己的情绪波动而使评分产生偏差，既保证面试全过程的公正、有序及良好的面试氛围，有利于应试者真实、全面反映自己的实际情况，也展现出公共部门良好的形象和组织文化。这是对面试考官最基本的要求。

2. 了解组织和职位的要求

面试考官只有深入、全面地了解职位要求和组织状况，才能有针对性地提出问题，与应试者进行深入交流，真正测查出对实际工作至关重要的胜任力，选拔出真正适合职位和组织需要的人员。

3. 扎实的专业知识

对应试者的专业知识、专业能力进行测评是面试的基本任务之一，这就要求面试考官首先要具备扎实的专业知识。有时对专业知识的提问被视为面试的一种重要技巧，因此，至少在一个面试小组中，考官的知识组合不应有缺口。

4. 丰富的工作经验

面试整体上是一个非量化的评估过程，很多情况下，面试考官往往根据经验性的直觉做出准确的判断，因此，面试的完成和质量在很大程度上有赖于面试考官的工作经验；同时，丰富的工作经验也是提高和掌握面试技能的重要保障，有利于深入洞察应试者。

5. 正确的自我认知

心理学研究表明：人们总是习惯以自己为标准去衡量他人，作为面试考官，如果不能够对自我有一个健全的认识，就难以摆脱由自身主观意识造成的对应试者的不客观的测评行为，无法客观衡量他人。

6. 熟练运用倾听、提问、沟通等各种面试技巧

面试是一项技巧性很强的测评活动，既需要面试考官掌握相应的测评理论和技术，也要求考官综合运用各种面试技巧，善于倾听、提问，善于与应试者和其他考官的沟通交流，掌控整个面试场面，利于应试者的正常发挥，全面、深入地了解应试者。

7. 良好的观察和归纳能力

面试的成功与否在很大程度上是以面试考官能否得出应试者有效、关键的语言为基础的，为此，考官要具备良好的观察和归纳能力，对应试者的关键语言、典型行为进行观察、记录、整理，并与标准进行分类比较，得出正确的结论。

8. 善于把握人际关系

面试的过程是典型的人际交往的过程，面试考官如何处理自己与应试者的人际互动，将直接影响面试的成败，因此，考官必须善于把握人际关系。

9. 优秀的系统分析能力

面试的过程应是面试考官对应试者的回答去伪存真、去粗取精的过程，这就要求考官既要有慧眼识人的胆识，还应有分析面试标准、面试内容或指标与应试者行为表现之间关系的能力，透过应试者的表现对其做出正确的评定。

可见，对面试考官的素质要求是很全面和严格的，一两个考官很难完全具备这些条件，事实上一对一的面试也越来越少，因此，经过认真审慎组合的面试小组可以基本满足这些条件。一般情况下，面试小组成员可包括招录/招聘单位负责人、与招录/招聘职位相关的人员、组织人社（人事）负责人、外聘专家等。

（二）面试考官培训的内容和方法

1. 面试考官培训的内容

（1）制度规范。这主要是使面试考官全面了解相关的党规国法、职业道德和其他纪律规范，提高思想认识，自觉遵纪守法，恪守公平公正，认真负责地为党和人民的事业选好人才。

（2）理论知识。这主要是使面试考官进一步掌握面试中的相关测评知识，了解组织和职位要求，熟悉面试程序，掌握面试标准等。其中，对外请专家，要加强对组织和职位、组织文化等内容的培训，以促其尽快了解组织和职位等情况。

（3）相关能力和面试技巧。这主要包括前述面试考官需要的相关能力和各种面试技巧，主要涉及倾听、记录、沟通、观察、分析、判断、归纳、自我认知等，评价指标及其操作性定义或观察要点以及代表不同有效性的行为，常见的心理偏差及克服方法等。

2. 面试考官培训的方法

面试考官培训常用讲授、讨论、模拟、角色扮演等。在此，主要说明如下几点。

（1）专家讲授。聘请资深面试专家授课，讲授内容广泛，这是能尽快提高面试考官有

关素质的常见培训方法。

（2）重点问题讨论。这是指对目标职位的任职资格或胜任力、面试指标的定义、评价标准、评分与报告等进行充分的讨论，消除各种片面、不一致的理解，达成一致。

（3）模拟面试。有些面试考官并不完全了解自身的缺点、面试哪一个环节可能会出现问题，以及熟练、恰当地运用各种技巧等，因此，让考官们在相对真实的面试环境中模拟面试，使其对自身的缺陷、面试中可能出现的问题有着正确地认识和界定，进而对采取何种应对措施以及熟练使用各种面试技巧进行具体的有针对性的训练。

（4）典型案例分析。这是指就选取的典型案例，采取现场学习、视频学习或录像学习的方式，总结这些典型案例的成功做法，并用于以后的面试。

第四节　面试的技巧与偏差控制

面试的实施过程是以面试考官的主导控制为核心的，因此，该过程受制于面试考官的提问、倾听、观察和评定的技巧，以及对各种主观偏差或面试误区的认识和控制。

一、面试的技巧

（一）提问的技巧

恰当的提问有助于挖掘应试者的有关信息，达成面试目的，反之则会导致面试结果失真，甚至将面试引入歧途，为此，面试考官要正确掌握和使用提问技巧。

1. 以自然、亲切的问题导入

为了缓解应试者紧张，营造融洽的沟通范围，面试考官开始一般都不会直入主题，而是选择先问一些轻松的、随意的闲聊式的导入性问题，如"家离这儿远吗？""什么时候来的？"等。

2. 简明、通俗、清晰、有力地提问

①提问应做到简明扼要、通俗易懂，向应试者传达准确、易理解、无歧义的信息，尽量不用生僻的字词、专业性太强的词汇，以及长句、难句和存在多种意思的复合句，不可模棱两可，语意不清。②提问的内容、方式和用语要适合应试者的接受水平，且声音平缓，吐字清晰。有研究表明，一个问题描述的时间宜在 45 秒钟以内，半分钟左右为佳，不能超过一分半钟，否则，不论是应试者还是考官，都会感到不好理解，或者说问题不大明确。③提问要活泼有力，不能无精打采，可以配上恰当的手势。④面试考官要注意自己的礼仪和谈吐，保持良好的文明形象。⑤避免诱导性、暗示性或多项选择式的问题。

3. 选择恰当方式灵活提问

面试的问题往往事先备好，但面试并不拘泥于此，可以围绕面试目的和目标职位的胜任力，结合应试者的回答情况，选择恰当提问方式灵活提问。

（1）封闭式。这是指只要求应试者以"是""否"一个词或一个简单句来回答的提问方式。也称收口式。如"你大学学的是什么专业？"一般情况下，采用这种提问主要是考官为了明确某些不甚确定的信息或者是过渡。

（2）开放式。这是指应试者不能只用简单的一个词或一句话来回答，需要另加解释、论述来回答的提问方式。实际上，提问一般都用开放式，让应试者着重回答"是什么""怎么样""为什么"，鼓励应试者讲话，激发其潜能，深度挖掘应试者的信息；同时，也使考官能有机会积极地倾听，对应试者的言语表达能力等做出评估，同时观察其非言语表现，从大量信息中真实地测查其素质水平，也称开口式，如"你在某科工作时，经常要与哪些单位打交道？有些什么体会？"

（3）假设式。这是指根据目标职位的工作任务，向应试者提出与此相关的问题，并要求其给出解决方案的提问方式，又称为虚拟式。这种提问能使考官对应试者的态度、价值观、创造力、推理能力、思维过程和处理不同任务的方法等做出考查，如"如果你接受的一项任务给你带来过度的压力，你打算怎么办？"

（4）连续式。这是指通过一连串问题的提问，以考查应试者的注意力、情绪稳定性、分析判断力、综合概括能力等的提问方式。一般用于压力面试中，又称为连串式。如"我想问三个问题：第一，你为什么想到我们单位来？第二，到我们单位后有何打算？第三，你来工作后，发现实际情况与你原来的想象不一致怎么办？"

（5）压迫式。这是指通过某种挑战性提问，创造情境压力，以考查应试者的应变力与忍耐性等的提问方式，一般用于压力面试中。这种提问多是从应试者的矛盾回答中引出。如一位应试者表示对原单位工作很满意，却又急于调动工作，可从这一矛盾出发进行压迫性提问。

（6）引导式。这是指征询应试者的某些意向、需求或获得一些肯定答案，或将一个真实的现象设计成问题，来测查应试者的问题分析判断能力的提问方式。前者如对薪酬、职业生涯、工作安排等，后者如"现在很多大学生毕业都想进党政机关，你怎么看？"

4. 通过提问有效驾驭面试

（1）按难度由易到难、循序渐进提问。一般来说，任何测评都有一个让应试者"热身"与进入状态的阶段，面试也不例外。因此，提问应遵循"先熟悉后生疏、先具体后抽象、先微观后宏观"的原则，使应试者逐渐适应，放松心态，发挥出最佳水平。

（2）坚持"问准问实"。面试是为了测查应试者是否具备目标职位的素质要求、发展潜力等，因此，提问要"问准问实"，而不是"问难问倒"（压力面试有特殊要求的除外），要利于应试者发挥出真实水平，利于测查应试者的素质。

（3）恰到好处地转换、收缩、结束与扩展。转换是指问题衔接灵活巧妙，不拘泥于事先准备，而是根据面试目的和目标职位要求及应试者的回答，串联转换出即兴问题。而收缩与结束是指当应试者滔滔不绝且离题较远时采取的一种制止方式，避免直接打断。当然，可以利用定时闹钟、电话铃响等干扰技术。扩展是指就应试者对某一问题的回答只是其中一部分时，可进行追问，使其说出剩余部分或真实的想法。

（4）可声东击西。针对应试者并不十分愿意回答，但确有必要了解的，可以适当运用声东击西的策略，即换种方式问同样的问题，如通过问询身边其他人的观点折射出其真实想法。

（5）为应试者提供弥补缺憾的机会。面试中应试者多处于被动地位，考官要为其提供相应的机会，或缓解压力或实施引导或给予补偿，总之是让应试者发挥出真实的水平。如当问到难度较大的问题时，要给予一定的思考时间，必要时进行引导；在面试最后，可以提一两道发散性问题等。

（二）倾听的技巧

"问"是发出信息，"听"则是信息反馈的重要部分。有人认为，优秀的面试考官会把面试 85% 的时间留给应试者陈述，所以，对面试考官来讲，倾听是极其重要的。

1. 保持中立地倾听且完整接受信息，注意内容的合理性

首先，面试考官应不带任何情绪、观点的倾听，避免滞后、抢先和断章取义。即使在适当时机打断谈话时，也是为了询问问题，而非表达自己的看法。其次，要全神贯注地记录或记忆应试者回答的信息，避免只针对某一点信息而对应试者做出全面评估。再次，将应试者说的话与前面所说的结合起来，对收集到的信息正确解码、暗中回顾并整理出重点。如有必要可将总结出来的内容呈现给应试者进行确认。最后，注意回答的内容的合理性。在注意到应试者回答的对错、合适与否等的同时，要特别注意以下几点。①回答是否紧扣题目，如果答非所问、东拉西扯，说明应试者可能通过以此转移考官的注意力以掩饰自己对问题思考的不足。②回答是否清晰、有条理，如果不能简明扼要地表达自己的思想要点，思路混乱，语句支离破碎，应试者要么语言表达能力有限，要么对问题缺乏有深度的见解。③回答的前后矛盾，特别是可能的虚假、伪装等。如在无压力、放松的情况下，人们往往会以第一人称陈述，而当下意识地避免使用第一人称，使用客观化的书面表达语言时，很有可能是经过加工的伪饰的信息。

2. 恰当运用点头、眼神等交流反馈

面试的过程是双方沟通的过程，面试考官需要及时给应试者反馈，在听应试者讲话时给予积极、正面的回应，如目光应集中在应试者的嘴、头顶和脸颊两侧这个范围内，既可以使自己集中注意力，关注所听到的信息，也给应试者一种感觉，即考官在认真地听其回答；同时可适度运用点头等肢体语言，或与应试者进行眼神交流等，表示在注意听并且听懂了对方的回答。

3. 从言辞、音色、音质、音调、音量等测查内在素质

同样的语言，不同的音色、音质、音调、音量，表现出人的不同心理状态。面试中，面试考官要善于从中听出应试者隐藏在这些非语言行为中的信息，进一步分析其内在素质。如一般情况下，说话快且平直的人，心情急躁缺乏耐心且动作较为迅速；语音高亢体现了外向、自信、率直等特征，语音低沉则体现了内向、稳重、内敛的特征；音调富有变化，待人往往更有热情，善于拉近与人的距离，当然表演性也强等。

4. 在倾听的同时要善于思考和提取要点

研究表明，人的思考速度大概是每分钟 400 字，而说话的速度是每分钟 150 字左右，这说明"想"比"说"要快得多，因此，面试考官在听应试者回答问题时，就有足够的时间进行思考，如可以仔细分析一下应试者所要表达的意思，使自己不仅听到了语言的表层意思，更重要的是听到了对方想表达的深层含义。实际上，倾听并不是要求考官将应试者所说的每一句话、每一个字都记下，而是要善于从应试者的原话中提取与目标职位要求有关的信息。

（三）观察的技巧

有研究指出，人的感情的表达=言语（7%）+声音（38%）+表情（55%），一个合适的面试考官应善于察言观色，将应试者的表情、动作与语言相结合，既可以辨别应试者所言的真实性，也能作为综合判断应试者表现的依据，由表及里地挖掘应试者的深层心理。

1. 谨防以貌取人

容貌本就与人的内在素质没有必然的联系，但由于日常生活中的心理定势，各种艺术造型的感染以及传统相面术的影响，以貌取人在所难免。特别是任何人见面都是先看清楚对方的相貌后才会问话，问话后才能听到对方的声音。现实生活中，有的人看上去显得有点"阴险"，于是有人就认为他一定不是好人，诸如此类的事例不少；甚至于应试者还未开口已将其与先前见到的某类人归于一类，这对面试考官来说，都是应该避免的，应科学地去观察应试者所表现出来的行为。

2. 注意应试者说话与其非言语行为的一致性

一般而言，人们说话时言语行为与非言语行为是一致的，但在说谎时会有一些比较典型的不一致的非言语行为表现出来。如考官问应试者是否有过某方面的实践经验，应试者回答是的，但同时用手指很快地摸了一下鼻子，或用手捂住自己的嘴，那么很可能这一点与事实不符。一旦怀疑其有说谎倾向，考官应就此进行追问，确认其是不是在说谎。不过，自信心比较低的应试者有时也会有类似的表现，考官需要根据具体情况来判断。

3. 把握非言语行为的内涵

对于应试者的非言语行为的观察，除其仪表风度外，主要有面部表情、肢体语言等。研究发现，厌恶主要表现在人的鼻子、下颌和嘴上，恐惧主要表现在眼睛上，悲伤主要表现在前额和眉毛上，而吃惊可以表现在脸部的任何部位上，具体见表 11-2。当然，仅凭表情来对应试者做出素质测评那是荒唐的，这里是指通过把握各种非言语行为在面试中的特定内涵，利于对其做出全面的观察，保证面试的科学有效。同时，还可以利用体态语言来识别谎言。

（四）评分的技巧

面试最终的落脚点是面试考官的评分，为此，考官必须掌握评分的技巧，提高面试的有效性和公信力。

表 11-2　非言语行为的内涵

非言语行为	内　涵
目光接触	友好、真诚、自信、果断
不做目光接触	冷淡、紧张、害怕、说谎、缺乏安全感
摇头	不赞同、不相信、震惊
打哈欠	厌倦
搔头	迷惑不解、不相信
微笑	满意、理解、鼓励
咬嘴唇	紧张、焦虑、害怕
踮脚	紧张、不耐烦、自负
双臂交叉在胸前	生气、不同意、防卫、进攻
抬一下眉毛	怀疑、吃惊
眯眼睛	不同意、反感、生气
鼻孔张大	生气、受挫
手抖	紧张、焦虑、恐惧
身体前倾	感兴趣、注意
懒散地坐在椅子上	厌倦、放松
坐在椅子边缘上	焦虑、紧张、有理解力的
摇椅子	厌倦、自以为是、紧张
驼背坐着	缺乏安全感、消极
坐得笔直	自信、果断

资料来源：刘远我. 人才测评方法与应用[M]. 3 版. 北京：电子工业出版社，2015：168-169.

1. 准确把握评分标准

这是评分的基础。在面试考官培训环节，应作为培训重点解决该问题，最好应进行模拟评分训练，所有考官必须对评分标准达成共识，并熟练应用。

2. 分项测评与综合测评相结合

鉴于面试要测查的内容多且复杂，采取分项测评可以有效提高面试的准确性。但每个应试者都是一个完整的鲜活的个体，其行为反应展示出的信息具有辐射性与全息性，所以，在分项评分项目外再设计一个综合印象评分项目，对应试者进行整体性的评分，有利于充分发挥感官的直觉效应和综合效应，增强面试效果。

3. 纵横比较

面试的实质就是一个对比选拔的过程，所以，在对面试结果进行最后评分时，一是进行纵向对比，即比较同一应试者在前后不同问题上的表现；二是横向比较，即对不同应试者进行同一素质或指标的比较，但这务必是在全部面试结束之后进行的，否则就是主观偏差中的"对比效应"（详见本节"二、面试中的主观偏差与控制"），当然比较的必须是同一素质或指标。

二、面试中的主观偏差与控制

面试是一个主观性评价的过程，即很大程度上取决于面试考官的主观判断，而影响面试考官决策的因素诸多[1]，可分为社会/人际因素（如考官与应试者的相似性）、认知因素（如面试前的印象）、个体差异（如应试者的外表、考官的经验和所受培训情况）、结构（面试过程的标准化程度和考官在面试中的自主程度）、多媒体的运用（如视频会议系统）等[2]，其中面试考官的认知偏差或心理效应极大影响面试的有效性，因此，面试考官应正确认识和有意识地控制这些面试的偏差。同时，这也是面试考官培训的重点内容之一。当然，这对其他相关测评方法也具有同样的意义。

（一）首因效应

这是指根据不完全信息及第一印象做出的对应试者整体印象与评价的现象，也称第一印象、先入为主效应。在面试中，面试考官通常在面试开始的几分钟就对应试者做出判断，随后获得的信息通常并不能改变这一决定。有研究发现，与一个人初次会面，45 秒钟内就能产生第一印象；而在 85% 的案例中，面试考官在面试前根据应试者的申请表和个人仪表，就已经做出了对应试者的判断，故有"面试三分钟见分晓"的说法。即如果考官对应试者的第一印象很好，那么在之后的面试中，就会有意无意地寻找证据支持这个结论；反之，亦然。这实质上是一种优先效应，当时间顺序不同的信息混杂在一起的时候，人们往往倾向于重视首先出现的信息，而轻视后面出现的信息，即习惯于按照前面出现的信息解释后面出现的信息；而当后面出现的信息与前面出现的信息相互矛盾时，也会倾向接受前面出现的信息，排斥后面出现的信息，以形成整体一致的认知印象。

首因效应影响到面试的客观、科学与公平、公正，克服首因效应首先让面试考官在主观上意识到这种偏差的存在，时刻提醒自己注意克服，当然，这适用于对所有心理效应的控制。一旦对某位应试者形成第一印象，就应迅速判断是他身上的什么特点造成的，提醒自己在接下来的面试中不要将精力过多放在有助于形成该印象的行为与特点上，而要全面关注应试者的行为表现及问答状况。

（二）晕轮效应

这是指根据事物某一方面的特点而对其他一系列特征做出泛化的联想和推断的现象，也称月晕效应、光环效应、联想效应。在面试中具体表现为：当应试者在某一方面具有突出的特长与优点时，面试考官会不由自主地认为他在其他方面也会比较优秀；相反，如果考官认为应试者某个方面较差，该信息也会被放大，即认为应试者在其他方面也都比较差。实践中，应试者的相貌、衣着打扮、谈吐气质、学历学位、工作经验等，经常会影响考官对其能力、品德等做出全面评判。如外表端庄大方，容易给考官留下敢作敢为、诚恳正直的印象。

晕轮效应导致面试考官以偏概全，以表面特征推断本质特征，一是总体印象影响了各独立的指标，二是一个或者多个显著指标对其他指标产生了影响，三是对各个指标之间区分不足，很容易得出不准确、不客观的结论。这可采取无履历面试，以及通过制定明确详

① POSTHUMA R A, MORGESON F P, CAMPION M A. Beyond employment interview validity：a comprehensive narrative review of recent research and trends over time[J]. Personnel psychology, 2010, 55(1)：1–81.

② 卡西欧，阿吉斯. 心理学与人力资源管理[M]. 7 版. 北京：中国人民大学出版社，2017：273.

细的评分表，严格按照该评分表的指标逐项考虑、逐项打分来克服。

（三）刻板印象

这是指对某一类人或事物的比较固定、概括而笼统看法的现象。它是人们认识他人时经常出现的一种相当普遍的现象。实际上是把来自同一类型的人或事物中的某一个或部分个体的经验，推知到该类型的人或事物全体，形成对整体的总体认知和印象。比较典型的有性别、地域、种族、外表、喜好、社会、职业、专业群体等刻板印象等。

刻板印象一旦形成，很难改变，并形成偏好，影响人们的思维方式及对人或事物的认知和判断。它有积极的一面，能简化认知过程，使人们能够迅速了解某人或事物的大概情况，有利于应对周围环境，节省时间、精力；但就面试等测评来讲，其消极影响明显，容易忽视个体差异，导致认知偏差，妨碍做出正确的评判。为此，一是切实提升面试考官的素质，二是推行无履历面试。

（四）偏见效应

这是指每个人在潜意识中都有或多或少的偏好，这些偏好影响到对人或事物评判的现象。对面试考官来说也不例外。如有的面试考官喜欢稳重的应试者，有的则偏好长相有魅力的应试者等。面试中，如果某位应试者恰好具备考官的不喜欢的因素，那么尽管这些特质跟职位要求无关，但仍然会影响其面试成绩。

因为人人都有主观偏好，所以，偏见效应在面试中很难克服，但面试考官仍需努力控制，尽量做到就事论事，尽力避免引起的连锁反应。同时也要注意到，鉴于面试考官不止一位，其中一位的偏见很自然会引发其他考官的质疑，那么在最终确定面试结果时，对应试者的偏见会得到一定程度的弱化。

（五）相似效应

这是指人们总是更喜欢那些与自己相似的人的现象。即面试中，考官可能将应试者的条件、经历等与自己作比较，而不是将其行为表现与评分标准相对照，也称为类己效应、近我效应等。如面试中遇到与自己有相同的母校、籍贯及相似专业的应试者时，考官会评分较高；反过来，对与自己差异性较大的应试者，可能评分较低。

实际上，相似效应可以说是偏好效应的一种，即偏好是与自身情况的相似性。这在测评中很难避免，面试考官要防止应试者与自身相似的优点扩大到遮掩其劣势的程度，尽量公正客观地评价应试者的真实能力。

（六）近因效应

这是指人们对最新发生的事情往往记忆比较深刻的现象。这正好与首因效应相反，也称新颖效应。如面试中，一位应试者在前一阶段的表现比较出色，但在最后阶段的表现较差，面试考官可能更多地记住了应试者最后阶段的表现，这当然对应试者是非常不利的；反过来，应试者在前一阶段的表现较差，但在最后阶段表现较好，近因效应就会导致评判不公。

与首因效应的控制类似，面试考官必须正确认识该效应的存在及其危害，要全面关注、考查应试者的所有行为表现及问答状况，切忌仅凭应试者最后阶段的表现下结论。

（七）对比效应

这是指面试顺序影响应试者成绩的现象。与笔试不同，面试通常没有客观确定的标准答案，其结果的确定往往就是对所有应试者成绩进行排序，面试考官评分时难免会对各位应试者的表现做出横向对比，而这种对比会影响到整场面试的质量。因为，如果考官在对一名应试者打分时，将其与前一位或几位面试过的应试者做对比，然后再打分，这就产生了对比效应。如果这位面试者前面连续出现的几位都表现一般，那么其得分肯定较高，即得到了比本该得到的成绩要高的得分，其本质上是以他人的表现来评定该应试者的成绩。

对此，在一位应试者面试结束后，面试考官应尽快做出评判，不再翻阅、参考与其有关的任何资料，并把精力全部放在下一位应试者身上。

（八）负面效应

这是指人们受不利信息的影响要大于受有利信息影响的现象。面试中，面试考官对应试者的印象容易从好变坏，而不易从坏变好。事实上，很多面试就是寻求负面信息的过程，负面信息比正面信息更能受到考官的重视，这意味着，一位在前面阶段得到较高评判的应试者，其最后得分可能很容易变低；而对于前面阶段已得到较差评判的应试者，要对此做出改变是比较困难的。

对此，面试考官必须首先对该效应的存在及其危害有清醒和全面的认识，在面试中，要全面关注、考查应试者的所有行为表现及问答状况，并对照评分标准，按各指标独立打分。

（九）从众效应

这是指人们自觉不自觉地以多数人的意见为准则，做出判断、形成印象，以和他人保持一致的现象。从众效应本身并无好坏之分，其作用取决于在什么问题及场合上产生从众行为，具体表现在两个方面：一是具有积极作用的从众正效应，二是具有消极作用的从众负效应。而面试中的从众效应是指当有的考官发现自己对应试者的评价与其他考官不一致时，该考官可能会改变自己的观点，使自己的评价与其他多数考官保持一致，显然这是一种消极作用的从众负效应，会导致面试结果不能全面真实地反映全体面试考官的意见。

与前述偏差控制类似，面试考官必须首先对该效应的危害有着全面的认识，在面试中，全面关注、考查应试者的所有行为表现及问答情况，坚持按照评分标准独立做出评判。

第五节　结构化面试

结构化面试是指在职位分析或胜任力分析的基础上，严格按照事先确定的特定的问题或题目、程序、测评指标、评分标准，通过面试考官与应试者面对面的沟通交流，对应试者做出量化分析和评价的面试。《公务员录用面试组织管理办法（试行）》第二十八条规定：面试方法以结构化面试和无领导小组讨论为主，也可以采取其他测评方法。结构化面试如

图 11-1 所示。其中，有关结构化面试的流程、题目命制、评分表设计、考官的选配及培训等见前述内容。这里介绍结构化面试的特征、优缺点、行为描述面试、情境面试与结构化面试应注意的问题。

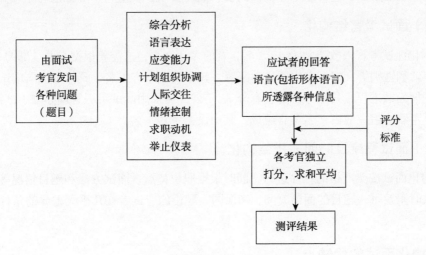

图 11-1　结构化面试模型示意图

一、结构化面试的特征

"结构化"意味着面试的问题或题目、程序、评分标准等的规范化和标准化，利于减小面试考官评价偏差，提高面试的信度和效度。因此，结构化面试是根据事先确定的面试提纲进行，面试考官不得随意变动面试提纲，应试者也必须针对问题进行回答，各个指标或要素的评判也必须按既定的程序、标准进行，面试结构严密，评分模式固定。既吸收了标准化测验的优点，也融合了传统的经验型面试的优点，其特征主要如下。

（一）面试要素结构化

结构化面试方案给出的测评指标或面试要素，是根据职位分析或胜任力分析与面试要求确定的，并分配了相应的权重。同时，每一面试题目与要测评的要素相连，给出了该题目的测评要素（或观察要点），以及答题要点（或参考答案），供面试考官评分时参考。

（二）面试问题结构化

结构化面试的问题是围绕职位的任职资格条件、胜任力等拟定，内容包括该职位要求的知识、经验、动机、能力、态度、价值观等；题型比较广泛，一般多选择行为性题目和情境性题目，并严格编排题目顺序；同时，对同一职位的应试者的提问方式、题目、顺序等都保持统一。《公务员录用面试组织管理办法（试行）》规定：测评要素根据招录职位所需能力素质确定。报考同一职位的考生原则上安排在同一考官小组、使用同一套面试题本进行面试。

（三）评分标准结构化

结构化面试对每一个测评要素都设有规范的、可操作的评价标准，面试评价表也是结构化的。该表必须至少包含三个方面的内容：测评要素、权重与评分标准。

（四）面试考官结构化

结构化面试考官人数通常为 4～7 名，有的多达 9 人，这需要根据专业、部门、职务、职位、年龄和性别等，按一定比例科学配置，其中设主考官 1 名，具体负责向应试者提问和总体把握面试进程，其他考官也各有分工。《公务员录用面试组织管理办法（试行）》规定：面试考官小组一般由 7 名考官组成，其中设主考官 1 名。

（五）面试程序及时间安排结构化

结构化面试按照严格的程序进行，同时根据职位特点、面试方法和题目情况等，合理确定面试时限及每一题目的面试时间，确保同一职位的应试者在几乎无差异的条件下接受面试。

二、结构化面试的优缺点

（一）结构化面试的优点

1. 规范高效

结构化面试从准备到结束都按照既定的流程进行，整个过程标准化、规范化，既便于面试考官操作，减小了因面试考官主观原因造成的偏差，也比较简洁高效地达到了面试的目的。实践表明，结构化面试的效度是显著的。

2. 客观公平

结构化面试注重通过职位分析或任力分析得出的与工作相关的特征，面试的问题与职位的契合度高，使每个应试者都能够得到更客观的测评，加上面试的标准化、规范化，降低了面试的随机性，同一职位应试者结果之间具有极强的可比性，保证了面试的客观性、职位针对性和公平公正，也易于被人们接受。

3. 性价比高

研究表明，结构化面试是信度与效度仅次于评价中心的测评方法，比一般面试的可靠性明显高出许多。但相比于评价中心，结构化面试的成本及实施人员的专业性要求又低，因此，它是一种性价比较高的测评方法，被广泛采用。

（二）结构化面试的缺点

1. 缺少个性化问题

"结构化"是一把双刃剑，能保证面试按既定目标层层推进，却无法根据应试者的特点提出不同的问题，难以给应试者进一步展示自己能力的空间。如果面试考官再面试经验缺乏和面试技巧有限，很容易造成考官照本宣科、应试者机械回答的局面。

2. 缺乏双向深度沟通

受结构化限制，面试无法实现面试考官与应试者双方之间有深度的全面的沟通交流，难以获得应试者更深层次的信息，也意味着考官难以对不同的应试者做出准确而全面的评价。

3. 易受负面信息影响

研究表明，面试考官在结构化面试中受应试者负面信息的影响远大于正面信息，这导致面试考官习惯于寻找应试者的负面信息。更严重的是，一旦负面影响形成，难以转变成好的印象。

4. 鉴别区分功能不强

公共部门的管理人员、专业技术人员等，学历相对较高，面试应对能力本来就相对强一些，加上信息时代面试经验的便捷共享，可以接受社会各种面试乃至测评应对的专门培训，以及刻意或过分的印象管理或印象整饰，导致在较短时间内测查应试者真实素质的难度大大加大。这样的结果是：借助给考官留下好印象而脱颖而出的，在实际工作中却有可能"高分低能"，而那些真正有能力做好工作的可能因面试应对能力不足或不善于面试而被淘汰。因此，尽管结构化面试能对测评要素进行一定程度的区分，但总体而言，其鉴别区分功能有待加强。当然，这也是所有面试工作需要进一步解决的。

三、行为描述面试

（一）行为描述面试的原理

行为描述面试最早可追溯到 20 世纪 60 年代工业与组织心理学的一些研究。1982 年，简兹（T.Janz）发表了一篇关于这种面试技术的研究报告。该面试遵循的是行为一致性原理，即类似情境中个体的行为具有一致性，通过过去的行为可以预测将来的行为。也就是说，过去的行为是未来行为的最好预测指标。该原理包括两个方面，一是应试者在近日所做的行为比他很久以前的行为，对预测其将来同样行为的参考价值更大；二是应试者的行为密度越大，对将来行为预测的准确性越高。因为，一个人的行为模式是相对稳定的，难以在短时间内发生大的变化，这样，一个人在过去特定情境中产生的行为反应，在以后遇到类似情境时就倾向于重复过去的反应方式。

行为描述面试关注应试者过去实际发生过的行为，即在其过去的经历中，有没有遇到过所要应考的工作中可能会遇到的一些类似情境？当时是如何处理的……以此来预测其相关能力能否胜任未来目标职位，即行为描述面试的问题集中在应试者过去实际做过什么、怎么做的、结果如何。因此，面试考官要尽量收集应试者在过去发生过的"行为"资料，在代表性事件中的具体行为和心理活动的详细信息，而不是个人观点，为预测应试者的未来工作表现奠定良好的基础。

（二）行为描述面试与情境面试的异同

1. 行为描述面试与情境面试的共同点

（1）都是常用的结构化面试形式或题型。不论是行为描述面试还是情境面试，都是结构化面试的形式或题型，是对传统的结构化面试的改进和发展。

（2）关注点相同。二者都关注应试者在目标职位可能会遇到的典型情境时的表现，进而测查应试者的相关能力。

（3）特点相似。二者都是测查应试者的实际能力表现，与传统结构化面试相比，更直观、真实，针对性强、信度效度高，以及较高的成本效益；但同时对命题、面试考官能力、面试过程控制等提出了更高的要求。

2. 行为描述面试与情境面试的不同点

（1）原理不同。行为描述面试假设过去行为是未来行为的最好预测指标，主要通过分析应试者过去经历的关键事件中的行为表现，来推断应试者的能力或其他个性特征；而情境面试的基本原理是目标设置理论，假设个体的意图和设想是未来行为的有效预测指标，主要通过应试者对某种假设情境的设想、联想、假设和分析，来推断应试者的能力或其他个性特征。

（2）效度和信度不同。关于二者的效度，有研究认为没有明显区别，也有研究表明，情境面试高于行为描述面试；另外研究则显示行为描述面试的效度高于情境面试，而情境面试的信度高于行为描述面试。许多研究者将该差异归结三个方面的原因：①操作不同，情境面试适合逐题打分，而行为描述面试适合最后综合打分；②反应不同，应试者对假设的情境作简单反应，而对经历的行为反应丰富细腻；③所需时间不同，行为描述面试所需时间较长，而情境面试所需时间较短。[①]还有研究表明，行为描述面试的因素效度更好，且受评委效应和应试者应答的社会期望性效应的影响更小；行为描述面试和情境面试效标关联效度都较高，其中行为描述面试略好，所以，二者都可以成为有效的测评工具，只是情境面试需要更严格的设计和控制。[②]

（3）用途不同。行为描述面试对选拔复杂职位和高层次人员更有效，而在基层管理职位人员选拔中，二者没有体现出明显的差异。原因可能主要是：①情境面试的题目难以描述复杂职位所处的关键工作环境和关键的工作任务，而行为描述面试具有这方面的优势；②由于情境面试假设情境，应试者只能对题目做简单的反应，因此区分度较低；③现实管理情境是动态复杂的，情境面试难以呈现细节，而行为描述面试为应试者提供了描述细节的机会，考官因而能捕捉详细、准确的信息。[③]

（三）行为描述面试的优缺点

1. 行为描述面试的优点

（1）准确性高。行为描述面试对应试者有关信息的获得主要源自应试者的行为描述和经验，而不是应试者的个人观点，因此，这些信息更直接、客观、真实，保证了面试结果的高的准确性。

---

① 吴志明，孙健敏，武欣. 人事测评理论与实证研究[M]. 北京：机械工业出版社，2009：127.
② 郭庆科，张爱芹. 情境性面试和行为描述性面试的效度对比[J]. 心理技术与应用，2014（6）：24-30，42.
③ 黎恒. 行为面试和情境面试的实证比较[J]. 人类工效学，2003（3）：8-12.

（2）可靠性强。行为描述面试只涉及与应试者过去工作、经历相关的问题，不涉及其他特征及隐私等，面试考官也仅是根据详细收集、记录的与应试者工作有关的信息做出评价，避免了主观臆断和个人偏好的影响，面试结果的可靠性更强。

（3）成本效益高。行为描述面试有效减少了传统面试中反复面试的次数、缩短了时间，加上基于其准确性高、可靠性强而带来的被录用、选拔人员的工作的出色表现，使其具有较高的成本效益。

2. 行为描述面试的缺点

（1）对考官要求高。行为描述面试要求面试考官在收集、记录应试者行为描述的基础上，对应试者的能力做出准确的评价，这与传统的结构化面试相比，对考官的素质提出了更高的要求。

（2）规范化程度不够高。每个应试者在面试中的行为描述不同，那么面试考官的提问也因此而千差万别，这直接造成行为描述面试的规范化程度不够高。

（3）成本较高。尽管行为描述面试的成本效益高，但它通常花费较长的时间，以此真实、有效地反映出应试者的真实水平，从而拉高了面试的成本。

（四）行为描述面试问题的类型

行为描述面试的问题或行为描述的问题是围绕应试者过去经历中的一些真实发生的事例展开的，可以根据内容、形式分为不同的类型。

1. 从内容上分为成功事件题、失败事件题和中性题

成功事件题是指让应试者讲述一件过去工作过程中处理的比较成功的事情；失败事件题正相反，是指让应试者讲述一件过去工作过程中处理的比较失败的事情；中性题是指让应试者讲述一件亲身经历的事情，可以是成功的案例，也可以是失败的案例，并没有明确的限制。

为了消除应试者的戒备，保证应试者的正常发挥，避免情绪上的波动和干扰，成功事件题应在数量上多于失败事件题。毕竟回忆太多失败的问题令人不愉快，特别是在讲述成功事件后再回接着忆失败的事情，可能会产生抵触情绪。

2. 从形式上分为以下七类问题

（1）请告诉我你过去一次这样的情况……如：请告诉我你过去一次这样的情况，当时要求你处理非常紧急的项目，而且时间的限制是不合情理的。请谈谈当时你是怎么做的。

（2）请你描述一个过去的情境……使你从中学到了不少东西。如：请你描述一个过去的情境，通过组织大家共同完成一项任务，使你从中学到了不少东西。

（3）请谈一下过去什么时候，你对自己……方面的能力感到最满意。如：请谈一下过去什么时候，你对自己在管理决策方面的能力感到最满意。

（4）请谈谈你在做……中，最感到自豪的技能表现得最充分的一次经历。如：请谈谈你在过去几年所做的办公室主任工作中，最感到自豪的、技能表现得最充分的一次经历。

（5）请举例说明……如：请举例说明你在"双招双引"（招商引资、招才引智）过程中遇到的最难处理的事情。

（6）在……方面，你过去的具体经验是什么？如：在扶贫开发方面，你过去的具体经验是什么？

（7）请详细谈谈，为了……你过去采取了哪些主要步骤？如：请详细谈谈，为了成功举办大型会议，你过去主要采取了哪些步骤？

（五）行为描述面试题目命制

行为描述面试是在对目标职位进行深入分析的基础上，对该职位所需的胜任力进行清晰界定，然后针对应试者的过去经历测查与这些胜任力有关的行为样本，进而在胜任力的层次上，对应试者做出评判，因此，其面试题目命制应遵循如下程序。

1. 确定测评指标及其重要性

根据对目标职位胜任力分析得出的胜任力模型，确定测评指标，进而再确定每个指标的重要性。

2. 命制题目

可按关键事件法和经验确定法进行。

（1）按关键事件法命题。这是指命题者认真收集应试者所经历过的成功或失败的事件，并以这些事件为素材来设计题目。如此命制的题目具有较高的内容效度。

（2）按经验确定法命题。这是指命题者根据自己的经验，针对测评指标命题。实践中，受时间、经费等限制，难以按关键事件法命题，常采用该法命题。另外，公共组织新设置职位，也无法获得关键事件，可采用该法命题。

3. 题目有效性检验

题目编制出来以后，要对其质量进行评估，包括题目的可操作性、区分度、难度等。比较简便的办法是，找一些与应试者群体比较相似的人进行模拟面试、检验。

4. 形成面试题本

一般情况，对每个胜任力一般命制 2～3 个题目，同时再设置一个备选题，以防止面试过程中，面试考官认为前 2～3 问题没能很好地测查到应试者相应的素质，或者其工作经历中没有类似经历的情况。这样，一套完整的行为描述面试题本应该有 10～15 个面试题。题目太少，可能无法有效地挖掘应试者有关胜任力的足够信息；题目太多，也可能导致考官对每个问题点到为止，无法深入地进行追问，从而使面试流于形式。从结构上来说，应以成功事件题和中性题为主，辅以少量的失败事件题。[①]以下是对"正直"和"问题解决能力"的示例。

1）正直

（1）要素界定。正直是指一个人能够做到言行一致，公开、直接地沟通自己的想法、观点和感受。

---

① 刘远我. 人才测评方法与应用[M]. 3 版. 北京：电子工业出版社，2015：180-188.

（2）操作定义。①赢得广泛的支持与信任。②不会为了个人的利益而误导他人或发表不属实的言论。③即使不被他人接受，也愿意挺身而出，为正确的事情据理力争。④对于工作环境态度坦诚，在不必说或者不说对自己更好的情况下，仍能表达自己的想法。⑤行动与自己所相信的价值观一致。⑥展现出很高的道德标准，并深知如果违背了这些标准，对于组织和个人会产生什么样的影响。⑦当遇到阻力或困难时，仍然能够坚持按自己的价值观做事。

（3）面试题目。①请讲一个你曾经遇到的行事有悖于单位集体利益的人。你是怎样对待他的?②请你讲一个这样的经历：别人让你撒谎以便为单位争取一项很重要的资源，你是怎么做的? ③在工作环境中，个人的价值观会受到巨大的挑战，请讲述一次这方面的经历。④当你发现同事的行为违反了单位的有关规定时，你会怎么做? 请举实例说明。⑤请举一个你的同事做得很不道德的事。

2）问题解决能力

（1）要素界定。问题解决能力是指准确清晰地定义问题，收集相关信息并提出有效的解决方案的能力。

（2）操作定义。①掌握问题的背景，认清问题所涉及的各种关系。②能够预见到特殊行动的结果。③提出异议，对不同的观点进行争论。④用有效的方法、严格的逻辑和方式去解决问题。⑤为解决问题寻求各种有效的资源。

（3）面试题目。①请讲述一个你发现问题并提出有效的问题解决方案的例子。②请谈谈你迄今为止解决得最成功的一个难题，当时你是怎么考虑的? 具体怎么做的? ③请回忆一次这样的经历：在解决一个问题时，你的方法比其他人的更有效。当时你怎么考虑的? 做了些什么? ④请讲一个最近几年中你认为自己解决得不好的难题，当时的情况是怎样的? 你都做了些什么? ⑤请谈一次这样的经历，你经过认真思考和分析解决的一个问题，你当时都做了些什么? [①]

（六）行为描述面试中 STAR 工具的运用

在面试中，有的面试考官常有一种"抓不住"应试者的感觉，这主要是有些应试者的回答，习惯于理论性的陈述，或者陈述"他应该做的事情"，而不是"他做过了的事情"；或者描述的事例很不明确，让人觉得好像是他自己做的，又似乎是别人做的。为此，有效的办法就是运用 STAR 工具。在第三章的胜任力分析中介绍过 SATR，将其用于行为描述面试主要是指以下两个方面。

1. STAR 工具用于提问

（1）情境（S）：为什么会发生? 即应试者的任务背景或问题背景，当时的情况。

（2）任务或目标（T）：必须做什么? 即应试者在特定情境下要达到的目标或需完成的任务。

（3）行为（A）：实际做了什么? 即应试者为达成目标采取的行动。

---

① 刘远我. 人才测评方法与应用[M]. 3 版. 北京：电子工业出版社，2015：201，203.

（4）结果（R）：行动的成效如何？即应试者采取的行动带来了什么结果。

经过如上四步的提问，就可以全面了解事件的经过，对应试者通过该事件所表现出来的能力应有较为清晰、全面的认识。因此，要注意如下四个问题：一是以上四个方面缺一不可。否则，应试者描述的就不是一个完整的事件。二是对情境和任务，要注重应试者对当时参与人员和当时情况的观察及感受。当然，这种感受是基于应试者自身采取的行动的，而不是基于假设或者推理的。面试考官不能可以引导。三是"你当时做了什么或说了什么"这个问句包括以下问题："你当时对于事件的基本态度是什么？是积极还是消极的？""你对事件的认识是怎样的？""你要采取什么措施？""你当时基于什么动机（自我实现还是想得到上级的夸奖）？"四是事件的结果应该是描述客观事实，而不是应试者的主观推断或感受。

2. STAR 工具用于记录

在面试过程中，面试考官要及时记录应试者的行为描述，以备接下来的分析和评价。对此，可使用录音技术来协助。但如果依据 STAR 工具记录的话，就可以有效把握应试者过去的关键行为及经历的本质和核心。为此，可从以下四个方面进行。一是情境：记录关键行为及经历发生的情境；二是任务：记录关键行为及经历发生的原因和任务；三是行为：记录应试者当时采取的关键行为及经历；四是结果：记录应试者关键行为及经历所导致的后果。

要注意的是，对应试者提供的每一个行为描述的记录均应包括 STAR 工具中的四个构成要件。当然，记录时可先记一些关键的词或短语，面试结束后再尽快补充完整。行为描述记录与一般记录的要求不同，面试考官既不能写下自己主观及概括性的词，也不能将应试者说的话用自己的文字来描述，而是要近乎逐字记录。如果考官实在不能记下应试者所说的每一句话，那就要记录下那些与胜任力有关的回答，特别是涉及关键行为及经历的内容。[①]

四、情境面试

（一）情境面试的原理

情境面试的依据是目标设置理论。该理论认为，一个人的行为会在很大程度上受其目标或行为意向的影响。为此，给应试者设置一系列工作中可能会遇到的事件，询问"在这种情况下你会怎么做"，而应试者对将来会怎么做的回答与其将来真实的行为之间具有较高相关性，这样通过在实际情境中考查应试者，重点关应试者在情境中处理问题的方式，特别是与工作相关的行为意向，评价其是否具有相关的思维灵活性与敏捷性、语言表达能力、沟通能力、应急处突能力、组织协调能力、人际关系处理能力等，同时还避免了传统面试可能受到应试者口才、外表等无关因素的影响。

---

① 徐世勇，李英武. 人员素质测评[M]. 北京：中国人民大学出版社，2019：155-156.

（二）情境面试的优缺点

1. 情境面试的优点

（1）针对性强。情境面试模拟的是目标职位的环境，面试内容又是目标职位的某项实际工作，核心就是目标职位的实际需求，因此，它比传统的结构化面试具有更强的针对性。

（2）直接性强。传统的结构化面试，应试者往往处于被动境地，多是机械地回答问题，缺乏发表自己观点与想法的机会，而面试考官也难以直接考查应试者的工作能力，导致面试很难有效测查应试者的能力是否符合职位要求，而情境面试通过应试者回答目标职位的实际工作内容，使考官直接观察到应试者的实际工作情况，便于考官直接了解应试者的基本能力，有利于避免高分低能。

（3）开放程度高。与传统的结构化面试相比，情境面试给应试者提供了一个相对比较开放的平台，应试者获得了由消极被动变为积极主动的机会，可以较为自由、即兴地表现自己。

2. 情境面试的缺点

（1）对考官要求高。这与行为描述面试相似，即考官通过与应试者的互动沟通，考查其在设计情境中的行为表现，从而对其实际工作能力做出准确的评价，与传统的结构化面试相比，情境面试对考官的能力提出了更高的要求。

（2）规范化程度低。这点也与行为描述面试类似，即在面试中，每个应试者的所思所感不同，面试考官的提问也会有很大差别，从而导致情境面试的规范化程度不够高。

（3）成本较高。情境面试对题目的命制、具体施测环境条件要求较高，特别是工作模拟面试，要在真实工作场景中进行面试，大大提高了面试成本。

（三）情境面试的类型及操作

情境面试可分为背景面试和工作模拟面试。

1. 背景面试

1）背景面试的概念与类型

背景面试是指通过给应试者创设一个面试背景，使应试者扮演特定的角色，围绕特定的任务去接受面试考官的提问，从而有效考查应试者的综合分析能力、逻辑思维能力、组织协调能力、解决实际问题的能力等。它包括以文字资料为背景与以录像资料为背景两种。

2）背景面试的优缺点

（1）背景面试的优点。①系统性。传统面试的若干问题之间通常没有任何联系，每个问题是从某个方面孤立地去测查应试者，而背景面试的各个问题之间往往是有机地联系在一起的，能系统而深入地考查应试者。②针对性。由于面试背景是典型的实际工作情境，面试提问往往围绕实际工作中容易遇到的问题，所以可以有针对性地考查应试者的胜任力。③有效考查解决实际问题的能力。对背景面试问题的回答往往不能谈一些原则性的设想，而是需要针对特定问题提出具体的想法或措施，这可以有效地考查应试者实际解决问题的能力。

（2）背景面试的缺点。①考查范围有限。由于问题背景的限制，面试难以考查应试者的各个方面的素质。②设计费时费钱。背景面试的设计需要专家花费大量的时间进行工作调研和面试背景设计，需要的费用也比较高。

3）背景面试的设计

（1）工作调研。进行职位分析或胜任力分析，充分了解任职者应具备的能力。运用行为事件访谈法访谈现在一些任职者，了解他们在工作中常遇到的问题情境，积累实际案例。

（2）背景设计。对收集到的原始材料进行加工，根据具体面试目的，设计出比较典型和现实的面试背景。

（3）试题命制。根据所设计的面试背景，命制面试题目，通常有 4～6 个。问题最好紧密相连、层层深入。

（4）评价标准制定。根据面试目的、特点，对每个面试要素进行界定，并结合应试者的具体答题模式给出相应的评价标准。

4）背景面试的实施

（1）应试者熟悉背景资料。在面试正式开始前，应试者须单独在一个房间里熟悉背景面试的整个背景，包括应试者担当的角色、主要任务等。比如，应试者的角色可能是某局 A 科的科长，背景面试的任务是应试者需要根据一系列调研材料，向局长汇报某项政策在具体落实中遇到的问题，并提出自己的对策建议等。应试者熟悉这些材料的时间通常与正式面试时间一样长。

（2）正式面试。面试考官再次强调应试者所承担的角色，然后开始提问。有时应试者进入面试现场时需要就某个背景问题发表演说，阐述自己的看法和理由，演讲结束后考官再开始提问。

（3）对应试者进行评价。在面试中，考官需要对照各胜任力的定义及具体行为指标，认真倾听应试者的回答，观察应试者的行为表现，并就每种胜任力进行评分。

2. 工作模拟面试

1）工作模拟面试的概念

工作模拟面试是指通过模拟目标职位的典型工作任务情境，让应试者在真实情境中扮演特定的角色、围绕特定的任务去收集信息和处理信息，并形成文字报告，最后接受面试考官的提问，从而有效测查应试者的综合分析能力、逻辑思维能力、组织协调能力、解决实际问题的能力等。

背景面试的"背景"是应试者阅读文字材料描述的情境或者观看音像资料描绘的情境，而工作模拟面试中的"情境"是应试者直接面对模拟的工作情境，其共同点是应试者最后都须就与情境相关的主题回答考官的提问。

2）工作模拟面试的优缺点

（1）工作模拟面试的优点。①真实性。它的面试情境是实际工作情境的典型代表，应试者亲临实际情境去收集资料和处理信息，就像已经开始工作一样真实。②直接考查实际问题解决能力。工作模拟面试将应试者直接放到工作情境中，应试者如何提出问题、分析问题和解决问题都会在情境中直接表现出来。③能动性。应试者在面试中，如何观察情境、收集资料和分析资料，完全由自己决定，个人发挥的空间很大，能动性可以得到充分发挥，不同应试者的表现也因此很不一样。

（2）工作模拟面试的缺点。①成本高。由于工作模拟面试是在真实的模拟情境中进行的，单位相关部门需付出大量的时间和精力，同时答辩前后还要邀请多位专家对调研报告进行审阅，其程序很像硕士和博士的论文答辩，因此实施成本较高，有时还会影响到单位正常的工作开展。②标准化程度不高。由于每个应试者在工作模拟面试中的思考、感受有差别，对他们的面试提问自然也会千差万别，因此，其标准化程度不高。[①]

五、结构化面试应注意的问题

结构化面试不同于一般意义上的面试，它是由一系列连续向某个职位的应试者提出的与工作相关的问题构成，其流程与一般面试并没有实质性的区别，但强调严格按照结构化的要求进行，为此，应注意如下几个问题。

（一）做好充分准备

相对于一般性面试，结构化面试的准备时间更长、标准更高、要求更严格，应特别注重各种材料的准备、场地的选择和布置、面试时间的合理确定、面试考官及其他所有工作人员的协作分工等。

（二）加强面试考官的选择和培训

鉴于面试考官对面试质量的决定性影响，对结构化面试考官的选择，应严格依规依法，认真从优选择，保证每个考官及面试小组整体的高质量。对考官的培训，应重点加强提问、倾听、观察、沟通等各种面试技巧，面试过程掌控，各种误差避免和克服，信息的有效获取、反馈、分析、归纳和综合处理等，尽可能提高面试的可靠性和有效性；鼓励遵循最优化程序，将偏见和误差出现的可能性降到最小。

（三）强化有效信息的获取和传递

如何获取和传递有效信息，实际上集中体现了面试考官的能力。因此，除了加强上述对面试考官的选择和培训外，一方面，考官要善于运用面试技巧及对面试过程的掌控，综合运用语言、面部表情、肢体动作及其频率和时机等，确保在合理、有限的时间内，尽量获取应试者尽可能多的有效信息。另一方面，考官应主动提供关于组织和目标职位的恰当信息，当然包含积极和消极两个方面；同时，就应试者提及的关于组织和目标职位的任何

---

① 刘远我. 人才测评方法与应用[M]. 3 版. 北京：电子工业出版社，2015：209-219.

问题，考官都应如实回答，这将有助于组织与应试者之间的双向选择。

（四）完善面试成绩的评定与统计

面试结束后，在按预定方案和评分标准计算、统计分数时，应注意到，在按照职位所需要的每一要素测评时，既要比较总体的得分，还应关注要素之间是否具有可补偿性，有时某一要素的高分可以补偿另一种的低分，而有的属于"一票否决"性的，不存在互补性，如缺乏与人和谐共处的能力、专业知识不足等，足可以取消候选资格，而不管其他能力的得分多高。

（五）增强面试效果的评估与改进

面试结束后，应注重对面试效果的评估。如对被选拔人员进行一段时间的跟踪，评估面试结果与实际绩效是否具有较高的一致性，以此可以发现面试要素的合适性，方法的可靠性和准确性，进而完善面试要素和评分标准，优化评定方法，提高面试质量。

主 要 词 汇

面试　　结构化面试　　非结构化面试　　半结构化面试　　行为描述面试
情境面试　　压力面试

复习思考题

1. 什么是面试？面试的内容有哪些？
2. 面试有哪些类型？有什么优缺点？
3. 简要介绍一下面试的流程。
4. 面试题目有哪些类型？面试题目命制有哪些原则？包括哪些步骤？
5. 简要介绍一下面试评分表设计。
6. 对面试考官有哪些素质要求？面试考官培训有哪些内容和方法？
7. 面试的技巧有哪些？
8. 面试中的主观偏差有哪些？应如何进行控制？
9. 结构化面试有哪些特征？有什么优缺点？
10. 什么是行为描述面试？其原理是什么？有什么优缺点？与情境面试有何异同？
11. 行为描述面试问题的类型有哪些？行为描述面试试题命制程序有哪些？
12. 简要介绍一下行为描述面试中 STAR 工具的运用。
13. 什么是情境面试？其原理是什么？有什么优缺点？
14. 情境面试包括哪些类型？各有何优缺点？
15. 结构化面试应注意哪些问题？
16. 如何评价面试在我国公共部门人力资源测评中的应用？有何建议？

 案例材料分析

研究生招生在线面试的影响与保障

推荐进一步学习阅读书目

1. 马欣川. 面试学：理论与实践[M]. 北京：社会科学文献出版社，2011.
2. 刘远我. 招聘面试：优秀面试官必读手册[M]. 北京：电子工业出版社，2017.

第十二章

评 价 中 心

【学习目标】

- 掌握评价中心的概念、10个要素、特点、优缺点和主要形式。
- 掌握评价中心的原理、评价要素、流程、应用及设计实施应注意的问题。
- 掌握无领导小组讨论的概念、流程、优缺点和类型。
- 掌握文件筐测验的概念、流程和优缺点。
- 熟悉评价中心其他方法。

第一节 评价中心概述

一、评价中心的概念

评价中心（assessment center, AC）是一种包含多种测评技术或方法的综合且全面的测评系统。第 28 届评价中心技术国际学术大会给出的定义是：评价中心是指由对多次行为的标准化评估构成的，由许多受过训练的观察者或评委——评价者或测评者运用技术手段，对被评价者或被测者从专门设计的模拟情境中表露出的行为做出判断，这些判断被提交到评委参加的会议上或经过统计方法加以分析整合。在为达成评分意见统一的讨论过程中，每位评委要全面地解释被测者行为的原因，提交评分结果，讨论的结果是按照设计好的以测评被测者行为的维度／竞争能力或其他变量给被测者绩效总评。应当运用统计的方法以符合专业认可的标准。[①]

简单地说，评价中心是测查个体在多种情境事件中表现出的能力特征的一套操作程序[②]，即是由多位评价者，利用多种方法，测查一群被测者中每个个体在多种情境事件中表现出来的行为特征的一套标准化程序或方法。

具体来说，评价中心是通过对目标职位的职位分析或胜任力分析，在了解职位的工作内容和任职资格的基础上，创设一系列与工作高度相关的模拟情境，然后将被测者纳入该模拟情境中，要求其完成该情境下多种典型的管理工作，如主持会议、文件筐测验、应对

[①] Task Force on Assessment Center Guidelines Endorsed by the Seventeenth International Congress on the Assessment Center Method May 17, 1989—Pittsburgh, Pennsylvania[J]. Public Personnel Management, 1989, 18(4)：457-470..

[②] GATEWDOD R D, FIELD H S, et al. Human resource selection[M]. Fort Worth, TX：Harcourt College Publishers, 2001：648-666.

突发事件、相关事务或关系谈判等，在被测者按照情境中的角色要求处理或解决问题的过程中，评价者按照相关技术或方法的要求，观察和分析被测者在模拟的各种情境压力下的心理、行为表现，测查被测者的能力、人格等特征。

评价中心技术国际学术大会 2000 年修改的《评价中心操作指南和道德准则》提出了评价中心的 10 个要素。

（1）职位分析。由于测评是建立在行为观察的基础上，因此首先要确定职位所需要的素质特征，这往往是通过职位分析获得的。

（2）行为归类。在评价中心实施过程中，评价者所观察到的行为要被归到特定的类别中去，即知识、技能、能力和个性特征等方面的维度。

（3）测评技术。这些测评技术用于对行为的测量，所测量的行为建立在职位分析所得出的素质特征的基础上。必须要在评价中心的测评活动和可观测的代表性素质特征的行为之间建立联系。

（4）多种测评方法。评价中心包括多种方法，正式使用之前要试测以保证信度和效度。

（5）情境模拟。评价中心以情境模拟作为核心手段，即通过一些活动让评价者能够对被测者在各个测评要素上的行为表现进行评价。

（6）评价者。良好的评价者对于评价中心的成功实施至关重要，评价中心采用多个评价者对被测者的行为进行观察和评价，以保证测评结果的客观公正。

（7）评价者培训。评价者要接受充分的培训。首先要让他们了解评价或培训的目标，以及对被测者在评价中心活动中的表现期望。培训的内容还包括测评活动的使用、反馈技术、观察技术、评分和行为分类等。

（8）行为记录。在评价者观察被测者表现的过程中，需要对观察到的行为进行记录以保证评价的准确性，记录的方式包括行为检核表、做笔记或利用视听设备等。

（9）报告。评价者要对观察的结果形成文件，要准备报告所有的观察记录。

（10）数据整合。不同评价者所记录的信息要汇总到一起，形成对被测者每项测评要素的评价。评价者在数据整合过程中达成一致并形成共同决策意见是很重要的。

评价中心从 20 世纪 20 年代开始探索应用，70 年代开始盛行，经过了由军事用途到工业用途，再到公共部门等各类组织的发展历程。在欧美，已被广泛运用到政府、学校和工商业企业中。西方管理学家在对评价中心的效果分析中发现，由领导随意选拔的管理人员，按照使用的结果，其正确性只有 15%；经过各级层层提名推荐的，其正确性达到 35%；而通过评价中心测验选拔的，其正确性在 70% 以上；经过评价中心选拔的管理人员比仅仅凭主管人判断而提拔的管理人员，其成功率要大 2～3 倍。评价中心的全面评价和工作绩效之间呈正相关关系，相关系数为 0.28。[①]

20 世纪 80 年代，评价中心随外资企业进入我国，至 90 年代就在企业得到较为广泛的

---

① HERMELIN E., LIEVENS F, ROBERTSON I T. The validity of assessment centres for the prediction of supervisory performance ratings: a meta-analysis[J]. International journal of selectiorand assessment, 2007, 15(4): 405-411.

运用，并在进入 21 世纪后得到学术界、企业界的广泛认同。相对来说，公共部门应用评价中心起步较晚。2000 年，广东省公开选拔省直机关副厅级领导干部，面试环节分为结构化面试、无领导小组讨论和情境模拟三项。2005 年，湖南省公开选拔省管领导干部采用了文件筐测验，云南省公开市级单位选拔副厅级领导干部的面试采取了演讲、答辩、小组讨论和情境模拟等方式；同年，四川省"8 + 3"公开选拔副厅级干部中对评价中心的应用最为全面，对通过初试的 151 名候选人开展了为期两个月的集中培训。期间，候选人先后参加无领导小讨论、案例分析、模拟演讲、视听传达、心理测验、现场问答和培训结业测试七项测评，七项测评成绩按一定权重累加得出测评总成绩，作为选拔录用的依据。这次以评价中心为主要测评方法的公选为 20 个副厅级领导岗位找到了合适的人。随后，评价中心在公共部门广泛应用。追踪研究表明，2006 年评价中心测评结果中被评为发展潜力很好、较好的干部在 2011—2013 年三年的民主考核分数显著地高于发展潜力一般的干部，这在一定程度上说明了评价中心的有效性[①]。国内相关研究表明，以行为能力为测评维度时，评价中心的区分效度和会聚效度都优于以心理特质为测评维度的效度，即评价中心是适合测量行为能力的，能够有效测量各维度。[②]当然，将评价中心用于人员选拔还有诸多争议，如"透明度：选拔情境中的优点或妨碍""评价中心作为最高表现还是典型表现测量"[③]等。

今天，评价中心已成为包括公共部门在内的所有组织的人力资源测评主要方法之一。尤其是随着评价中心越来越强调仿真程度，采用"整体情境"，借用计算机和其他辅助设备进行测评，并引入情境模拟以外的技术，情境模拟的结构化程度在不断提升，这将更有利于对测评对象进行正确地行为取样，以及有效减低成本和评分难度，使评价中心在公共部门的应用更加深入和广泛。

二、评价中心的特点、优缺点

（一）评价中心的特点

1. 情境模拟性

情境模拟性是评价中心突出的特点。评价中心根据不同职位的素质要求，设计不同的模拟情境，如发表口头演说，进行案例分析，处理一些文件，撰写问题分析报告等，在模拟的特定的工作情境和压力下实施测评，为评价者提供了考查被测者如何与他人相处、分析和解决问题等一系列复杂行为的机会。

2. 综合性

一方面，评价中心是多种方法的综合运用，如角色扮演、文件筐测验、无领导小组讨论等，并可与面试、心理测验相结合，每种方法都有其优缺点，通过发挥出每种方法的优

---

① 谷向东，徐祖亮. 评价中心技术应用于党政领导人才选拔的调研与反思[J]. 中国人力资源开发，2015(20)：46-52.

② 骆方，孟庆茂. 不同类型的测评维度对评价中心结构效度的影响研究[J]. 心理科学，2005(6)：159-161.

③ 马庆霞. 评价中心技术的设计实施策略和研究进展[J]. 中国人力资源开发，2015(12)：54-60.

势，互为补充，获得的行为样本更广泛、更全面。另一方面，评价中心由多个评价者同时对多个被测者的行为进行综合测查，给双方提供了多种表现或观察的机会。多个评价者共同评价，避免了单个评价者易造成的主观偏见，能够获得不同角度的综合的评价信息；而将多个被测者处在同一测评情境中，也可以获得更多的人际互动方面的信息。

3. 全面性

评价中心综合运用多种测评方法，能有效地测查被测者多种能力，如表达、沟通、决策、授权、应变、人际交往、组织协调、逻辑思维、团队合作、角色适应等能力。

4. 针对性

通常情况下，智力和人格测验的内容与实际工作内容关系并不大，而评价中心的测评指标体系设计是从职位分析或胜任力分析开始的，并针对不同职位的需要，模拟设置真实的工作场景，在特定的工作情境和压力下观察被测者的行为反应，测查其分析和处理具体工作的实际能力，以及工作中必需的心理素质等，同时还能够发现那些会说会写不会做却能蒙混过关的人，能更准确地预测被测者未来的工作绩效。

5. 标准化

评价中心的形式的多样，但其实施程序多数可以标准化。它根据明确的测评目的和测评需要，以职位分析或胜任力分析为依据确定测评指标，选择合适的方法组合，因此，对同一批测评对象而言，测评的题目、程序、评分标准等都是相同的，各个被测者都处于机会均等的情境中，对其刺激和反应条件具有同一性；同时，每个评价者都要接受统一的培训等，保证了测评结果的客观性。当然，其标准化程度要弱于心理测验，介于心理测验和面试之间。

6. 动态性

传统面试、履历分析等是以一个人过去的行为或经历为依据，反映被测者素质的背景材料和信息是相对静态的，而评价中心将被测者置于动态的模拟工作情境中，并模拟现实工作的特点，可以不断给其发出该环境下各种可能发生变化的信息；同时，被测者之间可以进行相互作用，这样，一方面，每个被测者需要在一定时间内和一定压力下做出决策，在动态环境中充分显示自己的素质；另一方面，评价者对被测者并不是进行抽象的分析，而同样是在这个动态过程中做出的评价。

（二）评价中心的优点

1. 预测效度高

由上可知，一方面，评价中心采取的是对真实情境的模拟，而且多数情境是与工作实际紧密相关的，这样，被测者的表现比较接近真实情况。另一方面，在这种比较复杂的任务之下，被测者也不易伪装，因此，被测者的表现在实际工作中有较大的迁移性，对被测者的未来表现有较好的预测效果。有关研究表明，评价中心用于人才选拔时预测效度较其他方法更高。

2. 公平性高

如上所述，由于评价中心采用多种测评方法，并由多位评价者同时进行综合测评，可以明显减少因被测者水平发挥不正常或少数评价者评价偏差而导致结果失真的可能性；标准化也保证了每个被测者可以获得表现自身素质的同等条件，同时，被测者还要说明测评时的想法以及对问题处理的理由等，使评价者获得更多的信息，把定量评价和定性评价相结合，对被测者做出评价。因此，评价中心的公平性得到较高的保障。

3. 可靠性强

由上可见，可靠性依存于上述每个特点，特别是如下三点使评价结果的可靠性大大增强。一是多种测评方法从不同角度对被测者进行综合测评，相互补充、印证，有助于对被测者做出较为明确的评价。二是每个模拟的情境都是从实际工作样本中提炼出来并经技术处理的，同时，还可以把不同时段和不同工作的活动综合在一起，从而有效控制了一些与测评无关的因素，显著提高了测评的全面性和准确性。三是上述动态性特点使被测者的特征得以充分较为全面和充分的暴露，为准确和可靠的评价奠定了良好的基础。

（三）评价中心的缺点

1. 成本高

首先，评价中心是多种测评方法的集合，花费的时间自然比单一测评方法要长，具体时间要随评价层次的变化而变化。评价基层管理者，一般只需要一天的时间；而对中高层管理者，则需要2～3天的时间；当评价与培训相结合时，需要5～6天；有研究认为，评价者人数与被测者人数的平均比率是1∶1～1∶4。其次，命制题目、模拟实际工作场景、培训评价者也要耗费很多的时间和费用。再次，实施前的预测试与检验，实施过程中对人员、场地、设备等还有具体要求。最后，评价者还需要对每个被测者在每个测评项目的表现及综合表现进行定量、定性评价。因此，评价中心和其他方法相比，需要的人力、物力、财力和时间都偏高。

2. 对评价者要求高

评价中心的实施对于评价者有着很严格的要求，在某种程度上讲，评价中心能否成功实施依赖于评价者能否对测评指标有准确和一致的认识，对被测者的行为能够进行准确和详细的观察、辨别、筛选和记录，进而对同一行为同时在几个能力维度上打分，这对评价者的要求非常高。所以，对评价者必须经过严格挑选，并经过专门培训使其满足相关的能力要求。

3. 操作复杂

由上可知，评价中心的操作过程非常复杂，表现在测评指标体系的设计，工作情境的模拟，评分标准的确定及其可操作性，评价者对评分标准的认识和运用、对被测者行为的观察和记录以及误差的掌控，人员、场地、设备、时间等的特殊要求等诸多方面，既导致了误差难以避免，也限制了其应用范围。

三、评价中心的主要形式

评价中心是多种测评技术方法的综合体，广义上，评价中心的主要形式包含了传统的面试、能力测验、投射测验、情境模拟等；狭义上，它主要是指以根据目标职位设计的情境模拟为核心的系列测评方法，本书也是在狭义上使用评价中心概念。

评价中心的主要形式或方法包括：无领导小组讨论、文件筐测验、角色扮演、案例分析、管理游戏、演讲、辩论赛、事实判断等。有研究表明，使用频率从高到低依次是：文件筐测验（使用频度 95%），无领导小组讨论（使用频度 85%），模拟面试（使用频度 75%），案例分析（使用频度 40%），管理游戏（使用频度 35%），智力测验（使用频度 2%），投射测验（使用频度 1%）；另一研究得出的使用频率见表 12-1。

表 12-1　评价中心各种形式的使用频率

复杂程度	评价中心形式名称	实际运用频率/%
比较复杂 ↕ 比较简单	管理游戏	25
	文件筐测验	81
	角色扮演	没有调查
	有领导小组讨论	44
	无领导小组讨论	59
	即席演讲	46
	书面案例分析	73
	事实判断	38
	模拟面试	47

第二节　评价中心的原理与评价要素

一、评价中心的原理

评价中心是通过收集被测者在模拟情境中的行为表现而对其进行评价的，这些模拟情境与真实工作情况高度相关，从而可从多个维度测查被测者的素质特征，其原理可用刺激、表现、特征模式（S-R-T 模式）进行解释，即在特定情境中，对被测者施加行为刺激 S（stimulate），通过观察其行为表现 R（representation），来推断其素质特征 T（trait）。这些刺激是以情境模拟练习来体现的，如辩论、演讲、角色扮演、文件筐测验等。

S-T-R 模式的潜在假设是，一方面，情境影响行为。与其他组织一样，公共部门人员的行为与绩效也是在一定情境中形成的，因此，对人的行为、能力、态度、价值观等的评价也就不应脱离具体工作情境，换言之，要准确、客观地测评一个人的素质特征，就应将其置入特定情境中。评价中心正是基于职位分析或胜任力分析的情境模拟技术，评价者通过观察、记录、分析、评定被测者在特定情境中的言行表现，来测评被测者的素质特征。另一方面，特定行为反映特定素质。评价中心是以情境模拟技术对被测者素质进行测评的，而情境模拟技术就是通过为被测者创设一种与实际工作情境高度仿真的情境，让被测者在其中完成特定的任务。由于特定的行为能够反映特定的素质特征，评价者通过观察被测者的行为表现推断其素质特征，进而预测其未来的工作绩效。

二、评价中心的评价要素

评价中心的评价要素是指它测评哪些特征、能力，即测评指标。评价中心凭借多种测评方法组合，测评的内容比较丰富，其中，有研究得出了测评的元维度（meta-dimensions），见表 12-2。国内外对评价中心的研究和应用所采用的维度大多包含在表中所述 4 个元维度之内。例如，从 1975 年起，欧美一些国家就利用评价中心来选择学校的校长。像较早使用评价中心来选择学校管理者的美国全国中学校长委员会（NASSP）采用的是管理技能（包括分析问题的能力、判断能力、组织能力、决策能力）、人际交往技能（包括领导能力、敏感度、对压力的承受力）、沟通技巧（包括口头沟通能力、书面沟通能力）与其他维度（包括兴趣的范围、个人动机和教育价值观）。当然，鉴于评价中心测评的是候选人的领导特质和技能，难以反映被测者的思想素质和全貌，因此，在采用评价中心的同时，还可采用其他绩效考核方式，以增强未来绩效的预测效度。[1]

表 12-2　评价中心的元维度

元维度	子维度	定义描述
智力	问题分析 问题解决 创造性	分析面临的问题，找到完善的解决方法 先将问题分解，仔细考虑各个方面，然后综合各个方面，提出可行的解决方法 找到新的解决办法，提出新的问题
社交技巧	人际敏感性 社会性 领导力	愿意以开放和建设性的态度参与团队活动，并为达成团队目标做出自己的贡献，而不是抱怨或是引起混乱 能带领团队向着某一特定目标前进。运用自己的热情和实践经验，对团队的结果和气氛产生决定性影响 能够说服其他团队成员，按照他的建议完成团队共同的目标
决断力	计划与组织 授权与管理控制	指一个人计划、检查、指导和实施方案的能力，以及对时间进程的控制和管理 通过授权和管理控制工作的进展
意志力	主动性 坚持性 坚定性 决定性	积极主动地去做事情。而不是被动地等待别人的命令和指导 遇到困难不轻易放弃，而是能坚持下去，不断发挥自己的主动性 在压力下，能够保持自己的观点 对团队的决策产生决定性影响能做出果断、独立、深思熟虑的决定

资料来源：JANSEN P, DE JONGH F. Assessment centers：a practical handbook[M]. New York：J Wiley & Sons, 1997：5-26.

对我国公共部门来说，像第一章第二节论述的公共部门人力资源测评内容中的工作动机、职业兴趣、价值观、主动性、领导力（影响、说服、决策、控制）、沟通能力（包括口头、书面与倾听）、综合分析能力、应急处突能力、计划组织协调能力、分析和解决问

① 阮来民. 评价中心：欧美国家选择校长的一种有价值的方法[J]. 外国中小学教育，2004(8)：20-23.

题能力、人际交往意识与技巧等是常见的评价要素。有的还可通过职位分析或胜任力分析得出的职位信息、任职资格，结合评价中心的应用目的，做进一步细分。

高格勒（Gaugler）等人研究发现，评价中心的维度数目平均是 11 个，但有研究表明，维度过多，评价者对某个维度的评分就会受到其他维度的影响，从而产生晕轮效应，故不应尝试超过 7 个；其他研究也显示，使用 3 个维度时，对行为分类和评分的准确度最高，而使用 6 个维度时，行为观察准确度最高。国内相关研究表明，维度为 3 个和 6 个时，评价者的评分一致性都很高，而维度为 9 个时，评分一致性会有很大的下降。因此，从加强评分一致性与改善评分效果的角度出发，在评价中心的一个测评情境中，以 6 个左右为宜。[①]

第三节 评价中心的流程与应用

一、评价中心的流程

评价中心作为一种选拔、培训和考核中高级管理人员的综合性测评，其有效性依赖于科学的操作流程，在遵循第七章所述测评流程前提下，评价中心还有其特殊性，在此主要强调如下四点。

（一）明确测评目的

评价中心的设计与实施首先要明确测评目的，即确定是选拔、培训、能力诊断，还是绩效考核，进而才能据此确定是否适宜使用评价中心，以及使用哪些具体方法。

（二）确定测评指标

在明确测评目的之后，需要对目标职位进行系统的职位分析或胜任力分析，确定该职位的任职资格以及从事相关工作应该具备的胜任力，用以确定评价中心的测评指标，解决利用评价中心"什么"问题。其中，要对测评指标给予明确的定义，分配合理的权重等。

（三）制定测评方案

这可结合前述《评价中心操作指南和道德准则》提出的 10 个要素进行，通常包括如下内容：①目的与原则；②被测者；③测评指标或评价要素；④测评方法；⑤测评题目命制或开发；⑥评价者的选配和培训；⑦测评组织实施；⑧测评结果报告及应用。其中，测评指标设计、测评方法选择、测评题目命制、评价者选配和培训、测评组织实施是重点。

（四）科学组织实施

这是指根据"成本最低、时间最短、用人最少"的原则，精确计算成本，准确规划时间，合理安排场地，详细安排人员分工等。其中，要强调如下四点：一是选择测评方法，命制测评题目。不同的测评方法都有其各自的优缺点，并适用于不同的测评领域，因此，需要根据测评指标选择适当的测评方法。然后，在此基础上命制或开发题目。题目的内容、

---

① 吴志明. 评价中心的心理测量学研究[D]. 北京：北京师范大学，1999：33-39.

情境、所反映的任职资格或胜任力等都应与测评指标高度相关，且难度适中，并与目标职位所属公共部门的组织特点相适应。二是加强评价者的选择和培训。即使评价者具有丰富的理论基础和测评经验，也需要接受针对本次测评相关的具体的针对性培训。三是根据各测评方法的特点及实际情况来决定实施的顺序。四是可通过绘制"实施安排表"列出计划安排，具体做好评价者分组、人员分工等各项工作。

二、评价中心的应用

评价中心的用途，有学者进行了总结（表12-3），主要分为以下五个方面。

表 12-3　三种用途的评价中心比较表

指　　标	晋升或选拔	培训需求诊断	技能发展
测评对象（被测者）	具有高潜质的人员或申请者	所有有兴趣的人员	所有有兴趣的人员
分析的职位	目前或将来补缺的职位	最近或今后的工作	最近或今后的工作
指标数目	较少，5～7个	很多，8～10个，更为具体	较少，5～7个
指标特性	潜力、特征	发展、概念区分	培训技能
演练数量	较少，3～5个	很多，6～8个	每个类型超过1个
演练类型	一般的	和工作相近的	工作案例
评价所需时间	相对较短（半天到一天）	相对较长（一天半到两天）	相对较长
报告类型	短，具有描述性	长，具有诊断性	马上的口头报告
反馈对象	测评对象和上下两级管理者	测评对象和直接管理者	测评对象和有可能直接管理者
反馈者	HRM团队	HRM团队或测评者	HRM团队、培训师或者助手
重要结果	所有的评价等级	指标等级	行为建议

资料来源：桑顿三世. 评鉴中心在人力资源管理中的应用[M]. 上海：复旦大学出版社，2004：31.

（一）选拔晋升

评价中心能帮助公共部门测查报考人员或现有人员的工作潜力和管理能力，预测他们能否胜任某一管理职位，以及优胜劣汰，为组织挑选与职位相匹配的最佳人选提供可靠依据。这是评价中心应用最多的领域。美国匹兹堡大学职业研究院的柏海姆（W.Boheim）调查了评价中心的研究项目后也指出，经过评价中心选拔的管理人员比仅仅凭主管人判断而提拔的管理人员，其成功率要大2～3倍。国内研究表明，预测管理类岗位的工作绩效，评价中心比心理测验具有优势，但预测技术类岗位的绩效，心理测验又优于评价中心；与面试相比，评价中心的预测效度总体上要比面试高；但当选用职位晋升情况作为效标时，评价中心的预测效度都要高于心理测验和面试。[①]

---

① 彭平. 评价中心的测评有效性及其影响因素的实证研究[D]. 上海：华东师范大学，2003：63.

（二）教育培训

一方面，评价中心可对公共部门在职的管理者，进行管理能力强项和弱项的诊断，有助于为他们设计有针对性的培训计划，就其薄弱环节实施有效的教育培训，避免把时间和资源浪费在并不需要的培训项目或内容上。另一方面，评价中心的一些方法本身可以作为培训工具使用，开发技能，提升能力。被测者在模拟的工作场景中被安排一个角色或职位，并按要求做出相应的行为，评价者观察其行为并给予及时的反馈，指出被测者的行为表现需要提升的地方和方法，被测者也会深刻体会到完成任务所需要的行为习惯与自身的不足，确定自己需要怎样的技能才能成功地完成工作，不断调整、完善自己的行为，利于较快地完成自我评估与积极主动地提高自己的相关素质。而且，基于培训的素材来自工作实际，培训目标明确、过程生动、被测者的学习积极性和参与度都比较高。

（三）绩效管理

一方面，评价中心可用于确定影响绩效的关键素质。即运用评价中心的各种方法，比较高绩效水平者与低绩效水平者的素质特征，发现具备哪些素质特征的人员能够产生高绩效。这与传统的基于职位分析的素质要素提取方法明显的不同，可以发现驱动高绩效产生的关键素质，为有效改进绩效奠定科学的基础。另一方面，绩效考核指标涉及个人素质（如职业道德、工作态度、能力等）、行为表现、工作业绩，运用评价中心，既可以根据上述影响绩效的关键素质的确定，使绩效考核更合理；又可以根据被测者在评价过程中的表现，使绩效反馈面谈更深入；同时，还可为被测者制订更为明确、具体的绩效改进计划。

（四）人力资源普查

人力资源普查是公共部门掌握内部人员的政治素养、专业素质、发展潜能、职业倾向等的重要活动，为组织充分利用、开发各类人力资源提供科学的基础。为此，可通过评价中心的多种测评方法，主要针对中高级管理人员，进行全方位多角度的测评，为公共部门提供准确、详尽的人力资源状况报告。

（五）人员发展

评价中心也被称为职业发展评价中心、潜能评价中心，因为一方面，对组织成员个体来说，通过评价中心获得的测评结果，可以清楚地知道自己的素质状况及其在组织内某个群体内的位置，特别是自身优势领域、有待发展的素质，进而修正和完善自己的职业生涯规划，进一步明确如何在工作中更好地积极地发挥自己的特长，有意识地弥补自己的劣势，不断成长。另一方面，对公共部门来说，既可就内部人员存在的共性问题，开设专题性培训课程；也可针对某个人的个性问题，进行个别辅导。所以，评价中心不仅是一种最有效的选拔工具，同时对培训开发、职业生涯规划等均有很强的应用价值。所以，评价中心可从组织及其成员两个层面用于组织内部人员的发展。

三、评价中心设计与实施应注意的问题

评价中心设计与实施必须在坚持前述 10 个要素的前提下，注意如下问题。

（一）测评内容必须适宜使用评价中心测评

如前所述，人的素质包括多个方面，有的适合评价中心测评，有的则不适合。如知识结构就适合笔试，个人价值观适合心理测验中的自陈问卷法，而诚实正直等品质则有赖于长时间的考查才能得出可信的结论。特别是被测者也了解评价中心的测评原理及操作实践的情况下——这在今天是不太难的，即使设计了复杂的测评程序，其测评结果仍然有可能出现比较大的偏差。所以，必须选择适宜使用评价中心测评的指标，如分析思维最适合用案例分析，团队领导则适合用无领导小组讨论等。

（二）测评指标数量不宜过多

在测评过程中，评价者需要对所有的测评指标进行考查，为了保证其关注目标不因太多而难以进行深度考查和判断，测评指标不宜过多，尤其是当评价中心用于人员的选拔晋升时。同时，各指标之间必须相互独立，界定具体且与实际工作相关联。当然，不同评价中心考查的测评指标数目差异较大，范围为5～27个，第二节引用了对3个、6个和9个指标的比较研究，还有的研究建议最多不要超过14个。

（三）多种方法综合运用且要符合测评目的

一方面，要坚持多种方法综合运用，即根据目标职位的任职资格等选择合适的测评方法组合，并且保证每个指标都要通过多种不同的测评方法进行考查。当然，每种方法也都同时测查了多个指标。另一方面，测评方法要与测评目的相匹配。评价中心可用于选拔晋升、教育培训、绩效考核等不同目的，目的不同，与之匹配的测评方法及组合自然也就有所区别。如评价中心用于选拔晋升时，所选的方法应该有较高的区分度及预测功能；用于教育培训时，所选的方法就要能够识别出被测者现有素质与目标素质之间的差距。

（四）选择合适的评价者并进行针对性培训

评价者的素质在一定程度上决定了测评结果的质量，所以，要高度重视评价者的选配和培训。评价者可从目标职位的上司和测评专家中选择组合，其中，作为评价者的上司应至少比被测者高一级，最好高两级；并按要求进行针对性的培训，特别是熟悉测评指标和工具，了解操作细节，掌握测评过程中行为的观察、归类和评估技巧，统一评分标准，提高评价者评价的一致性，并进行实际演练，进而对其中存在的问题集中加以解决。

（五）提高测评环境的仿真程度

毋庸讳言，测评环境的高仿真程度有利于被测者的充分展现。如在一对一的角色扮演中，多位评价者在旁边观察记录的效果显然不如通过单向玻璃或者摄像头来观察的效果好。当然，提高测评环境的仿真程度，只能是在条件允许的情况下，尽可能去提高。

（六）采用科学的评分方法

所有评价者必须使用系统的程序记录所观察到的具体行为，并进行相应的归类、评估，写出评语，然后一起对每位被测者在不同测评指标上的表现进行分析整合，逐一对每一测评指标打出具体分数，并按照严格的格式撰写测评报告。评价者得出的数据和其他方法得来的数据必须通过评价者会议或者有效的统计程序综合在一起。

（七）高层管理人员的支持参与

评价中心耗资巨大，周期也较长，高层管理人员的支持是顺利实施的重要保障；而且可以让高层看到许多他平时看不到的东西，对评价中心及其应用有更全面、合理的认识。为此，为了保证测评各个环节始终与测评目的保持一致，以及最终测评结果和报告得到高层的认可，评价中心从一开始就应让组织的高层管理人员参与进来，特别是在指标的确定、方法的选择、评价者的选配和培训、测评的组织实施中，都应有高级管理人员的参与。

第四节　无领导小组讨论

一、无领导小组讨论的概念

无领导小组讨论（leaderless group discussion，LGD）是指将数名被测者（一般为 4～8 人）集中为一个小组，在限定时间内（一般为 1 个小时）就某一问题展开不指定角色的自由讨论，评价者（评委）通过对被测者在讨论中的言语及非言语行为的观察对他们做出评价的一种测评方法。是评价中心最常用和最核心的测评方法之一。

其中，所谓"无领导"意味着这一组被测者在讨论问题的情境中的地位是平等的，并没有哪一个人被指定充当小组的领导者，也不指定发言的顺序，评价者只是在讨论之前向被测者介绍要讨论的问题、讨论话题的背景资料、要达到的目标以及讨论时间等，并在讨论开始后不参加、不干预讨论过程。因此，其指导语不确定讨论的主持人，不指定发言的先后，也不提出诸如积极主动、观点清晰之类的其他具体要求，只是要求被测者以小组为单位进行讨论，通过讨论来解决问题。讨论的话题可以与工作情境相关，也可以是一个假设情境下的问题，特别在避免由于被测者专业背景不同而影响测评成绩时往往采用假设的材料，而且富于讨论空间，保证被测者能够在给定时间内进行充分的讨论。在讨论过程中，评价者按照事先拟定的测评指标、评分标准等对被测者的行为表现进行观察评价。

二、无领导小组讨论的优缺点

（一）无领导小组讨论的优点

1. 人际互动性强

这是无领导小组讨论最突出的特点，像笔试、面试、心理测验、文件筐测验都难以如此重视人际互动。被测者在与同组成员的相互作用过程中，无论是自己的发言，还是对他人观点的反应，能淋漓尽致地展现出自己的才干及性格特点，这不仅有利于评价者观察被测者在相互启发的情境中的行为特征，而且能使被测者在相对无意中暴露自己的真实特点，同时也给评价者提供了在与其他被测者对照比较下对某位被测者进行评价的机会，非常有利于评价者的评价。

2. 真实性强

通常情况下，随着讨论的进行，绝大多数被测者会越来越投入，态度也越来越认真，真实的观点也渐渐表达出来，越来越进入一种真正的讨论状态……在这样讨论的情境压力下，特别是随着讨论中的快速反应和随机反应，非常有利于诱发真实的行为模式，难以进行自我掩饰，在无意识中表现出自己的特点。

3. 效率高

无领导小组讨论能够同时测查多名被测者在相同情境下的不同表现，从而对他们的多重能力和个性特质进行直接对比，节约了组织方和评价者的时间，而且应用领域较广，操作灵活，显著提升了整个测评活动的效率。

4. 客观、公平

无领导小组讨论不指定主持人和发言顺序，被测者的角色地位平等，并在相互制约的平等环境中展现自己各方面的能力。与面试、角色扮演等方法相比，该方法受评价者主观影响小，受晕轮效应、类我效应等的影响也相对较小，评价者可对小组内的各位被测者进行直观的横向比较，打出比较公正客观的分数。

（二）无领导小组讨论的缺点

1. 对题目要求高

由上可知，无领导小组讨论要求题目能够激发被测者的行为表现并体现出个体差异，这直接关系到对被测者考查的全面性与准确性，因此，对题目命制要求高、难度大。一方面，题目难易程度要适当。既不能太难，否则被测者压力过大，影响其能力的正常发挥，相互之间的冲突也会加大，难以达成一致意见；也不能太简单，否则被测者将很快达成一致意见，无法对其进行全面的观察。另一方面，题目应与实际工作相关，而职位分析或胜任力分析及评分标准的确定等，也都需要丰富的专业知识和经验，因此，人力、时间的投入都比较大。

2. 被测者的表现易受同组他人的干扰

作为人际互动性强的无领导小组讨论，被测者的个人表现和结果在很大程度上依赖于小组其他人的表现，如一个说服能力很强的人，遇到一组都是能言善辩的成员时，会显得表达能力一般；但如果此人在一个其他人说服能力较弱的小组时，则会显得说服能力很强，这对测评结果的准确性产生较大的负面影响。

3. 对评价者要求高

首先，评价者必须对工作内容相当熟悉，专业素养高，否则测评的内容和结果可能会流于表面，无法保证效度。其次，无领导小组讨论是基于评价者对被测者的表现做出主观判断，这就要求评价者必须具备较高的素质，才能保证测评的有效性。最后，绝对标准与相对标准容易混淆，评分标准不易掌握，提升了对评价者的要求。因为，从小组整体上看，对同一个讨论题目，有的小组热烈、活跃，较有挑战性，有的小组则平静、缓慢，甚至死气沉沉，无法展开充分的讨论，而评价者对被测者的评价容易受小组整体表现的影响，这也是不同小组的无领导小组讨论之间缺乏横向比较性的原因所在，需要评价者准确把握组内评价标准和组间评价标准。

4. 存在一定的掩饰性

由于被测者知道评价者会根据自己的表现打分，就存在做戏、表演或者伪装的可能，特别是在被测者了解测评的意图、指标等，具有一定的参与无领导小组讨论的经验的话，会有针对性地按评分要点表现。而且，在评价决策能力、影响力等时，评价者往往根据发言数量而非发言质量做出评价，这显然很利于外向型的人，而在管理实践中，内向型的人的决策能力、影响力等并不亚于外向型的人。

三、无领导小组讨论的类型

（一）有情境的和无情境的无领导小组讨论

这是根据讨论背景的情境性划分的。有情境的无领导小组讨论是指将被测者置于某种假设的特定情境中，要求被测者从该情境要求的角色角度去理解和思考某个问题，并找到解决的思路和办法。情境信息通常包括组织的简单介绍、目前面临的问题及需要完成的任务等。又称为特定情境的无领导小组讨论。而无情境的无领导小组讨论是指没有特定情境限制，要求被测者就一个开放性问题或两难问题进行讨论，自由阐述观点，积极争取其他成员接受自己的观点，利用自身影响力说服其他人，或协调不同意见，并在规定时间内达成一致性结论。这一般会选择近期社会的热点问题进行讨论。又称为泛化情境的无领导小组讨论。

（二）确定角色的和不定角色的无领导小组讨论

这是根据是否给被测者分配角色划分的。确定角色的无领导小组讨论是指给每位被测者分配了特定的角色，且不同角色之间存在差异，被测者从各自角色设定去阐述观点或履行责任，完成角色的规定任务。而不定角色的无领导小组讨论是指没有给被测者分配特定角色，被测者是从自己的角度阐述观点，其角色与组内其他人没有任何差别。

（三）竞争型、合作型和竞争合作型无领导小组讨论

这是根据在讨论中的相互关系划分的。竞争型是指每位被测者都代表其本人利益或其所属群体的利益。因此，不同被测者之间存在利益冲突或矛盾，往往就有限的资源或机会展开争夺。合作型是指要求所有被测者相互配合共同完成某项任务，每人的成绩都与该项任务的完成情况相关，同时也取决于各自在完成该项任务中所做的贡献。而竞争合作型是指同时包含了竞争和合作的成分，一般是将该组成员再分为两个或几个小组，不同小组之间存在竞争，而在小组内部则是合作的。

（四）与工作情境相关的和与工作情境无关的无领导小组讨论

这是根据题目设定的情境划分的。与工作情境相关的无领导小组讨论是指题目设定的情境与目标职位相关，一般要求被测者处理实际工作中可能遇到的关键事件。而与工作情

境无关的无领导小组讨论是指题目设定的情境与目标职位无关,往往是任何人都很难遇到的虚设情节,这能够较好地保证每位被测者的公平性。

四、无领导小组讨论的流程

无领导小组讨论自然要遵循第七章测评流程及本章第三节评价中心的流程,在此主要强调如下几点。

(一)测评指标确定

如前所述,职位分析或胜任力分析是明确测评指标的主要手段,但并非职位所需的所有能力都能够或都需要采用无领导小组讨论进行测评,因此,应结合职位分析、胜任力分析与测评目的、测评指标体系,根据无领导小组讨论的特点选择适合无领导小组讨论的测评指标及其权重。这些指标通常包括以下三个方面,当然也是该法区别于笔试、面试、文件筐测验等的优势所在。

(1)人际交往与合作能力,主要包括说服力、影响力、合作意识、倾听能力、组织协调能力、人际交往技巧、语言和非语言的沟通能力等。

(2)问题解决能力,主要包括理解能力、综合分析能力、逻辑推理能力、想象力、创新能力等。

(3)个性特征与行为风格,主要包括自信心、灵活性、独立性、责任感、情绪稳定性,以及问题思考是喜欢从大处着手还是关注细节,喜欢快速决策还是全面考虑各种因素,是否喜欢设定行动目标和计划等行为风格。

(二)题目命制

无领导小组讨论题目命制一般包括如下步骤:①收集、整理素材;②筛选案例;③确定题目类型;④命制试题(包括请专家讨论审核确认题目);⑤制定评分标准,设计评分表;⑥试测和检验;⑦修订题目和定稿。下面主要介绍三点。

1. 题目命制的原则

(1)与测评指标和工作实际相关联原则。题目必须反映测评指标的内涵,在讨论中能够反映被测者的能力、品质等。为此,一是尽量从目标职位的实际工作内容中选取典型事例,高度模拟实际情境,能代表目标职位的典型特点。对于来自实际工作的素材,要经过适当的处理,使之具有典型性,要避免完全真实或完全杜撰的情境。二是被测者熟悉的题材,而且不会诱发被测者的防御心理,保证被测者能就此话题有感而发,充分表达自己的观点,展现相关的素质。

(2)难度适中原则。题目应具备鉴别不同被测者特性,能将不同素质的被测者区别开来。这就要求题目难度适中,避免太难或过于简单,以免造成无法对被测者进行准确评价。题目一般要一题多解,利于调动被测者的主观能动性,让被测者有话可说。

(3)矛盾性原则。在无领导小组讨论中,评价者主要根据被测者的交流互动进行评价,而被测者之间的交流互动随着题目中矛盾的增加而增多。研究表明,所讨论问题中隐含矛盾冲突的大小将直接影响测评的效果，因此，在题目中要人为设定相互矛盾的制约和条件，使被测者在讨论中因矛盾而充分展现自己的能力、暴露自身的特质。

（4）平等性原则。一是小组的划分要使被测者在知识、经验上平等，使被测者获得平等表现自己的机会。二是对于确定角色的无领导小组讨论，被测者的角色分工要相对平等，避免造成被测者的等级差异。

2. 题目类型

无领导小组讨论题目的常见类型主要由五种，见表 12-4。其中，应用较多的是多项选择问题和资源争夺问题。

表 12-4　无领导小组讨论题目类型一览表

类　型	定　义	考查要点	举　例	特　点
开放式问题	答案的范围可以很广、很宽，没有固定答案	全面性、针对性、思路清晰、新见解	你认为什么样的领导是好领导	容易出题 不太容易引起被测者之间的争辩
两难问题	在两种互有利弊的答案中选择一种	分析能力、语言表达能力以及说服力	你认为以工作取向的领导是好领导呢，还是以人为取向的领导是好领导	编制题目比较方便 可以引起争辩 两个答案要保持均衡比较困难
多项选择问题	在多种备选答案中选择其中有效的几种或对备选答案的重要性进行排序	分析问题实质，抓住问题本质的能力	某信息中心收集了 20 条信息，只能上报 8 条，请讨论出结果	难以出题目 较容易形成争辩
操作性问题	给被测者一些材料、工具或者道具，设计出一个或一些由评价者指定的物体	主动性，合作能力以及在实际操作任务中所充当的角色	给被测者一些材料，要求他们相互配合，构建一座铁塔或者一座楼房的模型	主要测查操作能力 不太容易引起争辩 对评价者的要求和题目的要求都比较高
资源争夺问题	适用于指定角色的无领导小组讨论，让处于同等地位的被测者就有限的资源进行分配	语言表达能力、分析问题能力，概括或总结能力，发言的积极性和反应的灵敏性、组织协调能力等	让被测者担当各个分部门的负责人，并就有限数量的资金进行分配	可以引起被测者的充分辩论 对讨论题的要求较高要保证案例之间的均衡性

资料来源：孙健敏. 人力资源测评理论与技术[M]. 北京：首都经济贸易大学出版社，2014：221.

3. 评分标准、评分表与评价要点制作设置

（1）评分标准制定。无领导小组讨论有多种形式的评分标准，可根据被测者行为表现符合各测评指标操作性定义的程度划分为不同的等级。可采用 3 级制、5 级制或 5 分制、10 分制等。如采用 5 分制的话，不同分值的标准如下。① 5 分：符合测评指标操作性定义的绝大部分。② 4 分：符合测评指标操作性定义的大部分。③ 3 分：符合测评指标操作性定义的一部分。④ 2 分：符合测评指标操作性定义的小部分。⑤ 1 分：不符合测评指标操作性定义的绝大部分。

（2）评分表设计。无领导小组讨论评分表主要包括指标、行为记录、评分标准、评分等级等，见表 12-5、表 12-6。设计评分表，要避免观察要点过多、标准过细、分数难以确定，以及操作性不强等问题。

表 12-5　无领导小组讨论评分表示例（一）

日期：＿＿＿＿＿＿＿＿＿＿　时间：＿＿＿＿＿＿＿＿＿＿　被测者姓名或编号：＿＿＿＿

考场：＿＿＿＿＿＿＿＿＿＿　组别：＿＿＿＿＿＿＿＿＿＿　评委（评价者）：＿＿＿＿＿＿

指标		团队意识	沟通能力	主动性、积极性	协调能力	判断力、情绪稳定性	外貌气质
权重		22	22	17	14	13	12
评分等级	优	16～22	16～22	12～17	10～14	9～13	9～12
	中	5～15	5～15	4～11	4～9	4～8	4～8
	差	0～4	0～4	0～3	0～3	0～3	0～3
行为记录							
评分							
总分							

说明：

①团队意识：

优：着眼大局，关注整个小组讨论的统一结论，甚至最终放弃个人意见，服从小组意见。

中：积极维护个人所在一方的观点，但偶尔有过激行为。

差：对别人攻击自己一方的观点，无动于衷，置身事外。

②沟通能力：

优：表达思路清晰简洁，善于运用语言、语调、目光和手势，他人发言时认真倾听，强调自己观点时有说服力。

中：表达思路清晰，能运用手势和目光，能听取别人的意见。

差：不善言谈，思维和观点混乱或模糊。

③主动性、积极性：

优：发言积极，有质量的发言在 6 次以上。

中：发言还算主动，有质量的发言在 3 次以上。

差：反应迟钝，发言被动，发言 2 次以内。

④协调能力：

优：能积极和小组内部人员进行有效沟通，达成统一意见。

中：能和同组人员进行沟通。

差：不和人交流，不参与讨论。

⑤判断力、情绪稳定性：

优：理解问题准确、迅速，见解独到，能镇定自若、有风度地回答对手的提问和进行反驳。

中：理解问题到位、适当，能心平气和地发言与提问。

差：思路混乱，不知所云，情绪激动，爱打断别人的发言，乃至出言不逊、辱骂对方。

⑥外貌气质：

优：着装良好，对自己很肯定，很有自信。

中：着装简洁实用，仪表整齐，有良好的自制力，看起来自信。

差：着装粗心，仪表较差，缺乏自信，不修边幅，自卑或狂妄。

（3）评价要点。在无领导小组讨论中，评价者在深刻理解并掌握测评指标的含义、评分表的基础上，将被测者在讨论过程中的以下语言、动作、表情等典型行为作为评价要点：

表 12-6 无领导小组讨论评分表示例（二）

测评指标	观察要点	评分标准		评价等级
		行为描述	等级	
资源整合能力	讨论中能否树立个人权威，组织他人进行讨论	发展三个以上支持者	A	
		发展一个至三个支持者	B	
		没有支持者	C	
	关键时刻能否协调人际关系，缓解冲突	三次以上有效协调讨论气氛	A	
		一次至三次有效协调讨论气氛	B	
		没有协调讨论气氛	C	
	能否整合别人的观点并加以利用	三次以上有效总结、利用别人的观点	A	
		一次至三次有效总结、利用别人的观点	B	
		没有利用别人的观点	C	
评价说明：组合评定无 C，B 不超过两个为合格。				

资料来源：徐世勇，李英武. 人员素质测评[M]. 北京：中国人民大学出版社，2019：174，176.

①发言次数的多少；

②是否善于提出新见解和新方案；

③是否敢于发表不同意见；

④是否善于倾听、支持或肯定别人的意见；

⑤是否坚持自己的主张；

⑥是否敢于打破僵局，首先发言；

⑦是否善于消除紧张气氛或创造轻松气氛；

⑧是否善于引导、影响、说服别人，调解争议问题，把众人的意见引向一致；

⑨是否尊重别人；

⑩是否善于引导讨论的进程；

⑪语言表达是否流畅、准确；

⑫分析问题是否透彻；

⑬概括问题是否全面；

⑭是否容易急躁，情绪容易激动；

⑮是否具有良好的语言表达能力、分析判断能力、反应能力、自控能力及宽容真诚的良好品质；

⑯语气、语调、手势是否得体等。

（三）组织实施

1. 准备阶段

（1）评价者的选择、培训与分组。其中，评价者人数与被测者人数比例一般为 1∶2，保证每位评价者有足够的精力观察被测者。

（2）被测者分组。一般按每组 4～8 人分配。人数太少，讨论不易充分展开；人数太多，相互之间有可能分歧过大，难以在规定时间内达成一致意见，而且评价者也难以全面观察。而且，每组人数最好为双数，以避免被测者通过投票表决的方式来获得一致结论。同时，分组的时候还应该考虑被测者的年龄、性别、职位、个性特征、测评经验等方面的对等性，最好彼此之间不熟悉。

（3）场地布置。应选择在宽敞、明亮、安静的场地中进行。为方便被测者之间的交流与评价者能够观察到每位被测者，被测者的席位最好呈扇形或V字形摆放，并且与评价者席间距4米左右为佳，防止距离过近给被测者带来无形的压力。还可以选择有单向玻璃的房间进行，评价者在场外进行观察；有条件的话还可以利用摄像机录像后再观摩评分。

2. 实施阶段

无领导小组讨论的实施是一个规范化的过程，主要包括如下几个阶段，见图12-1。

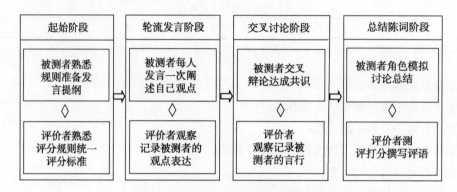

图12-1 无领导小组讨论实施流程图示

资料来源：黎恒，丁晓岚. 无领导小组讨论实务操作：中层管理人才选拔案例[J].
中国人力资源开发，2002(9)：39-41.

（1）起始阶段。其主要内容有：①评价者向被测者讲解无领导小组讨论的要求，宣读指导语，发放包括讨论题目在内的相关材料；②给所有被测者一定的时间进行提问，解决其疑问。在此之后，被测者不得再向评价者问询任何问题；③被测者在规定时间内（如5～10分钟）阅读材料，独立思考，为接下来的个人陈述、自由讨论做准备。

（2）轮流发言阶段。其主要内容是被测者按顺序做个人发言。发言时间通常有最高限制，如不超过5分钟。通过个人轮流发言，可以发现彼此观点的异同，明确下一步的讨论方向，同时可以展现被测者个人的相关能力。

（3）交叉讨论阶段。其主要内容是被测者充分发表自己的意见，同时听取他人的意见，并就他人的观点进行分析和提出不同见解。这个阶段要求被测者通过沟通、协调等，深化讨论，克服差异，达成统一意见。这是无领导小组讨论的核心阶段，被测者要充分展现其各项素质，评价者重点观察、记录被测者的典型行为。要注意的是，应事先规定讨论结束后所有成员必须达成一致意见，但不能采用投票或举手表决的方式，只能采用沟通、协商。

（4）总结陈词阶段。其主要内容是被测者推荐一人作为代表向评价者汇报小组讨论达成的一致意见。评价者要重点观察被测者如何推举代表，代表是否具备某些领导风格，汇报结果是简单的讨论记录，还是清晰表达了讨论的思路和观点，一致意见是经过认真讨论达成的，还是迫于时间压力匆忙形成的等。

在讨论过程中，评价者按前述对被测者典型行为的评价要点，以记录事实为中心，抓住关键细节，尽可能地全面记录被测者的语言行为特征，尤其是要记录与测评指标相关的语言行为，但切忌加入个人主观臆断，不做推断性的判断。全面翔实、客观完整的记录是保证无领导小组讨论成功的关键。

3. 评估阶段

（1）打分评价和评语评价。

①打分评价。这是指评价者按照评分表给被测者打分。一般有三种方式。

一是每一位评价者对每一位被测者的每一项测评指标进行打分。其优点是利于分数的汇总和比较；缺点是评价者的工作量较大，同时每一位评价者准确观察记录所有被测者是非常困难的。

二是每一位评价者只对分配给他的被测者的每一项测评指标打分。其优点是评价者可以集中精力评价少数几位被测者，提高评价的准确性；缺点是不同评价者的评价对象不同，评价结果难以比较。

三是每一位评价者只对每一位被测者的某几项测评指标打分。其优点是评价者可以集中精力重点观察几个测评指标，对测评指标的把握比较准确；缺点是评价者不能全面评价被测者，不便于评价者从不同指标之间的联系角度去全面评价被测者。

此外，评价者还可以对各个小组的总体表现打分，包括总体讨论的热烈程度、组员之间的合作程度、讨论的对抗程度等，该总体得分对每个组员的成绩都会有影响。

②评语评价。这是对打分评价的补充，是为了解决打分评价难以具体形象地说明被测者素质特点的问题。评语评价一般包括两方面内容：一是对被测者的重点行为描述，主要是陈述事实；二是评价者的评价，主要是反映评价者基于被测者的行为表现对其做出的判断。

评分还应特别注意两点。一是把握打分时机。打分太早，会大大影响结果的准确性，一般来说，评价者不得在讨论过半前打分；也不能打分太晚，因为讨论一结束，评价者就可根据记录、录像、记忆等进行评价打分。因此，可在讨论过半后，就测评指标对被测者给出初步的等级，然后再根据其后续表现，寻找更多的证据进行修正，直到讨论结束后根据记录等最后打出准确的分数。二是对某些把握不大的行为标准，以及在讨论中不活跃的，先多收集证据，最后再在讨论结束后，经评价者之间相互交流、充分讨论后打分。如果仍不能打分，则注明应参考其他测评方法进行评价。

（2）测评效果评估。这主要是指分析评价无领导小组讨论的信度和效度，为以后开展提供经验。前者如题目是否合适，实施过程是否公正，测评指标是否合适等；后者如测评结果与所要考查的内容是否吻合等。可以在测评结束后的一段时间内，专门观察被测者的具体工作表现，如果其工作绩效好，则基本断定本次无领导小组讨论是成功的，反之亦然。

第五节　文件筐测验

一、文件筐测验的概念

文件筐测验是指通过模拟一个组织某中高级管理职位的实际工作和管理环境，提供给被测者一个包括众多信函、请示、汇报、报表、账单、通知、备忘录、政策法规、上级指示、电话记录、社会投诉等文件材料的文件筐，要求其完成该职位人员的工作，在规定时间内处理上述文件材料，形成处理报告，并写明处理的理由和依据，而评价者通过观察被测者在上述处理过程中的行为表现和书面作答，对其计划、组织、预测、决策、授权、信息处理等能力及对工作环境的理解和敏感度等做出评价的一种测评方法。又被称为公文处理、公文筐测验等，属于情境模拟测验，是评价中心最常用和最核心的测评方法之一。

文件筐测验测查的是被测者在典型的工作环境中，掌握和分析各种资料，处理和评估各种信息，做出管理决策，进行指挥、协调、控制等管理活动的表现。它假定被测者已经从事该职位工作，然后在限定的条件下——通常是比较紧迫或困难的条件，如信息有限、独立无援、初履新任、出席某重要会议之前，或深夜在家处理文件、没有秘书或他人可以求援等，在规定时间内（通常 1～3 个小时）处理多数管理人员案头出现的一定数量（通常 10～30 份）的各种文件。具体的限制时间和文件数量可根据组织的具体情况和职位要求而调整。这些限定条件是非常重要的，时间限制可以测查被测者在有时间压力的情况下，能否分清轻重缓急并迅速做出决策，足够的文件数量可以测查被测者的综合处理能力。

在测验开始前，需要向被测者介绍有关背景材料，告知他按职位要求全权处理各种文件，使其真正意识到他不是在演戏，也不是在代理职位，而是真正手握实权，需要根据自己的知识、能力、性格、经验、风格等去处理各种问题。处理结束后，评价者可对被测者进行采访，查清一些不清楚或不明白的地方，要求说明为什么要这么处理。

文件筐测验的内容根据测评目的、被测者等确定。例如，如果是选拔高层管理人员，文件内容可能涉及组织架构的调整、人事安排、财务支出与控制等；如果选拔科级管理人员，文件内容则侧重日常性事务处理、上级命令的理解及执行等；如果被测者是人事处（科）长，文件内容可能是人员绩效下降、人员流动、人事（劳动）争议、薪酬超支等问题。

二、文件筐测验的优缺点

（一）文件筐测验的优点

1. 情境仿真性高

文件筐测验的最大特点之一就是测评情境与实际工作情境极其相似，测评材料是现实工作中的样本，能够吸引被测者全身心的投入。从文件内容看，文件筐能够基本覆盖中高级管理人员实际工作中遇到的各种文件，有些文件就是完全真实的公文，如果被测者能妥善处理相关文件，那就能够比较全面真实地反映其实际工作能力。

2. 题目内容广泛、形式灵活

文件筐测验的题目，可以根据组织和职位特点及测评对象的不同灵活设计，任何工作情境、业务知识、操作经验、能力要素等都可以置于文件筐中。文件的形式可多种多样，从书面报告、电子邮件到电话录音等都可以选择；文件的种类也可丰富多样，可涉及与职位相关的所有业务活动；文件可来自组织内部各个层级或部门，也可来自组织外的党政机关、企事业单位、国际组织、其他社会组织和社会公众；从测评的组织看，可以是个体测评，也可以是集体测评。

3. 操作简便

文件筐测验只要求被测者对各种文件进行处理，不涉及复杂的人际互动。测评的场地、人员准备相对简单。被测者的作答也以书面形式完成，相对于结构化面试、无领导小组讨论等而言，省掉了观察、记录等环节，评价相对简单，评价者经过一定的培训即可胜任。

4. 开放性强

在文件筐测验中，所有文件的处理都没有标准答案，被测者面对的是开放式问题，自由发挥的空间较大，可以从不同的角度做出反应，既可以表现自己的经验、学识等，也可以展现其灵活应变的意识、能力等。

5. 信度与效度较高

由于文件筐测验与实际工作的相似度很高，可对被测者的综合素质和潜在能力进行较为全面的测查，测验结果可以很好地预测被测者未来的绩效。研究表明，文件筐测验的评分者信度 0.6～0.8，其构念效度、效标关联效度、同时效度也得到了验证，证明它可以很好地预测被测者的未来绩效。

6. 应用范围广

①它可以测查被测者多方面的能力，如计划能力、分析判断能力、督导下属的能力、决策能力、授权能力、时间安排能力等。②可以测查被测者运作组织多个或全部部门的业务能力。③基于书面形式作答，还可以测查被测者的写作能力。④既可用作选拔、考核管理人员；也可用于培训，特别是能有效提高管理技巧、人际和部门冲突处理技巧等。⑤测验结果能为组织设计和人力资源规划等提供科学的依据。

（二）文件筐测验的缺点

1. 题目命制难度大、成本高

题目命制团队需要测评、管理和行业三方专家组成，并深入组织各部门，多渠道收集大量的不同类型的文件，进而对文件再进行进一步的典型化、规范化的加工处理。因此，命制过程耗时耗力，成本比较高。

2. 评价缺乏客观性

鉴于题目属于开放式问题，对文件的理解、处理无法形成统一的标准；不同的组织由于价值理念、规章制度等不同，对文件处理的要求及标准也不同；不同的评价者由于经验、学识、认识、习惯等的差异，对文件处理结果的评分也不尽相同，特别是专业学者与实际工作者之间的不同认识，都导致很难有统一的评价尺度，从而影响了该方法所具有的独特性的充分发挥，也限制了该方法的大规模应用。

3. 应用范围比较窄

文件筐测验是基于中高层管理人员的特点设计的，其测评的指标、形式同中高层管理者的工作形式与能力要求比较接近，所以它自然最符合中高层管理者的职位特点、职责内涵等。而基层管理者的工作内容往往较少处理文件，所以除非需要从基层管理者中物色人才，一般不采用文件筐测验。

4. 被测者的素质难以全面反映

文件筐测验采用的是纸笔测验的形式，对被测者的测评主要依赖于其处理文件的书面作答，这带来两个问题，一是每个被测者处理文件的方式受其原先所在组织的文化理念、处理习惯、规章制度等的影响，因此，被测者的作答可能只是反映了上述文件处理方式，而不是被测者比较全面、真实的素质；二是没有被测者与评价者之间的互动，所以无法测查被测者人际交往协调等能力。有鉴于此，文件筐测验往往需要与其他方法结合使用。

三、文件筐测验的流程

文件筐测验自然要遵循第七章测评流程及本章第二节评价中心的流程，在此主要强调如下几点。

（一）测评指标的确定

与无领导小组讨论相似，应结合职位分析、胜任力分析与测评目的、测评指标体系，根据文件筐测验的特点选择适合文件筐测验的测评指标，毕竟文件筐测验不是适合所有的测评指标。同时，通过这一步骤，确定文件筐测验要测评的指标及其权重。文件筐测验适用于对中高级管理人员的管理能力进行测评，通常可以测查以下能力：认知能力、决策能力、预测能力、授权能力、控制能力、统筹计划能力、组织管理能力、分析判断能力、书面表达能力等。

（二）题目命制

文件筐测验题目命制一般包括如下步骤：①收集素材；②筛选、整理、加工素材；③编制、组合文件；④试测和收集答案；⑤制定评分标准，设计评分表；⑥定稿。下面主要介绍几点。

1. 题目命制的原则

这与无领导小组讨论题目命制的原则类似，①应结合测评的目的、指标；②注意题目的典型性、区分度；③文件应突出主题，即一件文件应以一个事件为轴心，重点测查被测者的某一方面能力，避免被测者没有抓住问题的核心，过度拘泥于细节问题而浪费时间，如文件一测查被测者的分析判断能力，文件二测查其组织协调能力，文件三测查其决策能力等；④文件筐的整体材料能测查被测者的所有测评指标，文件结构合理，相互联系、相互制约，一般按先易后难，整体上形成一种难度梯度。

2. 评分标准、评分表与评价要点设置

评分标准主要分为三部分：一是参考标准。即制定各个文件处理的理想办法，也就是要界定在某个指标上，以什么样的文件处理方式表明被测者的能力高，而什么样的文件处理方式表明被测者的能力较弱。二是等级水平。如采用 5 点量表、7 点量表、10 点量表等多种形式。三是确定某一等级水平与参考标准之间的对应关系。评分表样例见表 12-7。

表 12-7 文件筐测验评分表样例

序号		姓名		性别		年龄		教育程度		职位		
测评要素		观测要点								满分	得分	备注
问题解决	洞察问题	洞察问题的起因，把握相关问题的联系，分析归纳，形成正确判断，对问题的可能后果做出预测								5	A	
	解决问题	提出解决问题的有效措施并付诸实施，即使在信息不充分的情况下，也能及时做出决策								5	B	
	计划统筹	确定具有前瞻性的目标和实现目标的有效措施与行动步骤，制定可行的行动时间表								5	C	
日常管理	任用授权	给下属指派与其职责、专长相适应的任务，为下属提供完成任务所需的人、财、物等方面的支持，给予下属适当的授权								5	D	
	指导控制	给下属指明行动和努力的方向，适时地发起、促进或终止有关工作，维护组织机构的正常运转，监督、控制活动经费的开支及其他资源的使用								5	E	
	组织协调	协调不同任务和下属的行动，使之成为有机整体，按一定的原则要求，调节不同利益相关者的矛盾冲突								5	F	
	团结下属	理解下属苦衷，在力所能及的范围内解决下属的困难，尊重下属，倾听下属的意见，爱护下属，帮助下属适应新的工作，重视下属的个人发展								5	G	
个人效能		注重效率，能够合理有效地使用、分配、控制自己的时间								5	H	
评委评语		评委签字										

资料来源：凌文辁，柳士顺，谢衡晓，李锐. 人员测评——理论、技术与应用[M]. 北京：科学出版社，2010：197.

就以上评分标准，评价者可主要关注被测者的以下评价要点。

①是否每份文件都看过，并做出了相应的答复；

②是否充分利用了文件所提供的所有信息；

③是否在有时间压力的情况下，能抓住关键问题，分清轻重缓急，有条不紊地处理这些文件；

④是否依据文件所提供的事实进行判断和决策，理由是否充分合理；

⑤当信息不足以做出决策时，是否提出寻求相关的信息；

⑥是否恰当的授权；

⑦是否关注大局或过分拘泥于细节；

⑧是否对问题性质的判断恰当，是否提出巧妙而又有效率的问题解决办法。

（三）组织实施

1. 准备阶段

准备阶段主要包括：评价者的选择、培训与分组，选择合适的测验场地和时间，准备背景材料、待处理的文件、指导语、答题册（纸）等测验材料及文具等。

2. 实施阶段

在宣读、讲解指导语，确认被测者完全理解指导语之后才能开始正式测评。被测者如有不清楚的地方可以提问。有的测验，为了确认被测者是否完全理解指导语，还设计了指导语测验，只有当被测者通过指导语测验时，才能开始正式测评。测验的时间约为 1～3 个小时，视测评目的、文件数量、题目难易程度而定。评价者对被测者在答题过程中的行为表现进行观察，并适当做一些记录。记录的内容要详细具体，但不进行主观、不成熟的评论。如果被测者人数多，可以录下整个测验过程。

3. 评估阶段

与无领导小组讨论相似，文件筐测验的结果评估包括打分评价和书面评语评价两部分。测评结束后，每个评价者按照评分表的要求，独立对被测者在每一个文件下的所测指标打分，然后再汇总。其中，①如果评价者打分的差异不大，则可以取平均值作为最终结果；如果不同评价者在某一指标上的打分出现较大差异，则需经讨论得出相对一致的意见。②还可由评价者先分别独立打分，然后进行讨论，交流打分结果，完善参考答案，统一评分标准；再分别打分后，汇总处理，并以第二次打分作为测验结果。③为保证不同评价者对标准的掌握一致，最后还可由一位有经验的评价者复核所有评价者的打分，如发现不同评价者的评分标准差异较大时，可再沟通调整，直到达成统一的评分标准。④为减少打分时间，提高打分的内部一致性，还可以采用锚定计分法，即每个评价者都只对所有指标中的 2～3 个指标计分，解决信息加工量过大的问题，克服评分标准在所有指标之间频繁转换而带来的误差。

评语评价是为了弥补打分评价的不足，更全面反映评价者对被测者的评价意见，为测评提供更翔实可靠的信息。它没有严格的内容或形式要求，主要包括如下内容：①对被测者突出的指标表现进行文字描述；②对被测者的整体素质进行分析归纳；③对评分表没有显示的被测者的其他突出特点进行补充；④记录对被测者的有关疑惑之处，指出对被测者的测评意见，明确是否具备参加下一轮测评的资格，以及需要进一步测查的内容和方法等。

第六节　评价中心其他方法

一、角色扮演

角色扮演是指要求被测者在某情境下扮演一个特定的角色，评价者通过观察被测者在该过程中的行为表现，来测查其能力的情境模拟活动。它通常是根据测评目的设计一系列与目标职位实际情况相似的工作情境，其中设有充满尖锐的人际矛盾和冲突的"剧情"，被测者按照任务要求和自己的理解，通过扮演"剧情"中相应的角色，讨论、处理相关的问题和矛盾，完成特定的角色任务，评价者通过观察其完成任务的过程对其进行测查。

角色扮演的情境是以人际矛盾与冲突为主，通常需要与其他人（其他被测者或评价者的助手等）作为合作者共同完成既定任务，因此角色扮演的测评重点是被测者的人际能力、判断决策能力、应变能力、组织协调能力、情绪控制、团队辅导、顾客导向、辅导下属，以及态度、动机等，而非处理某一件事的具体做法。在测评中，评价者还可以给被测者施加压力，如安排被测者的合作者采取故意不合作、指责等做法，测查被测者在各种情境下的综合素质。由此可见，角色扮演不仅可以用于测评，还可以用于培训，提高相关能力，加快职业适应，增强团队合作性等。

角色扮演的主要优点如下。①模拟性强。角色扮演是根据目标职位的特点设计情境及任务，扮演中遇到的问题通常也是实际工作中经常出现的典型问题，被测者对此相对熟悉，能较快融入角色；同时，这也便于评价者对其做出准确判断。②灵活性强。这主要是指角色扮演的形式和内容可根据测评的需要灵活调整；在测评过程中，评价者可根据被测者的表现设置各种各样的"人为障碍"，充分测查被测者在多种情境下的能力；对被测者的表现形式限制小，可尽可能地展现自己的才干。③参与性强。角色扮演只是一种模拟活动，被测者不必顾虑因决策失误可能造成的实际损失及其他不良影响，可按自己的意愿积极投入角色，充分展现自己的才华。④协作性强。角色扮演需要不同角色之间配合、沟通、协商、让步等，这利于相互间的感情交流，可以增强相互认知、人际交往、团队协作等能力。特别是同事之间一起进行角色扮演时，能显著增进合作能力、团队精神、集体荣誉感等。

角色扮演的主要缺点如下。①设计难度较大。角色扮演需要模拟的情境、任务与测评内容相一致且真实，切忌简单化、表面化和虚假化，否则被测者无法融入情境，也就难以反映其真实能力，评价者也很难对其进行准确测查，因此，这需要高超的设计能力。②被测者的行为不一定反映其真实情况。在角色扮演过程中，有的被测者由于自身特点不习惯或不乐意接受这种测评方式，导致难以进入角色；或者表现出模式化或刻板化行为，与其在实际工作中的真实状态差别太大，这都无法反映其真实情况。③标准化难。角色扮演需要合作者来扮演与被测者交流、合作的人，合作者可以是一位独立的第三方人员，也可以是一位评价者或其助手，还可以是其他被测者，但问题在于面对不同的被测者，合作者与其交流的形式、内容都很难做到标准化，这样评价者就很难准确观察记录被测者的行为表现，特别是当评价者本人扮演合作者时，难度尤其大。这也说明了对评价者、合作者的要求很高。

角色扮演根据不同的标准有多种分类。其中，根据测评任务的不同可分为如下三种。①沟通类。这又分为一对一和一对多两种。其中，前者是指要求被测者扮演一位管理者或领导者角色，同一位下属、同事或社会公众谈话，以解决某个特定的棘手问题。如扮演某市 A 局的局长，约谈一位绩效比较差的下属，讨论绩效改进问题。后者是要求被测者扮演一位管理者或领导者角色，同多位下属、同事或社会公众谈话，解决工作中遇到的问题或社会公众的要求、投诉等。②问题解决类。这是指要求被测者扮演一位管理者或领导者角色，解决多人间的利益冲突问题。如工作安排，职务、职级、职称晋升，资源分配，公共服务等。如扮演一位某街道办事处负责人率相关部门人员，就某社区 A 公共厕所改扩建，因该厕所相邻两栋居民楼居民有不同意见，一再拖延，而与该两栋楼居民代表协商解决问题。③应变类。这是指要求被测者扮演一位管理者或领导者角色，处理某一个突发事件。以此测查被测者能否面对危机镇静自若、迅速抓住问题的要害或关键点，依法依规且灵活处理的能力。如扮演某市 A 中学校长，就本校 50 多名学生在学校食堂午餐后上吐下泻，可能食物中毒，在医院观察的事件。

角色扮演的评价要点是：①对角色的适应与把握，这主要是指被测者能否迅速进入角色情境，按照角色规范的要求采取相应的对策行为；②角色的表现，这主要是指被测者在角色扮演中表现出的价值观念、行为风格、思维敏捷性、口头表达能力、对突发事件的应变能力等；③角色的衣着、仪表与言谈举止是否符合角色及当时的情境要求；④其他，这主要包括缓和气氛化解矛盾技巧、达到目的的程度、行为策略的正确性、行为优化的程度、情绪控制能力、人际关系技能等。

二、案例分析

案例分析是指要求被测者阅读一些关于组织中的问题的书面材料，并以某种身份进行分析、决策，提出相应的解决方案，提供书面报告或者在小组讨论中发言，评价者根据被测者分析报告的内容、形式或发言情况，测查其相应能力的一种测评方法。

作为一种综合性较强的情境模拟活动，案例分析的优点主要是：①设计灵活；②操作简便；③成本较低；④测查素质范围广，案例的主题可以覆盖组织管理活动的所有方面，特别适用于测查被测者的理论功底、战略思维、行业远见、创新意识、问题解决能力、判断决策能力、综合分析能力、口头或书面表达能力等。

案例分析的缺点主要是：①与其他情境模拟技术而言，案例分析获得的行为信息相对较少；②评分比较主观，不同评价者可能对同一份案例分析报告做出差异较大的评价。

案例分析可分为单一案例分析题和复合案例分析题，也可按照案例分析的命题要求分为描述评价型、分析决策型和方案设计型。

三、管理游戏

管理游戏是指通过完成某种实际工作任务为基础的标准化模拟活动。在这类活动中，一般以多名被测者组成的小组形式进行，被测者置身于一个模拟的工作情境中，每人被分配一定的任务，必须相互合作共同完成任务，并在任务结束后就某一主题进行交流讨论。有时引入一些竞争因素，有的还规定了小组成员的角色。通过被测者在完成任务过程中表现出来的行为，测查其素质状况。如"小溪任务"游戏，就是给一组被测者滑轮、铁管、木板、绳索，要求他们把一根粗大的圆木和一块较大的岩石移到小溪的另一端。这个任务只有通过被测者的努力协作才能完成。评价者可以在客观的环境下对被测者做出有效的观察。

管理游戏可用于测查被测者的领导能力、沟通能力、协调能力、应变能力、合作精神、创新意识、主动性、思维敏捷性、情绪稳定性以及在压力下的工作效率等。

管理游戏的优点主要是：①趣味性、感染性强，形式活泼，能调动被测者参与的积极性，便于消除被测者的紧张感和掩饰心理，使其自由展现才能；②模拟内容接近实际工作情况，真实感强，利于被测者展现其实际分析、处理问题的能力；③可同时测查被测者的多种能力。

管理游戏的缺点主要是：①对场地、道具的要求高，且需要花费大量的人力物力和时间去组织实施，从而抬高了成本；②不利于观察，对评价者的要求较高。被测者在游戏过程中常处于运动状态，评价者要准确观察其细小的行为表现，并按照评分标准打分难度较大。这两个缺点实际上增加了测评的难度。

管理游戏的主题涉及组织的多种管理活动，根据管理游戏要解决的问题类型可分为团队建设游戏、会议游戏、压力缓解游戏、创造力游戏、激励游戏等。

主 要 词 汇

评价中心　　无领导小组讨论　　文件筐测验　　角色扮演　　案例分析　　管理游戏

复习思考题

1. 什么是评价中心？它包括哪 10 个要素？

2. 评价中心有何特点、优缺点？有哪些主要形式或方法？

3. 评价中心的原理是什么？有哪些评价要素？

4. 简要介绍一下评价中心的流程。

5. 简要介绍一下评价中心的用途。

6. 设计和实施评价中心应注意哪些问题？

7. 什么是无领导小组讨论？它有何优缺点？有哪些类型？

8. 简要介绍一下无领导小组讨论的流程。

9. 什么是文件筐测验？它有何优缺点？

10. 简要介绍一下文件筐测验的流程。

11. 什么是角色扮演？它有何优缺点？有哪些分类？其评价要点是什么？

12. 什么是案例分析？它有何优缺点？有哪些分类？

13. 什么是管理游戏？它有何优缺点？有哪些分类？

14. 如何评价评价中心在我国公共部门人力资源测评中的应用？有何建议？

公务员 LGD 考官评分能力影响因素及其遴选和培训

推荐进一步学习阅读书目

1. 桑顿三世. 评鉴中心在人力资源管理中的应用[M]. 上海：复旦大学出版社，2004.
2. 陆红军. 人才评价中心[M]. 北京：清华大学出版社，2005.

第十三章

其他测评方法

【学习目标】

- 掌握履历分析的概念、理论基础、优缺点、作用、流程、问题及应对建议。
- 掌握履历表的种类和设计。
- 掌握履历分析测评指标与其选项和权重的确定、评分标准设计及量化统计分析。
- 掌握民主推荐的概念、形式、程序和人员范围。
- 掌握民主推荐与民主测评的差异，以及存在的问题及改进方向。
- 掌握考察的概念、内容、程序和方法。
- 掌握考察人选的确定，以及存在的问题及改进方向。
- 掌握同行评价的概念、优缺点、内容、形式、存在的问题及改进方向。

第一节 履历分析

一、履历分析概述

（一）履历分析的概念

履历是指个人的经历，包括有关个人的一切可证实的历史信息，是个体过去行为经验的总和，如个人基本信息、一般社会背景、教育培训经历、任职经历、社会关系、业余爱好、个性特征等。也称为传记式资料、履历资料、履历数据、个人背景资料等。

履历分析是指通过对被测者个人背景、工作和生活等经历的分析，判断其与目标职位适应性的一种测评方法。它通常要求被测者填写标准化的履历表，回答一些预设的问题，测评者按照既定的程序和标准对其进行定性定量相结合的评估，为被测者"过去的经历"与"未来工作表现"架起桥梁，正所谓"个体过去的行为表现是预测其未来成功的最佳指标"，从而为人力资源管理决策提供依据。

《干部人事档案工作条例》第十九条规定了干部人事档案的主要内容和分类：履历类材料（主要有《干部履历表》和干部简历等材料），自传和思想类材料，考核鉴定类材料，学历学位、专业技术职务（职称）、学术评鉴和教育培训类材料，政审、审计和审核类材料，党、团类材料，表彰奖励类材料，违规违纪违法处理处分类材料，工资、任免、出国和会议代表类材料，其他可供组织参考的材料。

1894 年，美国学者彼得斯提出关于"个人履历信息标准化"的问题，认为可以设计一套标准化问卷来选拔人才，这一问卷便是履历分析的雏形。经过诸多人的努力，在第二次世界大战时期，美国军方使用该方法预测空军飞行员和海员训练的成绩时，获得了极大的成功，这也奠定了它在军事人员选拔中的地位。此后，该方法推广到民用部门，并在大量研究和应用的基础上，逐步发展成为人力资源测评的一项重要方法，并形成了相应的理论基础。国际上通用的方法是以选择题的形式要求被测者填写履历表。这方面的代表可推美国人事总署研究开发的履历表，（又称为经历调查表、个人成就信息表），该表自 1983 年启用，从学习经历、工作经历、工作能力和人际关系等方面编制了 148 道选择题，每个选择题有 5 个选项，已成为美国公务员选拔的一种重要手段。有研究利用 59 个履历评价变量构建指数模型，对 1896—2008 年 29 次美国总统大选进行预测，成功预测 27 位总统当选，预测准确率 93%，而其他方法的最高准确率是 87%。①研究表明，那些经过理性挑选、基于实证数据、经过交叉验证的个人履历信息项目对于效标累积变异的解释量超过了人格和一般认知能力测验的解释量。②

20 世纪 90 年代，我国已开始将其应用到领导干部的公开选拔考试中。长期以来，我国公务员的选拔主要通过笔试和面试进行。其中，笔试对可量化的知识水平较容易测评，但对难以量化的创造力、思维灵活性的测评效果则不佳；而面试虽然可以对被测者的相关能力进行测评，但主观性强，而且容易滋生腐败等，因此，履历分析弥补了其他公务员选拔方法的不足，为我国公共部门人力资源测评提供了一种客观有效的方法。事实上，通过履历分析，可以进一步挖掘包含个人基本素质、领导能力等无法直接从简历中获取的诸多信息，对其未来工作绩效做出较为准确的预测，提高选拔的效率。

（二）履历分析的理论基础

个体行为一致性理论认为，过去的行为是预测未来行为的最好指标，对一个人先前行为、生活和工作经历的系统测量能够间接获得其行为动机、选择方式等特点，因此，如果对一个人的过去了解详细的话，就能比较有效地预测其未来的行为表现。况且，让其描述自己先前的行为比让其讨论这些行为的动机等更真实可靠，作假的概率也要低得多。一般认为，履历分析的理论基础主要包括如下内容。

（1）高阶理论。该理论认为，管理者的有限理性决定其对外界事物的认知是一个循序渐进的过程，不同的认知基础、价值观、专业知识等决定了对信息处理和过滤具有选择性。管理者的不同认知结构反映了其决策的偏好，而决策偏好在一定程度上是管理者个人价值观和外部环境认知的体现。管理者个人的人口统计学特征、教育程度、工作经历以及家庭背景都会影响其决策偏好和职位的适应性。这意味着，被测者的履历潜移默化地影响其未来的选择决策和风险偏好，而且还不会随个人工作环境的改变而在短期内发生改变。因此，可以通过分析被测者的基本人口统计特征，有效预测其与职位的匹配程度。

---

① ARMSTRONG J S, GRAEFE A.Predicting elections from biographical information about candidates：A test of the index method[J]. Journal of Business Research, 2011, 64(7)：699-706.

② MOUNT M K, WITT L A, BARRICK M R. Incremental validity of empirically keyed biodata scales over GMA and the five factor personality constructs[J]. Personnel psychology, 2010：53(2), 299-323.

（2）发展综合模型。该模型根据履历表上不同因素上的得分，将具有相似经历的个体分配至不同的亚群体组，发现不同组的个体在不同工作中的绩效和工作满意度的不同。另有研究表明，不同小组的成员在工作方式、工作绩效和离职率上相对于组间的明显差距显得非常相似。这说明，个体的过去生活经历是个体未来发展的本源，将会影响其将来的知识、技能、价值观、行为动机等各个方面。同时，这还能应用于职业生涯规划和心理辅导，并且有显著效果。

（3）生态模型。该理论认为，个体作为生物会通过寻找特定的经历和机会来提高个人的生存技能，适应社会环境。个体的行为一旦在某种环境中获得了积极的正向反馈，在后续的过程中，个体会持续寻找这种类似的环境，产生路径依赖，从而有效地进行自我强化。因此，要预测一个人未来的工作绩效，了解其先前的行为以及与其兴趣间接相关的行为也是非常有价值的。该理论以选择决策的生态适应模式对履历分析的预测能力进行了解释。

（4）社会认同理论。该理论认为，社会认同来源于个体对自己作为某个或某些社会群体成员身份的认识，以及附加在这种成员身份之上的价值和情感方面的意义。在某些情境中，个体会依据自己的群体成员身份行动。因此，个人对于自己社会身份所属于的国籍、单位、社团等一系列的社会团体都会具有高度一致性的趋同认识，而且一旦形成强烈的认同感，个体就会潜移默化地展现出所属群体的特征；同时，这些群体的组织特征也反过来对其决策产生潜移默化的影响。所以，根据被测者的毕业学校、学历层次、工作经历等指标预测其在未来职位的胜任力和工作绩效具有一定的意义。

（三）履历分析的优缺点

1. 履历分析的优点

（1）依据客观。由于每个人的过去经历大部分都是无法改变的客观事实，因此，一旦履历分析的测评系统确定后，测评的结果也就随之确定，从而有效避免了测评者个人选择性偏好的影响，保证了测评的公正性和准确性。

（2）测查全面。履历分析是从纵向对被测者的工作经历进行全面的历史考查，其方法论原则体现的是整体主义和历史主义，测评内容涉及与目标职位相关的大多数因素，不仅包括工作经验、能力倾向、职业兴趣、个性特点等，还有家庭、社会关系及其他测评方法无法考查的内容，甚至包括一些负面因素，有效弥补了其他测评方法的不足，突出了对人的既定行为和实际业绩的评价，有利于对被测者素质的全面把握。

（3）适用面广。履历分析可以适用于所有部门和职位的人员初步筛选，尤其对于高级管理人员或实践性较强的职位，知识性或技能性考试并不能完全预测被测者实际工作表现，而其过去经历则能较好反映其职位胜任水平。同时，对于那些职业层次较高、年龄较大、经验较丰富的人员来说，这是有效而便捷的测评方法。

（4）成本较低。尽管履历表的设计制作较为复杂，而且需要专业知识作支撑，并要对目标职位进行调研，但一旦编制完成，可重复使用，因此，成本相对较低。如果采用计算机建立专门的履历分析系统，使个体差异得到定量化、标准化的比较，效率更会大大提升，成本也会随之下降。

（5）预测效度较高。履历分析是基于被测者的历史生活事件，测量误差小，通过有效控制造假，具有很高的预测效度。研究表明，它对绩效的平均预测效度为 0.35～0.37；当采用工作绩效作为效标，以各种选拔工具为预测变量时，预测效度超过 0.5，比其他工具更具预测效力；履历分析不仅能够有效预测传统绩效指标，如培训成功、工作产出、薪酬等，也能有效地预测工作适应性、工作满意度、团队绩效等非传统绩效指标。以面试结果为效标，履历数据具有良好的效标关联效度，与其他测评工具组合使用时有良好的增量效度。[①]

2. 履历分析的缺点

（1）合法性风险。履历分析可能会涉及侵犯隐私、平等雇佣机会等问题，而且被测者可能拒绝填答涉及个人隐私的题目，存在合法性的风险。

（2）失真或作假。有的被测者会因记忆错误、粗心大意或故意作假而出现遗漏或者失真，也会以一种社会赞许的方式表述，从而降低了测评的有效性。

（3）预测效度稳定性问题。研究发现，履历分析的预测效度会随时间降低，组织变革会影响其预测效度，因此，应根据实际情况经常进行效度验证。同时，有研究表明，传记式问卷不同水平的计分方式会对预测效度产生不同影响，也就是说传记式问卷在诸如选项—题目—维度—量表这四个不同水平的计分方式上会对预测效度产生不同影响。

（四）履历表的种类

履历表种类多样，简历、申请表、应聘登记表等广义上也归为履历表。通常把由单位设计、求职者填写的叫申请表，把求职者自己设计交给用人单位的叫简历。按适用范围，可将履历表划分为通用型和专用型；按项目的内容和呈现方式可划分为权重式和传记式，这是履历分析中应用最广泛的两种形式。

1. 通用型履历表和专用型履历表

通用型履历表的项目普遍适用于组织内的全部或大部分工作；专用型履历表是根据某一个或某一类职位的具体需求而专门设计的，如中组部 1999 年版、2015 年版的《干部履历表》。

2. 权重式履历表和传记式履历表

（1）权重式履历表。该表主要包括一些能够确定和证实的客观信息。题目的形式多以填空题和问答题为主，主要包括个人的基本情况、经历、工作表现等。填表者根据自身实际情况填写表格。表格中所有项目根据其影响绩效的大小被赋予相应的权重，各个项目得分加权汇总即为填表者的最后总分数，以此作为筛选的依据之一。又被称为表格式履历表。

（2）传记式履历表。该表包含大量选择题，这些题是为了获得填表者的个人情况、工作经历及爱好、态度、价值观等而设计的。与权重式履历表一样，该表中的所有问题同样

---

① 严进，吴英杰，张娓. 履历数据测评的效度分析[J]. 心理学报，2010, 42(3)：423-433.

也必须与工作标准相关。所有能够反映工作表现的题目都根据其选择的答案给予相应的分数，各个项目的分数汇总就可以得到总分数，以此作为筛选的依据之一。

作为履历分析的工具，两种履历表还存在不小的差异，见表 13-1。

表 13-1　权重式履历表与传记式履历表比较

差异	权重式履历表	传记式履历表
项目数量	一般包括 10～20 个信息	一般包括 50～200 个问题
项目构成	通常包括个人基本情况、个人经历、个人历史和工作表现情况	除了包括个人资料和人生经历之外还包括态度、观念、价值观等方面
项目形式	填空题与问答题为主	选择题为主
项目内容	主要是客观信息	客观信息和主观信息相结合
计分方式	设立权重，加权统计	以 Likert5 级评分为主；选项独立评分

资料来源：王淑红. 人员素质测评[M]. 北京：北京大学出版社，2012：120.

（五）履历分析的作用

1. 利于全面掌握被测者情况并实施相应的管理

履历表反映了被测者个人的多方面信息，除性别、年龄、民族、政治面貌、毕业院校、所学专业、教育程度、职务（职级）职称、家庭情况、个人特长外，还包括个人及家庭经济状况、工作经历、接受的培训、科研成果、奖惩、社会关系等，这可以大致描绘出被测者的基本轮廓，为全面掌握其基本情况奠定了充分的信息基础；同时为人员定岗、薪酬定级等后续人力资源管理提供依据，特别是可从中了解到隐含在被测者经历背后的动机、价值观念等，便于根据其需要来制定个性化的激励措施等，这对组织的关键核心人员显得格外重要。

2. 有助于对被测者的初步筛选

履历分析可以说是测评的第一步，为此，可以根据职位说明书的要求，按照履历表的信息对被测者进行初步筛选，迅速排除明显不合格的人员，明显提高效率，降低成本。对履历表用于人才选拔效果的多项研究表明，它对人事变动率的预测效度系数大约为 0.77～0.79。因此，履历分析是对被测者初步筛选的有效办法。

3. 为后续测评工作确定重点

通过履历分析，会发现一些被测者漏掉，但对能否胜任职位具有重要影响的信息，或者有些问题还需要进一步探究，如离职原因、工作经历中出现的时间中断、前后存在矛盾冲突等。对诸如此类的问题，可以挑选出来并做好记录，以备后续测评有针对性地解决，以深入、全面测查被测者。

4. 建立人才库

任何公共组织，为使自己的人员配备更富有弹性，并在未来发展的各个阶段找到数量、质量、结构等匹配的人员，需要建立人才库，特别是高级管理人员、专业技术人员等。为此，组织在获得履历表后，务必认真对待，详细了解被测者各方面的信息，并确定需要进一步测评的人选。如果被测者表现特别优秀，但单位目前职位有限，难以提供合适的职位，可将其纳入人才储备库。同时，还应向其真诚表达组织的期望与无期待将来有机会合作，以备将来需要时，他们能愉快地接受邀请。

二、履历分析的流程

（一）建立职位特征模型

根据职位分析和胜任力分析结果，确定与目标职位相关的任职资格条件，主要涉及知识、经验、能力、个性特征等，建立职位特征模型。

（二）设计履历表

履历表内容丰富，对其维度，有研究认为可包括基本资料、兴趣和态度、健康状况等13个大类信息；也有的研究认为，采用社会导向取向、经济稳定性、工作伦理取向、学业成就、自信心5个维度可以有效预测工作成功、个人成功和职业生涯成功三个变量。另外，有预测大学生成功时采用如下维度：知识、学习及掌握一般规则、继续学习、合理的兴趣及好奇心、艺术和文化欣赏、多文化忍受性和欣赏、领导能力、人际技巧、社会责任、公民权与参与、生理和心理健康、职业取向、适应性和生活技巧、毅力、道德和诚实。根据履历表内容的可验证性，可将其分为两类：一是测评者能够验证的项目，如学历、年龄、资格证书、家庭情况、户籍所在地等；二是测评者难以核实的项目，如工作总结、自我评价等。

虽然不同组织、不同职位的履历表内容各不相同，但都主要包括如下四类项目。①个人基本情况，主要包括姓名、性别、出生年月、民族、婚姻状况、健康状况、政治面貌、居住地、家庭规模、身高、体重、近照等。②个人工作经历。主要包括受教育经历，工作经历，职业培训及能力、职业资格，工作变动情况，职业期望，工作表现及奖惩情况。③家庭与社会关系。主要包括家庭情况、个人及家庭经济状况、社会关系情况。④品性特点。主要包括性格、自信心、价值观、兴趣爱好、自我评价、职业生涯规划等。

履历表设计好后要试测，分析其信度与效度，检验各项目对工作绩效的影响大小，以及评估是否存在可能引起负面情绪或偏见的项目；然后，根据试测结果修改和完善履历表。

（三）确定测评指标与其选项和权重

首先，履历分析时，并非要将收集到的全部项目都纳入分析的范畴，可根据目标职位任职资格有针对性地选择部分项目进行测评。一般职位的指标数量往往是几个到十几个，有些非常重要的职位可能会达到几十个乃至上百个，但数量太多会加大工作量。测评指标的选取，坚持公平、与职位相关以及可验证性，一般主要选用一些客观性要素。其次，按其重要性、与职位的相关程度等赋予其不同的权重或分数，确定每个指标的选项及数量。如学历可以分为：A—大专、高职，B—大学本科，C—硕士研究生，D—博士研究生。这些选项的划分及数量的设计，应根据职位的要求和特点来确定。最后，再确定每个选项对应的权重或分数。

（四）设计评分标准

1. 权重式履历表评分标准

对于权重式履历表中的非定量数据，其评分标准设计可参考表 13-2。

表 13-2　履历分析评分标准

项目指标	正向计分（2分）	基础分（1分）	负向计分（–1分）
1. 社团经验	担任领导者		不适用
2. 工作经验	相关工作全职或兼职	未提出	不适用
3. 荣誉成就	奖项、证照等	未提出	不适用
4. 兴趣专长	职务相关兴趣专长，如电脑、语言	不相关	未列举
5. 阅读爱好	两种以上不同性质	只列出一种	未列举
6. 个人优缺点	优缺点各一项以上	仅优点或缺点	未列举
7. 单位了解	列出两种以上业务或产品	有一项	未列举
8. 困难决定	做决定所持的立场与思考逻辑	不详细	不适用
9. 榜样	符合单位的价值信念（例如诚信）	有写	未列举
10. 价值信念	明确陈述自己个人价值观	有写一些	未列举
11. 人生规划	对生涯有目标、方向与方法	有写一些	未列举
12. 有利条件	合理且完成	有写一些	不适用
13. 薪资要求	符合行情	不明确写出	离谱
14. 文书技能	履历表呈现有用心设计	一般	不适用

备注：负向计分中，"不适用"表示不计分。

资料来源：龙立荣. 人员测评的理论与方法[M]. 武汉：武汉大学出版社，2009：112.

2. 传记式履历表评分标准

（1）李克特 5 点评分。在履历分析中，假定在题目分数和效标之间存在单一的线性关系，即忽略考虑两者间的非线性关系，就可采用该法，即计分从 1～5 依次与效标呈不同程度的正或负线性相关。采用该计分策略的问题是，可能由于被测者的主观因素降低测评可信度。

（2）选项独立评分。这是指根据每一个题目的选项反应与效标的相关显著性指标，进一步分析后计分。通常采用对照组方法，即将高—低效标组所选择的题目选项的频次进行比较，然后根据频次差异的显著程度赋予选项不同的权重，所得的权重即是选项的得分。

（五）量化统计分析

根据评分标准和计算方法，按照被测者填写的内容或者选择的答案，确定每个指标的得分，进而将全部指标的得分求和，即得到初步总分。某些职位可以设立淘汰分或最低分，低于此分的人将被淘汰。假设按（二）所述四类项目的得分分别为 X_1、X_2、X_3 和 X_4，综合评估值为 P，则综合评估公式可以有以下三种。

一是加法公式，$P_1 = (X_1 + X_2 + X_3 + X_4)/4$。这是一个相对宽松的公式，能够容忍被测者存在某方面的缺陷，即使有一项或几项分值较低，也会得到一定的分数，体现了"每个人都有可用之处"的人力资源管理基本理念。当一个组织的管理比较规范，目标职位的重要性一般时，可采用该公式。

二是乘法公式，$P_2 = X_1 \cdot X_2 \cdot X_3 \cdot X_4$。这是一个最严格的评价公式。这意味着被测者必须全面均衡发展，因为一旦某一项得分为零，则 P 为零。当一种职位对任职者各个方面的要求都很高时，如重要职位，就应采用该公式。

三是混合公式，$P_3 = [(X_1 + X_2 + X_3)/3 \times X_4]^{1/2}$。该公式兼顾了上述两个公式的特点，同时授予了"品性"分的"一票否决权"。这代表了一些组织的人力资源管理基本理念，即能力差一点不大要紧，以后还可以继续培养提升，但"德行"不佳的人万万不能录用、不可提拔。[①]这涉及对"品行"或"德行"的界定，当然，不管怎么界定，必须符合党规国法、公序良俗。

三、履历分析的常见问题及应对建议

（一）履历分析的常见问题

1. 履历表项目设计的合理性、合法性

这是履历分析的关键性问题，主要包括以下几点：①项目注重通用性而忽视了不同职位的差异性；②数量过多或者过少，有的又与职位、工作绩效关联性不强，从而影响到履历分析的信度、效度；③有的项目是管理人员根据经验来确定的，缺乏实证性的统计分析作支撑；④权重分配不尽合理，不同指标的作用体现不出来，被简单等同化处理；⑤评分标准过高或过低，脱离实际；⑥可能侵犯公民的隐私权，如民族、婚姻状况、宗教信仰、经济条件等项目可能会程度不同地受到法律的限制。

2. 履历表内容填写的真实性

这是履历分析面临的最大挑战，有研究表明，履历表中填写的内容与已证实的情况一致性为 0.90，但也有研究得出了相反的结论，即履历表内容的真实性并不高。这些虚假信息主要包括：①个人基本信息的身份信息、生理健康状况等；②教育背景中的学历性质（如全日制还是在职，是自考还是函授等），所学专业故意用不规范的或其他更具优势专业的名称填写等；③虚报工作经历、与目标职位有关的工作年资，虚构、夸大工作业绩，工作转换时间有间断或节点信息模糊，薪酬水平有趋高倾向；④能力或技能专长等方面的证书造假。上述都可能是由于被测者的记忆错误、粗心大意、采用社会赞许方式及故意欺骗而产生的。根据中央纪委国家监委公布的材料，干部档案造假案例并不鲜见，一些"带病提

---

① 杨鹏，胡月星. 履历分析技术在领导人才选拔中的应用[J]. 新东方，2006(4)：20-24.

拔""带病上岗"问题也往往裹挟着"干部人事档案造假"问题，扰乱选人用人机制的正常运转，甚至严重破坏地方政治生态。从全国各地情况来看，档案造假通常发生在违纪违法干部从政早期，基层往往是档案造假的高发地带，不少干部将档案中年龄、工龄、党龄、学历、经历、身份信息等对干部选拔任用影响较大的信息内容进行"整容"，有的除了性别是真的，其余全是假的。这从一个侧面也能反映履历分析要面对的内容真实性问题的严重性。

3. 履历分析的有效性

研究表明，履历分析能够有效测评人们的胜任特征、绩效、任职时间、培训成绩、工作改进、工作满意度和离职意愿等，但也有研究提出，履历分析具有较强的组织情境性，即以单一组织为背景，针对具体情况开发，难以跨组织使用，通用性不强；而且履历分析的效度系数存在着稳定性的问题，有研究显示，履历分析的最初效度系数为 0.74，两年后降为 0.61，三年后只有 0.38，预测效力逐年降低。

（二）履历分析常见问题的应对建议

1. 精心设计履历表、评分标准

合理的履历表和评分标准本身就是履历分析的基础，同时，还要能有针对性解决上述问题，为此，需在专家的协助下，重点做好如下工作。①加强职位分析和胜任力分析，对不同职位的任职资格条件实现标准化，提高履历分析项目与目标职位工作绩效的关联性。②强化项目选择和设计的实证研究，合理确定指标的数量、权重。③选用客观性项目，减少难以验证的主观性项目；同时，要剔除那些可能导致回答含糊不清或有失公允的问题。④在重点项目上让被测者详细回答，以控制有意识欺骗性偏差。⑤采取一些技术处理，在履历表中设置一些用于检验一致性和真实性的项目，通过一致性来衡量履历表内容的真实程度。⑥科学设计评分标准，尽量根据指标每个选择答案进行独立评分。

2. 重点核查履历表中的信息

核查履历表中所有信息的真伪工作量大、成本高，但这可以最大程度保证信息的真实有效。为此，①重点加强各种证件、证明材料原件等的审核，如身份证、户口本、学历证书、资格证书等，保证身份、学历、资历等信息的真实性。②通过背景调查、离职证明、电话求证等了解被测者工作经历的真实性，同时对工作内容与工作业绩之间关联性进行深入分析，判断工作经历的真伪。③发挥真实性声明的作用，要求在填写履历表时，对信息的真实性做出承诺，并承担因虚假信息导致的法律后果。④对履历表中的存疑信息进行专门记录，如模糊字眼、自相矛盾、明显不匹配的地方，后期要通过面试严格把关，对弄虚作假的坚决予以淘汰。

3. 完善履历分析的质量保障体系

①加强履历分析的理论研究。重点是结合我国公共部门实际、针对特定行业系统背景进行本土化的实证研究，验证国外履历分析工具在我国实施的有效性和可行性，对效果不佳的工具需要进行修订和重新开发。②履历表设计好后，先进行信效度检验，再根据检验

结果修正完善后正式使用。③加强履历分析的质量评估。通过对履历分析结果进行信度、效度、项目、误差等分析，对履历表进行诊断和优化，保证履历分析的有效性和可靠性。④加强组织人事人员培训，掌握履历分析的基本原理，提高履历表设计、审核、分析的技能水平，具备基本的甄别判断能力。⑤加大计算机履历分析系统开发力度，实现履历定量化自动评分，提升履历分析的效率和可靠性。[①]

第二节 民 主 推 荐

一、民主推荐的概念与形式

（一）民主推荐的概念

民主推荐是指党委（党组）及其组织人事部门按照干部管理权限，根据配备领导班子和选拔任用干部的需要，按照规定的程序、范围和要求，组织有关方面人员参加的推荐领导干部人选的一种测评方法。其目的是确定考察对象或考察人选。《党政领导干部选拔任用工作条例》第十六条规定：选拔任用党政领导干部，应当经过民主推荐……推荐结果作为选拔任用的重要参考，在一年内有效。

民主推荐是干部选拔任用的重要程序，是了解所选拔干部民意基础的重要来源，其结果是组织人事部门在对推荐人员进行综合分析和研判的基础上，向党委会提出一个准备列入下阶段考察对象的初步人选名单。

（二）民主测评的概念

与民主推荐相关的一个概念是民主测评，1998 年中组部颁布的《党政领导干部考核工作暂行规定》第一次正式使用。《公务员法》第四十九条就公务员职级晋升规定，要根据个人德才表现、工作实绩和任职资历，参考民主推荐或者民主测评结果确定人选。这里同时涉及民主推荐、民主测评。《党政领导干部选拔任用工作条例》规定主要在考察中，将民主测评视为与个别谈话、发放征求意见表、实地走访、查阅干部人事档案和工作资料等并列的一种考察方法，以广泛深入地了解考察对象的情况。《公务员公开遴选办法》也是将民主测评视为与个别谈话、实地走访、同考察对象面谈等并列的一种考察方法，以广泛深入地了解考察对象的情况。另外，《党政领导干部考核工作条例》将民主测评列为年度考核、任期考核程序之一，并规定：根据对领导班子和领导干部考核内容的要求设计测评表，由参加民主测评的人员填写评价意见。参加测评的人员范围，按照知情度、关联度、代表性原则，结合实际确定；《公务员考核规定》将民主测评列为年度考核程序之一。

因此，民主测评是指在一定范围内了解干部群众对被考察、考核和评价对象的意见的一种方法。在干部选拔任用中，民主测评的对象就是考察对象——干部个体，民主测评就是考察考察对象的一种方法；而在干部考核中，作为民主测评的对象，即被考核评价对象，既可以是领导班子，也可以是领导干部个体。

---

① 郭朝晖. 人才素质测评技术[M]. 北京：北京大学出版社，2018：71.

（三）民主推荐的形式

民主推荐包括谈话调研推荐和会议推荐。另外，党委和政府及其工作部门个别特殊需要的领导成员人选，可以由党委（党组）或者组织人事部门推荐，报上级组织人事部门同意后作为考察对象。

领导班子换届，民主推荐按照职位设置全额定向推荐；个别提拔任职或者进一步使用，可以按照拟任职位进行定向推荐，也可以根据拟任职位的具体情况进行非定向推荐；进一步使用的，可以采取听取意见的方式进行，其中正职也可以参照个别提拔任职进行民主推荐。

二、民主推荐的程序与人员范围

《党政领导干部选拔任用工作条例》规定了民主推荐的程序与人员范围。

对地方领导班子换届，民主推荐应当经过下列程序：①进行谈话调研推荐，提前向谈话对象提供谈话提纲、换届政策说明、干部名册等相关材料，提出有关要求，提高谈话质量；②综合考虑谈话调研推荐情况以及人选条件、岗位要求、班子结构等，经与本级党委沟通协商后，由上级党委或者组织部门研究提出会议推荐参考人选，参考人选应当差额提出；③召开推荐会议，由本级党委主持，考察组说明换届有关政策，介绍参考人选产生情况，提出有关要求，组织填写推荐表；④对民主推荐情况进行综合分析；⑤向上级党委或者组织部门汇报民主推荐情况。

地方领导班子换届，谈话调研推荐一般由下列人员参加：①党委成员；②人大常委会、政府、政协领导成员；③纪委监委领导成员；④法院、检察院主要领导成员；⑤党委工作部门、政府工作部门、群团组织主要领导成员；⑥下一级党委和政府主要领导成员；⑦其他需要参加的人员，可以根据知情度、关联度和代表性原则确定。另外，推荐人大常委会、政府、政协领导成员人选，应当有民主党派、工商联主要领导成员和无党派代表人士参加。参加会议推荐的人员参照上列范围确定，可以适当调整。

就个别提拔任职，或者进一步使用需要进行民主推荐的，民主推荐程序可以参照上述程序规定进行；必要时也可以先进行会议推荐，再进行谈话调研推荐。先进行谈话调研推荐的，可以提出会议推荐参考人选，参考人选应当差额提出。单位人数较少、参加会议推荐人员范围与谈话调研推荐人员范围基本相同，且谈话调研推荐意见集中的，根据实际情况，可以不再进行会议推荐。同时，根据工作需要，可以在民主推荐前对推荐职位、条件、范围以及符合职位要求和任职条件的人选，在人选所在地区或者单位领导班子范围内进行沟通。

个别提拔任职，或者进一步使用需要进行民主推荐的，参加民主推荐人员一般按照下列范围执行。①民主推荐地方党政领导班子成员人选，参照上述规定执行，可以适当调整。②民主推荐工作部门领导成员人选，谈话调研推荐由本部门领导成员、内设机构担任主要领导职务的人员、直属单位主要领导成员以及其他需要参加的人员参加；根据实际情况还可以吸收本系统下级单位主要领导成员参加。参加会议推荐的人员范围可以适当调整。③民主推荐内设机构领导职务拟任人选，参照前项所列范围确定，也可以在内设机构范围内进行。

三、民主推荐存在的问题及改进方向

民主推荐以及民主测评目前存在一些问题，如相关制度的科学化、系统化水平较低，缺乏成熟的技术和方法[①]，逆向激励明显等一定程度上影响了该测评方法的成效。

深入分析上述问题的原因，主要有以下四点。一是功能的错位。民主推荐的逻辑假定是：得票越多的干部，群众公认度应该越高，综合素质应该越好，岗位匹配度应该越强。但这一假定往往并不与现实相符，尤其是仅靠一次投票解决发现干部、甄别干部、选拔干部等多个问题更是不可完成的任务。二是民主的越位。民主推荐的制度特色是"民主"因素，但一味地放任多数决定、民主决定，也会导致多数人的"暴政"，出现"优质人才被淘汰、劣质人才被提拔"的境况，使民主推荐制度所追求的公平正义的价值目标受到极大损害，导致民主推荐制度走向反面。三是责任的缺位。民主推荐制度实践过程中，一个比较严重的偏差是责任的缺位现象，这主要包括投票行为的担责缺位、拉票行为的追责缺位与民主集中的负责缺位。四是正义的让位。程序正当性体现了正义对法律程序的基本要求。满足正当程序要件的程序才是合乎程序正义的；反之，合乎程序正义的程序才是正当程序。民主推荐作为干部选拔任用工作的基础程序、必经程序，也应当服从和服务于实质正义的诉求，并以道德规范性引导和制约社会行为。如果民主推荐程序在执行过程中出现偏差，偏离党的干部路线的正确方向，助长一个地方或单位的不正之风，破坏了政治生态，损害了党的执政基础和形象威信，阻碍了党和人民事业发展，那么民主推荐程序的正义性必然要接受拷问。

因此，为更好地发挥民主推荐制度效用，针对上述四点原因，应注重权利责任对等、程序配合衔接、创新方式方法、综合分析验证与发挥导向作用。[②]具体来说，要充分尊重民主推荐的有效票数；对全部推荐对象进行排序，实行排位积分汇总，分数靠前者获选，多个拟任职位同时定向推荐，用双向多荐制取代双向一荐制；借鉴多轮复选制确定推荐对象；建立民意代表制等。[③]

第三节 考 察

一、考察的概念

考察是指按照规定的程序、要求，确定考察人选或对象，并组织有关人员对其进行全面了解和公正评价，为公务员录用、公开遴选、调任及干部选拔任用提供依据的一种测评方法。

考察是公务员录用、公开遴选、调任及干部选拔任用必须履行的程序和关键环节之一，是选准用好干部的前提和基础。

---

① 罗中枢. 干部民主推荐、民主测评的科学性探析[J]. 新视野，2012(5)：49-53.

② 麻宝斌，仇赟. 民主推荐制度的历史演进与政治学分析[J]. 政治学研究，2017(2)：30-41，126.

③ 邓献晖. 干部选拔工作中的民主推荐及其改进[J]. 中共中央党校学报，2012，16(1)：53-57.

二、考察对象或考察人选的确定

经过民主推荐环节，党委及其组织人事部门向党委常委会提交所推荐的初步人选。接下来首先就要确定考察对象或考察人选，这是实施考察工作的前提。

对公务员录用：《公务员录用规定》规定，公务员招录机关根据报考者的考试成绩等确定考察人选，并进行报考资格复审和考察。《公务员录用考察办法（试行）》规定，省级（含副省级）以上招录机关可以差额确定考察人选。市（地）级以下招录机关一般等额确定考察人选，经省级以上公务员主管部门同意，也可以差额确定考察人选。差额考察人数与计划录用人数的比例一般不高于2：1。

对公务员公开遴选：《公务员公开遴选办法》规定，公开遴选采取差额考察的办法，考察人数与计划遴选人数的比例一般不高于2：1。考察对象根据考试成绩等确定。

对党政领导干部选拔任用：《党政领导干部选拔任用工作条例》规定，应当根据工作需要和干部德才条件，将民主推荐与日常了解、综合分析研判以及岗位匹配度等情况综合考虑，深入分析、比较择优，防止把推荐票等同于选举票、简单以推荐票取人。地方领导班子换届，由本级党委书记与副书记、分管组织、纪检监察等工作的常委根据上级党委组织部门反馈的情况，对考察对象人选进行酝酿，本级党委常委会研究提出考察对象建议名单，经与上级党委组织部门沟通后，确定考察对象。对拟新进党政领导班子的考察对象，应当在一定范围内公示。个别提拔任职或者进一步使用，按照干部管理权限，由党委（党组）或者上级组织（人事）部门研究确定考察对象。考察对象一般应当多于拟任职务人数，个别提拔任职或者进一步使用时意见比较集中的，也可以等额确定考察对象。同时，还规定了不得列为考察对象的七种情形。

三、考察的内容

对公务员录用：全面了解考察人选的德、能、勤、绩、廉，严把政治关、品行关、能力关、作风关、廉洁关，主要考察下列内容。①政治素质。注重了解政治理论学习情况，深入了解政治信仰、政治立场、政治意识和政治表现等情况，重点考察是否符合增强"四个意识"、坚定"四个自信"、做到"两个维护"，热爱中国共产党、热爱祖国、热爱人民等政治要求。②道德品行。注重了解践行社会主义核心价值观，做到忠诚老实、公道正派，遵守社会公德、职业道德、家庭美德、个人品德等情况，关注学习、工作时间之外的表现情况。③能力素质。注重了解学习能力、分析和解决问题的能力、组织协调能力以及履行招考职位职责需要的其他能力，加强对专业素养的考察，注意了解专业知识、专业能力、专业作风、专业精神等情况。④心理素质。注重了解意志品质、内在动力、自我认知、情绪管理等情况，重点了解承受较大压力、遇到困难挫折时的精神状态和应对能力。⑤学习和工作表现。注重了解学习态度、学习成绩、工作作风、工作实绩等情况，以及在学习和工作中表现出的素质潜能、模范作用、责任心、服务意识、团结协作精神等。⑥遵纪守法。注重了解遵守法律法规和纪律规定、依法依规办事等情况。⑦廉洁自律。注重了解遵守廉洁自律有关规定，做到公私分明、克己奉公，保持高尚情操、健康情趣等情况。考察时，注意核实考察人选报名时提交的信息和材料是否真实、准确、完整，是否符合报考资格条件，是否具有应当回避的情形，身心健康状况，以及与招考职位的匹配度等情况。另外，对于下列人员，除了考察上述内容外，还应当注意考察与之相应的有关情况。①对于服务基层项目人员，一般应当深入到项目组织单位和服务单位，了解在基层的工作表现和干部群众的认可程度以及考核等情况。②对于高校毕业生退役士兵，一般应当到就读的高校和服役部队深入了解其学习和服役期间的表现情况。③对于具有国（境）外学习或者工作经历的人员，可以通过适当方式或者委托相关部门协助了解在国（境）外的学习、工作、社会交往等情况。④对于报考机要、国家安全等涉密职位的人员，一般应当考察家庭成员和主要社会关系的有关情况。⑤对于报考要求具有基层工作经历职位的人员，应当按照有关规定，严格甄别、准确认定其基层工作经历情况。

对公务员公开遴选：公开遴选机关对考察对象的德、能、勤、绩、廉情况以及职位匹配度等进行全面考察，突出政治标准，深入考察政治忠诚、政治定力、政治担当、政治能力、政治自律等方面情况，重点考察政治理论学习情况、制度执行力、履职能力、工作实绩和群众公认程度，严把政治关、品行关、能力关、作风关、廉洁关，并据实形成书面考察材料。

对党政领导干部选拔任用：必须依据干部选拔任用条件和不同领导职务的职责要求，全面考察其德、能、勤、绩、廉，严把政治关、品行关、能力关、作风关、廉洁关。①突出政治标准，注重了解政治理论学习情况，深入考察政治忠诚、政治定力、政治担当、政治能力、政治自律等方面的情况。②深入考察道德品行，加强对工作时间之外表现的考察，注重了解社会公德、职业道德、家庭美德、个人品德等方面的情况。③强化专业素养考察，深入了解专业知识、专业能力、专业作风、专业精神等方面的情况。④注重考察工作实绩，围绕贯彻落实党中央重大决策部署，统筹推进"五位一体"总体布局和协调推进"四个全面"战略布局，深入了解履行岗位职责、贯彻新发展理念、推动高质量发展取得的实际成效。考察地方党政领导班子成员，应当把经济建设、政治建设、文化建设、社会建设、生态文明建设和党的建设等情况作为考察评价的重要内容，防止单纯以经济增长速度评定工作实绩。考察党政工作部门领导干部，应当把履行党的建设职责、制定和执行政策、推动改革创新、营造良好发展环境、提供优质公共服务、维护社会公平正义等作为考察评价的重要内容。⑤加强作风考察，深入了解为民服务、求真务实、勤勉敬业、敢于担当、奋发有为，遵守中央八项规定精神，反对形式主义、官僚主义、享乐主义和奢靡之风等情况。⑥强化廉政情况考察，深入了解遵守廉洁自律有关规定，保持高尚情操和健康情趣，慎独慎微，秉公用权，清正廉洁，不谋私利，严格要求亲属和身边工作人员等情况。⑦根据实际需要，针对不同层级、不同岗位考察对象，实行差异化考察，对党政正职人选，坚持更高标准、更严要求，突出把握政治方向、驾驭全局、抓班子带队伍等方面情况的考察。

四、考察的程序与方法

对公务员录用：对考察人选应当进行实地考察，除特殊情况外，一般不得以函调、委托考察等形式代替。考察应当组成考察组。考察组由 2 人以上组成，一般由组织（人事）部门的人员和熟悉招考职位情况的人员共同组成。考察组应当坚持原则、公道正派、深入细致，如实反映考察情况和意见，对形成的考察材料负责。考察前，应当对考察组成员进行培训，提供考察人选的有关情况，明确考察内容、考察程序、工作要求和工作纪律等。考察工作一般按照下列程序进行。①同考察人选所在单位（学校）或者相关单位沟通，确定考察的时间安排、步骤和有关要求等。②根据考察人选的不同情况，通过适当方式在一定范围内发布考察公告。③采取个别谈话、审核人事档案（学籍档案）、查询社会信用记录等方法，根据需要也可以进行民主测评、家访、见习考察、延伸考察等，广泛深入地了解考察人选情况。④听取考察人选所在单位（学校）或者相关单位党组织、组织（人事）部门、纪检监察机关意见。⑤同考察人选面谈，进一步了解其政治立场、思想品质、价值取向、见识见解、适应能力、性格特点、身体状况、心理素质等方面情况，以及缺点和不足，印证相关评价意见，了解个人有关事项，核实有关情况。⑥综合分析考察情况，注重定性与定量相结合，根据一贯表现，全面、客观、公正地对考察人选做出评价，撰写考察材料。考察材料由考察组全体成员签名，所附证明材料应当注明出处，并由相关证明人签名或者加盖公章。

对公务员公开遴选：考察可以采取个别谈话、民主测评、实地走访、同考察对象面谈等方法，根据需要还可进行专项调查、延伸考察等，充分听取考察对象所在单位有关领导、群众和组织（人事）部门、纪检监察机关、机关党组织的意见，并审核干部人事档案、查询社会信用记录，对反映问题线索具体、有可查性的信访举报进行核查。考察对象需要报告或者查核个人有关事项、进行经济责任审计的，按照有关规定执行。对在基层一线窗口单位工作的考察对象，注重听取服务对象的意见。公开遴选机关派出 2 名以上人员组成考察组。考察组一般由组织（人事）部门的人员和熟悉公开遴选职位情况的人员共同组成。

对党政领导干部选拔任用：①制定考察工作方案；②同考察对象呈报单位或者所在单位党委（党组）主要领导成员就考察工作方案沟通情况，征求意见；③根据考察对象的不同情况，通过适当方式在一定范围内发布干部考察预告；④采取个别谈话、发放征求意见表、民主测评、实地走访、查阅干部人事档案和工作资料等方法，广泛深入地了解情况，根据需要进行专项调查、延伸考察等，注意了解考察对象生活圈、社交圈情况；⑤同考察对象面谈，进一步了解其政治立场、思想品质、价值取向、见识见解、适应能力、性格特点和心理素质等方面情况，以及其缺点和不足，鉴别印证有关问题，深化对考察对象的研判；⑥综合分析考察情况，与考察对象的一贯表现进行比较、相互印证，全面准确地对考察对象做出评价；⑦向考察对象呈报单位或者所在单位党委（党组）主要领导成员反馈考察情况，并交换意见；⑧考察组研究提出人选任用建议，向派出考察组的组织（人事）部门汇报，经组织（人事）部门集体研究提出任用建议方案，向本级党委（党组）报告。考察党政领导职务拟任人选，必须形成书面考察材料，建立考察文书档案。已经任职的，考察材料归入本人干部人事档案。考察材料必须写实，评判应当全面、准确、客观，用具体事例反映考察对象的情况，包括下列内容：①德、能、勤、绩、廉方面的主要表现以及主要特长、行为特征；②主要缺点和不足；③民主推荐、民主测评、考察谈话情况；④审核干部人事档案、查核个人有关事项报告、听取纪检监察机关意见、核查信访举报等情况的结论。党委（党组）或者组织（人事）部门选派具有较高素质的人员组建考察组，考察组由两名以上成员组成。考察组负责人应当由思想政治素质好、具有较丰富工作经验并熟悉干部工作的人员担任。实行干部考察工作责任制。考察组必须坚持原则，公道正派，深入细致，如实反映考察情况和意见，对考察材料负责，履行干部选拔任用风气监督职责。

如《2023年度中央机关公开遴选和公开选调公务员公告》规定，考察实行差额考察，考察对象与遴选或者选调计划人数的比例一般为2∶1，对于数量在2人以上的遴选职位，可适当降低差额考察比例，但一般不低于1.5∶1。各部门派出2名及以上人员组成的考察组，对考察对象的德、能、勤、绩、廉情况及其政治业务素质与遴选或者选调职位的适合程度进行全面考察，突出政治标准，深入考察政治忠诚、政治定力、政治担当、政治能力、政治自律等方面的情况，重点考察政治理论学习情况、制度执行力、履职能力、工作实绩和群众公认程度，严把政治关、品行关、能力关、作风关、廉洁关，坚决杜绝政治素质不合格、道德品行不端正、廉洁操守不过关的人员进入中央机关。考察对象所在机关（单位）应当积极支持和配合考察组工作，客观真实地反映考察对象的实际情况。

五、考察存在的问题及改进方向

干部考察现存的突出问题是失真失实，存在八种困境：责任困境、权力困境、道德困境、技术困境、监督困境、信任困境、制度困境和激励困境[1]，缺少专业化的考察队伍、全息化的考察方法、科学化的考察标准和制度化的考察监督。[2]

因此，为充分发挥出考察应有的作用，需要大力改进考察工作的理念思路、程序步骤、方式方法，确保精准科学选人用人。一方面，针对干部政治素质的考察，建立政治素质评价指标体系，使考察有据可依；建立政治素质评价方法体系，使考察有方可用；建立干部政治表现痕迹管理机制，使考察有迹可循。[3]另一方面，针对考察的失真失实，要注意加强考察队伍专业化建设，有效落实考察责任制度、干部廉政报告制度，增强平时考核的科学性，扩大群众在考察中的参与度，营造群众敢于在考察中说真话、说实话的良好氛围，适当进行一些暗访，注重从知情人中了解情况，以及有意识地运用巡视工作成果。[4]

---

① 仇赟. 干部考察制度程序正义与实质正义的冲突与化解[J]. 河南社会科学，2019, 27(10)：15-23.
② 李迎春. 从考察侧探析干部"带病提拔"的外因及防治之策[J]. 领导科学，2016(13)：46-47.
③ 胡月星，李朝波. 干部精准政治考察的路径完善[J]. 领导科学，2018(15)：42-44.
④ 方振邦，陈曦. 党政领导干部选拔任用[M]. 北京：中国人民大学出版社，2019：147-149.

第四节　同　行　评　价

一、同行评价概述

（一）同行评价的概念

同行评价的英文是 peer review，其中 peer 是指资质相同、能力相同的人，review 是鉴定、审阅、评审、再发现的意思。对其界定，楚宾和哈克特在《难有同行的科学：同行评价与美国的科学政策》中提出：同行评价是用于评价科学工作的一种组织方法，这种方法常常被科学界用来判断工作程序的正确性、确认结果的可靠性以及对有限资源的分配。[①]英国同行评价调查组的调查报告中提到：同行评价可严格定义为由从事该领域或接近该领域的专家来评定一项研究工作的学术水平或重要性的一种方法。[②]

在我国，同行评价常被表述为：同行评价是充分依靠科学家群体进行民主管理，引入竞争机制，择优支持，从而使得知识生产的要素得到优化配置的一种方法。具体来说，同行评价是某一或若干领域的专家采用一种评价标准，共同对涉及相关领域的一项事物进行评价的活动，其评价结果对有关决策有重要参考价值。它应用于评审科技项目的申请、评审科学出版物、评定科研成果、评定学位与职称、评价研究化构的运作等方面。[③]

因此，同行评价是指某一或若干领域的一些同行专家即评价人，共同对涉及某领域的一项知识产品进行评价的活动。所谓知识产品是指人们在进行知识活动中所获得的精神产品（如论文、论著、新工艺）和物质产品（如新产品、新材料）。[④]这涉及论文发表、著作出版、项目立项、职称评审、学位论文评审、科研成果评奖、人才选拔与引进、有关荣誉评定，以及各类专业技术人员的专业活动评价，如教师的教学评价等。1986 年的《高等学校教师职务试行条例》规定：各级职务任职资格，由相应的教师职务评审委员会组织同行专家进行评审。作为公共部门人力资源测评的一种方法，它主要用于职称评审、人才选拔与引进、有关荣誉评定，以及对专业技术人员相关专业活动的评价，也称为同行评议、同行评审、同行评定。

同行评价从评价主体视角回答"谁来评价"的问题。其最初起源于学术期刊论文评审，后来普遍应用于科学基金的评审，逐渐成为一种重要的学术评价方式。关于评价主体与客体两个要素问题历来为人们所关注，尤其聚焦于评价侧重被评价人的成果质量还是数量，以及同行评价专家将面临哪些偏差及道德风险等问题。改革开放以来，人们对同行学术评价的认识也经历了一个曲折过程：从 20 世纪 90 年代以前同行评价被奉为权威评价，90 年代针对其存在主观性问题的诟病，客观性量化评价应运而生，再到量化评价指挥棒下学术

---

① CHUBIN D, E, et al. Peerless science：peer review and U. S. science policy[M]. Albany, N Y：State University of New York Press, 1990：26-27.

② 吴述尧. 同行评议方法论[M]. 北京：科学出版社，1996：3.

③ 吴述尧. 同行评议方法论[M]. 北京：科学出版社，1996：2.

④ 郭碧坚，韩宇. 同行评议制——方法、理论、功能、指标[J]. 科学学研究，1994(3)：2, 63-73.

评价的异化，呼吁学术共同体同行评价重新回归。从中可以看出，以同行专家评价为代表的、基于内容的质性评价，与注重数量、等级分区、排序为代表的、基于形式的量化评价方式各有优劣，反映在认识论上，即呈现为人们对学术评价的认识经历了一个否定之否定的辩证发展过程。[①]

（二）同行评价的优缺点

1. 同行评价的优点

（1）比较公正客观。同行评价对"事"不对人，评价结果具有相当的公正性和可靠性。

（2）结果容易达成一致。作为同行有共同的范式、标准和道德规范，因而有共同的语言，容易裁决是非，评价结果相对容易达成一致。

（3）具有自我反馈、自我调节、自我纠错、自我约束的功能。

2. 同行评价的缺点

（1）非科学因素的困扰。同行专家作为评价人，其主观判断不可能不受各种非科学因素的干扰，有意无意间发生不客观、不公正的错误也在所难免。这就像抽样调查中的抽样误差一样，是同行评价本身固有的，无法避免。

（2）名实不副。同行评价所中的同行专家是指熟悉本领域并有造诣的"同行专家"，而不是有高级职称者即可。由于同行评价专家过"杂"，大同行多、小同行少；行政领导、管理干部喧宾夺主等，这带来的同行评价名不符实，其危害会动摇同行评价的根基。[②]

（3）压抑创新。现代学术发展迅猛，任何专家对自己专门研究之外的领域实际上所知有限，特别对一些超出自己知识结构的创新性研究的判断难免失准，所以，同行评审在预测"良好的"知识产品方面是比较有效的，但可能难以识别出突破性的成果，客观上了压抑了创新。

2016 年，中办、国办印发《关于深化职称制度改革的意见》指出，丰富职称评价方式。建立以同行专家评审为基础的业内评价机制，注重引入市场评价和社会评价。2018 年，又连续下发《关于分类推进人才评价机制改革的指导意见》和《关于深化项目评审、人才评价、机构评估改革的若干意见》。其中，前者指出，按照社会和业内认可的要求，建立以同行评价为基础的业内评价机制，注重引入市场评价和社会评价，发挥多元评价主体作用。基础研究人才以同行学术评价为主，加强国际同行评价。应用研究和技术开发人才突出市场评价，由用户、市场和专家等相关第三方评价。哲学社会科学人才评价重在同行认可和社会效益。丰富评价手段，科学灵活采用考试、评审、考评结合、考核认定、个人述职、面试答辩、实践操作、业绩展示等不同方式，提高评价的针对性和精准性。

随后，人社部等相继出台了高校教师、哲学社会科学研究人员、自然科学研究人员、卫生专业技术人员、工程技术人员、农业技术人员、新闻专业技术人员、出版专业技术人员、图书资料专业人员、文物博物专业人员、档案专业人员、工艺美术专业人员、中等职

---

① 田芳园. 新时代高校教师高级专业技术职称学术能力同行评议机制建构研究[J]. 湖州师范学院学报，2020, 42(12)：1-6.

② 张彦. 论同行评议的改进[J]. 社会科学研究，2008(3)：86-91.

业学校教师、中小学教师、技工院校教师、体育教练员、翻译专业人员、播音主持专业人员、会计专业人员、审计专业人员、统计专业人员、经济专业人员、实验技术人员、公共法律服务专业人员、体育专业人员、船舶专业技术人员、民用航空飞行技术人员等职称改革指导意见。如，2020年人社部、教育部的《关于深化高等学校教师职称制度改革的指导意见》提出，鼓励采取个人述职、面试答辩、同行评价、实践操作、业绩展示等多种灵活评价方式，完善同行专家评价机制，健全完善外部专家评审制度，探索引入第三方机构进行独立评价。给内、外部评审专家预留充足时间进行评鉴，引导评审专家负责任地提供客观公正的专业评价意见，提高职称评价的科学性、专业性、针对性；2021年，人社部、卫健委等的《关于深化卫生专业技术人员职称制度改革的指导意见》提出，副高级职称原则上采取考试与评审相结合的方式，正高级职称可采取考试与评审相结合的方式，或采取答辩与评审相结合的方式，建立完善以同行专家评价为基础的业内评价机制。

二、同行评价的内容与形式

（一）同行评价的内容

同行评价的内容，一是因学科、专业、方向与评价的用途不同而有差异；二是服从于第四章公共部门人力资源测评指标体系。如《国家自然科学基金条例》第十五条规定：评审专家对基金资助项目申请应当从科学价值、创新性、社会影响以及研究方案的可行性等方面进行独立判断和评价，提出评审意见。对高校教师代表作的同行外审内容主要涉及学术价值、创新性及社会影响力等，如对高校教师高级职称晋升中的代表性成果进行评价的内容是：理论素养、学术水平、学术贡献及影响、科研创新能力、学术（发展）潜力等是否符合所申报职务的任职要求；有的学校特别要求，在综合意见中应写明主要特点、成绩与贡献、存在问题与值得商榷之处，指出申请人自评与专家评价差异较大项，对评价结论判定为尚未达到任职水平的、有学风方面的问题，要具体说明原因、依据与建议。

（二）同行评价的形式

按照被评价人与评价人之间的了解程度，将同行评价分为如下三种形式。

1. 单盲

单盲是指被评价人不知道谁是评价人，但评价人知道被评价人姓名的评价形式，又称为单隐，即单向隐匿，这有助于减轻评价专家的顾虑，独立评价。支持该种评价的学者认为，根据作者信息，能够全面判断科学主张的可靠性。然而，也有研究指出其不足：匿名性可以导致一些评价人可能给出不必要的严厉批评；评审过程中可能存在偏见；被评价人的性别、所属机构、学术经历等信息可能影响评价结果；单盲评价没有实质上提升评审质量。[①]

2. 双盲

双盲是指被评价人和评价人双方均不了解对方信息的评价形式，又称为双隐，即双向

---

① 秦成磊，章成志. 大数据环境下同行评议面临的问题与对策[J]. 情报理论与实践，2021, 44(4): 99-112.

隐匿。故也可形象地称为"盲评"。双盲与单盲相比，最大的特点是双方互不知晓，评价人只能就事论事，不容易掺杂个人成见，有利于减少评价过程中的偏见，使同行评价更客观、公正，这也是大多数学者更倾向于双盲评价的原因。但在实际操作中，上述特点会因双盲的手续比较繁杂、信息暴露在所难免等而大打折扣。特别是双盲更导致一些评审专家更为严厉，在较窄的学科和领域，在互联网时代，即使是双盲也会以各种原因暴露相关信息，失去双盲的意义。

3. 公开评价

公开评价是指被评价人和评价人彼此相互知晓的评价形式，又称为开放评价。这给人们的印象似乎是有理的可以讲理，有冤的可以申冤。相比之下好像没有什么潜规则可言，透明度高，但这也是相对的，而且也是有代价的。因为双方知己知彼，评价人很可能会有顾忌，说话时瞻前顾后，给实话实说打了折扣；而且也不是所有的评价人都赞成和支持公开评价。

调查表明，就学术期刊同行评价，62.14%的被调查科研人员认可双盲评审模式，有21.04%的认可单盲评审模式，16.82%认可开放同行评价模式。[①]

三、同行评价存在的问题及改进方向

同行评价的问题主要是：用旧知识来评价新知识，具有鼓励保守而不是鼓励创新的先天特性；评审—被评审人之间潜在的利益冲突，会限制评审意见的科学性和客观性；评审的时间太短，评审专家只能依据"不全面"的信息进行主观的推断或猜测[②]，因此，公正性问题是同行评价的主要问题。哥拉斯（P. Galus）总结了同行评价的缺点，进而提出了应重视作品的质量、形式、实用性、创新性等。[③]深入分析造成这些问题的成因，除了前述同行评价本身的缺点外，主要是同行评价制度设计的不完善和操作规范的不严格。为此，可按如下方向进行改进。

（1）完善评价标准和流程。这是改进同行评价的基础和前提。如对职称评审，要围绕品德、能力和业绩，合理设置论文和科研成果条件，对实践性、操作性强，研究属性不明显的职称系列，可不做论文要求；探索以其他成果形式替代论文要求；推行代表作制度，重点考察成果质量，淡化论文数量要求；突出评价业绩水平和实际贡献，增加技术创新、专利、技术推广、标准制定等评价指标权重，注重考察经济效益和社会效益。

（2）分类。根据特定价值客体符合主体需求这一现实价值关系，价值主体类型的不同决定了价值需求的各异。如针对高校教师职称，可针对学术研究型、应用研究型、教学科研型、教学为主型、应用技术型、高职院校等，分别遴选相应类型的专家进行评价。

（3）回避。对利益相关方实施专家回避和专家主动回避，包括被评价人提出的有利益冲突、既往矛盾、学术分歧的专家及单位（竞争或冲突关系）等进行严格回避。

---

① 朱琳峰，李楠，张婷婷. 学术期刊同行评议的问题及效率与质量提升策略[J]. 中国科技期刊研究，2021，32(8)：990-997.

② 杨正瓴. 同行评议的局限性和改进之策[J]. 科技中国，2019(11)：34-36.

③ GALUS P. The Power of Peer Reviews[J]. The science teacher, 2002, 69(3)：38-41.

（4）定性主导、辅以定量。淡化数量、期刊级别、人才帽子等量化指标。从历史上看，专家的定性评价受到不良社会风气的影响，使其自身难以确立公信力，因此从学术评价中整体退出。而今人们已意识到这一退出所带来的危害。许多学术不端行为在量化评价中能轻易地蒙混过关，但在定性评价时很容易原形毕露。这是因为它们可以骗过量化评价的计算机，却难逃同行评价中专家的法眼。同时，简单量化、重数量轻质量的评价方式也不利于相关专业技术的发展。因此，坚持以同行评价为主导，辅以必要的定量方法，使科学计量对专家评价与决策提供数据参考，有利于对评价结果进行比较，或坚持自我，或否定自我，或修正自我，尽可能避免偏见或人情因素。

（5）自评与他评相结合。被评价人先对自己成果进行自评，如创新性、科学性、应用性等，专家再基于被评价人的自评进行评审。

（6）大同行与小同行相结合。评价专家不仅要熟悉被评价人的研究领域，而且能兼顾岗位工作对学术水平和学术贡献做出价值判断，可采取具有相同一级学科或二级学科的"大同行"与具有相同或相近研究（工作）方向的"小同行"相结合方式进行相互补益。具有相同学术范式的"小同行"专家可以做出更为精确的判断，减少同行评价中"非共识"问题[①]的误差。

（7）优化评价专家遴选机制，重点进行评价专家队伍结构和专家建设，实施专家动态调整与轮换，对评价质量不高的专家进行培训或轮换。[②]

（8）完善申诉机制和监管机制。保证做到投诉有门、投诉必受理和核实必处理，健全对同行评价全过程的监督管理机制。

主　要　词　汇

履历分析　　履历表　　民主推荐　　民主测评　　考察　　同行评价　　单盲
双盲　　公开评价

复习思考题

1. 什么是履历分析？有哪些理论基础？它有何优缺点？有何作用？
2. 履历表有几种？有何区别？如何进行设计？
3. 如何确定履历分析测评指标与其选项和权重？
4. 如何设计评分标准？如何进行量化统计分析？
5. 履历分析常见问题有哪些？应如何应对？
6. 什么是民主推荐？它有哪些形式？

---

① 这是指在同行评议过程中，同行专家对同一被评议知识产品的科学性、创新性、应用性、可行性等持有不同的认识，做出了不同的判断。"非共识"问题的产生是评议过程中不可避免的问题。

② 田芳园. 新时代高校教师高级专业技术职称学术能力同行评议机制建构研究[J]. 湖州师范学院学报，2020, 42(12): 1-6.

7. 民主推荐与民主测评有何不同？

8. 民主推荐有哪些程序？人员范围有哪些？

9. 民主推荐存在哪些问题？应如何改进？

10. 什么是考察？它具体包括哪些内容？考察对象或考察人选有哪些？

11. 考察的程序有哪些？方法有哪些？

12. 考察存在哪些问题？应如何改进？

13. 什么是同行评价？它具体包括哪些内容？有几种形式？

14. 同行评价存在哪些问题？应如何改进？

15. 如何评价履历分析、民主推荐、考察、同行评价在我国公共部门人力资源测评中的应用？有何进一步完善之策？

竞争性选拔干部中的履历分析

推荐进一步学习阅读书目

1. 楚宾，哈克特. 难有同行的科学：同行评价与美国科学政策[M]. 北京：北京大学出版社，2011.

2. 王圣江. 笔迹识人——笔迹分析理论与实务探究[M]. 北京：中国人民公安大学出版社，2021.

主要参考书目

[1] 阿瑟. 员工招聘与录用：招募、面试、甄选和岗前引导实务[M]. 5 版. 北京：中国人民大学出版社，2015.

[2] 安娜斯塔西，厄比纳. 心理测验[M]. 杭州：浙江教育出版社，2001.

[3] 曹家才. 人才测评的基本方法[M]. 济南：山东人民出版社，1999.

[4] 陈社育. 公务员录用考试的信度和效度研究[M]. 南京：南京大学出版社，2012.

[5] 程连昌. 全国公开选拔党政领导干部考试考前模拟考场[M]. 北京：中国人事出版社，2001.

[6] 楚宾，哈克特. 难有同行的科学：同行评议与美国科学政策[M]. 北京：北京大学出版社，2011.

[7] 戴海崎，张锋. 心理与教育测量[M]. 4 版. 广州：暨南大学出版社，2018.

[8] 邓嗣禹. 中国考试制度史[M]. 长春：吉林出版集团有限责任公司，2011.

[9] 房列曙. 中国历史上的人才选拔制度：上[M]. 北京：人民出版社，2005.

[10] 房列曙. 中国历史上的人才选拔制度：下[M]. 北京：人民出版社，2005.

[11] 方振邦，陈曦. 党政领导干部选拔任用[M]. 北京：中国人民大学出版社，2019.

[12] 方振邦，罗海元. 党政领导干部考核评价[M]. 北京：中国人民大学出版社，2019.

[13] 龚耀先. 心理评估[M]. 北京：高等教育出版社，2003.

[14] 顾海根. 人力资源测评[M]. 合肥：中国科学技术大学出版社，2005.

[15] 郭朝辉. 人才素质测评技术[M]. 北京：北京大学出版社，2018.

[16] 赫尼曼，贾奇，卡迈尔-米勒. 组织人员配置——招募、选拔和雇用[M]. 7 版. 北京：中国人民大学出版社，2017.

[17] 何怀宏. 选举社会及其终结：秦汉至晚清历史的一种社会学阐释[M]. 北京：生活·读书·新知三联书店，1998.

[18] 胡月星. 公务员胜任特征实证研究[M]. 北京：国家行政学院出版社，2015.

[19] 黄希庭，毕重增. 心理学[M]. 2 版. 上海：上海教育出版社，2020.

[20] 霍夫曼. 人才心理测验[M]. 北京：中国财政经济出版社，2002.

[21] 蒋洪池，李文燕. 大学教师学术评价制度创新：基于学科文化的视角[M]. 北京：科学出版社，2017.

[22] 吉沅洪. 树木——人格投射测试[M]. 重庆：重庆出版社，2007.

[23] 金瑜. 心理测量[M]. 上海：华东师范大学出版社，2001.

[24] 卡普兰，萨库佐. 心理测验：原理、应用和争论[M]. 6 版. 上海：上海人民出版社，2010.

[25] 卡西欧，阿吉斯. 心理学与人力资源管理[M]. 7 版. 北京：中国人民大学出版社，2017.

[26] 库珀，罗伯特. 组织人员选聘心理[M]. 北京：清华大学出版社，2002.

[27] 雷恩. 管理思想的演变[M]. 北京：中国社会科学出版社，1997.

[28] 廖泉文. 人力资源考评系统[M]. 济南：山东人民出版社，2000.

[29] 廖平胜. 考试学原理[M]. 武汉：华中师范大学出版社，2003.

[30] 林崇德，杨治良，黄希庭. 心理学大词典[M]. 上海：上海教育出版社，2004.

[31] 林新奇. 中国人事管理史[M]. 修订版. 北京：中国社会科学出版社，2004.

[32] 凌文辁，方俐洛. 心理与行为测量[M]. 北京：机械工业出版社，2004.

[33] 凌文辁，柳士顺，谢衡晓，等. 人员测评——理论、技术与应用[M]. 北京：科学出版社，2010.

[34] 刘嘉林. 国家公务员考试录用教程[M]. 北京：中国商业出版社，1995.

[35] 刘明. 学术评价制度批判[M]. 武汉：长江文艺出版社，2006.

[36] 刘永芳. 人格评价[M]. 济南：山东人民出版社，2001.

[37] 刘昕. 党政领导干部民主测评及优化[M]. 北京：中国人民大学出版社，2017.

[38] 刘远我，吴志明，章凯，等. 现代实用人力资源测评技术[M]. 北京：经济科学出版社，1998.

[39] 刘远我. 人才测评方法与应用[M]. 济南：山东人民出版社，2001.

[40] 刘远我. 人才测评方法与应用[M]. 3版. 北京：电子工业出版社，2015.

[41] 刘远我. 招聘面试：优秀面试官必读手册[M]. 北京：电子工业出版社，2017.

[42] 柳恒超. 人事测评与选拔——理论与技术[M]. 上海：复旦大学出版社，2018.

[43] 龙立荣. 人员测评的理论与方法[M]. 武汉：武汉大学出版社，2009.

[44] 陆红军. 人才评价中心[M]. 北京：清华大学出版社，2005.

[45] 罗斯特，格伦博. 现代心理测量学[M]. 3版. 北京：中国人民大学出版社，2011.

[46] 马欣川. 面试学：理论与实践[M]. 北京：社会科学文献出版社，2011.

[47] 迈尔斯. 心理学[M]. 北京：人民邮电出版社，2013.

[48] 苗枫林. 中国用人史[M]. 北京：中华书局，2004.

[49] 墨菲，大卫夏弗. 心理测验原理和应用[M]. 6版. 上海：上海社会科学院出版社，2006.

[50] 莫利赛. 行为评估与人事考核[M]. 上海：百家出版社，1991.

[51] 帕金斯. 出类拔萃的IQ：一门可习得智力的新兴科学[M]. 上海：华东师范大学出版社，2009.

[52] 彭凯平. 心理测验——原理与实践[M]. 北京：华夏出版社，1989.

[53] 彭剑锋. 战略人力资源管理[M]. 北京：中国人民大学出版社，2014.

[54] 漆书青. 现代测量理论在考试中的应用[M]. 武汉：华中师范大学出版社，2003.

[55] 邱霈恩. 现代领导测评[M]. 北京：中国财政经济出版社，2002.

[56] 萨克斯，牛顿. 教育和心理的测量与评价原理[M]. 4版. 南京：江苏教育出版社，2002.

[57] 桑顿三世. 评鉴中心在人力资源管理中的应用[M]. 上海：复旦大学出版社，2004.

[58] 沙因，曼伦. 职业锚：变革时代的职业定位与发展[M]. 4版. 北京：电子工业出版社，2016.

[59] 盛奇秀. 中国古代考试制度[M]. 济南：山东教育出版社，1988.

[60] 舒放，王克良. 国家公务员制度教程[M]. 5版. 北京：中国人民大学出版社，2016.

[61] 苏永华. 人才测评概论[M]. 2版. 北京：中国人民大学出版社，2016.

[62] 孙健敏. 人员测评理论与技术[M]. 长沙：湖南师范大学出版社，2007.

[63] 孙健敏. 人力资源测评理论与技术[M]. 2版. 北京：首都经济贸易大学出版社，2014.

[64] 唐宁玉. 人事测评理论与方法[M]. 大连：东北财经大学出版社，2002.

[65] 滕玉成，于萍. 公共部门人力资源管理[M]. 上海：复旦大学出版社，2018.

[66] 田建荣. 中国考试思想史[M]. 北京：商务印书馆，2004.

[67] 王登峰，崔红. 解读中国人的人格[M]. 北京：社会科学文献出版社，2005.

[68] 王懂棋. 新中国干部队伍建设制度史[M]. 南京：江苏人民出版社，2019.

[69] 王继承. 人事测评技术[M]. 广州：广东经济出版社，2001.

[70] 王垒，等. 实用人事测量[M]. 北京：经济科学出版社，1999.

[71] 王淑红. 人员素质测评[M]. 北京：北京大学出版社，2012.

[72] 王益明. 人力资源测评[M]. 济南：山东人民出版社，2004.

[73] 韦尔丁. 情商[M]. 天津：天津教育出版社，2009.

[74] 吴志明. 招聘与选拔实务手册[M]. 2 版. 北京：机械工业出版社，2006.

[75] 吴志明，孙健敏，武欣. 人事测评理论与实证研究[M]. 北京：机械工业出版社，2009.

[76] 夏征农，陈至立. 大辞海（心理学卷）[M]. 上海：上海辞书出版社，2015.

[77] 萧鸣政. 人力资源测评理论与方法[M]. 北京：中国劳动出版社，1997.

[78] 萧鸣政. 职业资格考评的理论与方法[M]. 北京：中国人民大学出版社，1999.

[79] 萧鸣政. 人力资源测评与选拔[M]. 3 版. 上海：复旦大学出版社，2018.

[80] 《心理学百科全书》编委. 心理学百科全书[M]. 杭州：浙江教育出版社，1995.

[81] 许明月. 招聘与人才测评[M]. 天津：天津大学出版社，2017.

[82] 徐世勇，李英武. 人员素质测评[M]. 北京：中国人民大学出版社，2017.

[83] 阎步克. 察举制度变迁史稿[M]. 沈阳：辽宁大学出版社，1997.

[84] 阎世平. 刘劭人材思想研究[M]. 广州：中山大学出版社，2005.

[85] 杨国枢，文崇一，吴聪贤，等. 社会及行为科学研究法：上[M]. 13 版. 重庆：重庆大学出版社，2006.

[86] 杨国枢，文崇一，吴聪贤，等. 社会及行为科学研究法：下[M]. 13 版. 重庆：重庆大学出版社，2006.

[87] 易平涛，李伟伟，郭亚军. 综合评价理论与方法[M]. 2 版. 北京：经济管理出版社，2019.

[88] 于秀琴，仝震. 行政职业能力开发与测评[M]. 北京：高等教育出版社，2014.

[89] 俞文钊. 现代人事测评原理与操作实践[M]. 上海：上海教育出版社，2005.

[90] 俞文钊. 职业心理与职业指导[M]. 北京：人民教育出版社，1994.

[91] 运丽君. 申论写作研究[M]. 天津：南开大学出版社，2014.

[92] 张厚粲. 心理与教育统计[M]. 北京：北京师范大学出版社，2003.

[93] 张钦. 普通心理学[M]. 北京：中国人民大学出版社，2012.

[94] 张卿华，王文英. 画树投射测验[M]. 苏州：苏州大学出版社，2008.

[95] 张同延，张涵诗. 揭开你人格的秘密——房、树、人绘图心理测验[M]. 北京：中国文联出版社，2007.

[96] 张文贤. 人才测评[M]. 2 版. 北京：科学出版社，2018.

[97] 张志红，朱浏烈. 人才测评实务[M]. 北京：机械工业出版社，2005.

[98] 詹姆斯，马兹勒. 工作组织中的人格[M]. 上海：上海财经大学出版社，2005.

[99] 赵琛徽. 人员素质测评[M]. 武汉：武汉大学出版社，2010.

[100] 赵曙明，赵宜萱. 人才测评——理论、方法、工具、实务[M]. 北京：人民邮电出版社，2019.

[101] 赵渊，宗月琴. 人员的招聘、考核、培训[M]. 北京：人民教育出版社，1996.

[102] 赵永乐，沈宗军，刘宇瑛，等. 招聘与面试[M]. 上海：上海交通大学出版社，2006.

[103] 郑日昌，等. 心理测量学[M]. 北京：人民教育出版社，1999.

[104] 郑日昌. 领导素质测评[M]. 上海：华东师范大学出版社，2008.

[105] 郑日昌，孙大强. 心理测量与测验[M]. 2 版. 北京：中国人民大学出版社，2013.

[106] 朱庆芳. 面试教程[M]. 北京：中国铁道出版社，2007.

[107] AIKEN L R. Psychological testing and assessment[M]. 9th ed. Needham Heights, MA：Allyn and Bacon, Inc, 1997.

[108] ANDERSON G C. Maneging perfmance appraisal systems[M]. Great Britain: T. T Press Ltd., 1993.

[109] BORING E G. A history of experimental psychology[M]. 2nd ed. Englewood Cliffs, NJ：Prentice-Hall, 1950.

[110] BROWN F G. Principle of educational and psychological testing[M]. 3rd ed, New York：Holt, Rinehart, & Winston, 1993.

[111] COLLINGS D G. Towards mature talent management: beyond shareholder value[J]. Human resource Development Quarterly, 2014, 25(3).

[112] COOK M. Personnel selection[M]. 5th ed. New York：A John Wiley & Sons, Ltd., 2009.

[113] DESSLER G. Human resource management[M]. 14th ed, New Jersey：Prentice Hall, 2015.

[114] DRIES N. The psychology of talent management: a review and research agenda[J]. Human resource Management Review, 2013, 23(4).

[115] HANSEN C P, CONRAD K A. A handbook of psychological assessment in business[M]. New York：Quorum Books, 1991.

[116] JANSEN P, DE JONGH F. Assessment centers: a practical Handbook[M]. New York：A John Wiley & Sons, 1997.

[117] PLOYHART R E, WEEKLEY J A, HOLZ B C. et al. Web-based and Paper-and-pencil testing of applicants in a proctored sseting: are pensonaliy, biodata, and situational judgment tests comparable? [J]. Person-nel psychology, 2003, 56(3).

教师服务

　　感谢您选用清华大学出版社的教材！为了更好地服务教学，我们为授课教师提供本书的教学辅助资源，以及本学科重点教材信息。请您扫码获取。

➤➤ 教辅获取

本书教辅资源，授课教师扫码获取

➤➤ 样书赠送

公共管理类重点教材，教师扫码获取样书

 清华大学出版社

E-mail: tupfuwu@163.com
电话：010-83470332 / 83470142
地址：北京市海淀区双清路学研大厦 B 座 509

网址：http://www.tup.com.cn/
传真：8610-83470107
邮编：100084

教师服务

› 资源获取

› 样书赠送

清华大学出版社

E-mail: tupfuwu@163.com
电话: 010-83470332 / 83470142
地址: 北京市海淀区双清路学研大厦 B 座 509

网址: http://www.tup.com.cn
传真: 8610-83470107
邮编: 100084